Angelika
Petershagen

Entscheidung für Greifswald

Autobiographie

Verlag der Nation Berlin

Mitarbeit: Professor Dr. Gunnar Müller-Waldeck

ISBN 3-373-00018-1

4. Auflage 1989

Lizenz-Nr.: 400/29/89
LSV 7003
Lektor: Hannelore Kramer
Technischer Redakteur: Ingrid Welzer
Einband: Hans-Joachim Schauß
Lichtsatz: Druckerei Neues Deutschland Berlin
Druck: (52) Nationales Druckhaus, Betrieb der VOB National
Buchbinderische Verarbeitung:
INTERDRUCK Graphischer Großbetrieb, Leipzig – III/18/97
Best.-Nr. 696 601 1
01080

Bildnachweis: Autorin 15; Zentralbild 5

1. Kapitel Im Hause Lindequist

Großväter

Mit den Worten «Großvater» und «Großmutter» verbinden sich gewöhnlich anheimelnde Gefühle. Sie bezeichnen – oder bezeichneten zumindest in meiner Kindheit – die ruhenden Pole im Familienleben, waren nicht nur eine sachliche Bezeichnung, vielleicht sogar eine Art Ehrentitel für die Senioren der Familie, die sich oft mit Hingabe und zuweilen auch mit größerem Verständnis als die den vielfältigen beruflichen Anforderungen und gesellschaftlichen Verpflichtungen ausgelieferten Eltern den Jüngsten widmen konnten. Freilich verband sich damit häufig der Hang zur Verwöhnung des Nachwuchses, angenehm für die direkt Betroffenen, die Enkel, weniger angenehm für die indirekt Betroffenen, die Eltern.

Meine Großeltern gehörten nicht zu dieser Kategorie. Wenn von ihnen zu reden ist, dann in erster Linie von meinen Großvätern, deren Glanz und Würde die Erscheinung ihrer Frauen – ihrer Gemahlinnen, sagt man wohl besser – etwas in den Schatten stellten. An die Großmutter mütterlicherseits kann ich mich kaum erinnern. Sie starb zu jung. Meine Großväter aber waren Instanzen.

Väterlicherseits: Generaloberst von Lindequist «mit dem Range als Generalfeldmarschall». Mütterlicherseits: Generaloberst von Kessel, Oberbefehlshaber in den Marken und Gouverneur von Berlin. Hinter beider Namen fand sich in allen einschlägigen Registern und Ranglisten die schlichte Bemerkung «Generaladjutant Seiner Majestät des Kaisers und Königs». Der eine wie der andere entstammte alten Adelsgeschlechtern und traditionsreichen Offiziersfamilien. Wer annimmt, daß ich hier mit ihrer militärischen oder politischen Karriere aufwarte, den werde ich enttäuschen. Sicherlich kann ein Militärhistoriker aus verstaubten Aktenbündeln relativ zügig und vollständig die Laufbahn der beiden nachzeichnen.

Zum Kummer meiner Mutter hatte ich von klein auf wenig Interesse für unsere Ahnenreihe und die Ruhmestaten ihrer zahlreichen Mitglieder, die, ob sie nun Vorfahren der Lindequists oder der Kessels waren, in fast ausnahmslos adlige Familien Deutschlands, besonders Preußens, hineinreichten.

Wie ich aus den Gesprächen der Erwachsenen entnehmen konnte, drehte sich die Welt ohnehin nach «preußischen» Gesetzen. In der Lebenssphäre meiner Eltern, in der Wilhelminischen Ära, bedeutete dies «ewig». Und wohin ich gehörte, hatte ich sozusagen mit der Muttermilch aufgenommen. Dazu bedurfte es nicht kleinlicher Faktenkenntnis. Meine Großväter imponierten mir allein schon durch ihren Nimbus – von ihnen wurde nur mit Verehrung und Respekt gesprochen – und durch ihre äußere Erscheinung. Haltung und Uniform waren hier die alles entscheidenden Faktoren. Der Vater meines Vaters hatte den inoffiziellen Beinamen «der schöne Lindequist», den er selbst im Alter noch voll rechtfertigte. Hochgewachsen, hager, fast ein wenig asketisch, dabei mit versonnenem Blick aus seinen großen blauen Augen, einem majestätischen Schnurrbart, energischem Kinn und ordensübersäter Brust, so ist er mir in Erinnerung geblieben. Zu ihm bewahrten mein Bruder und ich einen respektvollen Abstand, seine Gravität ließ uns Vertraulichkeiten kaum angebracht erscheinen. Jovialer und entschieden umgänglicher kam uns der jüngere Großvater Kessel vor, ein imposanter, stattlicher Mann. Sein freundliches, gutmütiges Gesicht und ausgeprägter Sinn für Humor sicherten ihm unser Vertrauen. Schnurrbart und Ordensschmuck waren bei ihm ebenfalls obligatorische Attribute. An Festtagen faßte seine breite Brust kaum die Sternchen und Spangen, die Bänder und Kreuze. Ich kann mich nicht erinnern, ihn jemals in Zivil gesehen zu haben.

Großvater Kessel war schon vor 1910 gemeinsam mit Fürst Fürstenberg in eine Art Vertrauensstellung und Freundesrolle bei Wilhelm II. aufgestiegen. Meine Mutter erzählte später öfter mit unverkennbarem Stolz: «Papa war der einzige, der dem Kaiser auch mal den Kopf waschen konnte.» Er lebt in der Familienüberlieferung und in meinem Gedächtnis als ein überaus vitaler alter Herr, der dem Rotwein nicht abhold war, gern feierte und das Leben genoß.

Ein wenig wohlwollender Zeuge vom kaiserlichen Hof berichtet in seinen Memoiren von der Fähigkeit Großvater Kessels, dem Kaiser «nicht nur stunden-, sondern geradezu tagelang amüsante Geschichten erzählen» zu können, und fügt pikanterweise hinzu, daß sie allerdings «geistig ziemlich niedrig, banal und roh» gewesen seien. Mag der Chronist recht haben oder nicht. Dem Kaiser und uns Kindern hat Großvaters Art gefallen. Vielleicht hatte er sogar das Talent, sich den jeweiligen Bedürfnissen seiner Zuhörer anzupassen. Von gewissem Witz jedenfalls zeugt sein Rat an höchstderoselben, sich nach Kriegsausbruch krank zu melden und beim König von Bayern in dessen herrlichen Bergschlössern «Genesung» zu suchen. Der Großvater hatte wohl von Moltkes, des Oberbefehlshabers, Bemerkung gehört: «Herzzerreißend, wie ahnungslos der hohe Herr über den Ernst der Lage ist.»

Für uns Kinder war die Vorstellung von der Allmacht Großvater Kessels wichtig. Wir vermuteten ihn von der Dienststellung her gleich neben dem lieben Gott, nur wesentlich vergnügter. Unser größter Stolz war, wenn er uns in seinem Dienstwagen mit Standarte ein Stückchen mitnahm. Er wohnte am Kurfürstendamm. Der Balkon über der Haustür wurde von zwei Herkulesfiguren getragen. Nie ging ich ohne Schaudern durch die riesige Tür, weil ich mir einbildete, die steinernen, muskelstrotzenden Männer würden ihre Last ausgerechnet auf meinen Kopf fallen lassen.

Dreißig Jahre später ließen sie tatsächlich ihre Last fallen und wurden samt den Einwohnern begraben unter den Trümmern des im Bombenhagel zerstörten Hauses.

Eine Formel hinter Dienstgrad und Titulatur meiner Großväter gilt es noch zu erwähnen: «à la suite d. 1. Garde R. z. F.», eine Anmerkung, die für die spätere militärische Laufbahn meines Vaters und damit schließlich auch für die Grundlage meiner Existenz nicht ohne Belang war. Es ist die Bezeichnung des «Heimatregiments», aus dem der Betreffende in eine andere beziehungsweise höhere Dienststellung kommandiert worden war und das 1. Garderegiment zu Fuß war ein Begriff, der damals etwas bedeutete; das Vornehmste vom Vornehmen, stationiert in Potsdam, Seine Majestät der Kaiser und König der Chef.

Unter den Offizieren gab es kaum einen Bürgerlichen. Man

mag es wohl als Treppenwitz der Weltgeschichte betrachten, daß 1906 ausgerechnet in diesem Exklusivregiment der Zuchthäusler und Schuster Wilhelm Voigt aus eigener Machtvollkommenheit zum Hauptmann avancierte und sich ungestört der Köpenicker Stadtkasse annehmen konnte. Sich damit zum Regimentskameraden etlicher preußischer Prinzen und unter anderem auch meiner beiden Großväter gemacht zu haben, muß den «Hauptmann von Köpenick» wenig gerührt haben.

Dauerhaftes Glück brachte dieses Regiment den Avancen meines Vaters. Als Sohn des alten Lindequist rückte er mit dem Eintritt in die Garde gleichsam unter die Augen des Allerhöchsten und wurde vom milden Aufwind der Beförderung in den Generalstab geweht. Das soll nicht etwa heißen, daß mein Vater solcher Protektion nicht würdig gewesen wäre. Er war ein Mann von preußischem Pflichtbewußtsein und zutiefst monarchistischer Gesinnung, der sich der Verpflichtung seiner Herkunft stets bewußt war. Aber Offiziere dieses Schlages gab es natürlich nicht wenige, und wer in den Generalstab wollte, war mit einem Vater, der «von Lindequist» hieß und Generalfeldmarschall war, bestens bedient.

1879 geboren, hatte mein Vater eine völlig zivile höhere Schulbildung erworben, mit sechzehn Jahren das Abitur abgelegt und – um die Zeit bis zum Eintritt in das Heer sinnvoll zu überbrücken – ein Jurastudium aufgenommen. Nach vier Semestern wurde er dann Rekrut und besuchte schließlich die Kriegsakademie. Mehr als zehn Dienstjahre führten ihn über das 1. Garderegiment 1909 in den Generalstab.

Der große Krieg beginnt

Meine früheste Erinnerung – ich wurde am 2. September 1909 geboren – reicht in das Jahr 1914 zurück.

Nur wenige Tage unseres Sommerurlaubs in Bansin waren verstrichen, als mein Vater eilig und nervös an den Strand kam und leise zu meiner Mutter sagte: «Schnell, schnell, alles zusammenpacken, wir müssen sofort abreisen.»

Mein Bruder Ulle wurde gerufen. Mit ernstem Gesicht steckte meine Mutter Spielzeug, Handarbeit, Kreuzzeitung kunterbunt durcheinander in den großen Beutel. So rasch es ging, strebten wir durch den tiefen Sand der Promenade und unserem Hotel zu. Achtlos wurde die zu Hause mit so viel Freude eingepackte Strandkleidung wieder in die Koffer hineingestopft. Uns Kindern war das alles rätselhaft. Aber es schien uns nicht ratsam, Fragen zu stellen.

Meinen Vater kannte ich fast immer freundlich, oft voller Humor und stets geneigt, sein «Katerchen», das heißt mich, auf den Schoß zu nehmen. Der Duft seiner Zigarren, die gewöhnlich im ledernen Etui in seiner Westentasche steckten, ist mir unvergeßlich. Bei meiner Mutter mußte man eher auf der Hut sein, nicht unversehens die gute Laune durch eine Kleinigkeit zu verderben. Jetzt schien diese Gefahr gering, wir Kinder wurden kaum beachtet. Die Eltern sprachen mit einer gewissen Feierlichkeit über Dinge, die ich nicht verstand.

Im überfüllten Zug fand ich die meisten Erwachsenen in derselben mir unbekannten Stimmung. Manche benahmen sich, als seien sie besonders stolz und freuten sich auf irgend etwas Kommendes.

Vor unserer Wohnung in der Pariser Straße in Berlin empfing uns die gute, alte Miss Hall, die englische «nurse» aus meiner Mutters Kinderzeit. Ich stieg an ihrer Hand die Treppen hinauf und sah Tränen auf ihren rosigen Bäckchen. «Minni, warum weinst du denn?» fragte ich ganz erstaunt.

«Es gibt Krieg, Kind, und das ist furchtbar», antwortete sie.

«Aber die anderen weinen doch nicht, Mami und Papi bestimmt nicht, ich glaube sogar, sie freuen sich», entgegnete ich.

«Ja, viele Deutsche freuen sich jetzt, aber sie werden auch noch weinen. Und ich muß jetzt weg von euch, zurück nach England», sagte Minni.

Unsere gute Minni wollte weg? Das war mir unfaßbar. Solange ich denken konnte, war sie da, ein ruhender Pol und ein teilnehmendes Herz in Freud und Leid!

«Minni, warum denn? Das geht doch nicht. Du warst doch immer bei uns!» protestierte ich.

«Ja, dreißig Jahre war ich bei deinem Großvater und bei euch. Aber nun ist das nicht mehr möglich, nun sind wir Feinde», meinte sie betrübt.

Das wollte nicht in meinen Kopf.

«Aber Minni, das stimmt nicht, ich hab dich sehr lieb und Mami auch, du kannst ruhig hierbleiben», versicherte ich ihr.

«Das glaube ich dir, trotzdem muß ich morgen abfahren», erwiderte sie bestimmt.

Was würde Mami dazu sagen? Sie würde das sicher in Ordnung bringen. Zu meinem Erstaunen brachte das meine Mutter nicht «in Ordnung», sondern drängte sogar auf die schnellste Abreise.

«Sie ist Engländerin, und wir haben Krieg mit England, da zählen persönliche Wünsche nicht», erklärte sie kurz angebunden. Das klang, als wäre die gute, alte Minni plötzlich ein schlechter Mensch geworden. Ich blickte sie, die ihre Koffer packte, prüfend von der Seite an. Mit ihr hatten wir also Krieg? Sie sah aber noch genauso aus wie immer, der Dutt in der Mitte auf dem Kopf über dem hochgekämmten weißen Haar, die kleine Stupsnase in dem runden, rosigen Gesicht. Nur traurig schaute sie drein, so traurig, wie mir selbst zumute war.

Bald darauf nahm mein Vater Abschied von der Mutter und uns Kindern. «Seid schön brav, macht der Mami keinen Ärger», ermahnte er uns, und ich glaubte herauszuhören, daß er lange fortbleiben würde. In aller Eile war mein Vater nach Potsdam gefahren, um seinen Eltern und seiner Schwester, unserer Tante Elsa, auf Wiedersehen zu sagen.

Ohne Minni und ihn schien mir unsere Wohnung groß und leer. Brennende Sehnsucht nach meinem Vater überfiel mich. Ich schlich an seinen Schreibtisch, zog eine Schublade auf und schnupperte an seinem Zigarrenetui. Meine Tränen hinterließen dunkle Flecken auf dem hellen Leder. Erschrocken steckte ich die Tasche schnell wieder weg und schob das Fach zu.

Im Park von Bellevue

Nachmittags fuhr meine Mutter jetzt oft zur Kronprinzessin in das Schloß Bellevue, um im Kreise von Offiziersfrauen des 1. Garderegiments zu Fuß Soldatenhemden zu nähen, die «unseren Feldgrauen» ohne Zweifel als besonders weihevolle Gabe überreicht wurden. Wieviel künftige Totenhemden darunter waren, wird keine der Näherinnen überdacht haben. Bei einer Kronprinzessin wirkt man schließlich für Helden.

Die ganze Aktion hatte selbstverständlich in erster Linie symbolischen Wert. Die ausschließlich adligen Offiziersfrauen schafften unter dem «Kommando» der Kronprinzessin, während ihre Männer vom 1. Garderegiment unter Kaisers Gebot den Feind aufs Haupt schlugen.

Mein Bruder Ulle und ich spielten in der Zeit mit den vier Kronprinzensöhnen und anderen Offizierskindern im Park, ein Privileg, das Opfer kostete: Wenn meine Mutter mir am Abend die Haare mit Lockenwicklern eindrehte, dann wußte ich: Morgen fahren wir nach Bellevue.

Der Park bildete eine grüne, kühle Oase in den heißen Mauern der Großstadt. Doch war meine Freude an diesen prinzlichen Vergnügungen nicht ungetrübt. Die Lockenwickler drückten in der Nacht vorher, und die Ermahnung, mich in dem sauberen, guten Kleide nur ja recht vorzusehen, war schlecht mit der wilden Toberei beim Krieg spielen in Einklang zu bringen. Ein verwundeter Leutnant, unbeschwert von pädagogischen Kenntnissen, beaufsichtigte uns. Prinz Wilhelm, dem Ältesten, waren wir unbedingten Gehorsam schuldig.

Auf die Dauer wird das ständige Kriegsspiel selbst kaiserlichen Enkeln und Offizierstöchtern langweilig. Kronprinzensohn Louis Ferdinand und ich hielten es jedenfalls eines Tages für reizvoller, durch das dichte Gebüsch am Parkzaun zu schleichen und nach draußen zu sehen. Das war verboten und gerade deshalb interessant. Natürlich bemerkten uns Straßenpassanten. Die Herren blieben stehen, machten Front und zogen den Hut tief vor dem Prinzen und mir, während die Damen sich in schlangenartigen Bewegungen um die Andeutung eines Hofknickses bemühten. Sie tuschelten darüber, wer ich wohl sei, und ich muß gestehen, es war mir nicht unangenehm, für eine Prinzessin gehalten zu werden.

Zuweilen besuchten der Kaiser und die Kaiserin ihre Enkel im Park. Dann wurden uns im kleinen Pavillon schnell Gesicht und Hände gewaschen und die Haare gebürstet. Als einziges Mädchen unter den Kindern mußte ich zuerst der Kaiserin mit einem Knicks die Hand küssen. Danach kamen die Jungen mit einem tiefen Diener und Handkuß an die Reihe. Für den Kaiser waren nur der Knicks und die tiefe Verbeugung vorgesehen. Doch der Allerhöchste brachte die Zeremonie durcheinander, indem er mir einen Kuß gab und den Jungen etwas zu forsch auf die Schulter klopfte und sie ermunterte, sich schon im Spiel als tapfere Soldaten zu zeigen.

Ein Kuß vom Kaiser, wer konnte den schon aufweisen – ein Kleinod, seltener als die berühmten Holzscheiben von Doorn, die einige ruhmlose Jahre später mit dem exkaiserlichen Namenszug an Bevorzugte verteilt wurden. Dieser Kuß war eine Gabe, für die man gern das unangenehme Piksen des «Es-ist-erreicht»-Schnurrbarts in Kauf nahm. Und eine Münze schließlich, mit der man den Freundinnen jegliches Großtun trefflich heimzahlen konnte. «Ätsch, mich hat der Kaiser geküßt!» Wer konnte da schon mithalten?

Bei Lottchen, der Portierstochter aus unserem Haus, lohnte sich dieses Spiel nicht: Sie besaß nichts, was mit einem kaiserlichen Kuß konkurrieren konnte. Bei ihr in der kleinen Portierswohnung durfte ich ungestört Puppenmutter sein – nach all den siegreichen Schlachten im Park von Bellevue.

Ostern 1915 begann für mich der Schulbesuch. Davon wurde ebenso wie bei der Einschulung meines Bruders nicht das geringste Aufheben gemacht. Meine Mutter nahm mich an die Hand und ging mit mir zur nahegelegenen «Kronprinzessin-Cäcilien-Schule». Etwas ratlos standen wir in der großen, düsteren Eingangshalle, als ein Herr in schwarzem Jackett und grauschwarzgestreiften Hosen die breite Treppe herunterschritt.

«Mami, da kommt der Schuldiener, den werden wir fragen!» sagte ich vorlaut.

Der vermeintliche Schuldiener brach in schallendes Gelächter aus, es war der Herr Direktor im Cut. Gestreiftes, ob Hose oder Rock, war für mich mit dem Begriff «Diener» verbunden, denn es erinnerte mich an die Dienerlivreen, wie ich sie bei unseren Verwandten gesehen hatte. Bei den Zivilanzügen wußte ich nicht Bescheid. Mein Vater, die beiden Großväter und die meisten Onkel trugen Uniformen.

Mit zwei oder drei Klassenkameradinnen aus gutbürgerlichem Hause freundete ich mich etwas an und wurde zu ihren Geburtstagen eingeladen. In ihren Wohnungen fühlte ich mich aber nie recht wohl. Sie waren im Jugendstil pompös überladen. Staunend strich ich über die seidene Daunendecke auf dem weißen Bett meiner Schulfreundin. Weder an unserem eignen noch an anderen «adligen» Kinderzimmern, die ich kannte, hätte man Rangstellung oder Reichtum der Eltern ablesen können. Möglicherweise äußerte sich in meiner Abneigung gegen solchen Pomp ein Stückchen unbewußten aristokratischen Hochmuts gegen alles «Neureiche». Vielleicht aber auch nur die Einsicht, daß hier jedes unbeschwerte Kinderspiel die Pracht entsetzlich ruinieren würde. Die Freundschaft zu diesen Mitschülerinnen blieb lose.

Mit fortschreitendem Krieg verschlechterte sich unsere Ernährung. Um sie etwas aufzubessern, mietete meine Mutter einen kleinen Schrebergarten in der Nähe, in dem sie sogar Hühner und eine Ziege hielt. Bekannte und Verwandte folgten ihrem Beispiel. So fand sich in den Gärten eine ganze Reihe Spielgefährten zusammen, eine ziemlich rüplige Jungenschar, in der Carl-Theo, der einzige Sohn reicher Eltern aus Bremer Patrizierkreisen, mein Beschützer wurde. Unsere Familien wohnten dicht beieinander, und beide sahen es gerne, daß Carl-Theo fast täglich zu uns kam.

Eines Tages fiel er allerdings aus seiner Rolle als Beschützer. Wütend schallte mein Geschrei durch die Wohnung: «Mami, Mami, Ulle und Carl-Theo machen mir alle Puppen kaputt und werfen sie vom Balkon!»

Meine Mutter kam ins Kinderzimmer: «Was ist denn hier wieder los? Aber Jungens, das ist doch wirklich unerhört! Was soll denn das heißen?»

«Wir spielen Krieg, und das sind die Russen», erklärte Ulle.

«Ach so, Russen. Na ja, Gelika, stell dich nicht so an. Du hast ja noch eine Puppe.»

Mit dieser bündigen Lektion in Sachen «Feindbild» war der Fall erledigt und ich empört. Das preußische Mädchen hatte sich beizeiten ans Opferbringen zu gewöhnen. Und schon gar bei «Russen». Ich sollte mal wagen, Ulles Bleisoldaten vom Balkon zu werfen, nicht auszudenken der Krach! Wenn meine Puppen Russen sein sollten, warum durfte man ihnen dann ungestraft Arme und Beine ausreißen? Schluchzend stürmte ich die Treppen hinunter, um die Reste meiner Lieblinge aufzusammeln und mich zu Lottchen, der Portierstochter, zu flüchten.

Nur ein Urlaub meines Vaters im Krieg blieb mir in Erinnerung, wahrscheinlich, weil er mich enttäuschte. Der Anlaß war traurig, der Großvater Lindequist in Potsdam lag im Sterben. In einem grauen Dienstwagen fuhr mein Vater vor unserem Hause vor. Die Ordonnanz sprang heraus und riß den

Wagenschlag auf. Mit vorsichtigen Blicken überzeugte ich mich, daß einige Hausbewohner hinter den Gardinen standen. Hoffentlich hatten sie das Eiserne Kreuz I. Klasse auf Vaters Uniform gesehen. Dann lief ich den Eltern nach. In der Wohnung schloß uns der Vater erst richtig in die Arme. Doch wo blieb sein zärtliches: «Na, mein Katerchen?!» und zum Bruder sein: «Und du, mein Junge, bist wieder gewachsen!»

Kein Aufatmen: «Ach, Kinder, was ist es doch gemütlich zu Hause!»

Das Gespräch der Eltern blieb ernst. Wir Kinder mucksten uns nicht, um nicht hinausgeschickt zu werden. Wir hörten Namen von französischen Orten, die wir von den Siegesfeiern in der Schule kannten. Aber der Vater sprach nicht von Siegen, sondern nannte die Namen gefallener Regimentskameraden. Mutter standen Tränen in den Augen. Jeden Morgen hoffte ich, der Vater würde wieder so zu Späßen aufgelegt sein wie früher, doch er verhielt sich wortkarg bis zum letzten Urlaubstag. Ich spürte, der Tod des Großvaters war nicht der einzige Grund für diese bedrückende Stimmung.

Gott läßt uns Deutsche nicht besiegen

Dann begann der Kohlrübenwinter 1917. Deutschland befand sich im wirksamsten Griff der gegnerischen Blockade. Zufuhren aus Übersee unterblieben. Die Lebensmittel wurden knapp, die Preise stiegen. Kriegsmüdigkeit zeigte sich allenthalben. Ende 1917 waren allein über eine Million deutscher Soldaten gefallen. Ich hatte vom Heldentod auf dem Felde der Ehre die obligat heroischen Vorstellungen, also keine Ahnung.

Das vierte Kriegsjahr bedeutete für mich vor allem, daß die Kartoffeln – vorausgesetzt, es gab überhaupt welche – mit Gerstenkaffee gebräunt wurden: Bratkartoffelersatz. Und die Haferflocken aus dem großen, uralten Beutel, den uns jemand geschenkt hatte, mußten auf Maden durchsucht werden. Diese Aufgabe oblag meinem Bruder Ulle und mir. Wir gewannen ihr eine sportliche Seite ab, indem wir die größten Exemplare auf den Parkettritzen Wettlauf veranstalten ließen. Unser Hausmädchen nannte das schlicht «Schweinerei!» und räumte die Kampfbahn mit Schaufel und Handfeger.

Hunger war uns in dieser Zeit trotz Hausmädchen, Achtzimmerwohnung und Majorsgehalt meines Vaters durchaus keine unbekannte Größe. Aber auch das Geld und der Rang eines Generalstabsoffiziers nützte im Kriegsjahr 1917 jenem wenig, der nicht bereit war, massiv in Schieberei und Schwarzmarktgeschäfte einzusteigen. Und es verstand sich für die Tochter des kaiserlichen Flügeladjutanten von Kessel und Ehefrau des Majors im Generalstab von Lindequist von selbst, daß sie sich dazu nicht hergab.

Nun hätte uns die zahlreiche Landverwandtschaft natürlich mit einem nicht abreißenden Strom von Liebesgabenpaketen überschütten können. Aber die dachte ökonomisch sehr genau, ja man knauserte teilweise aus eingefleischten Prinzipien selbst der eigenen Familie gegenüber. Ein «Was-uns-nicht-umbringt, macht-uns-hart» gehörte bekanntlich ebenfalls zur preußischen Tradition, und von der zeitlichen Begrenzung der mageren Kriegsphase war man wohl noch überzeugt.

Ich möchte nicht behaupten, diese Haltung sei allen adligen Offizieren und ihren Familien eigen gewesen – man würde mir sicherlich andere Beispiele nennen können –, doch bei uns war das so. Ziege und Schrebergarten wurden im Verpflegungsbudget zu ganz realen und wichtigen Faktoren. Sicherlich spielte bei solcher Lebensführung irgendwo – zumindest unbewußt – der Mythos einer «Schützengrabensolidarität» eine Rolle. Die deutsche Soldatenfrau, insbesondere natürlich die Offiziersfrau, hatte Opfer für den glorreichen Sieg zu bringen, und an dem gab es keine Zweifel.

«Gott läßt uns Deutsche nicht besiegen,
Du, Vater, läßt das auch nicht zu.
Die sollen uns nicht unterkriegen,
und ohne Sieg gibt's keine Ruh»,

hieß es in einem Kinderlied.

Es war dann allerdings der Sieg der anderen, der die «Ruh» brachte.

Wir Kinder wurden zur Härte erzogen. «Sie brauchen die Kinder nicht mit dem Fahrstuhl raufzufahren. Sie wissen: Strom sparen. Sollen sie ruhig laufen», sagte meine Mutter zur Portiersfrau.

Die war nicht auf den Mund gefallen: «Mit leerem Magen

macht das wenig Spaß, gnädige Frau. Da sitzen auch die Tränen viel lockerer. Das geht Ihren nicht anders als meinem Lottchen. Und sparen – wenn ich das Wort schon höre, kriege ich eine Wut. Jetzt will die Regierung, wenn unsereins nicht Granaten drehen geht, die paar Groschen Familienunterstützung streichen. Natürlich nur bei uns einfachen Soldatenfrauen. Wenn der verdammte Krieg bloß ein Ende hätte!»

«Aber Frau Schulz, erst müssen wir doch siegen!»

«Ach, siegen oder nicht, ist mir doch ganz egal. Mein Willi und ich – wir haben beim Franzosen nichts verloren. Hauptsache, unsere Männer sind bald heil und gesund wieder da. Dann hört das Hungern von allein auf, habe ich recht?»

«Na ja, von Ihrem Standpunkt aus...», lenkte meine Mutter vorsichtig ein.

Solche freundlichen Schwächen gestattete sie sich nicht, wenn uns Verwandte besuchten. In den eigenen Wänden klangen ganz andere Töne: «Ein Hundsfott, wer streikt, solange unsere Heere vor dem Feinde stehen.» Dieser Kernsatz aus dem Aufruf meines Großvaters Kessel als Gouverneur von Berlin und Oberkommandierender in den Marken bestimmte den Grundtenor «familienoffizieller» Gespräche.

Die Bevölkerung dachte anders darüber, und die Unruhe nahm zu. Januarstreik und Frühjahrsoffensiven an der Westfront, das Friedensdiktat von Brest, die sich abzeichnende militärische Niederlage Deutschlands oder gar die Oktoberrevolution in Rußland – all das waren Ereignisse, die selbstverständlich keinen Eingang in meine kindliche Welt fanden. Aber auch meiner Mutter dürfte kaum klargewesen sein, daß da ihre festgefügte Welt von Werten im Begriff war, zusammenzubrechen.

Als Mitte Oktober 1918 Tausende Arbeiter vor dem Reichstag demonstrierten und den Sturz der Regierung forderten, hielt sie das offenbar für nicht mehr als ein sehenswertes Schauspiel.

«Morgen», sagte meine Mutter, «fahren wir Unter die Linden, die Roten sollen gegen den Kaiser und die Offiziere meutern. Ich will mir das mal ansehen, und ihr könnt mitkommen.»

«Au fein», freute sich Ulle, «das wird interessant.»

In unbegreiflichem Leichtsinn und offensichtlich nicht fähig, sich vorzustellen, daß deutsche Menschen es wagen, an dieser für sie einzig berechtigten Ordnung zu rütteln, fuhr meine Mutter mit uns zum Potsdamer Platz. Gänzlich abwegig war ihr wohl der Gedanke, die Macht- und Ordnungshüter könnten jemals nicht Herr der Situation sein.

Der Ausflug wurde interessanter, als uns lieb war. Wir gingen durch das Brandenburger Tor, über den Pariser Platz. Er schien menschenleer, ebenso wie die breite Straße Unter den Linden. Nur ein Arbeiter kam geradewegs auf uns zu. Er riß Ulle die Matrosenmütze vom Kopf, entfernte von dieser das schwarze Band mit der goldenen Aufschrift «S. M. S. Hohenzollern» und knallte ihm die Kopfbedeckung wieder auf seinen blonden Schopf.

«Hat sich was mit Seiner Majestät Schiff! Aus ist es mit den Hohenzollern! Das merke dir, Bürschchen! Und Sie, meine Dame, sollten schnellstens verschwinden, hier ist dicke Luft für solche wie Sie.»

Jetzt hatte meine Mutter begriffen und trat schleunigst den Rückzug mit uns an. Zu allem Überfluß behauptete ich noch, an meinem Ohr sei eine Kugel vorbeigezischt. Das brachte mir heftige Schelte wegen alberner Phantasterei ein.

So erlebte ich die Vorboten der Novemberrevolution. Der eigentliche Sturm, der über Deutschland hinwegbrauste, berührte unseren Lebensstil wenig. Freilich, wir Kinder durften einige Tage nicht auf die Straße. Trotzdem wurde es uns zu Hause nicht langweilig. Im Gegenteil: Unser einförmiger Alltag belebte sich, häufiger als sonst kam Besuch.

Niemand ermahnte uns, einen tieferen Knicks oder ordentlichen Diener zu machen und den Handkuß nicht zu vergessen. Das schien mit einemmal alles nebensächlich geworden zu sein. Auch die von mir heißgeliebte Tante Elsa, meines Vaters Schwester aus Potsdam, schaute bei uns rein. Sie, die sonst immer so lustig war, sah ebenso ernst aus wie unsere Mutter. Selbst bei ihrem Besuch wurden wir aus dem Zimmer geschickt. Das war neu und entfachte um so mehr meine Neugierde. Ich mußte einfach lauschen.

«Daysichen, hast du neue Nachrichten von Ollo?» fragte die Tante.

«Viel Gutes nicht. Vorläufig hat er noch mit Abwicklungsarbeiten zu tun, was dann werden soll, weiß der liebe Himmel.

Die Roten, diese Bande, würden uns ja am liebsten alle umbringen», hörte ich meine Mutter sagen.

«Na, Noske, Ebert und Scheidemann scheinen sich ja alle Mühe zu geben, die Zügel in die Hand zu bekommen, natürlich sind sie mir ebenfalls gräßlich, aber sie brauchen uns gegen die Bolschewisten. Wenn die erst erledigt sind, wird sich für Ollo schon eine Stellung finden, wenn er nicht überhaupt Offizier bleibt», antwortete die Tante zuversichtlich.

Ulle ging es zwar gegen seine Jungenehre zu lauschen, doch was ich gehört hatte, wollte er trotzdem gern wissen. «Mami behauptet, die Roten wollen uns alle umbringen, und Tante Elsa meint, Papa bleibt vielleicht nicht Offizier, er würde schon eine andere Stellung finden.»

«Ach, red keinen Unsinn!» rief Ulle empört. «Papa wird General wie unsere beiden Opas. Er wird niemals so ein spießiger Zivilist!» Das konnte ich mir auch nur schwer vorstellen.

Beim Abschied fragte ich die Tante: «Können wir euch nicht bald einmal wieder in Potsdam besuchen?»

«Ach, bleib man lieber hier», riet sie, «die Zeiten sind so unsicher, man traut sich ja kaum auf die Straße.»

Ein paar Tage darauf hörten wir die Mutter im Schlafzimmer weinen. Entsetzt sahen Ulle und ich uns an. Daß sie zornig werden konnte und ein lockeres Handgelenk besaß, hatten wir schon oft erlebt. Aber weinen? Nie! Vorsichtig öffneten wir die Tür. «Mami, was ist denn?»

Die Mutter trocknete sich die Tränen.

«Ach Kinder, das versteht ihr nicht. Der Kaiser ist geflohen. Die Roten, diese Schweinehunde, haben ihn sicher dazu gezwungen. Sonst hätte er uns nie im Stich gelassen. Wenn mein Vater noch lebte, wäre das nicht passiert.»

Großvater Kessel war im Mai des gleichen Jahres einem Herzschlag erlegen. Meine Mutter, die viel von seinem Temperament geerbt hatte, war überzeugt, ihr Vater hätte die Flucht des Kaisers und damit den Untergang der Monarchie verhindert. Ein anderes Glück für das Vaterland konnte sie sich nicht vorstellen. Jetzt brauchte sie ein Ventil für die Schrekkensnachricht von der Flucht Seiner Majestät. Wie immer in solchen Fällen rief sie Tante Dodo Seeckt, die Frau des Generals Hans von Seeckt und späteren Chefs der Reichswehr, an. Das Telefon war für die nächste halbe Stunde blockiert.

Zu Weihnachten kam der Vater nach Hause und fuhr im neuen Jahr in Uniform nach Stettin, um dort weiter abzuwickeln. Es war mir schleierhaft, was das für eine «Wickelei» sein könnte, aber ich traute mich nicht zu fragen, da anscheinend alle anderen es verstanden.

Ulle triumphierte: «Siehst du, ich habe es doch gleich gesagt, Papa bleibt Offizier!»

Im Laufe des Januar hellten sich die Mienen der Mutter und unserer Verwandten und Bekannten etwas auf. Aus den Gesprächen war ein zuversichtlicher Ton herauszuhören.

Die Mutter telefonierte wieder einmal.

«Hast du schon gehört mit der Luxemburg und dem Liebknecht? ... ist ja nicht gerade schön, die Art und Weise, aber haben es nicht besser verdient ... Kugel viel zu schade, hast du vollkommen recht.»

Sie schien sich mit der Tante am anderen Ende der Telefonstrippe einig, daß man mit den Roten aufräumen müsse.

«Mami, was ist denn passiert?» fragte ich.

«Du sollst nicht immer so neugierig sein! Nichts Besonderes, zwei von den Roten haben sie umgebracht, Vaterlandsverräter, haben nichts weiter zu erwarten.»

Dann sind die «Roten» wohl alle Vaterlandsverräter, dachte ich, und das ist etwas ganz Schreckliches.

Beim Lesenlernen hatte ich oft versucht, die schwarz umrandeten Todesanzeigen mit dem Eisernen Kreuz in der Ecke zu entziffern. «Mit Gott für Kaiser und Reich» waren die Väter, Brüder und Söhne auf dem «Felde der Ehre» gefallen. Nun war der Kaiser, ihr oberster Kriegsherr, geflohen und bei mir restlos erledigt. Nie wieder würde ich mit seinem Kuß prahlen. Das Reich war dasselbe wie das Vaterland. Es schien mir sehr groß. Bansin mit dem weißen Strand gehörte ebenso dazu wie Kreuth in Bayern mit den hohen Bergen, wohin wir einmal mit der Großmutter gereist waren. In Ostpreußen und Schlesien lagen die ausgedehnten Güter von Mamis Verwandten. Dieses deutsche Vaterland mußte man verteidigen gegen böse Feinde. Das war selbstverständlich. Die einen starben dafür, die Roten verrieten es. Sie mußten wirklich sehr schlechte Menschen sein! Da konnte keine Strafe hart genug sein, das sah ich ein.

Ulles Triumph war nicht von langer Dauer. Mein Vater zog schweren Herzens die Uniform aus und schlichtes Zivil an. Einige Monate trabte er als Vertreter einer Margarinefirma treppauf, treppab, dann verhalfen ihm die guten Beziehungen in unseren Kreisen zur Stellung eines Personalchefs der Stettiner Filiale der Dresdner Bank. Nun bekleidete er einen Posten, der ihn befriedigte und uns materiell sicherte.

Diese zivile Tätigkeit meines Vaters in Stettin, wohin wir übersiedelten, machte mir klar, daß der Krieg endgültig vorbei war. Daß wir ihn außerdem verloren hatten, wurde den «Roten» in die Schuhe geschoben. Kam die Rede auf die alten, bekannten Regimenter, die gefallenen oder überlebenden Offiziere, wurde nur über ihre Siege und die dafür verliehenen Auszeichnungen gesprochen.

Die Revolution war Gott sei Dank glimpflich überstanden, wenn Deutschland jetzt auch bedauerlicherweise eine Republik und keine Monarchie mehr war. Der Zorn über die Flucht des Kaisers hatte sich schnell gelegt. Jede Nachricht vom Befinden Seiner Majestät und der anderen Mitglieder des kaiserlichen Hauses wurde begierig aufgenommen und weitergegeben. Unausgesprochen schwelte in sämtlichen Unterhaltungen der Gedanke an Revanche.

Ich besuchte nun das Lyzeum «Friedenshof» in Stettin. Dort wurde die Erziehung von streng christlichen Grundsätzen bestimmt. Die erste Stunde an jedem Montag war dem Religionsunterricht gewidmet, der wesentlich eindrucksvoller verlief als in Berlin. Meinem nüchternen Sinn wollte es allerdings trotzdem nicht einleuchten, daß der liebe Gott alles Geschehen auf der Erde mit unendlicher Güte lenkt. Man brauche ihm nur zu vertrauen, dann sei man wohlgeborgen. Ich fühlte mich durchaus nicht «wohlgeborgen» bei der schwankenden Stimmung meiner Mutter, die, meiner Meinung nach, meinen Bruder stets vorzog, wenn es galt, Streit zwischen uns zu schlichten.

Noch mehr als diese persönliche Erfahrung ließ mich der erschütternde Anblick eines Kriegsversehrten ohne Beine an der Gerechtigkeit Gottes zweifeln. Auf einem dicken, quadratischen Brett, das von vier kleinen, stabilen eisernen Rädern getragen wurde, stieß sich der arme Mann mit zwei kurzen Stöcken durch die Straßen Stettins. Zwischen seinen Beinstümpfen lagen Schnürsenkel und Streichhölzer, die er mit einem jammervollen Blick und gequetschter Stimme von unten den Passanten zum Kauf anbot. Ich hatte schon eine ganze Sammlung von Schnürsenkeln, weil ich es nicht fertigbrachte, achtlos an ihm vorbeizugehen.

Zu wissen, daß es im Kriege schreckliche Verwundungen gab, die mit Fassung zu ertragen seien, gehörte zu meiner preußischen Erziehung. Aber daß der angeblich Allmächtige dem armen Mann nicht einmal zu einem anständigen Rollstuhl verhalf, bestärkte mich in meinen Zweifeln. Und der Krüppel sollte dem lieben Gott dankbar sein und ihm vertrauen? Das war doch wohl zuviel verlangt!

Dabei war ich mir meiner «ketzerischen» Ansichten keineswegs sicher. Drückten sie nicht vielleicht eine sehr kleinmütige Denkungsart aus? Konnte ich keine erhabenen Gefühle empfinden? Solche Gedanken brachten mich jeden Montag beim Religionsunterricht in schwere Konflikte. Keine meiner Mitschülerinnen stimmte mir zu, wenn ich meine Bedenken leise andeutete. Also war ich wohl eine Ausnahme, und eine sehr schlechte.

Diese Spannung löste sich eines Abends in einem Tränenstrom auf, als meine Mutter zum Nachtgebet an mein Bett kam. Vater wurde hinzugeholt, der Bruder befragt, sie fanden den Grund nicht. Ich war zu feige, die Wahrheit zu sagen. Aus meinem Schluchzen und Stottern entnahmen sie nur etwas vom Religionsunterricht. Es blieb meiner Mutter nichts anderes übrig, als mit der Lehrerin zu sprechen und mich für einige Zeit vom Religionsunterricht zu befreien.

Nach den Sommerferien hatten sich meine Nerven beruhigt, und ich gewann die Erfahrung, daß ich aus dem Weinen gar nicht herauskäme, wollte ich jede Ungerechtigkeit mit Tränen begießen. Der kindliche Ausbruch aus der Konvention war beendet, ich wurde wieder das brave Schulmädchen, das alle Gesangbuchverse, Psalmen und Bibelsprüche nachplapperte. Das verirrte Schaf hatte heim zur Herde gefunden.

Mein Schulweg führte an der Bismarck-Oberrealschule vorbei, die nur von Jungen besucht wurde. Ständig gab es Nekkereien zwischen ihnen und uns Lyzeumsschülerinnen. Eines Tages kam ich ziemlich zerrupft und mit einer Beule am Kopf nach Hause.

«Was ist denn mit dir los? Wie siehst du aus? Der Rock

eingerissen, der Riemen von der Mappe kaputt, was soll das heißen?» fragte meine Mutter streng.

«Ach, Mami, die Jungen von der Bismarck-Schule waren wieder so frech. Der eine sagte zu mir: ‹Ich weiß, du bist doch so ein adliges Gör vom Major!›

‹Und dein Vater ist sicher ein Sozi!› habe ich geantwortet, und dann haben wir uns mächtig geprügelt. Dabei ist das passiert, aber ich habe gesiegt!» erzählte ich stolz.

Mein Vater war hinzugekommen. «Ist recht, Katerchen, immer wehr dich», lobte er mich.

Meine Mutter besah sich wortlos den Schaden.

Einen Tag vor meinem Geburtstag fragte ich die Lehrerin erstaunt, ob morgen nicht schulfrei sei wie bisher immer.

«Aber Kindchen», antwortete sie mit traurigem Lächeln, «wir haben doch eine Revolution gehabt. Nun feiern wir den ‹Sedan-Tag›, diesen großen Sieg über die Franzosen achtzehnhunderteinundsiebzig, leider nicht mehr.» Das war eine Schattenseite der Revolution, die mir ernsthaft mißfiel.

Sonst veränderten Krieg und Revolution unsere Erziehung nicht im geringsten. Ich lernte, welcher Fürst mit «Durchlaucht» und welcher mit «Erlaucht» anzureden war, welchem Hohenzollernprinzen ich mit «Kaiserliche Hoheit» und welchem mit «Königliche Hoheit» zu antworten hatte, falls er so gnädig war, mich auf einem Traditionsfest des 1. Garderegiments zu Fuß anzusprechen, oder wie ich mich gegenüber den Prinzessinnen auf einem Fest des Luisenbundes verhalten mußte. Werte bürgerlich-humanistischer Bildung wurden lediglich als dekorative Blumen in den goldenen monarchistischen Kranz gewoben, wenigstens soweit sie dazu brauchbar waren. Aber der Name Heinrich Heine fiel zum Beispiel nie. Es galt die alte Regel, daß ich, nur ein Mädchen, meinem Bruder zu gehorchen habe. Da ich außerdem jünger und gesundheitlich stabiler war, artete das oft darin aus, daß ich ihn bedienen mußte. Unter diesen Umständen konnte man unser Verhältnis durchaus nicht immer harmonisch und herzlich nennen, doch es gab eine Art Solidarität zwischen uns. In ernsten Situationen konnte ich mich immer auf meinen Bruder verlassen, wenn er auch seine Vorrechte weidlich genoß.

Die Ferien verlebten wir wie bisher auf den verschiedensten Gütern von Verwandten und Freunden der Eltern. Auf dem

Gut ihrer besten Freundin, Frau von Grumme-Douglas, einer Tochter des Grafen Douglas in Ralswiek auf Rügen, ergänzte meine Mutter mit Strenge jene Seiten unserer standesgemäßen Erziehung, die das Einkommen eines Personalchefs der Dresdner Bank sonst nicht zuließ. Reitstunden waren ein zu teurer Spaß. Selbst eine begeisterte Reiterin, sollten auch ihre Kinder im Sattel perfekt sein.

Das elterliche Erziehungsprogramm ließ ich – ebenso wie das schulische – widerstandslos über mich ergehen. Die Gedanken an meine Zukunft verdrängte ich weitgehend, obwohl ich die Pläne meiner Mutter kannte. Sie waren meinem Wesen so fremd, daß ich mich trotz ständiger mütterlicher Anspielungen kaum angesprochen fühlte. Eines Tages allerdings kam es zur Explosion – zu einem Gewitter, das sich als reinigend erweisen sollte.

Der erste Winter in Stettin stellte sich mit rauhem ungemütlichem Wetter frühzeitig ein. Auf dem eisernen Ofen im Wohnzimmer summte leise das Wasser im großen, blauen Emaillekessel. Es war Zeit für uns Kinder, schlafen zu gehen. Ich kam herein, um das Wasser zu holen und mußte niesen. Meine Mutter schalt: «Du niest wieder wie ein Kutscher! Ich sag es ja, aus dir wird nie eine Hofdame!»

Dieser so oft gehörte Vorwurf war mir schon lange zuwider, plötzlich aber unerträglich. Mit lautem Knall schleuderte ich den Kessel mit dem kochenden Wasser auf den Fußboden und schrie wütend: «Und ich *will* auch keine Hofdame werden!»

Hofdamen waren für mich eine Art schrecklicher Maschinen. Immer kerzengerade sitzend, ermahnten sie allein durch ihr Vorbild beständig zur Nachahmung. Niesen? Undenkbar wie jede andere natürliche Regung. Ein lebendiges Anstandsbuch für bessere Stände, und das vom Aufstehen bis zur Nachtruhe. Keine Frage für mich, daß sie sein mußten, und sicher gab es Geschöpfe voller Tugend und Zucht, die sich glücklich fühlten bei solcher Form der Auszeichnung. Ich hingegen – ein Blick auf meine insgesamt mäßigen Zensuren machte mir klar, wie weit ich vom Ideal dieser züchtigen Erzengel entfernt war, und die Angst stieg mir in den Hals, wenn ich daran dachte, wieviel Anstrengung und Selbstverleugnung es mich kosten würde... Der groteske Anachronismus, in einer bürgerlichen Republik

Hofdame zu sein, wurde mir hingegen nicht einmal andeutungsweise bewußt.

Die Eltern waren starr ob meiner Widersetzlichkeit. Ich sah entsetzt, wie sich das Wasser in Windeseile über das Parkett ausbreitete, unter den Teppich und das Sofa ergoß, und rannte hinaus in die Küche, an den molligen Busen von Klara, unserem Hausmädchen.

«Aber Kindchen, Kindchen, was ist denn bloß, warum heulst du denn so?» fragte sie.

«Ich hab den blauen Kessel hingeschmissen, das ganze Zimmer schwimmt!»

«Na ja, er ist eben zu schwer für dich», tröstete sie.

«Nein, ich hab ihn vor Wut hingeknallt, weil ich keine Hofdame werden will! Das geht auch gar nicht, wo ich eine Drei in Französisch habe. Ich bin doch nur ein ganz gewöhnliches Kind», schluchzte ich.

«Ich werde schnell hingehen und aufwischen», sagte Klara.

«Nein, gib den Lappen und den Eimer, sonst bin ich feige, und es gibt noch mehr Krach», sagte ich.

Wir wunderten uns, kein zorniges Rufen der Mutter zu hören. Klopfenden Herzens schlich ich an die Wohnzimmertür. Es war so eigenartig still. Da hörte ich des Vaters Stimme: «Nun laß sie endlich in Ruhe mit diesem Unsinn. Du siehst doch, daß du sie todunglücklich machst damit.»

Am liebsten wäre ich dem Vater um den Hals gefallen. Meine Mutter hatte schon das Sofa beiseite geschoben und den Teppich hochgeklappt. Sie sagte kein Wort. Das Parkett hatte ganz helle Stellen bekommen.

Das Thema «Hofdame» war ein für allemal erledigt, wenn der Plan auch gar nicht so unreal war. Große und kleine Fürsten, besonders die Hohenzollern, führten trotz des verlorenen Krieges und Thrones ihre Hofhaltungen fast im alten Stil weiter, mit Kammerherren und Hofdamen. Hier sah meine Mutter den idealen Platz für mich, an dem sich am ehesten eine «gute Partie» einfädeln ließ.

In der Schule plagte mich oft das Gefühl, daß ich meine leidlich guten Zeugnisse zum Teil dem Ansehen meiner zwei Generals-Großväter zu verdanken hatte. Ich wäre am liebsten jedesmal unter die Bank gerutscht vor Verlegenheit, wenn Lehrer einen von ihnen rühmend erwähnten.

Keine Jungmädchengeheimnisse

Im Frühjahr 1920 konnte eine Lehrerin nicht umhin, mich zur Ordnung zu rufen und mir das Getuschel mit meiner Nachbarin zu verbieten. Es fiel mir schwer, mich zu beherrschen und Trudi erst während der Pause in der abgelegensten Ecke des Schulhofes von den maßlos aufregenden Ereignissen der letzten Nacht zu berichten. Zwar hatten die Eltern streng verboten, darüber zu sprechen, aber Trudi hieß ja schließlich Kapp und war die Nichte des berühmten Generallandschaftsdirektors. Ihr mußte ich doch erzählen, daß sich Verwandte von uns, Gutsbesitzer aus Schlesien, wegen ihrer führenden Rolle am mißglückten Kapp-Putsch bei meinen Eltern verborgen hielten, um einer Bestrafung zu entgehen.

Die Freude im Familien- und Bekanntenkreis war groß gewesen, als alles so gut begann. Die Regierung mit Ebert an der Spitze war ohne Widerstand dem militärischen Handstreich gewichen. Aber weder wir noch der sich selbst als Reichskanzler einsetzende ehemalige Generallandschaftsdirektor Kapp noch die Freikorpsführer Lüttwitz und Ehrhardt, schuldig an der Ermordung von Rosa Luxemburg und Karl Liebknecht, hatten mit dem Widerstand der Arbeiter gerechnet. Ein Generalstreik fegte den Spuk in drei Tagen hinweg. Statt in ein Berliner Ministerium einzuziehen, mußten sich nun der Onkel und die Tante bei uns verstecken. Sie wollten wie Kapp und Lüttwitz nach Schweden fliehen. Um die Überfahrt zu ermöglichen, mußten erst falsche Pässe beschafft werden. Für uns Kinder waren die beiden natürlich keine «Kapp-Putschisten», sondern edle Flüchtlinge, die man zu Unrecht verfolgte. Zunächst ging das elegante Ehepaar nur nachts an die Luft. Diese interessante Vorsicht wurde ein paar Abende geübt, dann trauten sie sich auch am Tage hinaus. Beide setzten sich dunkle Brillen auf, selbst wenn keine Sonne schien.

Das ernüchterte mich ein wenig in meiner Beurteilung der Gäste, denn ein so auffälliges Verhalten schien mir ausgemachte Dummheit. Wenn ich Polizist wäre, hätte ich das schon längst gemerkt und sie geschnappt, dachte ich. Aber die Polizei schien blind zu sein, und der Onkel und die Tante fühlten sich von Tag zu Tag sicherer. Sie scheuten das Zusammentreffen mit den Hausbewohnern nicht mehr. Der Herr

Reichsbahnpräsident Pauly und der Herr Oberpostdirektor Müller kamen jetzt öfter als sonst zu den Eltern. Doch kein munteres Geplauder bei einem Glase Wein drang wie sonst aus dem Salon, sondern zu meiner Enttäuschung wurden die Gespräche in gedämpftem Ton geführt. Es war unmöglich, etwas zu erlauschen.

So konnte ich meiner Freundin Trudi Kapp nur eines Tages von der Abreise der Verwandten berichten und kurz darauf von der glücklichen Ankunft der Flüchtlinge in Schweden. Schon sehr bald kehrten sie unbehelligt auf ihr Gut in Schlesien zurück.

Ich kann mich entsinnen, daß ich mich damals, älter geworden und schärfer beobachtend, darüber wunderte, auf verschiedenen Gütern merkwürdigen Typen junger Männer zu begegnen. Die meisten von ihnen waren adlig. Sie saßen mit uns bei Tisch, manche wurden geduzt und andere nicht. Ihr scheinbar verwandtschaftliches Verhältnis zur Familie des Gutsherrn blieb ebenso im dunkeln wie ihre Tätigkeit, die mit «zweiter Beamter» oder «Forstassistent» umschrieben wurde. Alle trugen «Breeches», auf deutsch Reithosen mit ledernem Hosenboden, und Wickelgamaschen. Auch die Jacke verriet oft noch ihre Herkunft aus «besseren» Zeiten, nämlich den militärischen.

Eine geregelte Tätigkeit dieser Herren war nicht zu erkennen. Ob zum Tennisspielen oder zu plötzlichen Ausfahrten, sie hatten Muße dafür. Manchmal waren sie allerdings plötzlich spurlos verschwunden. An den fraglichen Tagen wurde uns die Kiesgrube, unser beliebter Spielplatz, wegen Einsturzgefahr verboten. Eigenartigerweise klangen dann Schüsse aus der Richtung. Wenn sonst jeder nicht erklärbare Schuß beim Gutsherrn eine wilde Aufregung und entsprechende Nachforschungen nach dem vermeintlichen Wilddieb zur Folge hatte, in solchen Fällen schienen alle gleichermaßen taub zu sein. Fragten wir Kinder: «Wer knallt denn da?», hieß es kurz: «Der Förster schießt nur seine neue Flinte ein», oder «da wird geübt zur Jagd».

Ausreden, das merkten wir sofort und sprachen gerade deshalb kein Wort mehr darüber in dem stolzen Gefühl, ein Zipfelchen einer wichtigen, geheimen Angelegenheit gelüftet zu haben und gleichsam Mitverschworene zu sein.

Nach einigen Stunden oder Tagen tauchten die verschwundenen Jünglinge wieder auf, noch munterer als zuvor. Es hallten keine Schüsse mehr, und die Kiesgrube stürzte nicht mehr ein.

Auf den Gütern unserer Standesgenossen führte die «Schwarze Reichswehr» in aller Heimlichkeit ihre Übungen durch, um bei Vergrößerung des Hunderttausend-Mann-Heeres schlagartig mit militärischen Fähigkeiten aufzutauchen. Dieser zunächst verborgene und dann offene Bruch des Versailler Vertrages wurde in unseren Familien freudig begrüßt.

Zu den Festtagen kamen die Großmutter und Tante Elsa stets für längere Besuche nach Stettin. Jetzt stand weder ein Festtag noch ein Geburtstag bevor, und doch führte die Mutter nicht enden wollende Ferngespräche mit der Tante. Der Vater mahnte: «Daysi, mach es kurz, denk an die Rechnung.»

«Ja, ja, Ollo», meinte meine Mutter – niemand nannte meinen Vater bei seinem vollen Vornamen Karl-Olof –, «aber man muß schließlich im Bilde sein, wer alles kommt. Elsa ruft morgen noch mal an. Sie wird sich beim guten Dommes erkundigen. Als Vermögensverwalter der Hohenzollern wird er ja genau wissen, wie die Beisetzung der armen Kaiserin vor sich geht. Sicher müssen wir übermorgen schon fahren.»

Jetzt wurde mir alles klar. Deshalb wurden des Vaters Orden geputzt, die Uniform und das schwarze Kostüm der Mutter auf dem Balkon ausgebürstet und gelüftet. Die Kaiserin war am 11. April 1921 in Doorn gestorben, und die Eltern fuhren zur Trauerfeier nach Berlin. Über ein großes feierliches Begräbnis, selbst für eine entthronte Kaiserin, wunderte ich mich nicht. Daß aber so viele Menschen aus unterschiedlichen Kreisen zutiefst bewegt schienen durch ihren Tod, setzte mich in Erstaunen. Ob der Kaufmann an der Ecke, die Milchfrau oder die Briefträgerin, alle sprachen davon.

Der verlorene Krieg, das schwere Schicksal Deutschlands und besonders das der Hohenzollern hätten ihr das Herz gebrochen, hieß es. Vielleicht wäre auch ich von Rührung erfaßt worden, wenn ich an eine gramgebeugte, leidende Kaiserin im Purpurmantel hätte denken können, eine abstrakte heroische Muttergestalt aus einer Geschichte, die mit «es war einmal» anfängt. Dergleichen mitleidvolle Kinderphantasie blieb mir versagt, denn ich sah sie noch allzu konkret in Bellevue vor mir: eine unwahrscheinlich üppig gerundete Oma, die im hellgrauen Seidenkleid ihren kleinen Enkeln half, die im Park versteckten Süßigkeiten zu suchen. Ausgesuchte Schätze übrigens, die – ganz im Gegensatz zur Kaiserin – nun tatsächlich aus dem Märchen zu stammen schienen, und zwar aus jenem vom Schlaraffenland. Mitten im Kriege!

Hinter dem Eifer, mit dem sich meine Eltern den Reisevorbereitungen widmeten, spürte ich mehr als nur Trauer. Zwar waren ihre Gesichter sorgsam in ernste Falten gelegt, aber die Freude auf die Abwechslung, das Wiedersehen mit Bekannten und Verwandten, die nach 1918 zum Teil ebenfalls in alle Richtungen des Reiches davongewirbelt waren, konnten sie nicht verbergen. Mir schien das in Ordnung zu sein, wurde dadurch doch unser kindliches Vergnügen an den kommenden nicht so streng beaufsichtigten Tagen legitimiert. Kartoffelpuffer würden wir in der Küche essen – Vater mochte sie nicht –, Freundinnen würde ich nach den Schularbeiten besuchen – Ulle seine Schulkameraden, die Söhne des Generals von Frankenberg, und Klara hoffte auf den ungestörten Besuch ihres Liebsten.

Nein, besonders traurig konnte ich das Schicksal der Kaiserin nicht finden. Eine Großmutter stirbt eben zuweilen, und bei dieser geschah es in einem Schloß. Sie dürfte wohl ein prachtvolles Grab erhalten, an dem sich viele, viele festlich gekleidete Menschen – darunter auch mein Vater mit seinen blitzenden Orden und Spangen – versammeln würden. Wenn ich dagegen an den Mann unserer Portiersfrau dachte: Vater Schulze, der sicher noch schlechter Französisch konnte als ich und gar nicht wußte, was er gegen die Franzosen haben sollte, war nach Frankreich gezogen und in Frankreich geblieben.

Mutter Schulze hätte mich damals im letzten Kriegsjahr – kurz nach der Todesnachricht – beinah hinausgeworfen, als ich Lottchen mit einem Rest kaiserlicher Süßigkeiten beglücken wollte. Auch daß Vater Schulze nun ein Held war, schien sie nicht sonderlich zu trösten. Sein Grab würde sie nie zu Gesicht bekommen. Dagegen hatte es Auguste Victoria im Krieg und danach doch recht gut getroffen.

Erst viel später wurde mir klar, daß die rührselige Legende vom unverdient harten Exilschicksal der kaiserlichen Familie eine offenbar nicht wirkungslose Ergänzung der Legende vom

«Dolchstoß» der Roten darstellte, der das siegeszuversichtliche deutsche Kaiserrreich angeblich so tragisch hatte zusammenbrechen lassen.

Angeregt kehrten die Eltern von ihrer Reise zurück. Bekannte sagten sich an, die sich eingehend über die Trauerfeier berichten ließen. Durch die Teilnehmer aus allen Ecken Deutschlands war unerschöpflicher Gesprächsstoff zusammengekommen. Die Gäste interessierten sich einerseits für die Familiennachrichten, welcher Prinz, welche Prinzessin demnächst heiraten würden, andererseits aber auch für die Frage, was die hohen Persönlichkeiten zu der sich anbahnenden Inflation sagten. Jedoch dic fürstlichen Großgrundbesitzer und Angehörigen der Hochfinanz hatten taktvoll zu dieser Entwicklung geschwiegen, an der sie recht einträglich verdienen konnten. Über einiges wurde eben nur im engsten, vertrauten Kreise gesprochen und selbst dann nicht laut.

Der unvornehm denkende Plebs hätte möglicherweise nicht verstanden, weshalb die Regierung einer bürgerlichen Republik einem geflohenen Kaiser seine «Privatschatulle» – Gold, Silber und viele Millionen in bar – generös nachsandte. In sechzig wohlgefüllten Eisenbahnwaggons! Und vielleicht gab man heimlich sogar zu, daß das gar nicht zu verstehen war. Für mich waren das damals Themen, die mich wenig aufregten. Bruchstückhaft erreichten sie mich, ein Urteil wurde mir nicht abverlangt, und welches zwölfjährige Kind zieht schon die elterliche Autorität in allen Fragen des Lebens in Zweifel.

Mag es vielleicht für das eigene gesellschaftliche Ansehen eine gewisse Beruhigung gewesen sein, daß die Hohenzollern nach der Thronentsagung ebensowenig finanzielle Sorgen hatten wie vorher – das kleine Vermögen meiner Eltern schmolz dahin wie Schnee in der Sonne. Die Preise stiegen schneller als die Gehälter. Ein Gefühl der Unsicherheit ergriff allmählich selbst so relativ gut gestellte Gehaltsempfänger wie meinen Vater.

Für das viele Geld nur Pflaumen

Die Zustände waren wirklich toll. Ich kam aus der Schule. Meine Mutter wartete schon auf mich. «Papa hat angerufen, renn so rasch du kannst zu ihm. Er bekommt jetzt dreimal in der Woche Gehalt. Du holst das Geld und läufst sofort zum Kaufmann. Hier hast du den Zettel, auf dem steht, was du dafür mitbringen sollst. Ich gebe dir meine große Handtasche, in ein Portemonnaie paßt das viele Geld ja heutzutage nicht mehr rein.»

Das war ein Auftrag nach meinem Geschmack. Wie ein Blitz sauste ich die Arndstraße bergab, die Friedrich-Karl- und Kaiser-Wilhelm-Straße hinunter zur Innenstadt, in der die Dresdner Bank lag. Ganz außer Atem kam ich beim Vater an.

«Na, Katerchen, nun verpuste dich man erst», sagte er, «so kannst du nicht gleich wieder loslaufen.»

«Aber Papa, ich muß zurück, sonst bekomme ich nicht mehr so viel beim Kaufmann, wie Mami aufgeschrieben hat», protestierte ich.

«Das schaffst du sowieso nicht, es ist ja gleich zwölf, da wird der neue Dollarkurs bekanntgegeben», antwortete Vater zu meinem Schrecken.

Vielleicht ändert der Kaufmann die Preise nicht sofort, hoffte ich, stopfte die Milliarden- und Billionenscheine in die große Tasche und rannte los, so schnell ich konnte. Das letzte Ende der Arndstraße führte jetzt bergauf, das Blut pochte mir in den Schläfen. Auch andere Kunden eilten in den Laden, das beflügelte mich. Als ich in der Käuferschlange an der Reihe war, konnte ich immer noch kein Wort herausbringen. Ich gab dem Kaufmann den Zettel und die Handtasche mit dem Geld. Er zählte und zählte und sah mich bedauernd über die Brille hinweg an: «Tja, mein Kind, unterdessen ist der neue Kurs raus. Ich kann dir höchstens fünf Pfund Pflaumen geben, für alles andere reicht dein Geld nicht.»

Entsetzt sah ich ihn an. Ich war völlig erschöpft. Mir kamen die Tränen. Für das viele, viele Geld nur Pflaumen?

«Nun weine man nicht gleich. In zwei Tagen erhält dein Vater ja schon wieder Geld, da mußt du eben ein bißchen eher hier sein, dann bekommst du auch noch Brot und Margarine», versuchte er mich zu trösten.

«Ich kann doch nicht eher, ich hab Schule», piepste ich.

«Ach, was heißt Schule in diesen Sauzeiten, Brot ist wichtiger!» meinte er, und die Umstehenden brummten zustimmend.

Ich beruhigte mich etwas, seufzte tief auf und nahm die Tasche mit den blauen Pflaumen in den Arm. Ganz langsam und todmüde ging ich damit über die Straße. Ob die Mutter schimpfen würde? Ich konnte wirklich nicht schneller laufen. Aber zu meinem Erstaunen war sie gar nicht böse. Es schien, als ob ernstere Sorgen und andere Gedanken sie beschäftigten.

«Wir essen eben zwei Tage Grütze mit Pflaumen, schmeckt auch ganz gut», war ihre Lösung. «Das nächste Mal müssen wir noch besser aufpassen. Dieser wahnsinnige Zustand kann ja nicht mehr lange dauern. Kommt alles von der verdammten Streikerei. Wenn nicht gearbeitet wird, wird das Land immer ärmer.»

Oft hatte ich die Eltern auf die streikenden Arbeiter schimpfen hören. Die Lehrerin in der Schule schien der gleichen Meinung zu sein. So konnte ich mir nicht erklären, wozu ein Streik gut sein sollte. Die Arbeiter wollten mehr Geld verdienen. Wenn sie nicht arbeiteten, bekamen sie doch weniger?

Inflationsepisoden wie diese sind Legion gewesen – jeder, der die Zeiten miterlebt hat, kann ähnliches berichten. Ich selbst hatte als wohlbehütete höhere Tochter natürlich keine Ahnung von den Lebensumständen all jener, deren Einkommen wesentlich niedriger ausfiel als das Gehalt eines Personalchefs der Dresdner Bank. Bittere materielle Not war es sicher nicht zu nennen, was uns heimsuchte. Dennoch hatte diese Zeit für mich etwas Unheimliches. Das so sichere Dach, unter dem ich zu leben gewohnt war, wurde plötzlich allenthalben durchlässig – und es war kein Krieg, kein «Opfer fürs Vaterland».

In diesen Monaten hörte ich von meiner Mutter, die in ihren Äußerungen oft sehr pragmatisch-nüchtern und geradezu war, immer häufiger Bemerkungen wie: «Na, ewig kann Tante Miechen ja auch nicht leben. Wenn wir erst in Woitzel sind, haben wir wenigstens eigenen Grund und Boden unter den Füßen.»

Mit diesem «eigenen Grund und Boden» hatte es eine etwas zweifelhafte Bewandtnis. Eine kinderlose Tante meines Vaters,

Marie von Podewils, lebte auf einem Gut, nicht weit von Stettin, im Kreis Regenwalde. Mein Vater war der Erbe des dreitausend Morgen großen Besitzes, nicht auf Grund der innigen Liebe der Tante zum Neffen, sondern kraft der juristischen Sachlage. Das war der Tante wie dem Neffen bekannt. Übermäßig herzlich waren die Beziehungen zwischen beiden nicht. Kein Wunder, daß auch meine Mutter mehr rechnend als feinfühlig an das Gut Woitzel dachte.

Die Eltern hatten Tante Miechen mehrmals kurz besucht. Mein Bruder und ich durften nicht mit, Kinder konnte die alte Dame nicht leiden. Meine Mutter kehrte stets begeistert von der Schönheit des Dorfes zurück. Die vierreihige Allee dicker Kastanien, die uralte Kirche mit einem berühmten Barockaltar hatten es ihr angetan. Sie schmiedete Pläne, wie der Park zu gestalten und das alte Gutshaus einzurichten sei.

Mein Vater verhielt sich schweigsam. Er war Offizier und nicht Landwirt und sah eine Aufgabe auf sich zukommen, der er sich nicht gewachsen fühlte, zumal die Tante das Gut restlos heruntergewirtschaftet hatte. Seine Bedenken waren berechtigt.

Aber die Inflation, das mangelnde Vertrauen in Geld, die allgemeine Flucht in Sachwerte gaben meiner Mutter eine gute Basis, sich mit ihrer ganzen Vitalität für die Verwirklichung ihres Traumes von einem Leben in standesgemäßem Rahmen einzusetzen. Selbst der Personalchef einer Bank galt in ihren Augen wenig gegenüber einem Rittergutsbesitzer. Bei den Verwandten hatte sie erlebt, wie die Schulden auf den Gütern durch die Inflation dahingeschmolzen waren, ebenso schnell wie unser kleines Vermögen. Die ohnehin minimalen Löhne auf dem Lande hinkten noch mehr als die in der Stadt hinter der Geldentwertung her. Viele Gutsbesitzer hatten sich auf Kosten ihrer Arbeiter neue Wirtschaftsgebäude eingerichtet, Maschinen angeschafft und die Gutshäuser modernisieren, mit Zentralheizung und fließend Wasser ausstatten lassen.

Woitzel

Als wir im Frühjahr 1924 endlich auf das Gut Woitzel übersiedelten, waren die besten Zeiten für die Gutsherren vorbei. Mit der Einführung der Rentenmark wurde der Raubzug der

Inflation beendet. Wir fanden weder Zentralheizung noch fließend Wasser vor, dafür aber ein Rittergut mit einem Berg von Schulden, der wider Erwarten nicht dahingeschmolzen war. Statt Taler auf Taler zu legen, wie sich das für eine disziplinierte Erbtante gehört, hatte die gute Tante Miechen sich etwas gegönnt und auf kostspieligen Auslandsreisen ein wenig über ihre Verhältnisse gelebt. Es mußte also äußerst sparsam gewirtschaftet werden.

Natürlich litt unsere Familie keine Not, aber meine Eltern überlegten, wo Ausgaben eingeschränkt werden könnten. Am entbehrlichsten schien ihnen mein Lyzeumsbesuch, der neben dem Schulgeld ja auch die Kosten für eine standesgemäße Unterbringung in der Stadt erforderte. So mußte ich ohne viel Umstände ein Jahr lang mit der Schule aussetzen. Mich kränkte besonders die Zurücksetzung gegenüber meinem Bruder, den man nicht so kurz abfertigte: Er wurde zusammen mit den Vettern Bismarck in Plathe erzogen und unterrichtet, eine gute Lösung. Mich schmerzte die Selbstverständlichkeit, mit der man das Opfer von mir forderte.

Allerdings wurde wohl auch deshalb nicht ernsthaft nach einer anderen Lösung gesucht, weil meinem Vater die Trennung von mir schwergefallen wäre. Darum pflichtete er nur zu gern der Ansicht meiner Mutter bei, Schule sei für Mädchen nicht so wichtig. Außerdem brauche sie mich dringend als Hilfe beim Umräumen des bis in die letzte Ecke möblierten Gutshauses. In seinen Zimmern mischten sich genauso wie in unserem Möbelwagen herrlich antike Stücke mit stillosen Möbeln aus der Zeit der Jahrhundertwende.

Für einige Wochen fand ich das Einrichten recht interessant, obgleich mein Geschmack weitgehend von den Vorstellungen meiner Mutter abwich. Hätte ich jedoch den Gedanken ausgesprochen, einige von den wertvollen Möbeln zu verkaufen, um meine Schulbildung zu sichern, wäre ich sicher von der ganzen Familie zum hoffnungslosen Kulturbanausen erklärt worden.

Mit der alten Einrichtung übernahmen wir eine, wie es mir schien, unübersehbare Zahl von Hausangestellten: Diener, erstes Hausmädchen, zweites Hausmädchen, Mamsell, zwei Küchenmädchen und die Hühnerfrau. Um alle Räume in dem großen Gebäude einigermaßen in Ordnung zu halten, bedurfte es allerdings einer Schar hilfreicher Geister, zu denen unsere treue Klara hinzukam.

Die Majorspension meines Vaters ging restlos für die Gehälter der Dienerschar drauf. Ihre Verringerung wurde zwar in Aussicht genommen, aber zunächst mußten wir uns mit ihrer Hilfe einleben.

Das Haus war vor dem Dreißigjährigen Krieg als Kloster erbaut und später mit einem häßlichen Küchenbau vergrößert worden. Der einzige technische Komfort bestand in einer Pumpe in der Küche. Zum Heizen mußte eine riesige Kiepe mit Birkenholz in jedes Zimmer geschleppt werden, um die großen Kachelöfen damit zu füttern. Wir konnten noch froh sein, daß die Tante kurz vor ihrem Tode wenigstens elektrisches Licht legen ließ.

Die unfreiwilligen langen Ferien machten mich immer unzufriedener. Ich fragte: «Was wird aus mir, wenn ich mein letztes Schuljahr beendet habe?»

Stets hörte ich neue Ausflüchte. Über eine vernünftige Regelung wurde nicht gesprochen. Hatte ich eine Arbeit, eine echte Aufgabe, tröstete ich mich zeitweise damit, daß ich jetzt hier wohl wirklich gebraucht würde. Ich haßte es aber, hinter meiner Mutter herzutrotten und bei den endlosen Debatten mit der Mamsell oder dem Gärtner danebenzustehen. Beklagte ich mich darüber, sagte Mutter: «Red keinen Unsinn! Wenn du richtig aufpaßt, kannst du eine Menge lernen, und die Leute begreifen beizeiten, daß du das gnädige Fräulein bist, und das ist nötig.»

Ich hatte aber gar keine Neigung, das gnädige Fräulein zu spielen und mein Leben lang in Woitzel Wäsche rauszugeben oder Marmeladentöpfchen zu füllen. Vorläufig blieb mir jedoch nichts anderes übrig. Zu meinem Kummer hatte mein Vater mir verboten, am Alltag zu reiten, während die Leute arbeiteten. Er nannte das provozierend.

In diesem Punkt bewies er als alter Soldat und frischgebakkener Rittergutsbesitzer mehr Instinkt als so mancher alteingesessene Junker. Vater hielt meinen Bruder und mich an, die Arbeiter zuerst zu grüßen und ihnen auszuweichen, wenn sie eine Last trugen. Das allerdings war nicht unüblich. Hochherrschaftliches Gehabe der Kinder galt als unvornehm, und eine Erziehung in diesem Sinne hätte wohl auch die Beschaulichkeit der dort anscheinend so unumstößlich patriarchalischen Verhältnisse gestört. Überhaupt gehörte die pädagogische Attitüde zu den Grundpflichten eines seriösen Patronatsherrn. Wäre es nach Lust und Neigung gegangen, hätten meine Eltern die Kirche von Woitzel wohl relativ selten von innen gesehen. Als Häupter einer Gemeinde, die es – bewußt oder unbewußt – zu disziplinieren galt, lauschten sie jedoch wenigstens jeden zweiten Sonntag den Worten des Seelenhirten.

An den Sonntagen durfte ich mir dann ein dickes braunes Doppelpony satteln, das für die Arbeit in dem großen Gemüsegarten und dem ausgedehnten Park vorgesehen war. Mit ihm streifte ich durch die Landschaft. Viel Mischwald mit seinen verschiedenen Schattierungen und sanfte Höhenunterschiede gaben ihr einen Reiz, der beruhigend wirkte. Die Blicke konnten weit bis zum Horizont schweifen. Uralte riesige Birken säumten den breiten, sandigen Weg zum Nachbargut Rosenow – angeblich eine Heerstraße aus dem Dreißigjährigen Krieg – und ließen ihre biegsamen Zweige stets sanft im Winde schaukeln.

An einem trüben Herbsttag stand ich sinnend am Fenster in der Diele und sah den Arbeitern auf dem Hof zu. Else Klegien, nur ein wenig älter als ich, schaufelte auf dem hochbeladenen Ackerwagen Rüben in eine Kiepe, unentwegt füllte sie eine nach der anderen. Ein Arbeiter trug die Rüben in den Kuhstall und reichte ihr den leeren Korb zurück.

Meine Mutter kam durch die Diele und sagte: «Was stehst du hier und guckst Löcher in die Luft? Hast du nichts zu tun? Dann kannst du gleich mal...»

Da unterbrach ich sie: «Ich denk bloß mal nach. Ob ich wohl ebenso arbeiten könnte, stundenlang hintereinander Tag für Tag bei jedem Wetter? Schließlich kann ich nicht dafür, als eure Tochter geboren zu sein!»

«Was redest du nur für einen Unsinn!» herrschte meine Mutter mich an. «Das sind doch ganz andere Menschen. Denen macht das nichts aus, die sind das seit Generationen gewohnt. Außerdem bringen sie sich nicht um vor Eile, wie ich sehe.»

«Na, schipp du mal stundenlang, da würdest du dich auch nicht mehr beeilen», antwortete ich nicht sehr respektvoll.

«Wie du redest! Das ist unerhört! Wie eine Rote! Ich möchte wissen, wo du das her hast? Jetzt komm mit. Für das Beamtenhaus muß ich reine Bettwäsche ausgeben. Du kannst Meta beim Beziehen helfen.»

Fast jede Arbeit machte mir Spaß, aber Betten beziehe ich bis auf den heutigen Tag nicht gern. Schlechter Laune trottete ich hinter meiner Mutter her, hinüber zum Beamtenhaus. Dort wohnten der Inspektor und der junge Förster. Es grenzte den Platz vor unserem Haus nach Süden ab. Im rechten Winkel dazu verdeckten Tannen den Blick auf den Gutshof. An der Nordseite des Gutsgebäudes dehnte sich der große Park aus. Riesige, dicke Kastanien ragten mit ihren Zweigen bis über unser Dach. Das alles ergab ein Bild der Gemütlichkeit und Geborgenheit, war aber noch lange Zeit recht trügerisch.

In den ersten Jahren reichten die Einkünfte des Gutes nie für größere Anschaffungen. Die beachtliche künstlerische Begabung meiner Mutter, in der seltenen Vereinigung mit praktischem Sinn und Bienenfleiß im Hause und im Garten, war dann die Rettung. Großvater Kessel hatte Mutter in jungen Jahren eine Bildhauerausbildung bei einem jüdischen Künstler ermöglicht, für eine Generalstochter durchaus eine bemerkenswerte Extravaganz.

«Daysichen», sagte nun bisweilen mein Vater, «kannst du dir nicht wieder mal ein ‹hohes Tier› schnappen, von dem unbedingt irgendwo eine Büste stehen muß? Ich brauche einen gummibereiften Ackerwagen, und der ist teuer.»

Mit Wonne erfüllte meine Mutter diese Bitte und fuhr nach Berlin zu ihrer Freundin Dodo Seeckt. Es dauerte nicht lange, und ein «hohes Tier» fühlte sich sehr geschmeichelt, daß der Chef der Heeresleitung, General von Seeckt, auf Grund hoher Verdienste eine Porträtbüste von ihm für angebracht hielt. Bald zierte sie das Treppenhaus des Reichswehrministeriums oder einen ähnlich repräsentativen Raum. Der also Geehrte hatte keine Ahnung, daß er diese hohe Anerkennung dem Bedürfnis nach einem ordinären Ackerwagen verdankte.

Die Freundschaft zwischen meiner Mutter und «Tante Dodo» blieb bis zu deren Tode bestehen, auch nach dem erzwungenen Rücktritt ihres Mannes im Herbst 1926. Bei allem Kommunistenhaß war er als Militär realpolitisch und zeigte der Sowjetunion gegenüber eine eigene Haltung. Er erkannte ihre Stärke und wollte keinen antisowjetischen Krieg. Solche Züge einer realistischen Lageeinschätzung wurden ihm von Rechtskonservativen verargt und mit dem grotesken Attribut «sowjetfreundlich» bedacht. Außerdem hagelte es Vorwürfe von Linken, Liberalen und Demokraten aller Schattierungen: Eigenmächtiges Handeln – Beibehaltung illegaler Reichswehrverbände – Ausbildung von Spezialtruppen im Ausland –, so lauteten die Argumente.

Der große «Schweiger», wie Seeckt genannt wurde, ging schweigend. Den offiziellen Anlaß gab die von ihm geduldete Teilnahme des ältesten Kronprinzensohnes Wilhelm an einem Manöver. Unter den vielen Erinnerungen meines Mannes gibt es noch ein kleines Foto, das ihn und den Hohenzollernprinzen in diesem Manöver zeigt, Angehörige des Kaiserhauses aber durften laut Gesetz nicht in der Reichswehr dienen. Seeckt nahm den gern gewährten Abschied. Richard Scheringer zitiert in seinen Erinnerungen die Worte, mit denen Seeckt den Dienst quittiert haben soll: «In Deutschland kann nur einer putschen, das bin ich, und ich tue es nicht.»

Alle treuen Anhänger des Kaiserhauses waren zwar empört über die Angriffe wegen der Präsenz des Kaiserenkels im Manöver, aber daß der «Bolschewistenfreund» Seeckt gehen mußte, schien ihnen nicht unrecht. So schmählich honorierten sie ihn, daß er die Kommunisten im eigenen Lande mit allen Mitteln bekämpfte! Undank ist der Welt Lohn.

Aufträge für Porträtbüsten von Generalen ließen sich nun allerdings nicht mehr so leicht beschaffen. Das war aber dann auch überflüssig. Nach und nach bekamen wir finanziell wieder festen Boden unter die Füße. Manche wirtschaftliche Panne wäre schon eher vermieden worden, wenn mein Vater in seiner Redlichkeit den Verdacht meiner Mutter nicht weit von sich gewiesen hätte, daß die Ratschläge unserer lieben Nachbarn und Standesgenossen dazu angetan seien, möglichst schnell unseren völligen Bankrott herbeizuführen. Dann hätten sie ohne Skrupel auf billige Art und Weise ihren Besitz auf unsere Kosten abgerundet. Schließlich überzeugte Vater sich selbst von dem Charakter dieser «Nachbarschaftshilfe». Er wurde wachsamer, war weniger hinter dem Schreibtisch, dafür sehr viel mehr in den Ställen, Scheunen und auf dem Acker zu sehen.

Meine Eltern unterhielten sich oft über «Leuteverhältnisse». Es war mir unerklärlich, warum sie bei uns soviel schwieriger sein sollten als zum Beispiel auf den ungarischen Gütern der Gräfin Schönborn, einer Freundin meiner Mutter.

«In Ungarn», erklärte Vater, «lebt der Adel wie der Herrgott in Frankreich. Der reinste Feudalismus! Für den Gutsherrn wunderbar. Für die Arbeiter allerdings – eine glatte Schweinerei!»

Mein Vater war überzeugt, bei uns in Woitzel hatten die «Leute» es gut, «Schweinereien» kamen nicht vor. Er war so sicher wie ich, daß wir im vertrauten Gespräch der Knechte untereinander keineswegs schlecht abschnitten. Meine Eltern – Ausbeuter? Das hätte damals jemand zu mir sagen sollen! Meine Mutter, so hätte ich ihm geantwortet, war immer die erste Zuflucht bei Krankheit oder Unfall.

Von mir verlangte sie dabei Handreichungen, bei denen ich meist die Zähne zusammenbeißen mußte. Eine Hand, von der die Kreissäge die Fingerspitzen abgetrennt hatte, mußte ebenso verbunden werden wie ein vom Treibriemen skalpierter Kopf. Mit dem typhusverdächtigen Kind der Familie Klegien auf dem Schoß fuhr Mutter, den Kutscher zur Eile antreibend, nach dem entlegenen Dramburg ins Krankenhaus. Während der Erntezeit schliefen die Knechte oft bei den Pferden im Stall. Mutter ermahnte sie, nach Hause zu gehen, allerdings vergeblich. Bei nur drei oder vier Stunden Nachtruhe war jede Minute kostbar. Die Kärglichkeit ihres Lohnes konnte den jungen Burschen nicht jegliche Freude an der Arbeit nehmen. Falls in unserem abgelegenen Dorf das Wort «Ausbeutung» an ihr Ohr gedrungen wäre, hätte es bei ihnen vielleicht aufmerksam Gehör gefunden, wohingegen es bei mir auf völliges Unverständnis, ja Empörung gestoßen wäre. Jedenfalls setzten die «Leute» ihren Stolz darein, dem Wetter ein Schnippchen zu schlagen und die Ernte trocken in die Scheune zu bringen.

Die «Leutewohnungen» waren mehr oder weniger alle gleich, ob die Familien keine Kinder hatten oder ein Dutzend ihr eigen nannten. Ein leidlich geräumiges Zimmer mit den Betten der Eltern, am Fußende der Familientisch, an der Wand Vertiko und Schrank. Über dem aus Ziegelsteinen gemauerten Herd hing der Rauchfang, durch den alle Wohlgerüche des Haushaltes abziehen sollten, was aber je nach der Laune des Wetters nicht immer gelang. Auf der Bank um den großen Ofen türmten sich meistens im trauten Nebeneinander Kochgeschirr,

Socken und Stiefel zum Trocknen. In der Kammer nebenan hatten Möbel keinen Platz, wenn die Kinder zu zahlreich wurden. Auf dickem Stroh kuschelte oder schubste sich eines an das andere, je mehr, um so enger.

Bei kinderreichen Familien gab es oft einen Grund hineinzusehen. Als meine Mutter in einer Kate die herumkrabbelnden Kleinen sah, fragte sie, ob mein Vater auf den gestampften Lehmfußboden nicht Dielen legen lassen sollte.

«Nee, nee, man ja nicht, gnädige Frau!» lautete die Antwort. «Da müßte ich ja aufwischen, wenn ich von der Arbeit komme. Aber so ist das längst eingesickert, und ich merk nischt mehr von der kleinen Pfütze.»

Wir mußten lachen, weil wir doch etwas merkten von der «kleinen Pfütze», nämlich den Mief, der in der Stube herrschte.

Angesichts einer solchen Ergebenheit in ihr Schicksal taten meiner Mutter und mir die abgearbeiteten Frauen manchmal leid. Ein nennenswertes Aufbegehren dagegen war uns im Dorf nie zu Ohren gekommen. Hätte ich erfahren, daß es Menschen gibt, die ihre ganze Kraft dafür einsetzen, dieses «Schicksal» zu ändern, die auch für den Landarbeiter die Entwicklung seiner Persönlichkeit erreichen wollten – ich weiß nicht, ob ich dem Streiter für Gerechtigkeit damals zugestimmt hätte, zumal ich mir, genau wie mein Vater, einbildete, sehr gerecht zu sein. Ein anständiger Mensch konnte – wohlgemerkt im Rahmen dieser «gottgewollten Ordnung» – gar nicht auf die Idee kommen, nicht für «seine Leute» zu sorgen.

Die Berechnungen, die solchen patriarchalischen Verhältnissen zugrunde lagen, mußten – wie das Beispiel meiner Eltern beweist – durchaus keine subjektiven sein: Das System war qualifiziert genug, jenseits von «Bosheit» und «Güte» des einzelnen Gutsbesitzers zu funktionieren. Klare ökonomische Gesetze hielten das Ganze in Bewegung.

Und doch hatten moralische Kategorien ihren Wert. Deutlich ist mir noch die Empörung meiner Eltern in Erinnerung, wenn sich wieder einmal eine «Schweinerei» vom Nachbargut bis zu uns herumgesprochen hatte. Ich bin mir heute bewußt, daß sich die Verhältnisse von unserem Gut nicht ohne weiteres auf alle anderen übertragen lassen.

«Noblesse oblige», dieser Leitsatz galt zwar in jeder Situation, war aber für die Familie eines Gutsherrn besonders ernst zu nehmen. Das traf ebenso für die Einstellung zu den «Leuten» wie für die eigene Lebensführung zu. Gab man Anlaß zur Kritik, so war möglicherweise in einem Arbeiterkopf der Schritt zu weiterführendem Nachdenken über die Gerechtigkeit in der Welt nicht mehr groß. Und wenn vielleicht auch unbewußt, wollte man an dieser Frage lieber nicht rühren.

Erheblichen Ärger bereitete meinem Vater die egoistische und letztlich kurzsichtige Berechnung von Tante Miechen Podewils. Unser Dorf hatte keine Chausseeverbindung. Entweder mußte man vier Kilometer durch den «kleinen Wald» auf sandigem Landweg zur Stadt fahren oder durch das ebenfalls sandige, tiefe Tal des Mühlbaches einen Kilometer bis zur Chaussee. Ob Dünger aus der Stadt oder Getreide, Schweine oder Kartoffeln dorthin transportiert werden mußten, immer blieben die schlechten Wegeverhältnisse ein Problem. Als Vater wieder einmal kräftig darüber schimpfte, klärte der Kutscher ihn auf: «Die alte gnädige Frau hätte es ja haben können, aber sie wollte nicht. Die Chaussee sollte direkt über die beiden Dörfer Woitzel und Rosenow führen. Unsere Bauern waren dafür. Aber die Rosenower Herrschaften sträubten sich auch dagegen. Was meinen Sie, wie oft ich die gnädige Frau deswegen zum Landrat und zum Rechtsanwalt fahren mußte, bis sie endlich erreicht hatte, was sie wollte. ‹Ich grab doch nicht mein eigenes Grab›, sagte sie, ‹damit es die Leute so nah zur Stadt haben und sich dort besser bezahlte Arbeit suchen. Und die Kinder gehen dort zur Schule, lernen was und arbeiten nachher nicht bei mir als Hofgänger. Nein, so dumm bin ich nicht!›»

Die Nachteile dieser Vorsorge der Tante wirkten sich erheblich aus. Auf die Idee, daß ihr Egoismus und die staatlich sanktionierte Möglichkeit, ihn durchzusetzen, zu den «Schweinereien» gehörten, die mein Vater am grundherrlichen System rügte, kam vielleicht nur er selber, aber selbst er sprach das nicht aus.

Die Einsicht hingegen, daß er schon allein durch seine Existenz als Gutsherr objektiv ein soziales Unrecht praktizierte, mußte ihm verwehrt bleiben. Sein Engagement und sein Verantwortungsgefühl waren echt, jegliche Heuchelei lag ihm fern. Mochte draußen die Welt ihr Wesen treiben: In seinem Woitzel gab es nach wie vor intakte Verhältnisse.

Konfirmation

Ulle war aus Plathe zurückgekehrt. Mit ihm kam auch der junge Hauslehrer, Herr Schinkel, der uns beide unterrichten sollte. Ich freute mich darauf, aber nach der langen Pause fiel es mir doch schwer, wieder Anschluß an den Lehrstoff zu gewinnen. Über Winter mußte ich alles Versäumte nachholen, denn ab Ostern sollte ich die richtige Klasse im Lyzeum besuchen, und zwar in Potsdam, wo ich bei Großmutter und Tante Elsa wohnen würde. Damit war ich sehr einverstanden. Ulle ging nach Stargard aufs Gymnasium.

Bevor wir Kinder das Elternhaus verließen, war das erste große Familienfest in Woitzel vorgesehen, die Einsegnung von uns beiden. Mutter hatte dafür gesorgt, daß es «ein Abwasch» wurde. Für Ulle reichlich verspätet, für mich etwas frühzeitig.

Nach wie vor konnte ich auch nicht einen Funken christlicher Neigung in meiner schwarzen Seele entdecken. Doch ich hatte unterdessen gelernt, daß man hin und wieder im Leben ein Auge zudrücken mußte, um zurechtzukommen und nicht ständig anzuecken. So trabte ich einmal in der Woche mit meinem Bruder und anderen Konfirmanden aus Woitzel zu dem zwei Kilometer entfernten Zülzefitz zum Konfirmandenunterricht beim Pfarrer. Wenn der eisige Ostwind hohe Schneewehen zusammengepustet hatte, trugen die Jungen in langen Stiefeln die Mädchen, die oft nur Holzpantinen anhatten, durch die weißen Berge. Waren sie nicht «artig» und wehrten sich gegen die allzu herzlichen Umarmungen, ließen die Jungen sie einfach in den hohen Schnee fallen. Mit viel Gepruste und Gequietsche rappelten sich die Mädchen auf und suchten ihre Pantinen. In Zülzefitz angekommen, wurde zunächst eine Schlitterpartie auf dem zugefrorenen Dorfteich eingelegt. Nun befanden sich die Holzpantinenträger in beneidenswertem Vorteil.

Der Pfarrer stand indessen am Ufer und rief uns wie eine Glucke ihre Küken. Seinen Unterricht fanden Ulle und ich naiv wie einen Kindergottesdienst und den Pfarrer rührend in seinem Eifer. Brav lernten wir die Psalmen und Gesangbuchverse auswendig. Ich sang gerne, dazu gefielen mir aber weltliche Lieder besser. Laut und fröhlich erklang aus meinem Munde: «Wir versaufen unser Oma ihr klein Häuschen ...», als ich dem

Geistlichen begegnete. Er blieb stehen und sagte vorwurfsvoll: «Wie können Sie nur so ein Lied singen in so ernster Zeit!»

«Wieso ernste Zeit, wie meinen Sie das?» fragte ich ahnungslos.

«Aber hören Sie mal, Fräulein Angelika, Sie bereiten sich auf Ihre Konfirmation vor, da können Sie doch nicht solche Lieder singen. Sie sind wohl gar nicht ein bißchen fromm?»

Da hatte er vollkommen recht. Ich war nicht fromm, und die Zeit meiner Einsegnung brachte mich in ernsthafte Konflikte. Ich glaubte, nicht einmal mein Vater würde mich verstehen. Auch er las Weihnachten vor der Bescherung im großen Eßsaal feierlich die Geschichte von der Geburt Jesu aus der Bibel vor. Meine Mutter, mein Bruder, alle Angestellten und die fast vollzählig versammelten Arbeiterfamilien hörten ihm andächtig zu. Wenn ich jetzt plötzlich sagen würde: «Papa, ich möchte nicht konfirmiert werden, ich kann das alles nicht glauben», wäre das nicht nur in der Familie, sondern im ganzen Dorf ein Skandal.

Die Tochter des Patronatsherrn zweifelt den christlichen Glauben an! Ich war weit davon entfernt zu erkennen, daß auf ihm die «gottgewollte» Ordnung beruhte und deshalb jedes Rütteln an der christlichen Lehre von vornherein als sündhaft abgestempelt wurde. Die Armen sollten brav im Glauben bleiben, die aussichtsreichsten Anwärter auf ein besseres Leben im Himmel zu sein. Soweit reichten meine Erkenntnisse aber doch, daß sie sich leider auf Erden nichts dafür kaufen konnten. Wie sehr ich auch grübelte, ich kam zu keinem anderen Ergebnis, als weiterhin so zu tun als ob. Diese Unaufrichtigkeit bedrückte mich sehr, ich wurde still und verschlossen.

Für meine Mutter war die Konfirmation die ersehnte Gelegenheit, einem großen Verwandten- und Freundeskreis das in Ordnung gebrachte Gutshaus und den schönen Park zu zeigen. Das Porzellan, die silbernen Tee- und Kaffeeservice wurden aus der Tiefe der riesigen Barockschränke hervorgeholt und geputzt, die Mokkatassen auf den silbernen Tabletts bereitgestellt.

Ich konnte mich an der Schönheit des Porzellans nie satt sehen und mich nicht entscheiden, welches mir besser gefiel, das klassische Meißner mit dem Blumenschmuck oder das weiße Empiregeschirr mit dem Goldrand aus der königlichen

Porzellanmanufaktur. Es war das Hochzeitsgeschenk des Kaisers an die Tochter seines Flügeladjutanten Kessel. Jedes einzelne Service reichte für sechsunddreißig Personen mit unzähligen Schüsseln, Terrinen, Platten, Kannen, Tellern und Tassen in allen Größen. Jetzt sollte diese ganze Pracht einmal richtig zur Geltung kommen.

Vorher war noch viel zu tun. In den Fremdenzimmern wurden zusätzlich Betten aufgestellt, Steppdecken, Federbetten und Matratzen gelüftet. Mutter gab Berge von Wäsche heraus. Ich hatte schon lahme Arme vom Bettenbeziehen. Von mir aus hätten die Gäste fortbleiben können. Von Oma und Tante Elsa würde ich bei dem Gewimmel sowieso nicht viel haben. Den einzigen Trost bot die Aussicht auf das gute Essen und die zahlreichen Geschenke. Vater überlegte sich die Sitzordnung an der langen Tafel. Allen konnte man es nicht recht machen, irgend jemand würde sicher pikiert sein.

Die beiden besten Pferde aus dem Ackerstall wurden lange gestriegelt und geputzt und vor einen zweiten Wagen gespannt. Für den gewandtesten Knecht hatte Mutter noch eine Livree zurechtgezaubert. Er wurde als zweiter Kutscher eingesetzt. So fuhren einen Tag vor der Einsegnung zwei Wagen zu jedem Zug nach Labes und kehrten vollgestopft mit Gästen zurück. Die Begrüßungsszenen nahmen kein Ende, das Geschwätz im Salon und Wohnzimmer wurde immer lauter. Endlich, am späten Abend, war kein Zug mehr zu erwarten und damit der Einzug der Gäste beendet. Die Unterhaltung in den Fremdenzimmern verebbte zu leisem Gemurmel, bis schließlich die Türen aufhörten zu klappen und alle Lampen erloschen. Mit dem Gedanken: Wenn der Tag bloß vorüber wäre, schlief ich todmüde ein.

Den kurzen Weg zur Kirche unter den Kastanien, die schon dicke Knospen hatten, gingen wir am nächsten Tag alle zu Fuß. Mir klopfte das Herz bis in die Ohren. Im ganzen Verwandten- und Bekanntenkreis kannte ich keinen Menschen, der nicht Christ war. Nur von den Kommunisten hatte ich gehört, sie sollten gegen das Christentum sein. Sie wiegelten Arbeiter auf, zettelten Streiks an und waren überhaupt schreckliche Menschen. Nicht einmal in Gedanken wollte ich etwas mit ihnen gemeinsam haben. Ein guter Mensch und doch kein Christ zu sein, schien mir unvereinbar. So grübelte ich hin und her. Albern schalt ich mich und nahm mir vor, mich zu einem ehrlichen «Ja» durchzuringen. Ich schielte zu Ulle hinüber, sicher hatte er viel anständigere Gedanken.

Die Kirche war erreicht. Wir Konfirmanden stellten uns im Halbrund um den Altar auf, die Mädchen auf der einen, die Jungen auf der anderen Seite. Mein «Ja» war kaum zu hören. Nun hatte ich also vor dem Altar gelogen. Die Tränen rannen mir über das Gesicht, ich war überzeugt, der einzig restlos verdorbene Mensch in diesem Kreis zu sein. Auf dem Rückweg, an der frischen Luft, faßte ich mich einigermaßen und versuchte, mit heimlichem Schnüffeln die Spuren meiner Entgleisung zu verwischen.

Beinahe wäre es um meine Fassung ganz geschehen gewesen, als Vater mich in sein Arbeitszimmer zog, in den Arm nahm, mir wie einem kleinen Kind mit seinem blütenweißen Taschentuch die letzten Tränen abtupfte und sagte: «Na, mein Katerchen, du mußt nicht immer alles so furchtbar ernst nehmen, dann wirst du es mal sehr schwer haben im Leben. Nun futter man ordentlich, dann wirst du wieder munter.»

Kirche war Zeremoniell, Zeremoniell aber konnte durch Ernst und Feierlichkeit ein junges, unerfahrenes Menschenkind durchaus verstören, zumal in unserer Familie herzlich wenig in dieser Richtung geübt worden war. So oder ähnlich wird Vater gedacht haben. Tränen von Braut oder Konfirmand vor dem Altar empfand er sicher nicht als Drama. Verständnis für mein wirkliches Problem oder gar nur Ahnung von dem tiefen Konflikt, in dem ich mich befand, war indessen seinerseits kaum zu erwarten.

Auf der langen Tafel wurden die Kerzen in den silbernen Leuchtern angezündet. Dadurch wirkte der mit Frühlingsblumen geschmückte Tisch noch festlicher. Zwei Hausmädchen in schwarzen Kleidern, weißen Häubchen und Schürzen halfen dem alten Diener heute beim Servieren. Der feierlich verlegenen Stimmung machte Vater ein Ende, indem er an sein Glas schlug und eine kurze Rede hielt. Ihr optimistischer Ausklang öffnete die Schleusen für eine allgemeine, lebhafte Unterhaltung. Mutter wurde überschwenglich gelobt wegen der großartigen Zusammenstellung des gut gelungenen Menüs. Zum Mokka ging die ganze Gesellschaft hinüber in den Salon.

Der Herr Reichsbahnpräsident Pauly und seine Frau mußten

zu ihrem Bedauern mit dem Nachmittags-D-Zug schon wieder nach Stettin zurück. Ich wurde zum Kutscher geschickt, um den Wagen zu bestellen. Er wohnte am anderen Ende des Dorfes. Nichts war mir lieber, als auf diese Art der Unterhaltung mit den Gästen zu entgehen. Ihre süßlich wohlwollenden Bemerkungen über meine Zukunft waren mir höchst peinlich. Nach meinen Wünschen und Vorstellungen fragte niemand.

«Sie heiratet ja doch bald», hieß immer das Ende aller Erwägungen.

Der augenblickliche Glanz täuschte wahrscheinlich manchen darüber hinweg, daß ich für die in meinen Kreisen üblichen Begriffe ein armes Mädchen war. An eine nennenswerte Mitgift war gar nicht zu denken, ein erheblicher Hinderungsgrund für eine Heirat, auf die ich keinesfalls angewiesen sein wollte. Mit Grauen hatte ich das Gerede über ältere Cousinen angehört, für die ein Mann gesucht wurde, wenn sie nicht ihr Leben lang eine hier und da in der Verwandtschaft herumgereichte Tante bleiben wollten.

Meine Berufswünsche waren nicht hochtrabend, zum Beispiel Kindergärtnerin oder Sekretärin. Eine Aufgabe haben, wirklich gebraucht werden, stellte ich mir wunderbar vor. Vaters Worte über seine Sekretärin an der Dresdner Bank klangen mir noch im Ohr: «Wenn ich mein gutes Fräulein Müller nicht hätte! Sie ist wirklich fabelhaft, vergißt nichts und tippt wie der Teufel, eine ausgezeichnete Kraft.»

Mutter wunderte sich: «Das ist wirklich erstaunlich; denn sie ist doch ein Mädchen aus ganz einfacher Familie, dieses Fräulein Müller.»

Als ich später einmal darauf anspielte, ich würde gern auch so eine unentbehrliche Kraft werden, vielleicht als Gutssekretärin, meinte meine Mutter: «Ach, das ist nichts für dich, nur tippen, was der Chef diktiert, keine eigenen Gedanken haben. Für Fräulein Müller geht das wohl, aber nicht für dich.»

Das überzeugte mich zwar nicht, trotzdem hielt ich den Mund. Manches Mal hatte ich erlebt, wie die eigenen Gedanken einer Sekretärin dringend benötigt wurden, nämlich immer dann, wenn der Gutsherr mit brummendem Schädel den vortags genossenen guten und reichlichen Tropfen «nachbereitete». In solchen Fällen mußten ihre dienstbaren Geister, die oft von oben herab betrachteten Sekretärinnen, nicht selten

Entscheidungen treffen, ohne die der geordnete Gang der Wirtschaft nicht hätte aufrechterhalten werden können.

Mein Vorschlag, Kindergärtnerin zu werden, wurde noch energischer abgelehnt: «Das wäre ja noch schöner, du als Fräulein von Lindequist willst dich mit anderer Leute Kindern herumplagen!»

«Herumplagen» war die Bezeichnung für alles, was nach sinnvoller Arbeit aussah und mir eine wirkliche Erfüllung versprach. So blieb mir nach dem letzten Schuljahr in Potsdam zunächst nur die Aussicht «Woitzel». Großvater Lindequist hat dort geheiratet und seine junge Frau nach Potsdam davongeführt. Ihr Bruder hingegen, der Patronatsherr von Woitzel, hatte seine junge Frau in dieses abgelegene Gutsdorf geholt. Hier war sie alt und grau geworden, hatte den Ehemann zu Grabe geleitet und war schließlich, allein geblieben, zu unserer ungeliebten Tante Miechen avanciert, die in diesem Ort ihre Tage beschloß.

Und ich?

«In Woitzel wirst du gebraucht, in Woitzel kannst du viel lernen. Auf Feste und Vergnügungen brauchst du nicht zu verzichten.»

Das war der magere Predigttext meiner Mutter, mit dem ich immer wieder versuchte, meine Unzufriedenheit zu besänftigen. Die Hauptsache verschwieg er natürlich, denn die hieß schließlich: Jede Ausbildung, auch die einfachste, kostet bares Geld.

Für einen schäbigen «Fräulein-Müller-Beruf» aber war das glatt zum Fenster rausgeworfen. Als Tochter des Hauses, die über kurz oder lang durch eine standesgemäße Heirat aller Gedanken an die Zukunft enthoben sein würde, sollte ich auf die finanziell mehr oder minder aufwendige «Marotte» beruflicher Selbständigkeit verzichten. So war die Notwendigkeit einer sehr genauen Rechnungsführung und des sorgsamen Umgangs mit Bargeld für den elterlichen Egoismus und die konservative «Zukunftsplanung» ein willkommener Vorwand, den Gedanken an meine Ausbildung immer wieder hinauszuschieben. Der Reichtum an wertvollen Möbeln, Silber, Porzellan und Schmuck und ein möglicher Verkauf war selbstredend nie Gesprächsgegenstand. Auch ich hütete mich wohlweislich, an dieses Tabu zu rühren.

Mit der Übernahme des Gutes war ein Lebensstil verbunden, der sich kaum ändern ließ. Obwohl meine Mutter ihn mit viel eigener Arbeit und Sparsamkeit nur mühsam aufrechterhielt, war es der Rahmen, in dem sie sich wohl fühlte. Das große Haus bar jeder technischen Erleichterung forderte eine Menge Hilfskräfte, sollte es nicht verkommen. Zwei Kutschpferde waren ebenso unentbehrlich für die Stadtfahrten, wie ein Reitpferd für meinen Vater auf dem dreitausend Morgen großen Besitz.

So traurig ich darüber war, wußte ich doch auch keine andere Möglichkeit zu sparen, als durch meinen vorläufigen Verzicht auf eine Ausbildung. Ich weiß wie heute, daß ich damals auf dem Weg zum Kutscher an die Zeit in Potsdam und danach dachte. Bei der Familie angelangt, wurde ich mit Hallo empfangen: Die älteste Tochter feierte Verlobung, ihre jüngere Schwester war am Vormittag mit mir zusammen eingesegnet worden. Dieses Doppelfest feierten sie mit selbstgemachtem Johannisbeerwein. Die Stube war bis in das letzte Eckchen von der großen Verwandtenschar gefüllt. Ich richtete meinen Auftrag aus und wollte gleich wieder zurückkehren. Aber so schnell sollte mir das nicht gelingen. Eine Tasse Obstwein mußte ich auf das Wohl des jungen Paares leeren und eine zweite auf unsere gemeinsame Konfirmation.

«Was werden Sie nun anfangen, Fräulein Angelika?» fragte Frau Gehrke.

Es war mir etwas peinlich, in diesem Kreise zu antworten, daß ich noch ein Jahr in Potsdam zur Schule gehen würde.

«Ach so, für Sie natürlich, gnädiges Fräulein», sagte der Vater, «Sie besuchen ja das Lyzeum. Na, unsere Erika lernt Frisöse in Labes. Der Beruf wird immer gebraucht. Da hat sie ihr Auskommen, ob sie heiratet oder nicht.»

Mir wurde es plötzlich unerträglich stickig. Ich wollte aufstehen, an die pünktliche Abfahrt erinnern und verschwinden.

«Ein Schlückchen zum Abschied», meinte Mutter Gehrke und goß die Tasse voll. «Erika kriegt nichts mehr, die hat genug», entschied sie energisch.

Ich hatte nicht nur genug, sondern zuviel. Aber ich hielt es für unhöflich, nicht auszutrinken. Außerdem ist es ja bloß besserer Johannisbeerwein, dachte ich und irrte mich. Als ich endlich an der frischen Luft war, drehten sich die Welt vor meinen

Augen und die Gedanken in meinem Kopf. Ein Gedanke war allerdings damals nicht dabei, daß es für mich selbstverständlich war, den Vater Erikas von seinem Familienfest wegzuholen, damit er für uns fährt.

Ich mußte mir eingestehen, daß ich betrunken war und in diesem Zustand unmöglich zu unseren Gästen zurückkehren konnte. Ungesehen, auf Schleichwegen durch den Park und den Kücheneingang, gelangte ich in mein Zimmer, fiel ins Bett und schlief meinen ersten Rausch aus.

Dieser «faux pas» wurde am nächsten Morgen taktvoll übergangen. Meine Mutter hatte mich mit Migräne entschuldigt. Einige Gäste waren schon abgereist. Bei Tante Dodo Seeckt und Tante Ellen Grumme-Douglas konnte ich mich noch einmal für die Geschenke bedanken, dann brachen auch sie auf. Mit Oma und Tante Elsa besprachen wir alle Einzelheiten meiner Übersiedlung nach Potsdam.

Lyzeum in Potsdam

Gleich nach Ostern packte ich frohen Herzens meine Koffer. Im Gegensatz zu den düsteren Prophezeiungen unseres Hauslehrers hatte ich die Aufnahmeprüfung für die Untersekunda im Lyzeum gut bestanden.

Bester Stimmung kam ich am ersten Schultag nach Hause. Ich war zum Klassenobmann gewählt worden, wieso, war mir schleierhaft. Ich war doch eine «Neue». Aber das Vertrauen machte mich glücklich. Das mußte ich gleich Tante Elsa erzählen.

«Tag, Tantchen, stell dir mal vor...», weiter kam ich nicht, auch sie strahlte.

«Ich weiß schon, Hindenburg ist Reichspräsident geworden! Das ist wirklich großartig, jetzt wird es wieder bergauf gehen!»

Ich wollte der guten Tante die Illusionen nicht rauben, daß meine Freude diesem historischen Ereignis galt, und stimmte in ihre Begeisterung ein.

Oma spendierte zu Ehren dieses Sieges einen Extra-Mokka, den es sonst nur sonntags nach Tisch gab. Jetzt konnte ich über meinen eigenen Erfolg sprechen. Die Großmutter meinte, alles zusammen wäre Grund genug, heute abend Woitzel anzurufen, um zu hören, was der Vater zu diesen erfreulichen Nachrichten sagt. Wie nicht anders zu erwarten, war er sehr froh über die Wahl Hindenburgs. Der Kriegerverein und der Schützenverein – sie hatten allerorts den verlorenen Krieg und die Nachkriegszeit unbeschadet überstanden – veranstalteten gemeinsam eine Feier am Abend. Der Vater mußte sich noch auf die Rede vorbereiten und daher das Gespräch beenden.

In Potsdam wehte im Nu ein Heer von schwarzweißroten Fahnen, manche Kriegsflagge mit dem Eisernen Kreuz in der Mitte dabei. Nur ganz vereinzelt waren die offiziellen Farben der Republik zu sehen, schwarzrotmostrich, wie sie gehässig von uns Konservativen genannt wurden. Das Telefon kam gar nicht zur Ruhe. Alle guten Freunde wollten Tante Elsa beglückwünschen, die durch ihr unermüdliches Wirken in der Deutschnationalen Volkspartei zu diesem Sieg beigetragen hatte. Unter den Anrufern befand sich General von Dommes aus Berlin. Als Vermögensverwalter der Hohenzollern war er für uns eine Gestalt wie der getreue Ekkehard, und wo in der Familie und ihrer weitläufigen standesgemäßen Bekanntschaft von ihm die Rede war, hieß es nur, «der gute Dommes». Er und seine Frau Elsi gehörten zu den engsten Freunden meiner Tante und der Großmutter.

Fräulein von Watter, Ärztin und deutschnationale Abgeordnete im preußischen Landtag, genügte es nicht, zu telefonieren. Sprühend vor Temperament kam sie selbst, um ihrem begeisterten Herzen Luft zu machen. Ich bewunderte ihre schlanke, dunkle Schönheit und beneidete sie um ihren Beruf. Fräulein von Watter wirkte eifrig politisch im Geiste ihres Vetters, des Generals von Watter. Dieser hatte 1920 durch Bruch eines mit den «Roten» abgeschlossenen Waffenstillstandes einen entsetzlichen Massenmord unter den Arbeitern in der Stadt Münster und an der Ruhr veranlaßt.

Ganz geheuer schien der guten Tante Elsa der ehrlose Wortbruch nicht zu sein. Kam die Rede auf den General und seine Heldentaten, reagierte sie nur kurz und unwillig. Die Arbeit in der gleichen Partei hatten Fräulein von Watter und die soviel ältere Tante zu engen Freundinnen gemacht.

«Schade um die Watterin», meinte sie, «jetzt ist sie schon dreiunddreißig und wird wohl kaum mehr heiraten, trotz aller Schönheit. Sie ist zu klug, das mögen die Männer nicht.»

Am nächsten Tag wurde auch in der Schule die Wahl Hindenburgs gefeiert. Zu Beginn der ersten Unterrichtsstunde versammelten wir uns in der Aula. Der Direktor rühmte den großen Feldherrn und tapferen Sieger von Tannenberg, bei dem das Schicksal Deutschlands in guten Händen läge.

Die Sommerferien verbrachte ich in Woitzel. Als ich nach Potsdam zurückkehrte, beschäftigten die Großmutter und Tante Elsa ein ihnen ungewohntes Thema: meine erste Tanzstunde. Mutter hatte mir dafür zwei Kleider aus einfachem Voile in hübschen Farben nähen lassen. Die Schneiderin meinte, ob nicht wenigstens eines aus Seide sein könnte.

«Seide!» sagte meine Mutter empört, «für so ein junges Ding! Darin läuft Fräulein Müller, Meier, Schulze herum, aber nicht meine Tochter, das hat sie nicht nötig.»

Die Tante ließ alle diplomatischen Fähigkeiten spielen, um herauszubekommen, aus welchen Familien die anderen Teilnehmer des Jugendzirkels bei Herrn und Frau von Löbenstein stammten. Bürgerliche Namen quittierte sie mit einem leichten Bedauern, «wir sind eben nirgends mehr richtig unter uns». Unter «uns» verstand sie den Adel, möglichst nur den preußischen Uradel, im «Gotha» aufgeführt. Dieses Nachschlagewerk, das noch heute in der BRD ständig vervollkommnet wird, verzeichnet alle adligen Familien Deutschlands, von der ältesten Vergangenheit bis in die jüngste Gegenwart. Auch ich bin darin genannt.

Den «Gotha» studierte die Tante nun und stellte fest, daß der eine oder andere Jüngling tatsächlich schon der Enkel von dem netten Wedel, Zitzewitz oder Arnim und der Knesebeck wohl der Sohn von dem gefallenen Knesebeck aus dem 1. Garderegiment sei. Wenn dann die Mütter der Sprößlinge ebenfalls aus adligen Familien kamen, wurde als selbstverständlich angenommen, daß die jungen Herren «wirklich reizend» sein müßten und mir dringend empfohlen, mich dem Kreis anzuschließen.

Meine Zweifel, warum jemand besonders deswegen nett sein sollte, weil er und seine Vorfahren im «Gotha» standen, behielt ich wohlweislich für mich. Zwar war es angenehm und bequem im Umgang, in den gleichen Sitten und Auffassungen erzogen zu sein, aber ich hatte mich in der Schule in Stettin mit bürgerlichen Mädchen sehr gut vertragen. War ich bei ihnen zu Hause eingeladen, lernte ich eine andere Welt kennen. Ich mußte aufpassen, mich richtig zu benehmen. Eine Zuckerzange war in unseren Familien als «spießig» verpönt, bei ihnen war es unbedingt geboten, sie zu gebrauchen, was mir beim ersten Versuch sehr schwierig erschien. Die Erwachsenen unterhielten sich selten von Jagd und gar nicht von Regimentern, siegreichen Gefechten und feudalen Heiraten; Themen wie Konzerte, Theaterbesuche, interessante Literatur gaben dem Gespräch einen ganz anderen Inhalt als in unseren Familien.

Es ist mir heute noch peinlich, wenn ich daran denke, mit welcher Arroganz wir bereit waren, jemanden abzuwerten, weil er sich in irgendeiner Kleinigkeit unserer Meinung nach als «Spießer» gezeigt hatte. Das zählte weit mehr als Verstand und Charakter.

Viele meiner Klassenkameradinnen gingen bis zum Abitur zur Schule oder hatten jetzt, nach Abgang von der Untersekunda, eine weitere Entwicklung und ein Berufsziel vor Augen. Für mich stand fest, daß ich nach Hause zurückkehren mußte, um dort auf unbestimmte Zeit wieder Mädchen für alles zu spielen. Ich sah ein, daß die Ausbildung meines Bruders vorging. Aber die Aussicht, ohne Plan und Ziel auf Jahre hinaus, mal hier, mal dort, in Haus und Garten zu helfen, bedrückte mich. Dabei war mir gar nicht einmal bewußt, daß ich meine bildungsfähigsten Jahre damit vertrödelte.

Meine Eltern vertrösteten mich auf später, wenn mein Bruder nicht mehr so viel Geld kosten würde. Doch das konnte noch lange dauern. Sobald eine Cousine oder Freundin heiratete, die etwas gelernt hatte, hieß es: «Siehst du, alles weggeworfenes Geld. Wahrscheinlich kann sie jetzt nicht einmal vernünftig kochen.»

Als verheiratete Frau einen Beruf auszuüben, war in unseren Kreisen fast unmöglich und wurde als kompromittierend für den Mann angesehen, von dem man dann annahm, er sei nicht in der Lage, seine Frau zu ernähren. Meine Eltern rechneten im stillen fest damit, daß ich heirate. Ich hatte grundsätzlich nichts dagegen, aber ich wollte nicht darauf angewiesen sein.

Wieder in Woitzel

Zunächst blieb mir nur, aus meiner Lage das Beste zu machen. Unter den vielen Betätigungsmöglichkeiten versuchte ich mit mehr oder minder stichhaltigen Gründen, die mir liebste Arbeit herauszufischen. Es war Herbst. Jeder, der irgendwie entbehrlich war, half bei der Kartoffelernte. Auch der alte Gärtner mußte auf seine Gartenjungen verzichten. Statt ein endlos langes Mohrrübenbeet zu jäten, schlug ich vor, auf den Markt nach Labes zu fahren und unser Gemüse zu verkaufen. Meine Mutter in der ihr eigenen Unbekümmertheit, «uns fällt kein Zacken aus der Krone», die ich durchaus mit ihr teilte, war einverstanden. Früh am Morgen spannte ich ein Ackerpferd vor den Wagen, der mit den Gemüsekiepen voll beladen wurde. Die Zigarrenkiste mit dem Wechselgeld, das während der Fahrt lustig klapperte, steckte ich unter den Deckel des Kastensitzes. Die Gärtner und Kutscher machten große Augen, als ich auf dem Markt ankam, meine Bank und die Kiepen aufbaute und meinen Nachbarn bat, auf das Gemüse zu achten, während ich das Pferd in die Ausspannung brachte.

Bald drängten sich Hausfrauen um meinen Stand. Ich hörte sie flüstern: «Das ist doch die kleine Lindequist?»

Sicher kauften sie manchen Kohlkopf oder manche Sellerieknolle mehr, nur um zu sehen, wie ich mich dabei anstellte. Einige Gutsnachbarn kamen heran, begrüßten mich und fanden mein Tun «eine großartige Idee». Gegen elf war ich völlig ausverkauft und fuhr stolz mit voller Kasse und leeren Kiepen wieder nach Hause.

Das gnädige Fräulein betreibt auf einem gewöhnlichen Wochenmarkt einen Gemüsestand – war das nicht kompromittierend? Hätte die Not zu einem solchen Schritt aus Verzweiflung getrieben, wäre diese Aktion wohl kaum günstig aufgenommen worden. So galt sie als ein herzhaftes Unternehmen – vielleicht ein wenig extravagant –, aber doch pfiffig und handfest. Das wurde durchaus geschätzt und stand auch einer künftigen gnädigen Frau nicht schlecht an. Darüber machte ich mir damals allerdings keine Gedanken. Für mich galt der Spaß an der Sache, und der Erfolg war mir eine wohltuende Bestätigung. Zu meinem Bedauern ließ sich der Gärtner dieses Vergnügen nur wenige Male abschwatzen.

Die Enteignung der Fürsten beschäftigte schon lange die Gemüter. Schlau hatten die hohen Herren das Ende der Inflation abgewartet, bis sie darauf drängten, eine Regelung hinsichtlich ihrer beschlagnahmten Besitzungen zu schaffen. Sie drückte die Zeit nicht, denn die Länderregierungen mußten ihnen inzwischen große Entschädigungssummen zahlen. Unterdessen hatte sich die Währung ebenso stabilisiert wie die Reaktion.

In unseren Kreisen war man erschüttert, als sich trotzdem im März 1926 zwölfeinhalb Millionen Deutsche in einem von den Kommunisten initiierten Volksbegehren für den Volksentscheid über die entschädigungslose Enteignung der Fürsten in die Listen eintrugen.

Wovon sollen sie denn leben, die armen Fürsten? dachte ich. Auf die Idee, daß sie arbeiten könnten, kam ich gar nicht, und daß sie trotz Enteignung noch über so viel Reichtum verfügen würden, um bequem existieren zu können, wußte ich nicht.

Das Datum des Volksentscheides, der 20. Juni 1926, rückte näher. Wir fieberten dem Ergebnis mit einem Bangen entgegen, als würden wir selbst davon betroffen. Und das waren wir natürlich auch. Die Abfindungsfrage war schließlich eine Art Testfall: Würden die neuen Verhältnisse, würde die Republik einen frechen Raub von jahrhundertealtem Privateigentum sanktionieren?! Für uns wäre das nur mit einem dreisten Griff in unsere wohlgefüllten und ureigenen Schrankfächer vergleichbar gewesen, ruchlos, ehrlos, umstürzlerisch. Aber freilich, bei den verblendeten Volksmassen mußte man sich schon auf einiges gefaßt machen.

Ein Aufatmen ging durch alle monarchistischen konservativen Familien, als die vierzehneinhalb Millionen Stimmen, die Meinung von sechsunddreißig Prozent Stimmberechtigten, nicht ausreichten, um im Reichstag das Gesetz über die entschädigungslose Enteignung durchzubringen. Die entthronten Fürsten wurden mit fünfzehn Millionen Goldmark abgefunden, und die Welt schien in den Augen meiner Eltern doch noch nicht ganz aus den Fugen geraten zu sein. Sie waren froh darüber, als würde ihnen selbst etwas geschenkt, und hatten gar nicht so unrecht. Die Fürsten wußten nichts Eiligeres zu tun, als von dem Gold des verarmten Volkes die Reaktion, die Rechtsparteien, zu unterstützen.

Von diesen Zusammenhängen hatte ich damals keine Ahnung. In Woitzel war die Welt noch in Ordnung. «Protest und Gemurre», wie sie in den Städten spürbar wurden, gab es nicht. Wie sollte sich der einfache und politisch nichtorganisierte Landarbeiter im abgelegenen Gutsdorf auch eine politische Ansicht bilden, die so gänzlich von der deutschnationalen Weltsicht seines Gutsherrn abwich oder selbige gar in Zweifel zog? Und mag es in Einzelfällen vorgekommen sein, mit Sicherheit war es für meine Eltern kein Problem, das sie beunruhigte. Ich freute mich über die bessere Stimmung in der Familie.

Zu der Zeit wurde die Frage nach Ulles beruflichem Werdegang aktuell. Es erfüllte Vater sichtlich mit Genugtuung, daß sein Sohn in die Reichswehr eintreten wollte. Sie galt vielen unabhängig von der neuen Staatsform als Wahrerin alles Guten und Anständigen in Deutschland. Für mich wurden durch den Entschluß die Aussichten günstiger, denn Ulle würde nicht jahrelang studieren und ich mußte nicht ebenso lange zu Hause bleiben. In der Reichswehr brauchte er nur ein Taschengeld, und ich konnte endlich die Frage meiner Ausbildung anschneiden.

Als die Überlegungen meines Bruders über die Berufswahl zugunsten der Offizierslaufbahn entschieden wurde, machte mein Vater eine Bemerkung, leise, wie zu sich selbst, die mich aufhorchen ließ: «Die Zeiten der Gutsbesitzer sind sowieso vorbei.»

Ich suchte und fand eine Gelegenheit, ihn zu fragen, wie er das gemeint habe. Vater erklärte mir, daß er sich während seines Jurastudiums in Lausanne ein wenig mit Marx und Engels beschäftigt hatte. Selbstredend nicht im Sinne eines heimlichen Liebäugelns mit Konterbande, vielmehr war es die ganze Universitäts-offizielle Kenntnisnahme von abschreckenden und abwegigen Radikalismen der gegnerischen Partei.

«Es ist schon was dran», hörte ich ihn mit resigniertem Unterton sagen, «und es kommt auch so, ob uns das nun paßt oder nicht.»

Damit war er nicht etwa zum Propheten einer kommunistischen Zukunft geworden, sondern zum nüchternen Registrator einer Entwicklung, die von glanzvollen Kaiserzeiten zu einem Staatsgebilde geführt hatte, in dem sogar den Kommunisten

Sitz und Stimme im Parlament zugestanden werden mußte. Wie recht Vater mit seiner Prognose hatte, wird er selbst kaum gewußt haben. Mit welchen Gefühlen er, der ehemalige Gardeoffizier und Ritter des Johanniterordens, der erahnten und gefürchteten Zukunft gegenüberstand, läßt sich unschwer nachvollziehen.

Noch aber befand er sich mit seinen siebenundvierzig Jahren im besten Mannesalter und zermarterte sich keineswegs mit Gedanken an Kommendes, zumal an ein jähes Ende der für uns doch ganz erträglichen Zustände nicht zu denken war. Selbst die folgenden Zeiten der Weltwirtschaftskrise um 1929/30 waren dank dem von Hindenburg schon 1928 initiierten «Osthilfeprogramm» für die gutsherrschaftlichen Familien – auch für mäßig gut gestellte wie uns – durchaus zu überstehen.

Nachdenklich ging ich damals aus dem Zimmer. Die Namen Marx und Engels besagten mir kaum etwas. Nur aus den Worten von Tante Elsa und Fräulein von Watter hatte ich die verschwommene Vorstellung, daß Marxismus ähnliches bedeutet wie Bolschewismus. Die Güter werden aufgeteilt, jedes Privateigentum verboten, Zustände, wie wir sie uns in Sowjetrußland dachten.

Wie kam Vater zu der Meinung: «Es ist schon was dran, und es kommt auch so, ob uns das paßt oder nicht.» Er hatte diese Worte sehr ernst, fast schien mir, tieftraurig ausgesprochen, so daß ich nicht gewagt hatte, ihn noch weiter um Erklärungen zu bitten. Ich wünschte sehnlichst, Vater und wir alle würden diese Zeiten nie erleben, die da schicksalhaft über uns hereinzubrechen drohten.

Trotz aller Einsicht und Weitsicht konnte man von ihm nicht erwarten, daß er das Rad der Geschichte vorwärts drehte, dem Zustand entgegen, der «uns nicht paßte». Vaters Gesicht strahlte, wenn er alljährlich in Uniform den Vorbeimarsch des Kriegervereins abnahm. Die Orden des verlorenen Krieges blitzten auf den blank gebürsteten schwarzen Anzügen der Veteranen, die ihre alten Knochen zusammenrissen, um eine schwache Erinnerung an den Parademarsch zu Kaisers Zeiten wachzurufen. Die Krönung des Tages war der Tanz im Dorfgasthaus, bei dem ich mit unserem Schweinemeister den besten Walzer tanzte. Kurz bevor die Stimmung einen Punkt erreichte, nach dem keiner mehr zuhören würde, hielt mein Vater eine

Rede. Den Kaiser konnte er zu seinem Leidwesen nicht hochleben lassen, es war ja nach 1918, aber auch ohne «Seine Majestät» konnte man die Köpfe und Herzen für alle militaristischen und nationalistischen Untugenden begeistern.

Die Liebe zum Kriegerverein war keine persönliche Marotte meines Vaters. Allerorts pflegte und förderte man diese Vereine. Mit ihnen wurden soldatische Tugenden zur Aufrechterhaltung und Stärkung chauvinistischen Gedankengutes mißbraucht, das später einen guten Boden für Weltherrschaftsideen bot, ob man es wahrhaben wollte oder nicht. Sicher hat mein Vater nie die Absicht gehabt, dem deutschen Volk und unserer Familie Leid und Opfer aufzuerlegen, und doch trug er mit seinem Verhalten – wenn auch unbewußt – dazu bei.

Kriegerfest, Schützenfest und Erntefest waren die drei Höhepunkte des gesellschaftlichen Lebens im Dorf, die sich kein Einwohner entgehen ließ. Sie fanden zwangsläufig im Sommer statt, im Winter versank das schwache Flämmchen Kultur – sofern man in diesem Zusammenhang überhaupt davon sprechen konnte – vollends in Dunkelheit und schlechten Wegen.

«Die Zeiten der Gutsbesitzer sind sowieso vorbei.» Und die Zeiten für Offiziere? Glaubte Vater an die in Militärkreisen häufig beschworene «nationale Erneuerung», bei der der deutsche Offizier ein gewichtiges Maß an Verantwortung zu tragen hätte? Oder bestimmte ihn die finanzielle Sicherheit und das gesellschaftliche Ansehen des Offiziers zur Berufsempfehlung für seinen Sohn? Vermutlich trafen hier mehrere Gesichtspunkte und Motive zusammen – nicht zuletzt wirkte wohl auch der Umstand mit, daß Vater sich mit Stolz und etwas Wehmut der eignen militärischen Laufbahn erinnerte.

«Ich schwöre Treue der Reichsverfassung und gelobe, daß ich als tapferer Soldat das Deutsche Reich und seine gesetzmäßigen Einrichtungen jederzeit schützen, dem Reichspräsidenten und meinen Vorgesetzten Gehorsam leisten will», so lautete die Eidesformel.

In der Praxis bildete die Armee einen Staat im Staate und funktionierte nach traditionellen Gesetzen der herrschenden Klassen. Ihr Wille geschah in der Republik wie vordem im Kaiserreich. Besonders im Offizierskorps war kaum etwas von neuem Geist zu spüren. Das Standesbewußtsein unterschied sich wenig von dem der Offiziere in der kaiserlichen Armee.

Solange der Staatspräsident von Hindenburg hieß, der schließlich die alten monarchistischen Reichsfarben schwarzweißrot als zweite Staatsflagge wieder durchgesetzt hatte, solange galten Recht und Ordnung alter Konvention. In eine Armee dieses Geistes konnte ein standesbewußter Offiziersanwärter ohne Gewissensqualen eintreten. Mein Bruder fand zur Freude der Familie seine militärische Heimat im Infanterieregiment 9 in Potsdam, ein Regiment, in dem die Tradition des 1. Garderegiments zu Fuß gepflegt wurde, und das wegen seines fast ausschließlich adligen Offizierskorps «Regiment Graf Neun» genannt wurde.

An der Kunstgewerbeschule

Nun kamen die Eltern meinem Drängen nach und ließen mich im Winterhalbjahr eine private Kunstschule in Berlin besuchen. Das entsprach dem Weg meiner Mutter und wurde ohne weitere Diskussion auch für mich als ideale Möglichkeit empfunden, berufliche Neigungen abzureagieren, ohne einen «untermaßigen» Beruf zu ergreifen. Schon seit Jahren hatte es immer jemanden in Mutters Familie gegeben, der emsig und nicht ohne Talent zeichnete oder malte.

Was ich mit dieser subtilen Ausbildung einmal anfangen sollte, war mir allerdings unklar. Die Kunstgeschichte harrte meiner nicht gerade sehnsüchtig. Das brauchte nicht erst erprobt zu werden. Und das Heer jener, die mehr oder weniger verzweifelt Aufträgen, vom Porträt bis zum Deckengemälde für die Villa, hinterherjagten, bedurfte auch kaum der Vergrößerung, trotzdem konnte meine Mutter schwer begreifen, daß ich nach einiger Zeit energisch streikte.

Zwar beteuerte der Professor, ich sei begabt – wer verliert in Krisenzeiten schon gern regelmäßige Einnahmen? –, doch ich behauptete ebenso heftig, daß ich mir bei dieser Tätigkeit völlig nutzlos vorkomme und nur auf das Ertönen der Pausenklingel warte. Das Ergebnis langer Debatten war ein Kompromiß: Ich besuchte die staatliche Kunstgewerbeschule in Berlin.

Befriedigt war ich nicht von der Aussicht, meinen Lebensunterhalt später durch die Herstellung handgewebter

Stoffe, Kissen und Decken zu bestreiten, Tapeten und Stoffmuster zu entwerfen. War es so wichtig, daß sie einmalig und von mir erdacht waren? Eine Aufgabe in engem Kontakt mit Menschen, besonders mit Kindern, hätte mich mehr gelockt. Wie oft hatte ich zu Hause eine verfahrene Situation retten müssen.

«Bring das mal in Ordnung, Katerchen», hatte Vater mich gebeten, «du kannst das so gut.»

Meistens war es mir dann gelungen, die erregten Gemüter zu besänftigen. Das machte mich tagelang froh.

Erst kurze Zeit besuchte ich die Kunstgewerbeschule, als ich am Schwarzen Brett im Flur las: «Fräulein von Lindequist an die Kasse.» Ich erschrak, was bedeutete das? Das Schulgeld war doch bezahlt! Es war eine freudige Überraschung. Eine Textilfabrik hatte eines meiner Stoffmuster angekauft. Hundert Mark bekam ich dafür ausgezahlt. Für mich eine sagenhafte Summe, weit mehr als mein monatliches Taschengeld. Mein Selbstbewußtsein stieg. Der Kauf eines Paddelbootes rückte in greifbare Nähe.

Es war ein Anfang gewesen. Zu Weihnachten konnte ich die Aufträge kaum erfüllen. Sogar holländische Kaufleute verlangten meine handgewebten Schals. Nach dem Unterricht arbeitete ich bis spätabends beim trüben Schein einer Petroleumlampe in der Klasse. Hätte ich elektrisches Licht auf Staatskosten verbraucht und wäre vom Hausmeister erwischt worden, mir wäre die Benutzung des Klassenraumes und Webstuhles ein für allemal verboten worden.

Auch eine Nähmaschine gehörte in die Webklasse. Bei der gleichen mangelhaften Beleuchtung nähte ich mir ein Abendkleid aus Voile, das Meter zu achtundsechzig Pfennig, aber in wunderhübschen Farben. Bei vielen Festen habe ich mich darin herrlich amüsiert.

Mein knappes Taschengeld zwang mich zum konsequenten Sparen. Mit der von meiner Mutter ererbten Unbekümmertheit scheute ich zu diesem Zweck keine noch so originelle Lösung. Auf einem Ball im Hotel «Esplanade» bat mich mein Verehrer immer und immer wieder um einen Tanz, obwohl ich warnte, daß uns die letzte Elektrische davonfahren würde. An Geld für eine Taxe war bei uns beiden nicht zu denken. Als wir endlich aufbrechen wollten, verkehrte keine Straßenbahn mehr, und zudem hatte es geschneit. Ich lief zurück in die Garderobe, zog mir Schuhe und Strümpfe aus und erschien barfuß, was unter dem langen Kleid kaum zu sehen war.

«Was ist denn mit Ihnen los?» fragte Herr von L. ganz erstaunt. «Sie sind ja plötzlich ein Stückchen kleiner geworden!»

«Glauben Sie, ich gehe mit meinen guten Ballschuhen durch den Schnee? Dazu sind sie mir viel zu schade», erklärte ich ihm. Die Schuhe aus schwarzem Samt mit Silberriemchen boten ohnehin keinen Schutz vor Schnee und Kälte.

Der lange Weg machte uns hungrig. Wir kehrten um drei Uhr nachts bei Aschinger in der Joachimsthaler Straße ein, um ein Würstchen zu essen. Bei Aschinger aß man an kleinen runden Marmortischen im Stehen. Jetzt wurde es mit meinen nackten Füßen problematisch. Auf dem kalten, nassen Terrazzofußboden balancierte ich auf den Zehenspitzen nur eines Fußes, versuchte den Beutel mit den Schuhen zu verstecken und zugleich Würstchen zu verschmausen.

Meine eigenartige Akrobatik mußte jemandem aufgefallen sein, der mich kannte und der die Potsdamer Verwandtschaft unverzüglich unterrichtete. Die Wochenenden verbrachte ich nämlich regelmäßig bei der Großmutter und Tante Elsa. Sie waren jeden Sonnabend froh, mich wohlbehalten aus dem Sündenbabel der Großstadt wieder in Empfang nehmen zu können. Ich genoß es, verwöhnt zu werden und von den Ereignissen der Woche zu erfahren und zu erzählen. Aber an diesem Wochenende wurde ich nicht verwöhnt, sondern erlebte ein tüchtiges Donnerwetter von Großmutter und Tante. Die einzige Rettung war, daß mein Begleiter sehr hoch in ihrer Gunst stand. Trotzdem: Drei Uhr nachts und barfuß durch Berlin. Es war unerhört und Wasser auf ihre Mühle. Sie glaubten sowieso, meine Eltern erlaubten mir allzu großzügig Freiheiten, die für ein junges Mädchen meiner Kreise damals nicht üblich waren.

Nach unseren Umgangsformen durfte ich jedes Fest nur unter den Fittichen eines «Chaperons», einer «Anstandsperson», besuchen. Ein «Chaperon» war meistens eine ältere Dame oder auch ein Ehepaar, das eine Tochter oder Nichte auf den Ball begleitete und von Anfang bis Ende auf deren Wohlverhalten achtete und sie vor allem sicher nach Hause brachte.

Ich fragte zwar manchmal eine Freundin oder Bekannte, ob ihre Eltern oder Tante erlauben, daß ich mich ihnen anschließe. Das wurde stets bejaht. Wir trafen uns in der Garderobe oder im Ballsaal, oft erst nach mühseligem Suchen in dem Menschengewimmel. Kurze Zeit saß man beieinander, begrüßte Freunde und Bekannte, fremde Jünglinge ließen sich vorstellen oder ich wurde älteren Herrschaften vorgestellt. Begann die Musik, war ich schnell in der Menge verschwunden. Wir Jungen suchten uns ein gemeinsames Plätzchen, die Älteren fanden sich ebenfalls zusammen und bildeten den «Drachenfelsen». Ich achtete darauf, daß mein «Chaperon» mir nicht frühzeitig entschwand, ohne daß ich mich bedanken und versichern konnte, daß mich Herr Sowieso pünktlich nach Hause begleiten würde.

Der «Chaperon» freute sich, der Mühe enthoben zu sein, und damit war für meine Begriffe der Form Genüge getan, die ich gar nicht immer einhielt. Großmutter und Tante Elsa waren entsetzt, wenn ich zwar begeistert von einem Fest berichtete, die Frage nach dem «Chaperon» aber verneinen mußte. Meine Eltern vertrauten meinem gesunden Menschenverstand und meinten, Dummheiten könnte ich mit und ohne «Chaperon» machen.

Die Einladungen zu den Festen, Kurmärker-Ball, Adels-Ball, Fest des «Deutschen Offiziersbundes», des «Vereins für das Deutschtum im Ausland» und andere, wurden nur an ausgewählte Gäste verschickt. Organisationen dieser Art waren nach dem Krieg wie Pilze aus dem Boden geschossen. Ihre Menge entsprach der Vielzahl von Parteien, Richtungen, Fraktionen und Interessengruppen innerhalb des Spektrums der Rechten. Solche Zersplitterung mutet aus heutiger Sicht grotesk an, denn trotz mancher Nuancen war die Gemeinsamkeit aller entsprechenden Bestrebungen auf Revision des «Versailler Schmachfriedens» gerichtet, auf Revanche, Chauvinismus, Wiederherstellung «nationaler Größe» und Wiedererwerb von Kolonien.

Wer vermutet, die Vergnügungen der Klubs, Vereine, Bünde hätte zu einer Politisierung des zu großen Teilen jungen Publikums geführt, der irrt. Insbesondere für uns junge Mädchen aus wohlanständigem Hause war Politik ein mehr oder minder anrüchiges Feld, das man tunlichst würdigen Herren und Fachleuten überlassen sollte. Der fröhliche Jungmädchenklatsch über Mode, Musik, Balldiplomatie, das Gewisper über Tanzpartner, Mauerblümchen und die tausend anderen, unendlich wichtigen Kleinigkeiten füllten neben dem unbeschwerten Tanzvergnügen unsere Abende aus.

Die Eintrittsgelder dieser Bälle flossen allerdings in die Vereinskassen und trugen so ganz handfest zur Realisierung des entsprechenden politischen Programms bei. Doch das interessierte uns herzlich wenig. Und wenn wir darüber nachgedacht hätten, wären uns dann Zweifel gekommen? Unsere Klasse – seinerzeit hätten wir nur von «unseren Kreisen» gesprochen – war etwas Exklusives, und ihr oblag eine besondere Verantwortung für Recht und Ordnung. Daran gab es für uns nichts zu deuteln. Diese Arroganz schloß übrigens ein, daß man dem «einfachen Menschen» durchaus «anständig» zu begegnen hatte. Außerdem fanden wir an den Zielen dieser Verbände kaum Anfechtbares, denn Kolonialwaren ohne Kolonien beispielsweise waren ein Unding, auch für jenen, der sich für Wirtschaftsfragen nicht interessierte. Solche Sicht entsprach selbstverständlicher standesgemäßer Grundüberzeugung, und über die Richtigkeit des kleinen Einmaleins sinnt man nicht nach oder stellt gar umständlich eigene mathematische Recherchen an.

Mit Tanzen im Winter, Wassersport im Sommer und einem gelegentlichen Kinobesuch waren meine kulturellen Bedürfnisse vollkommen befriedigt. Das Theater der «goldenen» zwanziger Jahre, von Reinhardt und Jeßner bis Piscator und Brecht, blieb mir völlig unbekannt, obwohl die Plakate an den Litfaßsäulen sich nicht übersehen ließen und im Feuilletonteil der Zeitungen ausgiebig debattiert wurde, es übte auf mich wenig Anziehungskraft aus. In dieser Beziehung bewegte ich mich brav und bedürfnislos im Rahmen meiner anerzogenen Wertevorstellungen. Immerhin galt Theater als Luxus und nicht etwa als ein Ort, an dem man über den Zustand der Welt oder gar über Fragen des Klassenkampfes sinnierte. Skandale und Theaterkräche – offenbar Domäne des Schauspieltheaters – lockten mich ebenfalls nicht gerade an.

Hinzu kamen die Eintrittspreise. Ich erinnere mich, daß ich Tante Elsa gegenüber einmal die Absicht äußerte, ein Schauspiel zu besuchen. Wegen des Eintrittspreises wäre es mir aber nur auf dem Olymp mit Stehplatz oder höchstens dem billigsten Sitzplatz möglich.

«Da gehörst du nicht hin!» entgegnete die Tante sofort scharf. «Untersteh dich ja nicht, dich unter dieses Volk zu mischen!»

Im stillen hatte ich auf einen kleinen Zuschuß gehofft, doch nun war der Fall erledigt. Wegen eines Theaterbesuches wollte ich keinen Krach mit der Tante riskieren.

Kamen meine Eltern nach Berlin, nahmen sie mich mit in die Oper, ein Ereignis, das ich sehr genoß. Oper galt freilich als das Gediegenste und Repräsentativste. Der «Zeitgeist» war hier bedeutend vermittelter und weniger erregend zu spüren.

Das Fräulein von Watter

Während meiner Zeit an der Kunstgewerbeschule lernte ich allmählich Menschen kennen, die in bedeutend komplizierteren Verhältnissen lebten als ich. Besonders in der Kantine begegnete mir ein bunt zusammengewürfeltes Völkchen. Ich wunderte mich, wie viele, vor allem männliche Schüler, das Studienalter längst überschritten hatten. Nach und nach begriff ich, daß so mancher Architekt oder Bildhauer auf diese Art versuchte, mit einem Stipendium über arbeitslose Jahre hinwegzukommen. Irgendwo hatte er ein winziges Zimmer oder nur eine Schlafstelle und in der Schule wenigstens ein Eckchen, in dem er arbeiten konnte, und schlechtes, aber billiges Essen in der Kantine.

Mich erschütterte die Ausweglosigkeit dieser Existenzen. An die Gründung einer Familie konnten sie gar nicht denken. Dagegen wohnte ich geradezu fürstlich in einem kleinen schmalen Zimmer bei einer Frau von Frankenberg in der Berliner Straße, nicht weit von der Schule entfernt. Als Mädchen völlig selbständig zu leben, war in unseren Familien noch eine Ausnahme. Den Namen meiner Wirtin hielten meine Eltern wohl für ausreichend, mein Renommee zu wahren.

Solche Begegnungen mit Arbeitslosigkeit und Not machten mich nachdenklich, oder besser: Sie hinderten mich manchmal, meine augenscheinlich günstigere Situation als behaglich zu empfinden. Doch sehr weit führten mich meine Überlegungen nicht. Es gab halt allerhand Pech auf dieser Welt, und das Beste dagegen war offenbar, die richtigen Eltern zu haben. Meine waren nicht eben reich wie Krösus, aber das Wort «Woitzel» – eigener Grund und Boden also – hatte etwas sehr Beruhigendes.

Kamen dann die Wochenenden heran und die junge Elevin der Kunstgewerbeschule zog sich nach Potsdam zurück, verflogen solche Gedanken in der sicheren Obhut einer Großmutter, die Generalswitwe war, und einer zutiefst deutschnationalen Tante, die genau wußte, wie die Zukunft aussehen würde, nämlich deutschnational, blieb kein Platz dafür. Was ich dort vernahm, klang schließlich recht überzeugend, zumal es – wie jeder tiefe Glaube – nicht kleinlich mit Gründen belegt werden mußte und von Kindheit an vertraut war. Und geht nicht schließlich auch von Menschen, die Mangel und Not nie kennengelernt haben, eine gewisse Autorität aus, schon weil man unbewußt unterstellt, sie besäßen ihr Geld auf Grund ihrer Ansichten und besonderen Fähigkeiten?

Auffallend häufig traf ich im Frühjahr 1931 Fräulein von Watter in Potsdam an. Ich empfand für sie nach wie vor große Verehrung. Manchmal schien es mir, als bräche das Gespräch mit der Tante ab, wenn ich ins Zimmer trat, und meistens verabschiedete sie sich dann auch bald.

Eines Sonnabends kam ich eine Stunde früher als gewöhnlich. Zu meinem Erstaunen hörte ich aus dem Schlafzimmer fröhliches Gelächter von Großmutter, Tante Elsa und Fräulein von Watter. Als ich hineinging, erschraken alle drei. Natürlich sagte ich nichts, aber ich wunderte mich, warum die elegante, junge Ärztin hier Kleidungsstücke anprobierte, die ich nur mit «olle Klamotten» bezeichnen konnte. Es war doch Frühling und nicht Faschingszeit? Sie drehte sich vor dem hohen Spiegel hin und her und versuchte, möglichst alt und jämmerlich auszusehen.

Die Verkleidungsszene wurde abgebrochen. Es war noch die Rede von alten Strümpfen, einer abgenutzten Reisetasche und einem sehr weiten bäuerlichen Rock, alles Dinge, die meine Tante bis zum nächsten Wochenende beschaffen wollte. Fräulein von Watter verabschiedete sich. Danach verschwand jedes Lächeln aus der Miene meiner Tante, als sie mir ohne Erklärung streng untersagte, über das eben Erlebte irgendein Wort verlauten zu lassen. Ich versprach es, mit dem festen Vorsatz herauszubekommen, was dahintersteckte.

Dazu brauchte ich nur auf die Bemerkungen zu achten, die der Großmutter und Tante hin und wieder in meinem Beisein entschlüpften. Die Klugheit der «Watterin» wurde gelobt, die in wenigen Wochen die russische Sprache erlernt hatte.

«Na ja», meinte Tante Elsa, «auf ihrer ersten Reise vor zwei Jahren hat sie sich ja schon ganz gute Kenntnisse angeeignet.»

Wenn es eine erste Reise gab, dann also auch eine zweite. Dabei klang die Sorge durch, «hoffentlich geht alles gut».

Am nächsten Wochenende traf ich Fräulein von Watter sogar mit grau gefärbten Haaren an. Sie konnte sich nun von Kopf bis Fuß als arme einfache Frau vorstellen. Eine Unzahl von Röcken verbarg ihre Schlankheit. Dieses Mal half mir Großmutter, meine bis zum Siedepunkt gestiegene Neugierde zu befriedigen und das Geheimnis weiter zu entschleiern. Sie sorgte sich, die alte Kleidung und die grauen Haare könnten die Schönheit, Jugend und Vornehmheit der Inhaberin des «neuen Passes» doch nicht ganz verheimlichen.

Jetzt wußte ich genug, um mit ein wenig Kombinationsgabe über das Thema zu sprechen, als sei mir alles klar. Wie ich es erwartet hatte, blieb Tante Elsa gar nichts anderes übrig, als mir unter dem Siegel der tiefsten Verschwiegenheit die ganze Wahrheit zu sagen.

Nach ihrer offiziellen Studienreise durch die Sowjetunion wollte die «Watterin» nun eine neue Fahrt antreten. Mit einem falschen Paß und einem riesigen Umweg über die Türkei, Syrien, den Irak und Persien wollte sie es diesmal unternehmen, denn «wegen der Vorträge nach ihrem ersten Aufenthalt haben die Bolschewisten ihr das Einreisevisum verweigert», erklärte die Tante und fügte hinzu: «Natürlich, die Wahrheit können sie nicht vertragen, diese Roten. Es ist ja auch entsetzlich, was unter ihrer Herrschaft aus dem Land geworden ist!»

Mir lief eine Gänsehaut über den Rücken. Mit einem falschen Paß durch das Riesenland, ganz allein mitten unter den entsetzlichen Bolschewisten! Wenn die Watterin wenigstens recht gewöhnlich, am besten ordinär aussehen würde, wie wohl alles bei den Russen, dann würde sie keine Aufmerksamkeit erregen. Aber so würde sie bestimmt verhaftet und umgebracht werden. Und wozu das alles? Wegen der paar Roten hier bei uns in Deutschland? Die fielen doch gar nicht ins Gewicht. Was ging es uns schließlich an, was die Bolschewisten da in Rußland machten?

Fräulein von Watter wußte sehr genau, wozu sie in die Sowjetunion fuhr.

Tante Elsa meinte zwar, die Watterin stünde in Gottes Hand, aber sehr fest schien sie seinem Schutz nicht zu trauen; denn sie sorgte sich den Sommer über sehr um ihre junge Freundin und wartete im Herbst mit zunehmender Nervosität auf ihre Rückkehr. Ich war fast enttäuscht, als Fräulein von Watter eines Tages ohne jede Sensation, gesund, munter und elegant wie eh und je wieder auftauchte.

Sofort machten sie und die Tante sich an die Arbeit, Vorträge zu organisieren. Zuerst natürlich in der Deutschnationalen Volkspartei, jedoch auch vor den Mitgliedern des Luisenbundes, des Stahlhelms, des Deutschen Offiziersbundes und der Adelsgenossenschaft.

Die Rednerin ließ ihre Zuhörer erschauern über die grauenhaften Zustände in der Sowjetunion. Mit Charme und Temperament, mit blitzenden Augen und tiefer Anteilnahme am Schicksal der «geschundenen Russen» schlug die attraktive Watterin ihr Publikum in den Bann, ein Engel, der durch die Hölle gegangen war. Der Engel war klug genug, um zwischen Ursache und Wirkung zu unterscheiden, er konnte auf die Oberflächlichkeit seiner Zuhörer bauen. Fasziniert von der Gewandtheit des Vortrages, glaubten wir jedes Wort. Sicher hatte die junge Ärztin recht, wenn sie von Hunger und Armut, vom Mangel an den für uns selbstverständlichen Dingen des Lebens sprach, aber sie betonte es mit unverkennbarer Genugtuung als Ergebnis des Bolschewismus. Kein Wort fiel vom bitteren Erbe der Zarenherrschaft, von den schrecklichen Folgen des Krieges und den Kämpfen gegen die Intervention von vierzehn kapitalistischen Staaten. Ihr Buch «Eine deutsche Frau erlebt Sowjetrußland», ein kleines rotes Bändchen, war natürlich ein wirksameres Kampfmittel gegen den deutschen Kommunismus als die allgemeinen und üblichen Hinweise auf die «rote Gefahr».

Wir alle hatten unsere festen Vorstellungen vom bolschewistischen Rußland und wurden von ihr in jedem Punkt bestätigt. Mit ähnlichen Erwartungen geht man ins Gruselkabinett und findet sich befriedigt. Ich erinnere mich, damals als Zweiundzwanzigjährige besonders für die russischen Frauen tiefes Mitleid empfunden zu haben. Wie ich gehört hatte, mußten sie ihre Kinder in Heimen abgeben und schwer arbeiten wie die Männer. Familie, Liebe, Frohsinn und Glück schienen in dem Land staatlich verboten. Nur eines wurde von Mann und Frau, jung und alt verlangt: arbeiten von früh bis spät. «Die Arbeiter sind vielleicht der einzige Stand, dem es im neuen Rußland erträglich geht», mußte die Rednerin zugestehen. «Das sind aber nicht wir», drückten die Mienen der Zuhörer aus, unter denen sich selbstverständlich kein Arbeiter befand.

Fräulein von Watter witterte Gefahr für unsere Klasse am östlichen Horizont und forderte zu unbändigem Haß gegen die Bolschewisten auf. Daß die Gefahr nur für die Vorrechte unserer Klasse bestand, verschwieg sie wohlweislich und sprach von der Bedrohung des ganzen deutschen Volkes.

Es gab keine Fragen, keine Diskussionen am Schluß, sondern brausenden Beifall. Beim Verlassen des Saales hörte ich die Worte: «Ein Glück, bei uns ist so etwas unmöglich», und ich war froh, in diesem Deutschland zu leben, in dem mir alles bestens geordnet schien.

Wir rümpften nur die Nase

In unseren deutschnationalen Kreisen galten die alten Werte, da war Verlaß aufeinander. Ansichten und Meinungen über die kleinen und großen Dinge des Lebens glaubten wir für die Ewigkeit geprägt. In der hohen Politik fand man sich kaum noch zurecht. Reichskanzler kamen und gingen – Luther, Marx, Müller, Brüning, Papen, Schleicher –, eine bunte Reihe von Namen, die mir wenig sagten. Es bewegte mich auch nicht, daß die letzten drei Kanzler die ohnehin schwächliche Weimarer Demokratie entkräfteten. Reichspräsident war und blieb Hindenburg, ein verläßlicher, trutziger Fels im Meer.

In welch starkem Maße Ende der zwanziger Jahre die Deutschnationalen auf die Nazis gesetzt hatten und eine Entwicklung forcierten, die Hitler an die Macht brachte, ließ sich für mich politisch ahnungsloses und unbedarftes Menschenkind aus den beiläufigen Gesprächen mit Großmutter und Tante nicht entnehmen. Beide versuchten auch nicht, mich «aufzuklären» oder gar auf den Pfad der aktiven Politik zu führen. Diese war bekanntlich leicht dazu angetan, den Charakter zu verderben, falls man nicht so überdurchschnittliche Gaben wie Helene von Watter aufzuweisen hatte. Sicherlich hielten mich die Potsdamer für ein schlichtes, unverdorbenes Kind der Provinz, das sich in der großen Stadt Berlin maßvoll und züchtig an das Leben gewöhnte, um endlich den beglückenden Hafen der Ehe anzusteuern. Was sollten die Exkurse ins Reich der politischen Welt?

Um die massiven Versuche zum Beispiel unseres guten Bekannten Seeckt, in der «Harzburger Front» ein Bündnis von Deutschnationalen, Stahlhelm, NSDAP mit SA und SS, Alldeutschem Verband, Vereinigten Vaterländischen Verbänden mit den Finanzgewaltigen von Industrie und Banken und den konservativ-monarchistischen Kreisen zustande zu bringen, wußte ich nicht.

Wenn ich in historischen Darstellungen heute lese, daß bereits während der Beratungen und der anschließenden Paradeschau in dem kleinen Harzstädtchen die Nazis ihren Führungsanspruch anmeldeten und die Deutschnationalen wie auch den Stahlhelm halb mit verächtlichen Bemerkungen bedachten, wird mir klar, weshalb in den beiläufigen häuslichen Gesprächen nie einhellig positiv von Hitler und seiner Partei gesprochen wurde. Es gab da eine Grundhaltung des Naserümpfens über den hergelaufenen Weltkriegsgefreiten, der so gar nichts Standesgemäßes an sich hatte. Zielstellung und Massenwirksamkeit des NSDAP-Programms hingegen fanden Anerkennung. Man würde die ungehobelten Nazis eben allmählich unter den eigenen Einfluß bringen müssen und sie deutschnational kultivieren. Auf diese Weise hoffte man die aufbegehrenden Massen zu bändigen und die eigene Position festigen, die eigenen Ziele durchsetzen zu können.

Nur allzu schnell sollten die Nazis dann allerdings beweisen, daß sie auf eine deutschnationale «Gouvernante» nicht angewiesen waren und sie ohne große Umstände in die Ecke stellen, sprich: ebenso verbieten – wie alle anderen Parteien.

In den ersten dreißiger Jahren gewöhnte man sich an Presseberichte, die von Schlägereien und Schießereien zwischen

Nazis und «Roten» berichteten, und der Duktus der Artikel, nach denen zumeist biedere Burschen der SA und SS durch die «Kommune» belästigt oder überfallen worden waren, entsprach den Vorstellungen meiner Verwandten.

Ich verhielt mich in diesem Punkt indifferent oder, besser: engagierte mich in der Kunstgewerbeschule weniger emotional für meine eindeutig rechte und konservative Grundhaltung. Immerhin kannte ich dort «Linke» – von einer Parteimitgliedschaft wußte ich nichts –, und sie waren mir nicht etwa besonders unsympathisch. In der Kantine überwogen die lautstarken Kommentare von rechts, und unter den weißen Malerkitteln der Schüler lugte bei manchen bereits das Braun der Naziuniform hervor. Jene, von denen mir bekannt war, daß sie links standen, befanden sich deutlich in der Minderheit. Sie wurden schweigsam, war ihnen doch klar, wir «Unpolitischen» würden ihre Argumente kaum unterstützen.

Überhaupt existierte hier kein Gemeinschaftsgefühl, wie ich das – bei aller Relativität – in der Lyzeumsklasse noch empfunden hatte. Die Kunstschule bildete Individualisten aus, die sich – aus den unterschiedlichsten politischen Richtungen kommend – später auf dem Kunstmarkt ja durchsetzen mußten und gerade auch in Krisenzeiten leicht zu Konkurrenten werden konnten. Am vorletzten Januarabend des Jahres 1933 befand ich mich ziemlich spät auf dem Heimweg in Charlottenburg, als ich plötzlich aus meinen Gedanken gerissen wurde. Waren das Schüsse? Wüstes Gebrüll kam immer näher, rennende Gestalten, Uniformen. Es war zu dunkel, um Genaueres zu erkennen. Das Herz schlug mir bis zum Halse. Sollte ich stehenbleiben, mich in einer Haustür verkriechen? Zum Glück verzog sich der Tumult in eine Nebenstraße. Ich hetzte, so schnell ich konnte, nach Hause und die Treppen hinauf. Frau von Frankenberg und ihre Tochter waren aufgeschreckt. Wir gingen auf den Balkon und hörten die letzten Schüsse verhallen.

In den Zeitungen stand am nächsten Tag, wieder einmal hätten die Roten eine SA-Gruppe angegriffen. Es hatte zwei Tote gegeben, den SA-Mann Maikowski und einen Polizisten. Uns erschütterte das Drama nicht allzusehr. Gewiß, die Kommunisten waren unser aller Feind – aber die SA-Leute, herrgottnochmal, sie benahmen sich auch nicht so, wie sich das für einen anständigen Menschen gehörte. Flegel waren sie, Rabauken...

Später bekam ich mit, daß der Fall einige Prominenz erlangte. Hitler war am 30. Januar 1933 von Hindenburg zum Reichskanzler ernannt worden. Maikowski, der eben an jenem Tag den «Heldentod» starb, wurde umgehend zum Märtyrer der Nazibewegung gemacht und erhielt ein Staatsbegräbnis: Trauerfeier im Dom in Anwesenheit Hitlers und anderer Nazigrößen. Die Charlottenburger Wallstraße, nicht weit von meiner Wohnung entfernt, wurde in Maikowskistraße umbenannt, und im Spätsommer folgte – im Schatten des Reichstagsbrandprozesses – der Maikowski-Prozeß, in dem die «milde» Höchststrafe von zehn Jahren verhängt wurde.

In Jan Petersens «Unsere Straße» kann man die Hintergründe dieser ominösen Vorgänge am Tage der «nationalen Erhebung» lesen. Siegestrunken hatte der berüchtigte Charlottenburger SA-«Mordsturm 33», wie er sich selbst stolz nannte, nach dem Fackelzug für Hitler den Marsch zur Wallstraße angetreten, einer traditionsreichen Arbeiterwohngegend. Hier provozierten die SA-Männer mit Haß und Mordgesängen, bis aus den Fenstern die ersten Blumentöpfe geflogen kamen. Erschreckt und wild um sich feuernd, trafen die SA-Leute ihren eigenen Anführer und einen Polizisten. Den Angeklagten, kommunistischen Arbeitern, konnte nichts nachgewiesen werden. Sie wurden «moralisch schuldig» gesprochen und entsprechend «schonend» behandelt.

Die «Roten» also hatten einen SA-Mann ermordet. Trotzdem schien mir der 30. Januar 1933 kein besonderer Tag zu sein oder gar eine Zäsur in der deutschen Geschichte zu markieren.

An einem schönen Wintertag Ende Februar hatte ich ziemlich spät eine Verabredung, auf die ich mich freute. Pünktlich fand ich mich bei unserem Treffpunkt am Bayrischen Platz ein. Der Schnee glitzerte, ich bekam kalte Füße, aber der Herr Forstassessor von B. erschien nicht. Enttäuscht beschloß ich, zur nahegelegenen Wohnung seiner Eltern zu gehen. Die Mutter hatte mit meinem Besuch gerechnet und entschuldigte ihren Sohn.

«Der Reichstag brennt, er ist sofort dorthingefahren», das würde ich sicher verstehen.

Konnte er mich nicht mitnehmen? dachte ich ärgerlich. Aber ich machte ein freundliches Gesicht und unterhielt mich höflich. Der Vater setzte sich zu uns, alle warteten sehnlichst auf den Sohn. Endlich kam er und brachte die neuesten Nachrichten:

«Die Kommunisten haben den Reichstag angezündet.»

Diese entsetzliche Neuigkeit war für uns nur durch die Überzeugung erträglich, daß den Brandstiftern künftig das Handwerk gelegt werden könnte, denn für uns bestand kein Zweifel, die in wenigen Tagen vorgesehene Reichstagswahl würde ein wertvolles Bekenntnis des deutschen Volkes zu den «nationalen Kräften» werden.

Andere Gedanken oder gar ein heimlicher Verdacht angesichts der «Zweckmäßigkeit» einer solchen Brandstiftung kurz vor der Wahl kamen uns nicht. In diesem Punkt standen wir uneingeschränkt hinter dem starken Mann der Nazipartei, auch wenn uns das Schwarz-Weiß-Rot ihrer Fahne nicht so recht gefallen konnte: der überwiegende Rot-Ton störte uns ebenso wie ihre «plebejischen» Manieren. Der Wahlsieg der NSDAP erfüllte uns einerseits mit tiefer Genugtuung, bannte er doch die «rote Gefahr», andererseits empfanden wir es als einen unschönen Zug der nun ohne Zweifel anbrechenden «Neuordnung» des Reiches, daß unsereins politisch auf so unfeine Leute angewiesen war. Freilich, bei über siebzehn Millionen NSDAP-Wählern und nur wenig mehr als drei Millionen Stimmen für die Deutschnationale Volkspartei mußte man mit seinen Bedenken hinter dem Berge halten und sich des gemeinsamen Sieges freuen. Und dann blieb ja die besagte Hoffnung auf die Wirksamkeit unseres Vorbildes hinsichtlich der Haltung und der Manieren.

Der «Tag von Potsdam»

Hier galt es übrigens für die Braunen recht zügig zu lernen, wenn sie sich am bevorstehenden großen «Tag von Potsdam» am 21. März nicht blamieren wollten. Mißliebige Elemente murmelten zwar mit gebotener Vorsicht etwas von «Wiener Operette», aber wir wußten es besser: Der greise Feldmarschall und Reichspräsident würde an diesem Tag eine weihevolle

Ansprache an den neuen Reichskanzler richten und dessen Erwiderung entgegennehmen. Ein unvergleichlich prachtvoller Staatsakt, bei dem die alten und die neuen nationalen Kräfte von den Hohenzollernprinzen über Reichswehroffiziere bis zu SA- und SS-Spitzen ihr Bündnis besiegeln würden.

Angehörige der selbstverständlich «unpolitischen» Reichswehr – unter ihnen mein bereits zum Leutnant avancierter Bruder – standen Ehrenspalier vor versammeltem Reichstag (ohne die inzwischen eliminierten Kommunisten, versteht sich). Ich war stolz auf Ulle und glücklich, mit meinen Eltern in der Garnisonkirche von einem guten Platz aus den feierlichen Akt beobachten zu können. Draußen vor der Kirche und in den Straßen Potsdams drängten sich die Menschen, in den Fenstern lagen sie, auf den Laternen und Bäumen saß die Jugend. Die Fahnen leuchteten rot mit dem Hakenkreuz und schwarzweißrot. Angesichts der Menschenmenge auf den Straßen wurde mir wieder einmal fast peinlich bewußt, zu welch bevorzugtem Kreis ich gehörte. Die Karten für die Kirche hatte meine Mutter über den Prinzen August Wilhelm besorgt, der schon eng liiert mit den Nazis war.

Hindenburg betrat gemessenen Schrittes die Kirche. Alles erhob sich von den Plätzen. Hitler folgte mit unsicherem Schritt. Schäbiger Zivilist, dachte jeder von uns. Seine in die Stirn fallende Haarsträhne fand ich widerlich wie seinen ganzen Ausdruck. Dagegen der Kronprinz! Und die ehemaligen Generäle und Admirale in vollem Ordensschmuck und, das war wohl der Höhepunkt, der alte Mackensen in seiner Totenkopfhusarenuniform. Einfach eine Augenweide! Als Hindenburg sich im Zentrum der Kirche unvermittelt umdrehte, seinen Marschallstab hob und solcherart den leeren Kaiserstuhl und dann den Kronprinzen grüßte, erfüllte uns tiefe Genugtuung, zumal Hitler – wir glaubten es deutlich gesehen zu haben – wie ein begossener Pudel dastand.

Von den Ansprachen ist mir kein Wort im Gedächtnis haftengeblieben, die Pracht des Zeremoniells hatte mich hinreichend beschäftigt. Anschließend fand die Kranzniederlegung an den Sarkophagen Friedrich Wilhelms I. und Friedrichs II. statt, und zum Abschluß rauschte der Choral «Ein feste Burg ist unser Gott, ein gute Wehr und Waffen» durch den hohen Kirchenraum. Alles sang mit und war ergriffen von der Feierlichkeit des historischen Geschehens. Keine Frage, wer in dieser weihevollen Stunde den Ton angegeben hatte: die standesbewußten alt-nationalen Kräfte.

Wir hätten damals keinem geglaubt, daß der «alte Kämpfer» und frischgebackene Reichspropagandaminister Joseph Goebbels der Regisseur dieser erhabenen Vorstellung war. Kaisergruß und altväterliche Uniformenpracht, das ist mir heute klar, dürfte die braunen Machthaber bei ihrer Vorliebe fürs Theatralische nicht sonderlich irritiert haben. Im Gegenteil: Solche herzwärmende Nostalgie war ein treffliches Gütezeichen für Qualität der neuen Verhältnisse.

Bei Oma und Tante Elsa versammelten wir uns danach zum Essen. Selbstverständlich mußten wir der Großmutter alles genau schildern.

«Der Anstreicher lernt es mühsam, sich in Szene zu setzen», meinte meine Mutter, «immerhin, mit seiner tiefen Verbeugung vor Hindenburg hat er sich heute einige Sympathien erworben.»

Mein Vater war besonders begeistert von der Geste, mit der Hindenburg die Verbundenheit mit dem alten Preußen betont habe.

«Mit steifen Schritten, auf den Stock gestützt, schritt er zur Gruft Friedrichs des Großen hinunter, und alle, auch die Braunen, erhoben sich zu Ehren des großen Königs. Draußen dröhnten die Salutschüsse unserer Reichswehr, es war wirklich sehr feierlich», sagte er zufrieden.

Endlich erschien Ulle, und wir konnten mit dem Essen beginnen. Er schilderte lebhaft die Schwierigkeiten, die es gekostet hatte, die Kompanie durch das Gedränge auf den Straßen wieder in die Kaserne zurückzuführen. In jedem Satz erwähnte er übrigens seinen geliebten Peter, seinen Kompaniechef, den Oberleutnant Rudolf Petershagen. Ulle bewunderte ihn, ja, er schwärmte geradezu von ihm, und das war angesichts seiner sonst recht nüchternen Art auffallend. Oma hatte schon des öfteren vorgeschlagen: «Bring diesen sagenhaften Peter doch mal mit», aber dann erfand Ulle stets Ausreden.

«Ach, das wird ihm nicht passen, wir haben immer soviel Dienstliches zu besprechen», schützte er vor.

Wir saßen beim Mokka, die ganze Familie war bester Stimmung. Plötzlich fragte Vater: «Sag mal, Katerchen, wie kommst du denn mit deinem Geld aus?»

Ich wußte nicht, worauf er hinauswollte. Ich brauchte nicht umständlich zu bilanzieren, sechzig Mark waren eben sechzig Mark, und angesichts der Preise für Essen, Arbeitsmaterial, Schuhsohlen, Fahrgeld, Porto mußte es auch Papa klar sein, daß ich mir keine großen Sprünge leisten konnte. In der Kantine aß ich das Billigste, zum Weben mußte ich mir das preiswerteste Material besorgen, das nur eben die «Naja, es geht»-Farbtöne hatte.

«Manchmal pumpe ich Ulle an, aber im nächsten Monat sieht es dann natürlich um so trüber aus.»

Mein Vater strahlte, als er mir – fast ein wenig feierlich – eröffnete, daß ich von nun an hundert Mark jeden Monat erhalten würde. Woitzel hatte vom warmen Regen der «Osthilfe» seinen Teil abbekommen. Vater war sichtlich erleichtert und etlicher Sorgen enthoben und bezeichnete es als großes Glück, daß Hindenburg seinerzeit Brüning entlassen hatte. Der hätte nämlich die zweite Rate der Osthilfe, einhundert Millionen Mark, nie genehmigt, meinte er.

Ich hatte davon gehört, daß Brüning die allzu verschuldeten Güter aufzusiedeln gedachte – eine Absicht, die ihm von rechts den Ruf eines «Agrarbolschewisten» eingetragen hatte. Wieder einmal galt es bei allen Vorbehalten, den Nazis Anerkennung zu zollen für ihr heftiges Engagement in Sachen Osthilfe. Woitzel – soviel schien klar – hätte andernfalls von uns kaum gehalten werden können.

Selbstverständlich war ich überglücklich, denn die Ankündigung der hundert Mark bedeutete eine unerwartete Freudenbotschaft für mich. Nun brauchte ich mir auch keine Gedanken mehr zu machen, ob Mutter mir – wie im vorigen Herbst – einen erlegten Hirsch schicken würde statt des Schulgeldes. Weil die Kartoffelernte immer einige unvorhergesehene Ausgaben verursachte, war sie auf dieses probate Mittel, Bargeld einzusparen, verfallen.

Dem Fräulein an der Kasse war damals der Mund offengeblieben vor Erstaunen, als ich ihr sagte, ich müßte erst einen Hirsch verkaufen, ehe ich bezahlen könne. Sie dachte an einen Kunstgegenstand.

«Nein, nein», stotterte ich verlegen, «einen richtigen, lebendigen Hirsch, also, jetzt ist er natürlich tot. Ich muß ihn beim Wildhändler verkaufen, dann bekommen Sie sofort Ihr Geld.»

Mit Schrecken erinnerte ich mich daran, wie ich mit Hilfe eines Bekannten das riesige Tier am Güterbahnhof auf den viel zu kleinen Handwagen lud, das Haupt hing vorn, die Läufe hinten herunter. So zog ich durch halb Charlottenburg, ehe ich es bei einem Wildhändler los wurde. Nach einigem Hin und Her erhandelte ich mehr als das Schulgeld. Trotzdem hatte ich keine Lust, so ein Unternehmen zu wiederholen. Doch bei meiner Mutter war nichts unmöglich. Vielleicht hätte sie mir dieses Jahr ein Wildschwein geschickt. Die Osthilfe würde mich davor bewahren.

Da ich meine Prämie bisher nicht angerührt hatte, konnte ich mir jetzt wirklich das Paddelboot kaufen. Ich deponierte es in der Pionierbadeanstalt in Potsdam. Jeden Sonnabend fuhr ich sofort von der Schule zur Großmutter, versorgte mich mit Proviant und verschwand zu meinem Boot.

War ich allein auf dem Wasser, hatte die gute Tante Elsa Angst, ich ertrinke. Paddelte ich unter männlichem Schutz, schüttelte sie den Kopf über die Freiheiten, die mir die Eltern gestatteten, wobei sie ihre Vorbehalte nie direkt und ausdrücklich formulierte. Ein bedeutungsvoller Blick oder beiläufige Anmerkungen sprachen jedoch Bände. Trotz ihrer generellen Bedenken gegenüber solchen Eskapaden differenzierte sie unter meinen Begleitern, ein ganz lustiges Verfahren. An der Marschverpflegung konnte ich genau erkennen, wie hoch oder gering mein jeweiliger Gefährte bei ihr im Kurs stand. Für den eleganten baltischen Oberleutnant Freiherr von Riga reichte die Tasche kaum aus, um kalten Kaßler, Eier und Kartoffelsalat, Kuchen und Bohnenkaffee unterzubringen. Der sudetendeutsche, noch dazu katholische Architekt mußte sich mit belegten Broten begnügen, trotz seiner tatkräftigen Hilfe beim Hirschhandel.

Am liebsten hätte ich die halben Sommerferien in Potsdam verbracht, um mein Boot zu genießen. Ich überließ es meinem Bruder und fuhr nach Hause, denn ich wußte, daß meine Eltern sich darauf freuten, mich wieder ein paar Wochen bei sich zu haben.

Wie gewohnt, wollte ich in den ersten Tagen zu einem kleinen Schwatz bei einigen Bauernfamilien hineinsehen. Zu meinem Erstaunen riet Mutter mir ab und erklärte, die Bauern im Dorf seien in letzter Zeit entschieden weniger liebenswürdig zu uns. Es hieß, sie wären über den Umfang unseres Anteils an der «Osthilfe» konsterniert. In der Kneipe hätten ein paar lose Mäuler ihre Bemerkungen nicht unterdrücken können. Sollte die rote Propaganda bereits bis in unser abgelegenes Dorf gedrungen sein? Die Linken konnten sich nicht genugtun mit der Forderung, unrentable Güter aufzusiedeln und den Landarbeitern zu übergeben. Die «Osthilfe» wollten sie als Startzuschuß verteilt wissen.

«Sogar einige unserer Gutsarbeiter haben sie zu beeinflussen versucht», erzählte Mutter. «Ein Glück», kommentierte sie, «daß dieser Blödsinn nicht durchgekommen ist. Ein Landarbeiter, der selbständig wirtschaftet – das stelle man sich bloß vor. Jetzt brauchen sie nur zu tun, was der Inspektor sagt, bekommen Lohn und Deputat, ob die Ernte gut oder schlecht ist. Die Sorgen haben wir zu tragen. Die würden nicht schlecht gucken, wenn sie selbst wirtschaften müßten. Einen Bärendienst würde man ihnen erweisen.»

Das stand für meine Mutter fest. Zum Glück waren es nur einzelne, die gemurrt hatten. Trotzdem, man kennt das: ein räudiges Schaf in der Herde... Etwas Diplomatie im Umgang mit den Bauern und unseren Leuten konnte nicht schaden.

In diesem Sinne hielt ich es gerade für richtig, bei Klegiens und einigen Bauern guten Tag zu sagen. Die Verwendung der Osthilfe, so würde ich argumentieren, ist schließlich von der Regierung verfügt worden und nicht ein Einfall meiner Eltern. Nicht entfernt dachte ich daran, daß ich schon bei der einfachen Frage, wo denn die Vertreter der Bauern, der Landarbeiter und des Gesindes in dieser Regierung säßen, passen mußte. Aber es kam dann anders, ich brauchte nichts zu sagen, die «Osthilfe» wurde im Gespräch mit dem gnädigen Fräulein nicht berührt.

Begegnung mit Peter

Nach den Ferien verbrachte ich, wie gewohnt, jedes Wochenende bei der Großmutter und Tante Elsa. Potsdam kam mir wie verwaist vor. Kein Marschtritt und kein Pferdegetrappel, kein

Rumpeln der Geschütze und vor allem keine Militärmusik klangen durch die Straßen. Die Regimenter waren im Manöver.

Ulle fehlte uns sonntags bei Tisch mit seinen neuesten Nachrichten. Doch schließlich waren diese langweiligen Wochen vorüber, und freudestrahlend wurde der braungebrannte Enkel empfangen.

Nun hätte das Leben seinen gewohnten Fortgang nehmen können. Tagsüber grübeln über Muster und Farben, Zufriedenheit über geschaffte Arbeit, Verzweiflung, wenn der Kopf bar aller neuen Einfälle war, abends kleine häusliche Pflichten, ein Schwatz mit der Freundin und hin und wieder, als besonderer Lichtpunkt, ein «großer Ball».

Aber es reizte mich wenig, noch einen Winter zwischen Berlin und Potsdam hin und her zu pendeln. Zwar fühlte ich mich wohl in meinem Bekannten- und Freundeskreis, dennoch lockte es mich, etwas Neues kennenzulernen, eine andere Stadt, andere Menschen. Hätte ich das Studium erst beendet und wäre – wenn ich darüber auch sehr nebelhafte Vorstellungen hatte – an einen festen Arbeitsplatz gebunden, wäre es mit der Freiheit vorbei. Deshalb schrieb ich an die älteste Schwester meines Vaters, Tante Ebba, die mit ihrem Mann, Onkel Max, General a. D. Freiherr Thumb von Neuburg, in Stuttgart lebte. Sie verwendete sich bei dem Direktor der dortigen Kunstgewerbeschule mit der Bitte, mich für das Winterhalbjahr als Gastschülerin aufzunehmen. Glücklich war ich, als eine Zusage kam. Meine Eltern stimmten meinem Vorhaben zu.

Die Kunstgewerbeschule in Stuttgart erschien mir sowohl im Bau wie in ihrer künstlerischen Arbeit moderner als die Berliner Schule. Meine Arbeit verlief recht erfolgreich, und ich war zufrieden. Tante Ebba bezog mich in ihren großen Bekanntenkreis ein, und es ging dieser Winter mit viel Geselligkeit allzuschnell vorüber. Ich genoß die Schönheiten der Stadt ebenso wie das sehr zeitige Frühjahr. Außerdem begriff ich, daß «Preußen» nicht das Zentrum der Welt ist und daß ich in Württemberg etwas vorsichtig sein mußte mit der Betonung meiner Herkunft, auf die ich so stolz war.

Ende März flog ich nach Berlin zurück – Studenten bekamen halbe Preise bei der Lufthansa. Die um mein Leben bangenden Verwandten standen zitternd auf dem Flughafen. Tief befriedigt von den erlebnisreichen Monaten fand ich mich bei Großmutter und Tante in Potsdam wieder ein.

Bald danach überbrachte mein Bruder mir eine Einladung zum Kompaniefest und eröffnete mir, als wäre es eine besondere Gnade, sein Freund und Kompaniechef Petershagen würde mein Tischherr sein.

«Reiß dich zusammen und red keinen Unsinn, er stellt hohe Ansprüche an die Menschen», verwarnte er mich.

Das kann ja reizend werden, dachte ich. Scheint ziemlich eingebildet zu sein, dieser Herr Oberleutnant.

Dann lernte ich ihn kennen. Er war weder stattlich noch sonst irgendwie auffallend, es sei denn durch die Mäßigkeit seiner Tanzkünste. Was Ulle an ihm, dem sechs Jahre älteren, schätzte, wurde mir schnell klar: Er war geistreich und witzig auf seine wortkarge, etwas trockene Art, die ihn wohltuend vom Typ des geschwätzigen Salonlöwen unterschied. Eine warmherzige Ausstrahlung und ein sehr persönlicher Ton bestimmten auch seine Unterhaltung mit den Soldaten. Ohne darüber im einzelnen nachzudenken, konnte ich jetzt meinen Bruder verstehen. Ich fühlte mich ebenfalls zu «seinem Peter» hingezogen.

Zunächst versuchte ich mir einzureden, ich fände dieses Fest einfach netter als so manchen Adels- oder Kurmärkerball, obwohl mein Tischherr mir nicht allzuviel Zeit widmen konnte. Als Kompaniechef war er ständig begehrter Gesprächspartner und gesellschaftlich verpflichtete «Instanz». Er bedauerte, sich nicht genügend um mich kümmern zu können. War das nur eine Redensart oder mehr? Gebot ihm nicht der Mindesttakt, sich zu entschuldigen?

Aber dann lud er mich wirklich zu einem Sonntagsspaziergang durch Sanssouci ein, und ich sagte nur allzugern zu. Es blieb natürlich nicht unsere einzige Unternehmung. Meine Minderwertigkeitskomplexe – Ulle hatte schließlich des öfteren gesagt, für diesen fabelhaften Menschen sei keine Frau gut genug – schwanden bald dahin. Rudolf Petershagen nahm mich ernst, wir entdeckten immer neue gemeinsame Ansichten und Interessen.

Der Sommer 1934 kam heran. Noch hatten wir uns nicht «erklärt», wie das damals so schön hieß, doch ich dachte zum ersten Mal ernsthaft an Heirat. Mein Bruder war verlobt, der

Hochzeitstermin war festgelegt. Daher freuten mich besonders die guten beruflichen Aussichten für die Offiziere aus dem Hunderttausend-Mann-Heer. Längst schon war es ein offenes Geheimnis, daß die vom Versailler Friedensvertrag festgesetzte Zahl für das Heer in der Praxis erheblich überschritten wurde, und weitere Vergrößerungen standen bevor.

Unsicherheit

Unsere ruhige Zuversicht wurde mit einem Schlag zerstört, als wir die Nachricht von dem Blutbad am 30. Juni vernahmen, das mit der Niederwerfung des sogenannten «Röhm-Putsches» motiviert wurde. Röhm, Chef der SA, so hieß es, habe an eine Entmachtung der neuen Reichsregierung gedacht und wollte den «Waffenträger der Nation», die Reichswehr, durch ein SA-Milizsystem ablösen. Keine Frage, daß wir in diesem Sinne einem tatkräftigen Vorgehen gegen solche «Umtriebe» zugestimmt hätten, zumal die Zahl der Niedergemetzelten – nach Schätzungen über eintausend – nirgends publik wurde. Aber die Angelegenheit hatte ihre inoffizielle Seite. In die erhielten wir zufällig Einblick und waren entsetzt. Gute Bekannte meiner politisch regen Tante Elsa, die Generale von Schleicher und von Bredow, die mit der SA nicht das geringste zu tun gehabt hatten, gehörten zu den Opfern.

Unvorstellbares war geschehen, mitten unter uns, im braven Potsdam. Als die vierzehnjährige Tochter des Generals von Schleicher aus der Schule kam, stand sie vor den Leichen ihrer erschossenen Eltern. Morde an Arbeitern waren schon hundertfach begangen worden, in unserem Vaterland, von unseren Standesgenossen. Wenn wir überhaupt etwas von ihnen erfuhren, fanden wir das zwar nicht in Ordnung, doch es ging uns nicht so nah. Irgendwie würden die Toten schon zu einem Teil selber schuld haben an ihrem grausamen Schicksal. Jetzt zählten zu den Ermordeten auch Angehörige unserer Kreise. Die Empörung war groß, richtete sich aber nicht nur gegen Hitler, sondern gegen «gewisse Elemente» unter den Nazis.

«Nach den mir vorliegenden Berichten stelle ich fest, daß Sie durch Ihr entschlossenes Vorgehen und Ihr mutiges persönliches Eingreifen alle hochverräterischen Umtriebe im Keim erstickt haben. Sie haben das deutsche Volk aus einer großen Gefahr gerettet. Ich spreche Ihnen meinen Dank dafür aus», so hatte Hindenburg am 2. Juli an Hitler telegrafiert. Trotzdem wollten die «altgläubigen» Deutschnationalen etwas von einer privat geäußerten, maßlosen Empörung des Reichspräsidenten über die Morde an Schleicher und Bredow gehört haben. Der «anständige» Deutsche war also doch aufgebracht – in aller Heimlichkeit, versteht sich.

Wir durchschauten die Hintergründe nicht. Es war uns völlig entgangen, daß die Unzufriedenheit mit dem neuen Regime gewachsen war und vor allem auch jene Schichten, die die Massenbasis der Nazipartei bildeten, nun die Verwirklichung der auf sie wirkenden Punkte des Programms, nicht zuletzt der antikapitalistischen Losungen, forderten. Von einer «zweiten Revolution» war gesprochen worden. Die braunen, paramilitärischen Einheiten hatten mit zunehmender Penetranz auf der Realisierung bestimmter sozialer Versprechungen des NSDAP-Programms bestanden. Röhm, der gewisse soziale Konzessionen machen wollte, war in heftigen Widerspruch zur Reichswehr geraten, aber Hitler brauchte die Generalität, um die Nachfolge im Reichspräsidentenamt antreten zu können. Hindenburg lag im Sterben.

Dieser «Putsch» schien dem «Führer» und seinen Vertrauten zugleich eine günstige Gelegenheit, mißliebige Elemente anderer politischer Gruppierungen verschwinden zu lassen. Schleicher hatte seinerzeit deutlich die Strasser-Bewegung, eine «linke» Gruppierung in der Nazipartei, favorisiert – Anlaß genug, ihm und Leuten seines Anhangs die Quittung zu übermitteln. Außerdem verschwanden bei der «entschlossenen» und «mutigen» Aktion letzte unangenehme Mitwisser um das Reichstagsbrandgeschehen.

In unserer Familie und in unserem Bekanntenkreis führten diese Ereignisse zu einer tiefen Verunsicherung. Man begann mit Äußerungen vorsichtig zu werden. Fäden der SA und der erstarkenden SS reichten schon zu weit in den Adel, sogar in unsere Verwandtschaft hinein. Selbst den eigenen Standesgenossen konnte man nicht mehr trauen. Als Hindenburg dann Anfang August starb und Hitler «Führer» und «Reichskanzler» wurde, die Funktion des Reichspräsidenten und des Reichskanzlers in seiner Hand vereinigend, war uns vollends unwohl in unserer Haut. Das so beruhigende monarchistisch-konservative Dekor war plötzlich verschwunden. Hindenburgs Präsidentschaft hatte uns ja die Zustimmung zum Nazistaat erleichtert beziehungsweise, wie wir uns nicht ungern eingebildet hatten, überhaupt erst ermöglicht.

Nun fiel diese Dekoration weg, und da stellte sich schnell heraus, daß die zeitweise so sorgsam kultivierten «Vorbehalte» gegen die Braunen keineswegs wesentlicher Natur waren. Inzwischen zählte nur noch der «starke Mann» und sein Erfolg.

Bereits am 2. August, dem Sterbetag Hindenburgs, wurde die Reichswehr – also auch Ulle und Peter – nach neuer Eidesformel auf die Person des «Führers des deutschen Reiches und Volkes Adolf Hitler» vereidigt. Früher hatte es «Volk, Vaterland und Reichspräsident» geheißen.

Am gleichen Tag hatte Hitler Reichswehrminister von Blomberg mitgeteilt: «So wie die Offiziere und Soldaten der Wehrmacht sich dem neuen Staat in seiner Person verpflichteten, werde ich es jederzeit als meine höchste Pflicht ansehen, für den Bestand und die Unantastbarkeit der Wehrmacht einzutreten ... und getreu meinem eigenen Willen die Armee als einzigen Waffenträger in der Nation zu verankern.» Diese Zusicherung war unter anderem wohl auch eine Art Honorar für das Wohlverhalten der Reichswehr während der jüngsten blutigen Ereignisse.

Die generelle Position der Reichswehrführung – unabhängig von den Ansichten, Überzeugungen und Illusionen so mancher Soldaten und Offiziere der Reichswehr – wird aus den Aufzeichnungen Blombergs vom 1. Juni 1933, die erst sehr viel später bekannt wurden, deutlich. Er sah in den Nazis nicht das geringere Übel, sondern *die* Karte, auf die in voller Überzeugung gesetzt wurde: «Daß beim Umschwung an die Wehrmacht nicht gerührt wurde, liegt nur daran, daß wir unpolitisch waren. Dieses Unpolitischsein hatte ja nie die Bedeutung, daß wir mit dem System der früheren Regierungen einverstanden waren. Es war vielmehr ein Mittel, uns vor zu enger Verstrickung in dieses System zu bewahren. Jetzt ist das Unpolitischsein vorbei, und es bleibt nur eins: der nationalen Bewegung mit aller Hingabe zu dienen.»

Hätte es unsere Haltung beeinflußt, wenn wir das damals gewußt hätten?

Hochzeit

Bis zu meines Bruders Hochzeit im Oktober 1934 hatten wir uns leidlich von dem Schock des 30. Juni erholt. Im Offizierskasino des Infanterieregimentes 9 in Potsdam wurde das Fest im großen Verwandten- und Freundeskreis gefeiert. Auch Carl-Theo war dazu extra von seinen Besitzungen in Afrika nach Berlin geflogen. Unsere Freundschaft hatte die Kinderjahre überdauert, sich bei seinen Besuchen in der Heimat ständig erneuert, aber nicht vertieft. Er konnte es nicht verhindern, daß die Welt des millionenschweren Reichtums ihm ihren Stempel aufdrückte. Mir blieb sie fremd und ungemütlich. Über die Freude, die ich an meinem Boot hatte, konnte er nur lächeln. Er paddelte nicht auf der Havel herum, sondern durchfuhr auf Luxusdampfern die Weltmeere.

Die Selbstverständlichkeit, mit der er sich seiner Favoritenrolle bei mir sicher zu sein schien, erstaunte mich ebenso wie ihn meine Selbständigkeit. Wider Erwarten und entgegen der Hoffnung unserer Angehörigen folgte dem Hochzeitsfest meines Bruders nicht unsere Verlobung. Wir trennten uns mit dem Versprechen, gute Freundschaft zu halten.

So konnte ich unbelastet von dem Gefühl einer inneren Verpflichtung der nächsten Verabredung mit Oberleutnant Petershagen entgegensehen. Es war die letzte, die mit dem förmlichen «Sie» begann, und die erste, die mit dem vertrauten «Du» endete. Wir beschlossen, meines Bruders Rückkehr von der Hochzeitsreise abzuwarten, um ihm als erstem von unserer Verlobung zu erzählen.

Großmutter hatte ihn einmal gefragt, warum sein verehrter Peter, Anfang dreißig und in Kürze Hauptmann, eigentlich noch nicht verheiratet sei. Darauf hatte Ulle gemeint: «Es ist nicht so leicht, für ihn eine passende Frau zu finden. Er hat eine ungeheuer feine Nase für Charaktere. Klug muß sie sein und musikalisch, natürlich gut aussehen und vor allem charakterlich eine Perle. Peter durchschaut die Menschen schnell und kennt sie bald besser als sie sich selbst. Da hat er eben bisher immer ein Haar in der Suppe gefunden.»

Oma hatte gemeint: «Nach diesem Engel wird er wohl lange suchen können und letzten Endes ein schrulliger Junggeselle werden.»

Der «Engel» wurde rot und hüllte sich in Schweigen. Ich fragte mich, ob ich diesen hohen Ansprüchen genügen könnte. Für klug und musikalisch hielt ich mich keineswegs, über Aussehen und Charakter ließ sich streiten, doch Peter mußten sie wohl gefallen, und das war die Hauptsache. Ich freute mich im stillen über die Verblüffung in der Familie, besonders bei meinem lieben Bruder. Er fand so oft etwas an mir auszusetzen, daß er Peters Andeutungen auf mich gar nicht begriffen hatte.

Als das junge Paar zurück war, lud meine Schwägerin uns zum Kaffee ein. Mit echt weiblichem Gefühl erfaßte sie die Lage sofort, aber Ulle war völlig überrascht. Dann umarmte er uns beide, ich hatte ihn noch nie so voller Freude erlebt. Fröhlich feierten wir, und mein Bruder, der «erfahrene» Ehemann, gab Peter Ratschläge, was er nun alles zu tun und zu lassen habe. Dem graute vor jedem öffentlichen Rummel, aber wir konnten ja nicht gut heimlich heiraten. Der Zustimmung meines Vaters waren wir gewiß, Mutter würde hochtrabendere Pläne begraben müssen. Bei Oma und Tante Elsa fand Peter durch die Freundschaft mit Ulle von vornherein viel Sympathie, durch die das fehlende «Von» milder beurteilt wurde.

Nun stand noch die Bekanntschaft mit Peters Mutter, die in Hamburg lebte, aus, für die Schwiegertochter immer eine ausgesprochene Prüfungssituation. Bei strömendem Regen trafen wir in der Hansestadt ein. Schwiegermutter empfing uns in dem mir so sympathischen Hamburger Tonfall: «Oh, Kind, was hast du nur für nasse Füße!» und brachte mir ein Paar Pantoffel.

Jede Befangenheit war dahin, als Peter sagte: «Mutter, ich muß doch sehr bitten! Ich dachte, du empfängst uns mit deinem Segen, statt dessen bringst du Filzpariser!»

Am nächsten Morgen nahm ich ihr in der Küche den Hecht aus der Hand, ging damit auf die Treppe zum Vorgarten und putzte ihn dort. Ich fand das sehr viel praktischer, als die Schuppen in der Küche herumfliegen zu lassen. Schwiegermutter meinte etwas entsetzt: «Was werden die Leute sagen!»

«Die werden sagen», entgegnete ich unbekümmert, «Petershagens haben aber einen wundervollen, großen Hecht.»

«Tja, eigentlich hast du recht», stimmte sie zu. Auf diese Weise war unsere Freundschaft besiegelt und sie ihrer Sorge ledig, Rudolf könnte ein verwöhntes Püppchen heiraten. Peter war glücklich, daß seine Mutter und ich uns so gut verstanden.

Meine Eltern gestalteten unsere Hochzeit in dem gleichen Rahmen wie die Ulles. Mitte Februar 1935 trafen Peters Mutter, sein Bruder und andere Verwandte und Freunde von ihm mit unserer zahlreichen Verwandtschaft und Bekanntschaft zusammen.

Die kirchliche Trauung in der Garnisonkirche vollzog der greise Hofprediger Kessler. Dieses Mal brachte mich das von mir erwartete Jawort keineswegs in Konflikte.

Ob uns gute oder schlechte Zeiten erwarteten, es war mir eine Selbstverständlichkeit, daß nur der Tod mich von Peter trennen konnte. So genoß ich unbeschwert die Feierlichkeit dieser Stunde und die Güte des alten Pfarrers, der mich schon getauft hatte.

Peters Mutter hatte diesem Fest im großen Kreis mit etwas Bangen entgegengesehen. Nach dem Tod ihres Mannes und ihres ältesten Sohnes im ersten Weltkrieg hatte sie unter großen Entbehrungen ihre drei jüngeren Söhne zu tüchtigen Menschen erzogen. Sie hingen mit inniger Liebe an ihr und bescherten ihr ein sorgenfreies Alter. Jetzt freute sie sich ganz besonders über den Erfolg und das Ansehen ihrer Kinder. Schwager Friedo eroberte sich bei der Hochzeit alle Herzen mit seinem Charme und seiner geistreichen Brautführerrede.

Tante Ellen Grumme-Douglas setzte sich zu Peters Mutter und wollte ihr etwas Nettes sagen. «Sie bekommen wirklich eine reizende Schwiegertochter», begann sie.

Mit entwaffnender Sachlichkeit meinte Schwiegermutter in ihrem unverfälschten Hamburgisch: «Tscha, das soll sich ja man erst zeigen.»

Tante Ellen hatte Sinn für Humor und antwortete lachend: «Sie haben vollkommen recht, die Jahre müssen es beweisen. Aber mit den beiden, das geht gut, ich bin überzeugt, daß ich mich nicht irre.»

Zum Entsetzen meiner Eltern benutzte Peter die Hochzeitsreise, mir das Schilaufen beizubringen. Ich war eine gelehrige Schülerin, und schon nach einer Woche konnten wir wundervolle Touren machen. Nie zuvor hatte ich den Winter in den Alpen erlebt und war begeistert. Wir nahmen uns vor, den Urlaub jedes Jahr in den Bergen zu verbringen.

2. Kapitel Offiziersfrau

Eigener Haushalt in Potsdam

Vier Wochen nach unserer Hochzeit wurde unter offenem Bruch des Versailler Vertrages die allgemeine Wehrpflicht eingeführt. In dieser Zeit sprach Peter öfter die Vermutung aus, daß uns nur noch wenige Friedensjahre vergönnt sein würden. Seine Besorgnis konnte ich kaum teilen. Wer dachte schon an Krieg: Viele Menschen freuten sich, dem Arbeitslosenheer entronnen zu sein – denn eine Viertelmillion Einberufene hinterließen ein spürbares Angebot an Plätzen in der Industrie. Außerdem schien die Maßnahme außenpolitisch unumgänglich. War Deutschland nicht tatsächlich von einem Heer von Feinden umlagert, dem es gerüstet gegenüberstehen mußte? So ähnlich zeichnete sich die Situation damals in meinem Kopf ab.

Peter wird auch nicht klar gewesen sein, daß ein deutscher Aggressionskrieg unvorstellbaren Ausmaßes bevorstand, aber ihm konnte natürlich als Offizier nicht die Systematik verborgen bleiben, mit der bereits seit 1933 auf einen Krieg hingearbeitet wurde. Der «Versailler Schmachfrieden» war eine geläufige Vokabel. Manche Offiziere hielten es für ihre Pflicht, die Schande zu tilgen und rechneten im Zusammenhang mit einem Krieg ebenfalls mit Ruhm, Ehre und Beförderung. Hinzu kam die häufig unverhohlene Genugtuung darüber, daß die Nazis bei ihren entsprechenden Plänen auf die alten Militärs angewiesen waren.

Für mich lagen die Hintergründe jenseits meines Gesichtsfeldes, und mein Mann mußte mit seinen Prognosen schließlich nicht immer recht haben. Klar war jedenfalls, daß er seine militärischen Avancen nicht unbedingt einem Ernstfall zu danken haben wollte – die Abschreckungs- und Verteidigungsfunktion der Reichswehr schien ihm aus seiner Gesamtüberzeugung heraus eine durchaus reale Angelegenheit.

Während wir uns in den Bergen vergnügten, plagte meine Mutter sich mit den Handwerkern in unserer zukünftigen Wohnung herum. Peter machte ein langes Gesicht, als wir uns bei der Rückkehr noch an Malerleitern und Farbtöpfen vorbeischlängeln mußten, aber ich war glücklich, durch diese Verzögerung das Heim nach eigenen Vorstellungen einrichten zu können.

Ein Hauptmann bekam kein üppiges Gehalt. Mein Vater mußte fünfundzwanzig Mark hinzusteuern, damit wir monatlich vierhundert Mark beisammen hatten. Ohne Nachweis dieser Summe durfte der Regimentskommandeur die Heiratsgenehmigung nicht erteilen. Bei so schmaler Kasse hielten wir es für unvernünftig, ein Hausmädchen einzustellen, eine Auffassung, die nicht üblich war und vor allem im feudalen Regiment «Graf Neun» nicht gern gesehen wurde.

Meine zahlreichen Verwandten und Bekannten machten sich ein Vergnügen daraus, mich zu besuchen und die Wohnung zu besichtigen. Trotz des Nebeneinanders von alten und neuen Möbeln wurde sie als besonders hübsch und gemütlich gelobt. Zum Glück spielten sich diese Visiten meistens am Vormittag ab, während Peter im Dienst war. Ich saß jedesmal wie auf Kohlen, dachte an seine kurze Mittagspause und das nicht fertige Essen. Dieses Theaterspielen wurde mir endlich zu dumm. Die nächste Tante bat ich um ein paar Minuten Geduld, bis ich das Essen aufgesetzt hätte. Sie könne dabei gleich die Küche besichtigen.

«Wirklich sehr hübsch», meinte sie, «aber dein Mädchen darfst du nicht gerade zur Besuchszeit einholen schicken. Ich wunderte mich schon, daß du selbst die Tür öffnetest.»

Als ich ihr erklärte, gar kein Mädchen zu haben, machte sie ganz entsetzte Kulleraugen.

Abends kamen oft Regimentskameraden von Peter mit ihren Frauen. Junggesellen sagten sich sogar zum Sonntagsfrühstück in unserer sonnigen Veranda an. Gesprächsstoff fehlte nie. Für alle Offiziere und Soldaten war eine unruhige Zeit angebrochen.

Bei Vergrößerung der Wehrmacht wurde auf die unterschiedlichsten Kreise zurückgegriffen, die soziale Herkunft spielte nicht mehr die ausschlaggebende Rolle. Junge, begabte und vor allem kerngesunde Unteroffiziere hatten jetzt die

Möglichkeit, zum Offizier aufzusteigen. Bauernsöhne, jüngere Brüder des zukünftigen, alleinigen Besitzers des «Erbhofes», stellten das größte Kontingent. Sie waren dem Nationalsozialismus dankbar, der ihnen diese Chance bot, und versahen ihren Dienst mit großem Eifer.

Die Abkürzung «Vomak», «Volksoffizier mit Arbeiterkopf», wurde nicht abwertend gebraucht, eher anerkennend – «das ist ein tüchtiger Vomak». Und doch empfinde ich jetzt, Jahrzehnte später, unsere Haltung war nicht ohne Arroganz. Sie entsprang der Sicherheit, daß wir «Hunderttausender», sowohl unsere Männer im Dienst als auch wir Frauen im gesellschaftlichen Leben, keine Konkurrenz zu fürchten brauchten, weder von den «Vomaks» noch von den «Reaktivierten», bei denen die Herkunft im alten Sinne gewährleistet war.

Diese nach dem ersten Weltkrieg als Offizier aus dem Heer Ausgeschiedenen hatten jahrelang mehr schlecht als recht versucht, ihr Brot in anderen Berufen zu verdienen. Mangelnder Erfolg bewog sie oft, ihr gesellschaftliches Ansehen durch Eintritt in die großdeutsche Wehrmacht zurückzugewinnen. Mit der wirtschaftlichen Sicherheit kam bei etlichen schnell das für einen alten kaiserlichen Offizier typische Verhalten wieder zum Vorschein.

Das war für mich keinerlei gesellschaftliches Symptom für ein makabres Auferstehen oder besser eine makabre Kontinuität militärischen Kastendenkens, sondern höchstens Anlaß für rein private Reminiszenzen: Mit einer gewissen Rührung stellte ich Ähnlichkeiten im Benehmen dieser älteren Offiziere mit dem meines Vaters fest.

Ich war zufrieden mit der Welt. Mein eigener Mann und mein Bruder gehörten zu denen, die fest im Sattel saßen. Es war ein beruhigendes Gefühl, zu erleben, wie Standesgenossen, darunter Verwandte, wieder eine sichere Existenz fanden. Daß die Grundlage dafür braun war, darüber dachte ich nicht nach.

In Brandenburg

Dann mußten wir uns von Potsdam trennen. Nach fünfzehnjähriger Dienstzeit im Infanterieregiment 9 traf auch Peter das Los der Versetzung. Wir zogen nach Brandenburg an der

Havel. Uns beiden fiel der Abschied von Potsdam, mit dem uns so viel verband, sehr schwer.

Auf unserer Schireise in die Alpen im Februar 1936 erkrankte ich in der Wehrmachtshütte am Wendelstein schwer. Fest verpackt auf dem Rettungsschlitten, ein Soldat auf Schiern vorne, einer hinten, wurde ich in atemberaubender Abfahrt in das Bergmannskrankenhaus in Hausham am Schliersee gebracht. Peter, der uns begleitete, hatten wir plötzlich verloren. Die Soldaten trösteten mich, der Herr Hauptmann hätte sich gewiß den «Haxen» gebrochen, dann läge ich wenigstens nicht allein im Krankenhaus. Dort war er aber schon vor uns eingetroffen und sah vor Sorge um mich so elend aus, als wäre er selbst der Patient. Nachdem die akute Gefahr für mich vorüber war, mußte er zum Dienst zurück nach Brandenburg.

Wenn die Bayern auch in dem Ruf standen, für die Preußen nicht viel übrig zu haben, ich erregte anscheinend ihr Mitleid und ihre Neugierde. Der katholische und der evangelische Pfarrer, der Lehrer und der Bürgermeister, alle besuchten mich und erfüllten mir jeden Wunsch. Sie fragten nach meinen Lieblingsspeisen, nach unseren Sitten und Gebräuchen «da oben in Preußen», als käme ich von einem anderen Erdteil.

Doch mit einem Mal waren wir alle zusammen begeisterte Deutsche, und ich wurde beglückwünscht, als hätte Peter allein das Rheinland besetzt. Die Wehrmacht war in die entmilitarisierten Gebiete des Rheinlandes einmarschiert, begleitet von dem Jubel der Bevölkerung. Hitler hatte gleichsam einen Test unternommen, war er sich doch durchaus nicht sicher, ob die Franzosen intervenieren würden. Für solchen Fall war an einen stillschweigenden Rückzug der deutschen Truppen gedacht. Aber dieser Fall trat nicht ein. Auch nicht, als offiziell der Locarnopakt aufgekündigt wurde. Mit der demagogischen Losung einer «Wiederherstellung der völligen Gleichberechtigung Deutschlands» gelang es den Nazis, in breiten Kreisen des Volkes eine nationale Euphorie zu entfachen. Manche innere Reserve in unterschiedlichsten Schichten der Bevölkerung wurde aufgegeben. Der allgemeine Beifall meiner Umgebung ließ bei mir gar keinen Zweifel daran aufkommen, daß hier mit Bravour gehandelt worden war.

Meine Genesung machte Fortschritte. Fast drei Monate war ich nun schon von meinem Peter getrennt, und das schien mir eine schwere Zumutung des Schicksals. Endlich, Anfang Mai, konnte ich nach Hause zurückkehren.

Trotz aller Wiedersehensfreude schien mir Peter nicht so guter Stimmung wie sonst. Es hatte Ärger im Kasino gegeben. Die «Glücksmänner», Verkäufer der Lose für die «Nationalsozialistische Volkswohlfahrt» in ihren grauen Capes mit rotem Kragen und Uniformmützen in denselben Farben, ein gewohntes Bild in den Straßen, waren im Offizierskasino erschienen. In großen Bauchläden trugen sie die Lose vor sich her, die sie lauthals anpriesen. Das konnte einem schon im Freien auf die Nerven gehen, viel mehr noch in einem Raum. Peter hatte den Regimentskommandeur gebeten, ihnen den Aufenthalt dort zu verbieten. Der Oberst versuchte es, ungern und ohne Erfolg. Daraufhin wies Peter selbst die Losverkäufer energisch hinaus. Widerwillig räumten sie das Feld, aber nur einer ging wirklich fort. Der andere verbarg sich hinter der Tür im Flur. Als Peter ihn dort entdeckte, verstärkte sich sein Verdacht, daß sie Nazispitzel seien, und die Lautstärke, mit der er diesen «Glücksmann» hinauswarf, war im Kasino bisher unerreicht.

Sicher kam bei einer solchen Reaktion verschiedenes zusammen: der Zorn, sich sogar in seiner militärischen Welt – für die doch die Fiktion des «Unpolitischen» galt – immer heftiger bedrängt zu sehen, vielleicht auch der Mißmut, wenn nicht gar der verdrängte Konflikt, laufend auf die Verquickung der Reichswehr mit den braunen Machthabern hingewiesen zu werden und möglicherweise das Bewußtsein, mit seinem bürgerlich-demokratischen Verständnis vom Soldatentum im Dritten Reich ein überwachenswertes Subjekt zu sein.

Lauernd hatte ein Reserveoffizier, Oberlehrer und Mitglied der NSDAP, den Vorgang beobachtet. Er und die Naziananhänger unter den Offizieren wurden zu Peters erbitterten Feinden.

Bald darauf wurde der Ärger von einem weit schwierigeren Problem verdrängt. Alle Offiziere, die am 9. November 1923 an dem «Marsch zur Feldherrnhalle» in München teilgenommen hatten, sollten mit dem Blutorden ausgezeichnet werden. Peter gehörte als Fähnrich zu dem Jahrgang, hatte sich jedoch geweigert, die Meuterei gegen die republikanische Regierung, der er seinen Eid geschworen hatte, mitzumachen. Dafür wurde er von den Rechtsradikalen eingesperrt. Der Putsch brach zusammen, er wurde wieder freigelassen und von General von Seeckt als der «anscheinend einzig vernünftige Mensch» an der Infanterieschule bezeichnet.

Unterdessen war aus dem «vernünftigen Menschen» ein ausgezeichneter Offizier der neuen deutschen Wehrmacht geworden, den man bei der Vergrößerung des Heeres brauchte. Deshalb wollte man seinen damaligen «faux pas» mit dem Mantel der Liebe zudecken und ihn in den Kreis der Ordensträger einbeziehen. Aber der Hauptmann Petershagen wollte nicht.

Dabei empfand er seine Haltung keineswegs als politisch, es ging für ihn einfach nicht an, eine Auszeichnung für eine Sache entgegenzunehmen, die er nicht gutgeheißen und an der er deshalb auch keinen Anteil hatte. Gab er sich in dieser Zeit noch der Illusion hin, die neuen Herren Deutschlands würden das Heer nur zu Aktionen einsetzen, die er mit seiner Auffassung vorbehaltlos würde billigen können? Jedenfalls protestierte er gegen die beabsichtigte Dekoration mit Vehemenz: «Für so einen Betrug, für so eine Schweinerei stecke ich mir doch keinen Orden an die Brust!»

Seine Brüder, alle seine Freunde beschworen ihn, nicht seine Karriere zu riskieren, ausnahmsweise seinen Hamburger Dickkopf nicht durchzusetzen. Trotzdem blieb Peter fest bei seinem Entschluß. Ich erschrak zunächst, riet jedoch weder zu noch ab, wußte, daß es gar keinen Zweck haben würde.

«Nun hast du einen Hauptmann geheiratet, und wenn sie mich rauswerfen, was dann?» fragte Peter mich.

«Es wird sich was finden», meinte ich, «in erster Linie habe ich dich geheiratet, wenn mir der Hauptmann auch nicht gerade unangenehm war.»

Peter war glücklich über meine Haltung. Der Brief mit der schriftlichen Weigerung fiel in den Kasten. Bange Wochen folgten, doch nichts geschah. Anscheinend ging alles gut. Er blieb Hauptmann und Chef seiner geliebten dreizehnten Kompanie.

In diesem Frühjahr 1936 erlebte ich mit Entsetzen den Kummer der Frauen von Luftwaffensoldaten und -offizieren, deren Männer über Nacht verschwunden waren. Kein einziger war von der Übung zurückgekehrt. Die Familien wohnten uns gegenüber in der gleichen Straße. Zunächst war nur das Essen angebrannt beim Warten auf die Männer, dann war das Telefonhäuschen ständig belagert, weil die Frauen alle möglichen Dienststellen anriefen. Schließlich standen sie mit verweinten Augen Tag für Tag in Grüppchen beisammen und fieberten dem Briefträger entgegen. Vergeblich, es kam keine Nachricht. Immer stärker verbreitete sich ein Gefühl der Unsicherheit. Mir graute, daß so etwas möglich war. Würden unsere Männer ebenso spurlos verschwinden? Angst vor erbarmungsloser Strafe verschloß denen den Mund, die etwas wußten.

Endlich suchten braune Funktionäre die Fliegerfrauen auf. Sie teilten ihnen mit, daß ihre Männer eine wichtige Aufgabe für Deutschland im Ausland zu erfüllen hätten. Darüber durften sie nicht sprechen, und selbst bei einer Todesnachricht mußten sie schweigen. Man merkte ihnen ihren Schmerz auch ohne schwarze Kleidung an. Gerüchte gab es genug. Die endgültige Antwort brachte erst der feierliche Empfang der «Legion Condor».

Und die Reaktion auf den Einsatz deutscher Truppen gegen die spanische Republik? Unter jenen, die ich kannte, hörte ich keine Kommentare, die sich nicht auf die eigene Familie bezogen: tiefer Schmerz bei Betroffenen, große Freude bei glücklicher Heimkehr und Dekoration der siegreichen Helden. Daß dort im fernen Spanien irgendwelche «bolschewistischen Umtriebe» zerschlagen worden waren, bewegte keinen von uns. Der Gesamtvorgang wurde mit einem gewissen Fatalismus bewertet. Nachdem die Politiker und Diplomaten ihre undurchsichtigen Geschäfte hinter den Kulissen abgewickelt hatten, ergingen klare, aber natürlich auch nicht lauthals verkündete Befehle an die Wehrmacht – das war immer so und würde wohl immer so bleiben. Wir waren gewohnt, Kriege und militärische Konflikte eher als furchtbare Naturschauspiele zu bewerten denn als soziale Phänomene. Und daß Deutschland, seit dem Versailler Frieden so schmahlich geknebelt, sich mit allen Mitteln seiner Haut zu wehren hatte, gehörte zum Einmaleins des von den Nazis «gleichgeschalteten» politischen Bewußtseins breiter Bevölkerungskreise.

Greifswald wird unsere Heimat

Die Vergrößerung der Wehrmacht brachte es mit sich, daß mein Mann im Sommer 1937 nach Greifswald versetzt wurde. Diese kleinste deutsche Universitätsstadt erschien uns damals wie ein blitzsauberer, größerer Badeort. Wir waren begeistert von dem Tausch, obwohl wir nicht gleich eine Wohnung bekamen. Wo Kasernen und Wohnhäuser entstehen sollten, wogte noch der Hafer und weideten Kühe und Pferde auf saftiger Koppel.

Ein Teil des Infanterieregimentes 92, darunter Peters Kompanie, wurde über den Winter 1937/38 in Stettin untergebracht. Dort verkehrten wir häufig mit meinem Vetter Staudinger, dessen Frau ebenfalls eine geborene von Lindequist war. Ein abendlicher Besuch bei ihnen in der Weihnachtszeit bleibt mir unvergeßlich. Als mein Vetter öffnete, fragte ich ihn erstaunt: «Warum hängt denn gegenüber noch der Brötchenbeutel an der Tür?»

Zögernd sagte er: «Sie waren Juden, und es scheint, daß sie in der Nacht geflohen sind. Kein Mensch hat etwas gemerkt. Die Nazis können sie nicht abgeholt haben, den Krach hätte ja das ganze Haus gehört. Kommt rein und wärmt euch auf.»

Mir lief ein Schauer über den Rücken. Draußen war es bitter kalt. Jeder freute sich jetzt in der Weihnachtszeit über sein warmes, gemütliches Heim. Aber hier war eine Familie spurlos verschwunden aus einem Haus, in dem sie viele Jahre gewohnt hatte, allen Mitbewohnern gut bekannt, ohne Abschied, unter Zurücklassung des gesamten Haushaltes. Ich kam den ganzen Abend nicht von diesem Gedanken los, und es schien mir, den anderen erging es ebenso, denn die Unterhaltung blieb stockend und bedrückt. Eine frohe Weihnachtsstimmung wollte nicht aufkommen. Über menschliches Mitleid reichten unsere Regungen jedoch nicht hinaus, und zu der Überlegung: «Man müßte etwas dagegen tun» kam keiner von uns. Ich wünschte nur, die Familie möge vollzählig woanders in der Welt eine neue Heimat finden.

Auf dem Naziparteitag der «Ehre» im September 1936 hatte Göring den Vierjahresplan verkündet. Was er nicht dazu sagte, war die Absicht, die gesamte Wirtschaft in dieser Zeit in Kriegsbereitschaft zu versetzen. Es störte uns nicht, daß uns bald danach nur ein halbes Pfund Butter pro Kopf und Woche zustand, auch nicht, daß es andere, wenn nicht gar die Mehrheit der Bevölkerung, stören würde.

Ich, eine deutsche Offiziersfrau, empfand in dieser Zeit massiver Kriegsvorbereitung meinen wesentlichsten Ärger darüber, daß beim Bau unseres Offiziershauses an allen Ecken und Kanten geknausert wurde. Der Gedanke besonderer Privilegierung – wem wurde in diesen Jahren schon eine solche, bei allen Einschränkungen doch ganz komfortable Wohnung in einem schmucken Neubau zugebilligt – kam mir nicht. Ich erinnere mich vielmehr meines Neides auf Besseres: Für die Wohnungen seiner lieben Flieger im Haus nebenan bewilligte der dicke Hermann einen Komfort, der für uns simple Infanteristen nicht für nötig erachtet wurde. Wir bekamen keinen Balkon aus Mangel an Eisenträgern, die Heizkörper wurden höchst unzweckmäßig gesetzt, um ein paar Meter Rohre zu sparen. Am liebsten hätte ich im März 1938 auf unseren Urlaub verzichtet, so sehr interessierte mich der Bau und alles, was damit zusammenhing.

Peter war anderer Meinung. «Wir wollen froh sein über den Urlaub, den wir noch gemeinsam verleben können. Es kann jeden Tag aus sein damit», meinte er.

Neugierig verfolgten uns die Blicke, wenn wir beide im Schianzug, mit Rucksack und den geliebten Brettern die lange Reise antraten.

Peter hatte eine Unterkunft bei Berchtesgaden an der österreichischen Grenze ausfindig gemacht. Alle zwei Tage nahm der Wirt den beschwerlichen Weg zum nächsten Ort, um Post und Proviant heraufzuholen. Das Radio vermißten wir kaum, so müde waren wir abends von unseren herrlichen Touren. In dieser Abgeschiedenheit überraschte uns ein altes Weiblein mit der Nachricht: «Der Hitler hat Österreich heimgeholt ins Reich. Ist das a Glück! Nun wird's Arbeit geben!»

Sie zählte die Monate und Jahre auf, die der Sohn und Schwiegersohn schon arbeitslos waren.

Ich dachte nicht über die politischen Auswirkungen für die Österreicher nach, sondern freute mich, dieses schöne Land jetzt ohne alle Umstände besuchen zu können. Peter meinte: «Ob alle Österreicher so begeistert sein werden wie die Alte, möchte ich bezweifeln.»

Eine Art sachlicher Sarkasmus Peters, keineswegs ein Vorbehalt gegen die Eingliederung.

Im Sommer 1938 wurden die Häuser und Kasernen in Greifswald fertig. Als das Regiment aus dem Manöver kam, konnte ich Peter in der neuen Wohnung empfangen. Die anderen Offiziere im Hause wunderten sich über seinen Eifer, das zur Wohnung gehörige Stück Gartenland zu bestellen. Sie versanken im Liegestuhl auf ihrem sumpfigen Gelände, während wir Wege und Beete anlegten und Obstbäume pflanzten.

«Petershagen ist ja komisch», sagten sie, «Bäume pflanzen für die drei, höchstens vier Jahre, die wir hierbleiben.»

«Wenn es Krieg gibt, wird der Garten eine wichtige Ernährungsgrundlage sein», erklärte Peter nur, «solange ich noch helfen kann, will ich es so gut wie möglich tun. Aber sprich mit niemandem darüber», setzte er hinzu. Jetzt war mir klar, warum mein Bruder bei seinem letzten Besuch so auffallend ernst war, ich dachte im stillen aber trotzdem, die beiden sehen wohl ein bißchen zu schwarz.

Ende September 1938 saßen wir Offiziersfrauen dann mit Herzklopfen am Radio. Wir wußten, das Greifswalder Regiment stand an der tschechoslowakischen Grenze. Würde es Krieg geben? Um diese Frage drehte sich unser ganzes Denken. Doch bald konnten wir aufatmen, das «Münchener Abkommen» wurde geschlossen und damit «der Friede gerettet», so tönte es aus dem Rundfunk, las man es nicht nur in deutschen Zeitungen. Wir sahen, wie viele Deutsche, in Chamberlain einen wahren Friedensengel, der so vernünftig gewesen war, nachzugeben. Hitler gelang eben alles! Die Wehrmacht war zu stark, und wir waren stolz, daß unsere Männer zu ihr gehörten. Jubelnd empfingen wir das zurückkehrende Regiment.

In unserem ersten Greifswalder Winter gab die Hubertusjagd den Auftakt für die Geselligkeiten. Die Professoren der Universität wetteiferten mit den Offizieren, sich als freundliche Gastgeber zu zeigen. Wir lebten uns recht gut ein.

Einen echten Anlaß zum Feiern fanden wir 1939 am 20. April, nicht weil der «Führer» Geburtstag hatte, sondern weil Peter vorzeitig zum Major befördert wurde. Allerdings sahen er und mein Bruder gleichzeitig darin einen Grund mehr, den «Parteitag des Friedens» im Juni 1939 als ein taktisches Manöver einzuschätzen. Bei einer solchen «außerplanmäßigen» Beschleunigung auf der heiligen Leiter der militärischen Hierarchie mußten bedeutende Dinge in der Luft liegen. Zudem wußte ein erfahrener Militär selbstverständlich aus den tausend kleineren und größeren Zeichen zu schließen, in welcher Situation sich die Armee befand.

Über all diese Fragen wurde selten und dann auch nur andeutungsweise gesprochen. Sechs Jahre «Drittes Reich» hatten deutlich gemacht, daß die «nationale Erhebung» auf «Kleinmut» und «Muckertum» keine Rücksicht zu nehmen gewillt war.

In einem unscheinbaren roten Heftchen mit dem Titel «Was tue ich im Ernstfall?» – es erschien kurze Zeit später mit dem amtlichen Hinweis, man möge es in den «Haushalten an starkem Faden sichtbar aufhängen» – hieß es unmißverständlich: «Keine Weitergabe von Gerüchten und allgemeinem Geschwätz. Schärfste Zurückweisung, eventuell Anzeige all derer, die leichtfertig mit ihrem geheimen Wissen umgehen» und «Ich weiß, daß sich die Anzeigepflicht auf alle, also auch auf meine Kameraden und meine Familienangehörigen, erstreckt.»

Wenige Monate später, in den letzten Augusttagen 1939, lief die Mobilmachung auf höchsten Touren. Aber noch war kein Krieg, und wir alle hofften, es werde wieder ein friedlicher Ausweg aus allen Konflikten und zudem natürlich eine Lösung «im Interesse des Reiches» gefunden. Doch die ausländischen Staatsmänner wollten nicht einsehen, daß wir «Lebensraum» brauchten, der «polnische Korridor» ein Unrecht gegen uns Deutsche war, die «polnischen Provokationen» unerträglich wurden. Argumentationen dieser Art beherrschten Presse und Rundfunk und schienen uns im wesentlichen richtig.

Dabei spielte sicherlich ein bestimmter Vertrauensvorschuß in die «Fachurteile» der Politiker mit. Unter den gegenwärtig führenden Männern war das deutsche Volk – so meinten wir und viele andere zu dem Zeitpunkt – nach 1933 alles in allem nicht schlecht gefahren. Wir hatten keine bestimmten Einwände, nur unbehagliche dumpfe Gefühle. Woher? Wieso? Sie waren für mich nicht klar definierbar.

Der Weltbrand bricht aus

Der Morgen des 1. September brachte Gewißheit: Der Krieg hatte begonnen.

Umjubelt und blumenbekränzt zur Front abrückende Truppen wie 1914 gab es nicht. Lediglich bei einem Teil der Jugend war etwas von Begeisterung zu spüren. Ganze Klassen von Primanern meldeten sich geschlossen zur Front.

Uns bedrückte nicht etwa die Frage nach dem Recht Deutschlands, diesen Krieg zu führen, sondern der Zweifel an seiner Stärke, also nach dem Ausgang. Um so mehr erschien es uns als Pflicht gegenüber dem Vaterland, alle ohnehin zwecklose Kritik an den Nazis zu unterlassen und mit vereinter Kraft um den Sieg zu ringen.

Durch solche Gedanken bedingt, empfand ich es fast als peinlich, daß Peter und mir zunächst die Trennung erspart blieb. Im Mobilmachungsfall gehörte er zum Stab der Ersatzdivision in Stettin. Er machte im Dienstgebäude am Königsplatz zwei Dachkammern ausfindig und stattete sie mit Kasernenmöbeln aus. Ich vervollständigte die Einrichtung mit einigen Kleinigkeiten von zu Hause. Wir fühlten uns sehr wohl unter den schrägen Wänden.

Hin und wieder fuhr ich für ein paar Tage nach Greifswald. Dort erlebte ich den jubelnden Empfang des Regimentes 92 bei seiner Rückkehr nach dem Überfall auf Polen und bedauerte, Peter nicht unter den heimkehrenden Siegern zu wissen.

Wenn dies der Krieg war, dann war er zu ertragen. Die scheinbar haushohe Überlegenheit der Wehrmacht ließ ein gut Teil meiner unsicheren und düsteren Ahnungen verschwinden und machte einer Siegeseuphorie Platz. Selbst von Peter waren keine zurückhaltenden oder gar skeptischen Bemerkungen mehr zu hören. Das deutsche «Waffenglück» verlieh so mancher früher mit leiser Vorsicht entgegengenommenen Naziparole nachträglich auch für uns den Schein der Berechtigung.

Dem strengen Winter 1939/40 folgte ein sonniges Frühjahr, das wir in Schwerin verlebten. Peter war dort Kommandeur des Ersatzbataillons geworden. Die deutschen Truppen hatten Dänemark und Norwegen besetzt. Wir waren stolz auf die Siege der Wehrmacht und wunderten uns über die Stillhaltetaktik der Engländer und Franzosen. Nachdem Hitlers Armeen in Frankreich eingefallen waren, wartete Peter immer ungeduldiger auf seine Versetzung zur Front. Freunde und Verwandte neckten ihn, der Krieg ginge ohne ihn siegreich zu Ende. Wenn er auch nie ganz diesen leichtfertigen Optimismus teilte, etwas färbte der doch auf unsere Stimmung ab. Das neue «Kriegsgefühl» – Krieg wurde in den verflossenen beiden Jahrzehnten ja immer mit der Notsituation von 1918 identifiziert – steckte an.

Auf die Dauer war es uns unangenehm, an der Bewährung nicht teilzunehmen, mitten im Kriege ein friedliches Leben zu führen. Davon sollten wir bald erlöst werden. Peter wurde als Kommandeur zum 2. Bataillon des Greifswalder Regimentes nach Frankreich versetzt.

Um das Alleinsein in Greifswald noch ein bißchen hinauszuschieben, fuhr ich zuerst nach Woitzel und dann nach Hamburg. Die Stimmung fand ich sehr unterschiedlich. Meine Eltern waren ebenfalls beeindruckt von den Erfolgen der deutschen Truppen. Jetzt gab es nur ein Ziel: den so siegreich begonnenen Krieg zu gewinnen. Ob Nazi oder Offizier alter Schule – für sie kamen kritische Bedenken einem Vaterlandsverrat gleich. Hingegen machte meine Schwiegermutter in Hamburg aus ihrem Zorn gegen den Krieg und die Nazis im besonderen keinen Hehl. Sie hatte den doppelten Schicksalsschlag aus dem ersten Weltkrieg nicht vergessen. Die Parolen von Goebbels über die Ehre, für den Führer und das Großdeutsche Reich zu kämpfen und eventuell zu sterben, vertieften nur die Sorge um ihre drei Söhne.

Zwar hielt ich ihre Ansichten für zu pessimistisch, verstand aber, daß eine Mutter über solche Erlebnisse nicht hinwegkommt. Ich hätte ihre Gefühle ja auch durch kein sachliches Argument widerlegen können. Trotzdem war ich zuversichtlich und glaubte, der deutsche Triumphzug im Krieg würde sie zu einer freundlicheren Betrachtung der Sachlage bewegen können. Für meinen Teil wollte ich in dieser Schicksalsstunde jedenfalls nach Kräften meine Pflicht erfüllen.

Wieder zu Hause in Greifswald, meldete ich mich zum Rote-Kreuz-Dienst. Die Leiterin zeigte sich hocherfreut. Zur Entlastung der Schwestern war die Betreuung der Verwundeten sehr erwünscht. Für das Luftwaffenlazarett, das nach damaligen Begriffen außerhalb der Stadt lag, hatte sich noch niemand gefunden. Doch mit dem Fahrrad war das für mich kein Problem. Aus Mitteln des Roten Kreuzes konnte ich die Wünsche der Verwundeten erfüllen, Briefpapier, Schreibzeug, Rasierklingen und andere Kleinigkeiten besorgen. Einige diktierten mir Briefe an die Angehörigen oder ließen sich vorlesen. Die Genesenden begleitete ich bei ihren ersten, vorsichtigen Schritten ins Freie.

Von der Nützlichkeit meines Wirkens war ich nicht ganz überzeugt. Auf jedem Flur gab es Verwundete, deren Heilung so weit fortgeschritten war, daß sie diese Aufgaben besser als ich erfüllen konnten, denn ihnen gegenüber empfanden die Landser nicht jene Verlegenheit, die manchen vor der Offiziersfrau hemmte. Daher hatte ich kein schlechtes Gewissen, wenn ich mich mehrmals für längere Zeit verabschiedete.

Zwischen den Überfällen auf die verschiedenen europäischen Staaten lag das Greiswalder Regiment in Deutschland. Dann gab es unter uns Frauen nur ein Thema: Wann können wir unsere Männer besuchen. Jetzt wurde ich beneidet, keine Kinder zu haben. Ich brauchte nicht auf die Bereitschaft von Großmutter oder Tante zu warten, die Kleinen zu hüten, sondern fuhr meist als erste zu meinem Peter. Immer noch erschien mir der Krieg erträglich, zumal das Regiment bisher nicht von größeren Verlusten betroffen war. Und die Erfolge auf dem Balkan bestärkten uns in dem Glauben an die Unbesiegbarkeit der deutschen Truppen.

Das änderte sich schlagartig mit dem Überfall auf die Sowjetunion im Juni 1941. Eine sonderliche Überraschung war die Ausweitung des Krieges nicht – eher hatte man das Gefühl, nun werde endlich mit offenen Karten gespielt und der schon lange als Erzfeind beschworene Bolschewismus direkt bekämpft. Skrupel wegen des gebrochenen Nichtangriffspaktes bewegten mich nicht. Eine Kriegslist gegenüber einem unberechenbaren Gegner, der den Bolschewismus über den ganzen Erdball tragen wollte!

Die Wehrmacht war ebenfalls entsprechend motiviert worden. Hitlers interne Erklärung vom 30. März 1941 vor den Befehlshabern: «Wir müssen von dem Standpunkt des soldatischen Kameradentums abrücken. Der Kommunist ist vorher kein Kamerad und nachher kein Kamerad. Es handelt sich um einen Vernichtungskampf» dürfte – wenn auch nicht wörtlich – so doch inhaltlich bis in die unteren Reihen der militärischen Hierarchie transportiert worden sein.

Dennoch rief dieser Krieg, der sich nach Hitler prinzipiell von den gleichsam «zivilisierten» Kämpfen im Westen unterscheiden würde, bei uns große Bedenken hervor – nicht etwa moralischer, sondern militärischer Art: Eine Front vom Eismeer bis zum Schwarzen Meer hatte etwas Unheimliches, trotz der massiven deutschen Anfangserfolge.

Warme Kleidung für die Soldaten an der Ostfront wurde gesammelt. Ich gab alles Entbehrliche fort. Schier wurden im russischen Schnee gebraucht. Aber so weit ging meine Opferbereitschaft nicht. Mit schlechtem Gewissen versteckte ich die Bretter auf dem Boden.

Auf allen Gebieten machten sich schärfere Einschränkungen bemerkbar. Wir erhielten kein Geld mehr vom Roten Kreuz für die Wünsche der Verwundeten. Es hätte auch nicht viel genutzt, da schlechthin alles zur Mangelware geworden war. So bekam unser Einsatz immer stärker rein symbolische Bedeutung.

Die Leiterin des Roten Kreuzes forderte uns auf, die Verwundeten im nationalsozialistischen Kampfgeist zu stärken. Das waren kaum zu überhörende neue Töne. Wo sich doch der Reichspropagandaminister im Radio bereits Tag für Tag mühte – und seine Ansprachen wurden natürlich auch im Lazarett empfangen –, was sollten wir dem noch hinzufügen?

Ich bat um eine andere Arbeit und meldete mich zum nächtlichen Bahnhofsdienst. Bisher wurden die Verwundeten, die durch Greifswald fuhren, von den Helferinnen mit Tee und Lebensmitteln versorgt. Aber nicht alle waren bereit, sich dafür nachts aus dem Bett klingeln zu lassen. So war ich erstaunt, daß mein Angebot abgelehnt wurde. Allmählich sickerte der Grund für den Verzicht auf unsere Hilfe durch. Die Zahl derer, die die schrecklichen Verstümmelungen und Erfrierungen der Verwundeten und ihre pessimistische Stimmung erlebten, sollte möglichst eingeschränkt werden. In aller Stille, wen es anging, nachts, wurden die Verwundeten von ausgesuchten Kräften, die zum Schweigen verpflichtet waren, versorgt.

Die Aufgabe gab es also nicht mehr für mich. Irgend etwas wollte ich aber tun. So übernahm ich für jedes zweite Wochenende den Telefondienst in der Arztstation des Kreises. Dieser Posten war nicht beliebt. Von Sonnabendmittag bis Montagfrüh war man ganz allein in der großen Villa in der Lönsstraße. Zwar wohnte das Hausmeisterehepaar im Keller, doch nachts schlief es fest und hörte nicht, was oben geschah. Für den einzigen Arzt, der am Wochenende alle Kranken der Zivilbevölkerung im Kreis versorgte, mußte ich die Anrufe registrieren.

Es gab ruhige Stunden, aber auch nervenzermürbende. Ich wußte immer, wo sich der Arzt aufhielt, aber auf dem Dorf konnte ich ihn selten telefonisch erreichen und nur schwer einschätzen, wie lange er zu tun hatte. Die Wege waren schlecht, und der Winter 1941/42 war hart. Wie leicht konnte der Doktor mit dem Auto steckenbleiben. Immer wieder bemühte ich mich, beruhigende Worte für ängstliche Angehörige der Kranken zu finden, die dringend auf Hilfe warteten. Berechtigte Sorge hatte ich von Übertreibungen zu unterscheiden.

Der zurückkehrende Arzt erwartete von mir eine Einschätzung der Anrufe und einen Vorschlag für die Reihenfolge seiner Besuche. Zu meinen Pflichten gehörte es außerdem, die Instrumente auszukochen, Fehlendes im Arztkoffer zu ersetzen und ihm aus selbst mitgebrachten Bohnen Kaffee zu bereiten.

Inzwischen las er meine Eintragungen über Patienten, die in die Station gekommen waren. Leichtverletzte ließen sich verbinden, Betrunkene reagierten wütend, weil sie nach zweiundzwanzig Uhr nicht mehr hereingelassen wurden, mit Zimperlichen mußte ich energisch umgehen, anderen begütigend zureden. Jetzt war ich froh über die harte Schule, die ich bei meiner Mutter in Woitzel genossen hatte. Einfache Arbeit hatte ich da nicht übernommen, doch freute ich mich sehr, wenn ich vom Arzt und von Patienten hörte: «Eine Beruhigung, daß Sie Dienst haben, dann klappt alles so gut.» Todmüde, aber tief befriedigt, sank ich am Montagmorgen ins Bett.

Schwindende Illusionen

Im Februar stand Peter überraschend vor mir. Die Freude darüber blieb etwas gedämpft, da er krank war. Trotzdem empfanden wir glücklich dieses Wiedersehen. Eine Stirnhöhlenvereiterung mußte auskuriert werden. Peter zog für kurze Zeit in die Hals-Nasen-Ohren-Klinik ein. Bald konnte er zur weiteren Behandlung nach Hause übersiedeln. Er blieb sehr ernst und verspürte keine Lust, mit den vielen Menschen zu sprechen.

«Was wir da gemacht haben, ohne Kriegserklärung, ist eine Riesenschweinerei. Die Russen waren völlig überrascht. Auf die friedlich pflügenden Bauern haben wir geschossen, es ist furchtbar», sagte er.

Mich verblüffte seine Meinung. «Ich denke, sonst hätten sie uns überfallen?» fragte ich naiv.

«Ach, glaub doch nicht diesen Blödsinn von Goebbels», antwortete er ärgerlich, «die Russen haben so viel Arbeit in ihrem Land, die können einen Krieg gar nicht brauchen. Aber jetzt haben wir uns die Suppe eingebrockt und müssen sie auslöffeln. Ich fürchte, sie wird ziemlich bitter schmecken.»

Peters Reaktion traf mich zunächst völlig überraschend. Wie kam er zu dem radikal neuen Urteil? Erst später wurde mir klar, warum er die Situation nun anders bewertete: Statt Blitzsieg hatte sich ein Krieg ohne absehbares Ende entwickelt, aus der Euphorie der Anfangserfolge war ein Nachdenken über die Dauer, den Sinn und Zweck und die Methoden dieses Kampfes geworden. Wären die Truppen auf «geknechtete Kreaturen unter bolschewistischer Knute» gestoßen, hätte jeder Schritt in Feindesland eine Bestätigung für die deutschen Soldaten bedeutet. Doch die Kriegspraxis im Osten ließ den Charakter des Unternehmens als Raub- und Beutezug in aller Klarheit hervortreten.

Peters spontaner Ausbruch stellte keineswegs diesen Krieg insgesamt in Frage. Er signalisierte lediglich Anfänge einer Verunsicherung und Momente seiner zeitweilig verdrängten Aversion gegen die Nazis, die die Grundregeln jeglicher Fairneß und Ritterlichkeit in den Wind schlugen. Dies mußte nach Peters Auffassung den deutschen Soldaten entehren.

Mir wurde klar, daß die Diskrepanz zwischen dem, was die Kriegspropaganda in die Hirne gehämmert hatte, und der Wirklichkeit, die er als Major an der Front selbst erlebte, für ihn unerhörte Konflikte vorbereitete. Auch mich beschlichen nun immer häufiger zwiespältige Gefühle. Einerseits war ich doch stolz auf meinen Peter, andererseits wirkte der Blick hinter die Kulissen der Kriegspropaganda, der mir durch seine Berichte von der Front vermittelt wurde, zutiefst ernüchternd.

Als es Peter besser ging, folgten wir einer Einladung seines ehemaligen Regimentskommandeurs. Er war unterdessen Wirtschaftskommandant in Warschau und zur Verlobung seiner Tochter nach Hause geflogen. Das Flugzeug hatte nicht nur ihn, sondern zugleich leckere Torten und andere gute Dinge auf dem Greifswalder Flugplatz abgesetzt.

Fröhlich plauderte er über das gute Leben in Warschau. Er wohnte bei einer Generalswitwe. Ich fragte ihn, ob er die Miete in Mark oder Złoty bezahle.

«Miete?» sagte er erstaunt, «Sie machen mir Spaß. Ich müßte ja verrückt sein und Miete bezahlen. Wir sind doch die Sieger: Die Zimmer sind beschlagnahmt und damit basta.»

«Und wovon lebt die alte Dame?» wollte ich wissen.

«Was geht mich das an? Wahrscheinlich verkauft sie ihren Schmuck», erwiderte er kaltschnäuzig.

Ich wurde still. Unter meinen Tanten gab es mehrere alte Generalswitwen. Ich stellte mir vor, wie hart es wäre, wenn sie plötzlich so vegetieren müßten, ohne Erbarmen, in einer feindlichen Welt. Besorgt sah ich zu Peter. Er war blaß geworden angesichts des per Flugzeug organisierten Verlobungsfestes. Ich kannte ihn. Es fehlte nicht viel, und er würde explodieren.

«Na, lange kann der Krieg ja nicht mehr dauern. Ich habe russische Gefangene gesehen, die hatten nicht einmal vernünftige Uniformen an», plauderte Frau Rossum munter drauflos, und aus ihr sprach das Mitglied der NS-Frauenschaft.

«Kunststück!» brauste Peter auf, «die waren auf keinen Angriff vorbereitet. Aber das dicke Ende kommt erst, das kann ich Ihnen versichern, ob mit oder ohne Uniform. Die richtige Rote Armee haben wir bisher gar nicht kennengelernt!»

Der alte Rossum brummelte ein paar begütigende Worte. Mühsam nahm das Gespräch wieder einigermaßen höfliche Formen an. Wir verabschiedeten uns bald.

Zu Hause machte Peter seinem Herzen Luft: «Ist ja einfach widerlich! Mit Torten von Warschau nach Greifswald fliegen! Und uns fehlt der Treibstoff, um Verwundete in die Heimat zu transportieren. So was lieb ich!»

Ich konnte ihm nicht widersprechen und sagte nur: «Du hättest nicht so heftig werden sollen.»

Peter ging nicht weiter darauf ein. Statt dessen bat er mich: «Der Rußlandfeldzug wird lange dauern und noch viele Gefallene kosten. Ich möchte für mein Bataillon nicht, daß eine unpersönliche Todesnachricht mit dem offiziellen Schmus zur Familie kommt. Ich werde es dir schreiben. Das ist nicht leicht für dich, aber ich habe Sorge, daß die Angehörigen in ihrem Kummer ihrer Wut auf Hitler freien Lauf lassen und sich ins Unglück stürzen.»

Ich war nicht gerade begeistert von dem Auftrag, aber ich hätte mich geschämt, nein zu sagen. Schon einige Male hatte ich Frau Rossum auf so einem schweren Weg begleitet. Ich staunte, daß sie mich dazu aufforderte, obwohl ich mit List vermied, in die NS-Frauenschaft einzutreten. Wie unterschiedlich die Angehörigen reagierten!

Manche der jungen Frauen hatten vor wenigen Jahren vor Glück gestrahlt, als ihre Männer bei der Vergrößerung des Heeres unerwartet Offizier wurden, und die ersten Auszeichnungen für Tapferkeit vor dem Feind erfüllten sie so mit Stolz, daß er den Gedanken an die Gefahr verdrängte. Das schien mir auch bei der unter uns wohnenden Frau Suhr zuzutreffen. Sie versetzte mir gern gelegentlich einen kleinen Hieb wegen meiner Kinderlosigkeit. Unser kameradschaftliches Zusammenleben im Hause wurde dadurch nicht wesentlich gestört. Als sie von der Auszeichnung ihres Mannes erfuhr, sagte sie triumphierend: «Deutsches Kreuz in Gold und Mutterehrenkreuz, nun kann uns nichts mehr passieren!»

«Wieso nicht?» meinte ich. «Das deutsche Kreuz in Gold ist keine kugelsichere Weste, wie sehr sie Ihrem Mann zu wünschen wäre.»

Empört wies sie den Gedanken zurück: «Das läßt der liebe Gott nicht zu, bei fünf Kindern! Niemals!»

Aber leider ließ der liebe Gott es doch zu. Es war ein sehr bitteres Erwachen aus dem Traum von der «guten Karriere» des Mannes.

Jeder Gedanke an einen verlustarmen Blitzfeldzug gegen die Sowjetunion war aus meinem Kopf verschwunden, als Peter sich verabschiedete. Nicht nur wegen der Trennung blieb ich tieftraurig zurück. Bisher wurde der Schmerz um Verluste erträglicher durch den Gedanken: «Für das Vaterland muß man Opfer bringen können. Sonst droht uns der Bolschewismus!»

Und jetzt sagte Peter: «Die Russen waren völlig überrascht, arbeiteten friedlich auf dem Acker, die Rote Armee kommt erst noch!»

Ich hoffte, er habe nicht recht. Schließlich kannte er nur seinen kleinen Frontabschnitt.

Einige Wochen nach seiner Abreise schickte Peter mir eine Trauernachricht aus dem Bataillon. Nun mußte ich sie überbringen. Die Eltern des Gefallenen wohnten in der Knopfstraße dicht am Markt. Obwohl der Weg kurz war, wollten meine Beine mich kaum bis dorthin tragen. Die Mutter befand sich allein zu Hause. Mein Besuch und mein Ausdruck ließen sie schon den Inhalt der Botschaft erraten, bevor ich die Worte ausgesprochen hatte. Gleich allen Müttern war sie tief getroffen. Ich konnte sie nur Mitgefühl spüren lassen, brachte keines der abgegriffenen Trostworte hervor vom «Heldentod für das Vaterland» oder gar «für unseren geliebten Führer», wie es in den Zeitungen stand. Das Angebot, ihren Mann von der Arbeit zu holen, wehrte sie ab.

«Er erfährt es noch früh genug.»

Angesichts solcher Schicksalsschläge stellte ich mir wohl mal die Frage: Muß das alles sein?, verdrängte sie aber schnell wieder, Krieg und Leid gehörten zusammen. Daran galt es, sich nach einem so erfolgreichen Auftakt zu gewöhnen.

Peter bekommt das Ritterkreuz

Es wurde Frühling. Der Garten und die Rote-Kreuz-Arbeit ließen mir nicht viel Zeit zum Grübeln. Frau Rossum rief mich an. Jedesmal erschrak ich: Gab es wieder eine Hiobsbotschaft? Aber ihre Stimme klang fröhlich: «Ich gratuliere herzlich!» klang es aus dem Apparat.

«Wozu?» fragte ich erstaunt.

«Was? Sie wissen es noch gar nicht? Ihr Mann hat das Ritterkreuz bekommen! Es wurde heute morgen im Radio durchgesagt. Großartig, nicht wahr? Das erste Ritterkreuz im Regiment!»

Völlig überrascht stotterte ich meinen Dank. Frau Rossum schien offenbar enttäuscht, weil ich nicht ganz aus dem Häuschen geriet vor Freude. Er lebt also, war mein erster

Gedanke. Was hat er bloß angestellt, daß er mit dem Ritterkreuz ausgezeichnet wurde? überlegte ich. Eisernes Kreuz zweiter und erster Klasse hielt ich bei einem Frontoffizier für selbstverständlich. Peter hatte kein Aufhebens davon gemacht. Aber Ritterkreuz, das war schon keine Selbstverständlichkeit mehr. Ganz langsam wurde erst die Freude in mir wach. Frau Rossum dauerte es anscheinend zu lange.

«Sie können wirklich stolz sein auf Ihren Mann», ermunterte sie mich, «dafür gibt es Urlaub, dann müssen wir das aber feiern.»

Mir war gar nicht danach zumute. «Wurde auch etwas gesagt, wofür er es bekommen hat?» fragte ich und ärgerte mich, die Nachrichten verpaßt zu haben. Ich hatte die Angewohnheit, sehr früh in den Garten zu gehen.

«Wegen Tapferkeit und guter Truppenführung in der Schlacht bei Charkow, hieß es im Rundfunk», antwortete Frau Rossum.

Viel klüger wurde ich nicht dadurch. Es war mir ein Beweis mehr, wie leicht sich das Ritterkreuz in ein Holzkreuz verwandeln konnte. Wenn er doch nur erst hier wäre und ich ihm sagen könnte: Hauptsache, du lebst! Nicht für alle Ritterkreuze der Welt gäbe ich dich her! Blumen und Glückwünsche häuften sich und immer wieder die Fragen: Ist er gesund? Wann kommt er?

Bis dahin sollte noch der ganze Sommer vergehen. Ende September stand Peter überraschend verstaubt und unrasiert vor mir. Der linke Arm hing in einem Dreieckstuch, der Uniformrock über der Schulter. Er war nur oben zugehakt. Die Fingerspitzen guckten aus einem riesigen Gipsverband hervor, der bis zum Ellenbogen reichte. Gleichzeitig mit dem verrutschten Ritterkreuz entdeckte ich den zweiten Stern auf den Schulterstücken. Er war zum Oberst befördert worden.

«Peter!» sagte ich strahlend und gab ihm vorsichtig einen Kuß, «wo kommst du so plötzlich her?!»

«Direkt von der Front, viel kann ich da doch nicht nützen mit dieser Pfote», antwortete er.

Wir gingen ins Wohnzimmer, er sank aufatmend in seinen großen Sessel.

«Was ist mit deiner Hand?» fragte ich und bemerkte jetzt erst, wie elend er aussah.

«Granatsplitter, du wirst ganz schöne Arbeit mit mir haben, ich kann mich nicht einmal rasieren.»

«Ach, das ist egal», meinte ich. «Hauptsache, du bist da. Und Oberst bist du auch geworden?»

«Ja, und Regimentskommandeur von den Zweiundneunzigern. Ein Jammer, daß ich sie so bald im Stich lassen mußte. Ich soll nicht nur meine Hand auskurieren, sondern außerdem im Rundfunk sprechen», erzählte er und schien wenig erfreut darüber.

«Nanu, wozu denn das?» wollte ich erstaunt wissen.

«Ja, das frage ich mich ebenfalls. Zum Fall von Stalingrad. Da muß ich wohl noch lange hierbleiben», meinte er.

«Das wäre herrlich!» platzte ich heraus.

«Wenn der Grund bloß nicht so traurig wäre», erwiderte Peter. «Es ist gar kein Gedanke an den Fall von Stalingrad. Wir können den Russen nicht daran hindern, unentwegt Nachschub über die Wolga ranzuschaffen.»

«Jetzt bist du erst mal hier», lenkte ich ab, «ich mach dir etwas zu essen, und dann legst du dich hin. Und morgen gehst du zum Arzt.»

Ein Glück, daß ich gerade auf die dritte Dekade meiner Lebensmittelkarte eingekauft hatte. So konnte ich wenigstens sechzig Gramm Butter auf den Tisch stellen. Ich brachte Tee und Schnitten herein, setzte mich zu Peter und sagte: «Nun mußt du mir erst einmal erzählen, wofür du das Ritterkreuz bekommen hast.»

«Nicht so wichtig. Mein Bataillon war bei Charkow eingekesselt. Wir bekamen per Funkspruch den Befehl, uns einzubuddeln und von den Russen überrollen zu lassen. Ein sicheres Todesurteil für das ganze Bataillon. Daher beschloß ich, entgegen dem Befehl, auszubrechen. Zum Sterben war immer noch Zeit. Es gelang mir, wir hatten kaum Verluste. Aber beim Regiment tobten sie und wollten mich vor ein Kriegsgericht stellen, weil ich gegen den Befehl gehandelt hatte. General Kohlermann drehte den Spieß um und reichte mich zum Ritterkreuz ein. Das war es.»

Jetzt konnte ich mich richtig freuen über die Auszeichnung, hatte Peter doch das Leben seiner Soldaten nicht aufs Spiel gesetzt, sondern gerettet.

Nachdem er am nächsten Tag durch die Stadt zur Klinik

gegangen war, riß der Besucherstrom bei uns nicht mehr ab. Es war verständlich, daß die Frauen wissen wollten, ob ihr Mann oder Sohn bei Peters Abfahrt gesund gewesen war. Doch selbst für die, denen er es versichern konnte, bedeutete das keine Gewißheit, denn dazwischen lagen schon viele Tage.

Diesmal war es der General der Flieger Förster, der in seiner elegant eingerichteten Villa in der Roonstraße eine Gesellschaft gab unter dem Motto: «Petershagen kommt direkt von der Front.» Peter seufzte zwar, aber wir konnten nicht umhin, der Einladung zu folgen. Die Damen bildeten die Mehrheit. Es gelang uns nicht, in die gewollte Fröhlichkeit einzustimmen. Die Gäste waren enttäuscht von dem gefeierten Ritterkreuzträger. Von wem sonst, wenn nicht von ihm, konnte man Siegeszuversicht erwarten?

Der General ging mit Peter in sein Arbeitszimmer. Mit den Worten: «Unsere liebe Gestapo braucht nicht alles zu hören», deckte er ein bereitliegendes Kissen über das Telefon und gleichermaßen über seine offizielle Meinung. Kein fröhlicher Optimismus, den er vorher zur Schau trug, war jetzt unter vier Augen zu spüren. Das Gespräch schien sehr ernst zu sein, soweit man es durch die Glastür beobachten konnte.

Auf dem Heimweg fragte Frau Rossum: «Halten Sie es für möglich, Herr Petershagen, daß wir den Krieg verlieren?»

«Ich halte es für unmöglich, daß wir ihn gewinnen», antwortete Peter.

Fast zu meinem Bedauern heilte seine Hand ohne Komplikationen. Die Nachrichten aus Stalingrad wurden täglich schlechter. Trotz Goebbels Verdrehungskünste konnte jeder begreifen: Die deutschen Truppen kamen nicht voran, die Verluste wurden immer größer. Der Winter stand vor der Tür. Wir versuchten beide, nicht zu zeigen, wie schwer uns der Abschied wurde. Mühsam nur hielt ich ein Fünkchen Hoffnung aufrecht, Peter gesund wiederzusehen.

Ein großer Schrecken

Ende November wandelte sich meine Freude über einen Brief mit dem Feldpoststempel in glühenden Schrecken. Eine fremde Handschrift! Absender: General Kohlermann, der Divisionskommandeur. Das konnte nur eine sehr schlechte Nachricht sein! Ich mußte alle Kraft zusammennehmen, um bis zum Sessel im Wohnzimmer zu gelangen. Langsam öffnete ich den Umschlag, als sei jede Sekunde vor der Hiobsbotschaft kostbar. Meine Augen flogen über die Zeilen und blieben an dem rettenden Wort «Verwundung» haften. Jetzt erst wagte ich, den Brief gründlich zu lesen. Der General bedauerte sehr, daß sein Regimentskommandeur mit einer schweren Beinverwundung ins Hinterland transportiert werden mußte. Er konnte mir nicht mitteilen, wo Peter sich jetzt befand, und wünschte mir baldige gute Nachricht von ihm.

Auf die Erlösung, «nur» schwer verwundet, folgten die Sorgen. Das «Hinterland» zwischen Stalingrad und Greifswald war ein sehr weiter Begriff. Ich mußte an Fräulein von Watters Schilderungen über die Sowjetunion denken, die von der Nazipropaganda um ein Vielfaches übertroffen worden waren. Irgendwo in diesem Riesenreich lag nun mein Peter, hilflos, mit Schmerzen, getrennt von seinen vertrauten Kameraden, voller Sehnsucht nach mir, unerreichbar. Oder war er vielleicht schon nicht mehr unter den Lebenden? Wenn er den Russen in die Hände gefallen sein sollte? Nach dem, was er vom Überfall auf die Sowjetunion berichtet hatte, dürfte ein gefangener hoher deutscher Offizier wenig Chancen haben. Wo wir den Krieg doch selbst jenseits aller Kriegsregeln führten.

Ich war zum tatenlosen Warten verurteilt, und Geduld war noch nie meine Stärke gewesen. Daher beschloß ich, Vetter Hans-Heinrich Staudinger anzurufen. Seit dem Winter 1937/38 verband uns gute Freundschaft mit dem Oberst im Ersatz-Divisionsstab in Stettin. Vielleicht gelang es ihm, herauszubekommen, wo Peter sich jetzt befand. Das konnte mein Vetter mir zwar nicht versprechen, dennoch taten seine tröstenden Worte mir wohl. Außerdem weckte er die Hoffnung, Peter könnte bei einer langwierigen Heilung nach Greifswald verlegt werden.

Die Freude über diese Aussicht wechselte in mir mit der qualvollen Frage, ob er überhaupt lebte. Endlich erlöste mich ein Brief mit seiner trotz aller erkennbaren Mühsal charakteristischen Handschrift aus dieser Ungewißheit.

«Gegen Stalingrad kommt man sich hier in Stalino wie im Paradies vor, trotz Gipsbein und Schmerzen. Die Räume der ehemaligen Schule sind hell und freundlich, die russischen Schwestern pflegen uns aufopferungsvoll. Mach dir keine Sorgen, so bald wie möglich lasse ich mich nach Greifswald verlegen.»

Ich hatte allen Grund, glücklich zu sein, machte mir aber Gedanken um Peters Leichtsinn. Dachte er gar nicht an eine Briefzensur? Die Nazis wären bestimmt nicht mit dem Lob der russischen Frauen einverstanden. Je schwerer die Zeiten wurden, um so vorsichtiger mußte man mit jedem Wort sein.

Für die zunehmende Zahl von Verwundeten reichten die Lazarettbetten in der Nähe der Front nicht aus. Wer einigermaßen transportfähig war, wurde in die Heimat verlegt. So kam für uns das Wiedersehen schneller, als wir zu hoffen gewagt hatten. Als einziger verwundeter Oberst und Ritterkreuzträger in Greifswald wurde Peter im Luftwaffenlazarett, dem modernsten Bau, in einem Einzelzimmer untergebracht.

Ich war mir darüber klar, daß ich mich im Vergleich zu Millionen anderen deutschen Frauen in einer glücklichen Lage befand. Auch an die Schicksale russischer, polnischer, französischer und all der Millionen Frauen in den von uns überfallenen Ländern zu denken, kam mir gar nicht in den Sinn.

Ein Splitter nach dem anderen eiterte aus Peters Wunde heraus, und es war noch lange nicht entschieden, ob sein Bein erhalten bleiben konnte. Was bedeutete schon die Sorge gegen die Freude, ihn zu sehen und zu sprechen, ihm das Leben so erträglich wie möglich gestalten zu können. Schwestern und Sanitäter gewöhnten sich an meine Besuche und betrachteten sie als willkommene Entlastung.

Die Wiedersehensfreude hatte Peter zunächst gesundheitlich einen Aufschwung gegeben. Doch mit den Nachrichten aus Stalingrad wurde sein Befinden immer schlechter. Das Schicksal der 6. Armee und damit des Greifswalder Regiments ging uns beiden sehr nahe. Die Frauen bekamen immer seltener Post. In ihrer verzweifelten Sorge konnte ich sie nur mit knapper Not davon abhalten, Peter um seine Meinung über die Lage an der Front zu fragen.

Ich gab mir die größte Mühe, ihm diese Stimmung zu verschweigen, und belog ihn mit Nachrichten, die gar nicht eingetroffen waren. Auf die Dauer konnte ich ihm allerdings nichts vormachen, er durchschaute mich schnell. Von den nächsten Kameraden sprach er, als ob ihr Tod schon besiegelt sei, was sie zuletzt gesagt oder getan hatten. Er kannte ihre Hoffnungen und Wünsche, wußte, ob sie Väter und Mütter, Frauen, Kinder oder Bräute zurückließen, die jetzt vergeblich auf Briefe und Heimkehr warten würden.

Spätabends ging ich über den zerfahrenen, steinhart gefrorenen Weg in der Pappelallee nach Hause, jedesmal froh, wenn ich die Baracken hinter mir gelassen hatte, in denen polnische Zwangsarbeiter zusammengepfercht waren. Zu Hause stellte ich die letzten Abendnachrichten ein. Es konnte sich nur noch um wenige Tage handeln, dann gab es keine 6. Armee mehr. Wie würde Peter die endgültige Tatsache aufnehmen? Und wie wollte Goebbels diese Niederlage bemänteln nach seinen Siegesphrasen?

Da tönte es sinngemäß aus dem Radio: Die tapfer kämpfende 6. Armee wehrte auch heute wieder alle Angriffe des grausamen Feindes ab. In Anerkennung der vorbildlichen Leistungen und Haltung der Armee hat der Führer und Reichskanzler den Oberbefehlshaber Generaloberst Paulus zum Generalfeldmarschall befördert!

Wie bitter mußte diese Nachricht auf alle Witwen und Waisen der in Stalingrad gefallenen Soldaten wirken! Gehörte es zu den Gesetzen des Krieges, Tausende von Männern sterben zu lassen, wenn das Opfer sinnlos war? War es wirklich sinnlos, oder schien es uns in der Heimat nur so? War die Informationspolitik der Nazis, über die man sich hinter sorgsam vorgehaltener Hand immer häufiger mokierte, vielleicht sogar nötig, um die vielen inzwischen Gleichgültigen oder Zaghaften zu neuer Siegeszuversicht anzuspornen? So grübelte ich hin und her und hoffte, daß Peter nichts gehört hatte, denn sonst wäre es mit Sicherheit um seine Nachtruhe geschehen.

Schon im September, bevor er mit der verwundeten Hand den Ritterkreuzurlaub antrat, hatte er voller Sorge seinen Vorgesetzten an der Front gefragt: «Wie denkt man sich das hier eigentlich? Wie soll das weitergehen?»

Vier Monate später stellte Goebbels die Katastrophe der 6. Armee in Stalingrad als «nationalsozialistische Heldentat» hin. Die langsam aufkeimende Erkenntnis von der Sinnlosigkeit der Fortsetzung des Krieges machte uns den Schmerz um den Verlust des Greifswalder Regiments mit so vielen guten

Bekannten unsagbar bitter. Immer länger wurden die Spalten der Todesanzeigen mit dem Eisernen Kreuz in der «Greifswalder Zeitung». Ich steckte das Blatt ein, um es Peter vorzulesen, wenn es auch kaum Erfreuliches gab.

Peters Zimmer lag ganz am Ende des Flures. Meistens stand die Tür offen. Offiziere aus den Nachbarzimmern kamen gern zu einem kleinen Schwatz herein. An diesem Tag war es ganz still auf dem Flur und die Tür geschlossen. Mich beschlich ein unheimliches Gefühl. Ich erschrak heftig, als ich an seinem Zimmer die Aufschrift las: «Eintritt verboten». Der Stabsarzt ließ keinen Zweifel, Peters Leben hing an einem seidenen Faden.

«Die schlechten Nachrichten über Stalingrad hat der Herr Oberst sich zu sehr zu Herzen genommen.»

Der Arzt gab meiner Bitte, über Nacht im Lazarett bleiben zu dürfen, gern nach. Ich fuhr nach Hause, meine Sachen zu holen, und zwang mich, eine Kleinigkeit zu essen. Im Rundfunk sprach General Dittmar zum Ende von Stalingrad: «Die deutsche Armee in Stalingrad kann nur mit den dreihundert griechischen Helden am Thermopylenpaß verglichen werden, die freudig starben, wie das Gesetz es befahl. Die Helden von Stalingrad zeigen der Welt den wahren Geist des nationalsozialistischen Deutschlands und seiner Treue zu unserem Führer Adolf Hitler!»

Tief bedrückt stellte ich das Radio ab. Vollends grotesk mußte einige Tage danach Görings makabre Grabrede auf die 6. Armee wirken, in der es nur so von «Heldentod» und «Pflichterfüllung» troff. Freilich war damals noch unbekannt, daß der «Reichsmarschall» persönlich für die dann völlig zusammengebrochene Versorgung der 6. Armee aus der Luft gebürgt hatte.

So ernst es um Peter stand, ich durfte hoffen und war dankbar, daß er nicht im Kessel von Stalingrad «freudig» hatte sterben müssen. Ich kannte einige der letzten Briefe von Soldaten an ihre Frauen. Die Männer äußerten sich wahrlich nicht erfreut, den Tod vor Augen zu haben. Dazu kam die Verblendung. Wenn eine feindliche Kugel ihnen die Aufgabe nicht abnahm, wollten manche die letzte eigene gegen sich selbst richten, um nicht vom Feind «auf grausamste Weise abgeschlachtet zu werden», wie es ihnen eingehämmert worden war. Viele der Frauen glaubten fest, ihre Männer würden diese Absicht wahr machen.

Nur vorsichtig konnte ich andeuten, mein Mann sei anderer, besserer Meinung über das Schicksal deutscher Soldaten in sowjetischer Gefangenschaft. In Gedanken sah ich das Bild der russischen Krankenschwester vor mir, das Peter mir so lebhaft geschildert hatte. Nächtelang hatte sie bei ihm gewacht und immer wieder seine Schmerzen gelindert. Unter dem Befehl des Feindes hätte sie widerwillig nur das Notwendigste zu tun brauchen, aber sie pflegte die deutschen Verwundeten bis zur eigenen Erschöpfung.

Ebenso hatte die Haltung eines jungen sowjetischen Leutnants Peter beeindruckt. Kaum mehr fähig, sich auf den Beinen zu halten, war er mit einigen Soldaten in Gefangenschaft geraten. Peter bot ihm zu essen und zu trinken an. Er aber sagte: «Nicht ich, zuerst meine Männer.»

Natürlich revidierten wir auf Grund solcher Erlebnisse keineswegs unser sehr massives Vorurteil gegen die «Russen». Das Verhalten der Krankenschwester ließ sich wohl schon deshalb kaum ohne weiteres verallgemeinern, weil wir den Menschen dieses Landes ja recht nachdrücklich Anlaß zu Haß und Rache gegeben hatten. Immerhin aber begannen wir – Peter mit seinen unmittelbaren Erfahrungen sicher eher als ich –, immer stärker zu differenzieren und den demagogischen Charakter der Goebbelspropaganda deutlicher zu erkennen.

Dergleichen Teilerkenntnisse und Mutmaßungen behielt man sorgsam für sich, denn die nazistische Propaganda über den «bolschewistischen Untermenschen» Lügen zu strafen oder auch nur in Einzelheiten anzuzweifeln hieß «Wehrkraftzersetzung» und kostete den Kopf. So blieb mein Trost für die Frauen des Regimentes schwach und wenig überzeugend.

Peter erholte sich nur langsam. Er war stiller und verschlossener geworden. Ich merkte, daß er den Glauben an ein erfolgreiches Ende dieses Krieges für Deutschland endgültig verloren hatte. Auch die scharfen Maßnahmen nach dem von Goebbels am 18. Februar 1943 verkündeten «totalen Krieg» würden daran nichts mehr ändern. Peters bedrückte Stimmung wirkte sich nachteilig auf die Heilung aus.

Ein Flugblatt bringt Freude und Schrecken

Wochen verstrichen. Auf dem Heimweg vom Lazarett begegnete ich Frau Krawielitzki. Ihr Mann gehörte zu den in Stalingrad vermißten Offizieren. Mit anscheinend freudiger Ungeduld bat sie mich zu sich herein. Aus der hintersten Ecke des Schreibtisches holte sie einen Briefumschlag und aus ihm ein dünnes, gelbliches Stück Papier, eng bedruckt mit winzig kleiner Schrift. Es war ein Flugblatt aus der Sowjetunion. Auf seinen Besitz stand die Todesstrafe. Trotzdem war es Frau Krawielitzki anonym zugesandt worden, weil auf ihm mit vielen anderen auch der Name ihres Mannes stand. Sie sah mich erwartungsvoll an.

«Was meinen Sie, ob das stimmt? Ob das echt ist? Ich würde so gerne Ihren Mann fragen. Ob man das wagen kann, im Lazarett? Wenn jemand kommt, kann es eine Katastrophe geben.»

«Da paß ich schon auf. Unbedingt müssen wir ihm das zeigen. Er wird sich sehr freuen. Schon immer sagte er, der Russe bringt die Gefangenen nicht um. Ich werde ihm ein Vergrößerungsglas mitnehmen.»

Wir verabredeten, daß Frau Krawielitzki in den Abendstunden zu Peter kommen sollte. Dann war es ruhiger im Lazarett.

Am nächsten Tag fand ich Peter auffallend guter Dinge. Keine Medizin hatte das bewirkt, sondern das Flugblatt. Ein ehemaliger Feldwebel der dreizehnten Kompanie hatte es ihm gezeigt. Offenbar waren mehrere über Greifswald abgeworfen worden.

Gemeinsam entzifferten wir die Namen und freuten uns über jeden Bekannten. An typischen Kleinigkeiten konnte Peter erkennen, daß die Namenszüge nicht dem Soldbuch von Toten entnommen waren, wie die Propaganda behauptete. Peter und ich sahen uns an und wußten ohne ein Wort, was wir dachten: Alle, die wir kannten, mußten wir benachrichtigen. Es konnte den Kopf kosten, aber es war zu grausam, den Angehörigen diese Nachricht vorzuenthalten.

Unser Entschluß wurde bestärkt, als wir die Freude von Frau Krawielitzki erlebten. Peter versicherte ihr, die Unterschrift ihres Mannes sei echt. Der Text des Flugblattes besagte, daß die Unterzeichneten in sowjetische Gefangenschaft geraten seien und es ihnen gut gehe. Besonders freute Peter sich, unter den Namen den seines Ordonnanzoffiziers, Oberleutnant von Heyden, gefunden zu haben. Sogleich entwarf er die Briefe, die ich zu Hause tippte.

Über Nacht packten mich doch Bedenken. Gefängnis war das mindeste, was auf die Verbreitung dieses Flugblattes stand. Mit Absicht würde uns niemand verraten, aber Unvorsichtigkeit konnte zum Verhängnis werden. Ich schlug Peter vor, die Briefe anonym zu verschicken.

«Unmöglich!» wehrte er ab. «Nur mit meiner Unterschrift sind sie glaubwürdig. Sonst säen wir neues Schwanken zwischen Hoffnung und Zweifel.»

«Ob ich sie lieber in Stralsund einstecke?» meinte ich.

«Was für ein Unsinn», lachte er mich aus, «die kannst du gleich hier am Lazarett in den Kasten werfen. Rauskommen kann es doch ausschließlich durch die Empfänger, und die halten schon den Mund.»

Ich sah ein, daß Peter recht hatte. Trotzdem klopfte mir das Herz bis zu den Ohren, als ich mit den fertigen Briefen durch die Wache ging, damit Peter sie unterschreibe. Obgleich ich wußte, es ist Dummheit, hatte ich nicht den Mut, sie vor den Augen des Postens in den Briefkasten am Lazarett zu werfen. Ich verteilte sie in mehrere Kästen, beim Bäcker an der Anklamer Straße, beim Fleischer am Platz der SA und am Postamt. Dadurch würden sie in verschiedenen Postsäcken landen und wenigstens nicht alle auf einmal entdeckt werden, bildete ich mir ein.

Die Antworten ließen nicht lange auf sich warten. Wer konnte, kam selbst, um die vertrauten Schriftzüge auf dem Flugblatt zu sehen. Ich hielt Wache an der Tür, damit wir keine unliebsame Überraschung erlebten.

Manchem Besucher war es allerdings nicht auszureden, daß diese Flugblätter ein Trick des Feindes seien, um die Kampfbereitschaft unserer Soldaten zu untergraben. Wegen solcher Menschen begaben wir uns in Gefahr! Am liebsten hätte ich sie sofort hinausgeworfen. Aber gerade von ihnen mußten wir uns im guten trennen. Es waren nur einzelne. Die Freude und Dankbarkeit der meisten Benachrichtigten entschädigte uns für das Risiko.

Bald darauf, in aller Frühe, schrak ich aus dem Schlaf. Hatte es nicht eben geklingelt? Da, wieder, kurz, nur wie angetippt. Was konnte das bedeuten? Ich warf mir den Morgenrock über und sah aus dem Fenster. Von unten blickte eine junge Frau im Trainingsanzug mit Kopftuch herauf. Wie verängstigt drückte sie sich an die Haustür. Ihr Fahrrad lehnte an der Wand. Schnell lief ich hinunter und schloß auf.

«Frau von Heyden, wo kommen Sie denn her?» sagte ich überrascht, «und so früh am Morgen?»

Sie schlüpfte schnell in den Hausflur und eilte leise, ohne ein Wort, nach oben in die Wohnung. Ich sah ihr an, daß sie keine gute Nachricht brachte. Erschöpft sank sie auf das Sofa.

«Es ist etwas Furchtbares passiert», stieß sie hervor. «Können wir das Telefon zudecken?»

Nach dem Vorbild von General Förster stülpte ich den dicksten Kaffeewärmer darüber.

«Die Gestapo hat meine alten Schwiegereltern abgeholt. Kein Mensch weiß, warum. Sie haben Haussuchung gemacht und den Inhalt des Schreibtisches mitgenommen, einfach alle Schubladen in einen Sack ausgekippt. Da war auch der Brief von Ihrem Mann dabei, über den wir uns so gefreut haben. Was waren wir glücklich über diese Nachricht! Wir überlegten noch, wie wir Ihnen am besten danken konnten, ohne Sie zu gefährden. Und nun dies! Sicher werde ich beobachtet. Deshalb bin ich in der Nacht geradelt, damit niemand merkt, daß ich Sie warne. Ich muß gleich wieder zurück, meine Kinder sind allein. Schaffen Sie sofort alles weg, was verdächtig sein könnte.»

Mir wurde ganz heiß vor Angst.

«Vielleicht geht der Brief in dem Durcheinander verloren», versuchte ich Frau von Heyden und mich selbst zu beruhigen. «Ich habe keine Spuren hinterlassen, werde jedoch den Schreibtisch nachher noch einmal durchsehen. Aber nun müssen Sie sich erst etwas ausruhen. Ich mache uns in der Zeit Frühstück. Sie können nicht sofort nach Demmin zurück, das ist sowieso eine tolle Leistung.»

Frau von Heyden widersprach nicht mehr. Sie war schon eingeschlafen, als ich ihr eine Decke brachte. Wie tat sie mir leid! Der Mann in Gefangenschaft, die Schwiegereltern abgeholt, selbst die Gestapo auf den Fersen. Und wie lange würde es mit uns gut gehen? fragte ich mich. Konnte ich Peter das überhaupt erzählen? Vielleicht bekam er wieder Fieber?

Ich hegte die naive Hoffnung, die Gestapo würde es nicht wagen, einen verwundeten Oberst und Ritterkreuzträger anzutasten, noch dazu Peter, der in Greifswald so bekannt und beliebt war. Das würde ein ungeheures Aufsehen geben und die Tatsache, «Nachrichten aus der sowjetischen Gefangenschaft», erst recht verbreiten. Hoffentlich war die Gestapo klug genug für diese Überlegung.

Um halb sieben deckte ich zum Frühstück und weckte Frau von Heyden.

«Jetzt stärken Sie sich, und dann müssen Sie fort, bevor im Hause alles munter wird», riet ich.

«Ja, es wird höchste Zeit», meinte sie. «Gibt es nicht einen anderen Ausgang? Es wäre nicht gut, wenn ich vorne das Haus wieder verlasse. Vielleicht haben sie in Demmin schon gemerkt, daß ich fort bin, und suchen mich hier.»

«Wir können durch den Garten gehen. Im Zaun zum Altersheim ist ein Loch. Da schlüpfen Sie durch und kommen dann in der Bogislavstraße heraus. Ihr Rad bringe ich Ihnen an die Ecke Anklamer Straße. Vielleicht ist es besser so», stimmte ich ihr zu.

Leise gingen wir die Treppe hinunter, zur Kellertür hinaus und durch den Garten. Wie Nadelstiche vermeinte ich hinter jedem Fenster unseres Hauses Blicke zu spüren, die uns argwöhnisch verfolgten. Endlich war das Gebüsch erreicht, in dessen Schutz wir uns verabschiedeten. Die Tränen saßen uns näher als Worte, aber die altgewohnte Erziehung, sich nicht gehen zu lassen, ließ sich bei uns beiden nicht verleugnen.

«Grüßen Sie Ihren Mann und danken Sie ihm. Wir werden Ihnen das nie vergessen», sagte Frau von Heyden. «Jetzt habe ich doch wieder etwas Hoffnung, daß mein Mann noch alles überlebt. Hoffentlich müssen Sie beide das nicht zu teuer bezahlen.»

«Kommen Sie gut nach Hause. Vielleicht schickt man Ihre Schwiegereltern bald zurück», versuchte ich zu trösten.

Schnell holte ich ihr Rad und brachte es an die Anklamer Straße. In unserem Händedruck lagen alle guten Wünsche. Sie fuhr davon, und ich ging langsam zurück. Jetzt überfiel mich erst die ganze Last der Sorge, wie das alles ausgehen würde. Ich setzte mich an Peters Schreibtisch, um ihn nach verräterischen Resten der Briefe durchzusehen.

Da ich nichts Verdächtiges finden konnte, wurde ich etwas ruhiger und versuchte, die alte Ordnung wiederherzustellen. Was war denn das? Ein kleines Relief aus braunem Papiermaché, das Porträt eines Mannes mit slawischen Gesichtszügen, fiel mir in die Hände. Sieht aus wie ein Russe, dachte ich, warum Peter so etwas nur mitbringt von der Front? Ich nahm mir vor, ihn zu fragen, wer das ist, und steckte es in meine Handtasche.

Als ich ins Lazarett kam, lag mir das Erlebnis mit Frau von Heyden noch schwer auf der Seele. Ich war froh, ein anderes Gesprächsthema zu haben, holte das Relief hervor und fragte: «Sieh mal, Peter, das fand ich im Schreibtisch. Wer ist das?»

«Na, hör mal, das weißt du nicht? Lenin ist das! Die Russen verehren ihn wie einen Gott und haben allen Grund dazu!»

Daß er diesen Gegenstand nicht als künftigen Wandschmuck für unsere Wohnung mitgebracht hatte, ist selbstverständlich. Ich erinnere mich aber, daß er die Liebe des russischen Volkes zu seinem großen Revolutionär als eine starke Säule seiner Widerstandskraft ansah. Mit hohlen Phrasen und Repressalien – wie die Goebbelspropaganda lautstark verkündet hatte – würde sich eine so riesige Armee wohl kaum auf die Dauer zu einem so entschlossenen und opferreichen Kampf anstacheln lassen.

Auch etwas anderes bot Anlaß zu Überlegungen: Das kleine Bild war ein billiges Massenprodukt, eine Art Ikone für den kleinen Mann, von der Peter wußte, daß sie tatsächlich in den Zimmern vieler einfacher Leute hing – und zwar noch beim Einmarsch der deutschen Truppen. Es wäre ein leichtes gewesen, sie vorher zu vernichten als Zeugnis eines vermeintlich aufgezwungenen Bekenntnisses zum Bolschewismus.

Das Bild war für Peter mehr als ein interessantes Zeitdokument, es war für ihn eine Art Fragezeichen, gesetzt hinter die unausgesprochene Problematik um den Sinn des Krieges. Für mich verband sich mit dem Namen «Lenin» nur die Vorstellung vom Führer der russischen Revolution, in der unsre Standesgenossen zu Tausenden ermordet wurden. Peter schien Verständnis zu entwickeln für die Verehrung, die das Volk Lenin über den Tod hinaus bewahrte.

«Bring mir das bloß nicht weg, mit deinem Aufräumefimmel», mahnte er.

«Nein, bestimmt nicht», beruhigte ich ihn, «aber weißt du, Friedrich der Große auf dem Schreibtisch, Lenin im Schreibtisch und kein Hitlerbild an der Wand, wenn das nur gut geht auf die Dauer.»

«In meiner Wohnung kann mir noch keiner befehlen, was für Bilder ich an die Wand hänge. Hitler im Büro, das genügt mir», sagte er.

«Dir!» antwortete ich, «aber den Nazis bestimmt nicht. Wenn die mal kommen, dann ist ja alles dran. Ich werde den Lenin lieber auf dem Boden verstecken im alten Bücherschrank.»

«Aber auf keinen Fall verkramen! Hörst du!» wiederholte Peter. «Was heißt übrigens: wenn die mal kommen? Irgend etwas stimmt doch nicht, das sehe ich dir an der Nasenspitze an?»

Ich wußte, daß ich ihm nichts vormachen konnte. Die Gefahr bedrückte mich zu sehr. Peter hörte sich meinen Bericht ruhig an.

«Reg dich nicht auf. Es muß deswegen noch nicht alles schiefgehen. Vielleicht war der alte Heyden so klug und hat den Brief verbrannt und seine Schwiegertochter hat es nur nicht gemerkt. Aber vorsichtig müssen wir sein. Trotzdem ruf die junge Frau Heyden ruhig mal an, als ob du gar nichts wüßtest. Das kann nichts schaden, wenn das Gespräch abgehört wird, und wir sind dann gegenseitig unterrichtet.»

Peters Ruhe gab mir einigermaßen meine Fassung wieder.

Die Bedenken werden ernster

Die Linden am Adolf-Hitler-Damm färbten sich gelb, die Blätter fielen schon von den Pappeln an der Allee zum Lazarett. Ich mußte Peter immer noch dort besuchen.

«War das ein anstrengender Vormittag», empfing er mich.

«Wieso? Wurde wieder ein Splitter herausoperiert?» fragte ich.

«Ach, das wäre eine Kleinigkeit gewesen gegen die dicke Corswant. Die hat mich geschafft. Weiß gar nicht, wie die hier am frühen Morgen hereingekommen ist», erzählte Peter. «Ich sollte mich dafür verwenden, daß ihr Sohn Leutnant wird. Völlig unmöglich! Er ist saudumm und schießt immer daneben. So etwas kann man doch nicht zum Vorgesetzten machen. Diese Witzfigur führt die Leute nur ins Unglück. Ich mußte ziemlich deutlich werden. Verlockend sah eine lange Leberwurst aus ihrer Tasche heraus. Als Frau von Corswant endlich begriffen hatte, verschwand die Wurst wieder, als ob sie lebendig wäre. Deswegen werde ich nicht verhungern, und Herr von Corswant wird weiter als Gefreiter herumlaufen, und wenn er hundertmal der Sohn vom Landrat ist. Aber, glaube mir, die meisten anderen Vorgesetzten hätten ihn längst zum Leutnant befördert, schon, um beim Alten auf Jagd zu gehen. Das habe ich in Potsdam oft genug erlebt, und das ist ein Verbrechen an den Mannschaften, das ich nicht gutheißen kann und nicht mitmache.»

«Deswegen war sie heute vormittag so schlechter Laune», sagte ich. «Mich hat sie auch beglückt, verriet aber mit keinem Wort, daß sie bei dir gewesen ist. Pflanzte sich dick und rund aufs Sofa und schnauzte mich an, warum wir keine Kinder haben. Vaterlandspflicht! Der Führer braucht Soldaten und lauter solchen Unsinn. Ich hatte vielleicht eine Wut und hab es ihr ordentlich gegeben. Sie war ganz erschrocken. Für diese Nazissen sind ja Frauen ohne Kinder nur halbe Menschen, moralisch minderwertig.»

Vergeblich wartete ich auf den humorvollen Kommentar von Peter, und so tröstete ich: «Ärger dich nicht über sie, es lohnt nicht. Ich werde dir erst mal einen Kaffee brühen, das muntert dich wieder auf.»

Aber trotz des geliebten Kaffees blieb Peter in dieser sonst so gemütlichen Plauderstunde wortkarg. Deutlich spürte ich, der Grund dafür war nicht nur Frau von Corswant. Die Wehrmachtsberichte machten ihm große Sorgen. Der Dümmste konnte merken, daß sie täglich unaufrichtiger wurden. Bewußt vermied ich dieses Thema. Sollte ich Peter fragen: «Hast du nicht auch den Eindruck, es wird fürchterlich gelogen?» Hans Fritzsche konnte noch so geschickte Ausreden erfinden, Frontbegradigung, bessere Ausgangsstellung und was weiß ich alles. Letzten Endes ging es zurück und immer wieder zurück. Bomben fielen auf unsere Städte, Nacht für Nacht. Wo sollte das hinführen? Peter würde mit mir darüber sprechen, das wußte ich, aber er brauchte Zeit.

Es wurde ein einsilbiger Nachmittag, zumal das Wetter nicht zur Ausfahrt mit dem Rollstuhl verlockte. Jeder tat so, als wäre er ganz vertieft in seine Beschäftigung. Peter in ein Buch, ich in meine Näharbeit.

Auch auf dem Heimweg ließen mich die ernsten Gedanken nicht los. Fast ein Jahr war es nun her, daß kurz vor Weihnachten 1942 meine Cousine Libertas Schulze-Boysen und ihr Mann Harro hingerichtet worden waren. Am Weihnachtstag wollte ihre Mutter ihr ein kleines Bäumchen in die graue Zuchthauszelle bringen. Da schlug die Wache ihr die Tür vor der Nase zu mit den Worten: «Nicht mehr nötig, ist schon Asche!»

Über das Schicksal meiner Cousine waren wir tief erschüttert, aber die Berechtigung des Todesurteils wurde in der ganzen Verwandtschaft kaum angezweifelt. Wer mitten im Kriege für den Feind arbeitet, noch dazu für den Russen, hatte nichts anderes zu erwarten. Einzelheiten erfuhr keiner, nicht einmal die nächsten Angehörigen.

Der Prozeß war als «geheim» vor dem Reichskriegsgericht geführt worden – damit unterblieb unter anderem der mit «Volksgerichtshof»-Prozessen verbundene propagandistische Aufwand. Nach einem späteren Bericht des Mitangeklagten Professor Werner Krauss hatte ein Gestapokommissar geäußert, «daß wir uns die Veröffentlichung einer solchen Sache überhaupt nicht mehr leisten können». «Hoch- und Landesverrat» – das war alles, was die Mutter erfuhr, «Zusammenarbeit mit den Russen» –, die Formel drang insgeheim zu uns, und diese Handlungsweise konnten wir nicht gutheißen.

Ich dachte auch in den Vorweihnachtstagen 1943, obwohl ein Sieg der Wehrmacht immer unwahrscheinlicher wurde, noch nicht anders. Trotzdem bewegte mich die Frage nach den Gründen, die Libertas, Enkelin des Kaiser-Intimus Fürst Eulenburg und zuletzt Sachbearbeiterin in der Goebbels unterstellten Kulturfilmzentrale, zu einem solchen Schritt veranlaßt haben mochten. Aber Verständnis konnte ich dafür nicht aufbringen. Sicher, je schneller der Krieg beendet wurde, um so besser. Doch deswegen mit den Russen paktieren? Niemals! Das war glatter Vaterlandsverrat! Einmal mußten schließlich die Generäle oben vernünftig werden und dafür sorgen, daß wir mit einem blauen Auge davonkamen, das heißt, Schluß machen.

Zwanzig Jahre später fand ich in einer unserer Illustrierten einen Artikel über den antifaschistischen Kampf und Tod von Harro Schulze-Boysen und seiner Frau Libertas. Ich wollte Libertas' Mutter die Freude bereiten, daß der Opfertod ihrer Tochter wenigstens in unserem sozialistischen deutschen Staat gewürdigt wird, und sandte die Zeitung an Verwandte mit der Bitte um Weiterleitung an die Mutter, die unterdessen in Schweden lebte. Nicht einmal eine Bestätigung bekam ich. Für diese Kreise war es eine Schande, für den Frieden zu kämpfen, sofern sich die friedliche Hand nach Osten, den Roten, darbot.

Mein Bruder schien wenig Hoffnung auf eine vernünftige Beendigung des Krieges zu hegen. Auf der Fahrt zur Westfront hatte er im Sommer für einen Tag einen Abstecher zu uns gemacht. Nie werde ich seine Worte vergessen: «Wenn wir den Krieg verlieren, ist es furchtbar, wenn wir ihn gewinnen, wird es noch viel furchtbarer!»

Was mußte er erlebt haben, um das auszusprechen! Peter war nach Ulles Besuch sehr ernst. Ohne darüber ein Wort zu verlieren, quälte uns immer stärker die Frage: War der Krieg notwendig? Mußte er sein und mußte er so sein? Alle humanen Prinzipien, Illusionen und Selbstbeschwichtigungsversuche änderten nichts daran, daß furchtbare Grausamkeiten von Deutschen begangen wurden und selbst die uns bekannt gewordenen winzigen Bruchteile bedrückend und unheimlich das Gefühl der Mitschuld aufsteigen ließen. Einstweilen äußerte es sich lediglich in der so gar nicht selbstlosen Frage nach der Rache und Vergeltung im Falle der Niederlage. Immer häufiger tauchte dieser Gedanke auf – leise und heimlich sprach man davon, ebenso leise, wie man die Frage stellte, ob eine Kapitulation überhaupt noch vermeidbar wäre. Waffenstillstand und Friedensschluß – war das eine denkbare Möglichkeit?

Endlich kam der Tag, an dem Peter aus dem Lazarett entlassen wurde. Zwar brachte er allerhand schwierige Probleme mit sich, aber wir waren doch glücklich über diesen entscheidenden Fortschritt. Haushalt und Garten, die mühseligen Einkäufe und Peters Pflege, alles zusammen ging über meine Kraft. Elsbeth, als Hausmädchen in Woitzel schon jahrelang mit uns vertraut, siedelte zu uns über. Das stille, zarte Geschöpf, mit dem es sich gut zusammenleben ließ, war froh über diese Abwechslung.

Peters Rollstuhl war kein Kinderwagen und blockierte die schmalen Greifswalder Bürgersteige, wenn ich mit ihm durch die Stadt fuhr. Während ich im Laden anstand, fühlten sich draußen Hans und Franz veranlaßt, in einer Mischung aus Mitleid und Eitelkeit mit dem verwundeten Oberst lange Gespräche zu führen. Hitlerjungen bestaunten das Ritterkreuz und vollendeten das Verkehrshindernis. Ich konnte verstehen, daß Peter nicht mehr ins Zentrum gefahren werden wollte. In den stilleren Straßen am Rande Greifswalds entgingen wir wenigstens zum Teil dem lästigen Aufsehen.

Im Sommer vierundvierzig

Eines Morgens, ich kam von Besorgungen aus der Stadt zurück, überfiel mich die unter uns wohnende Frau Suhr: «Was sagen Sie nun? Ihr heißgeliebtes Regiment ‹Graf Neun› – lauter Verbrecher! Mit denen werden sie gründlich aufräumen! Einige sind gleich erschossen worden!»

Voller Entsetzen dachte ich an meinen Bruder.

«Was ist los? Ich habe keine Ahnung.»

«Was? Das wissen Sie noch nicht? Es ist ein Attentat auf den Führer verübt worden! Aber der Herrgott hat ihn behütet, er ist nur leicht verletzt. Die meisten Verbrecher stammen aus Ihrem hochnoblen Regiment Graf Neun», fügte sie mit einer gewissen Genugtuung hinzu.

Peter war erschüttert über die Hinrichtung so vieler ihm gut bekannter Offiziere. Zugleich bezweifelte er sehr, ob alles eine Wendung zum Guten genommen hätte, wenn das Attentat geglückt wäre.

Die Arbeit der Gestapo lief auch in Greifwald auf hohen Touren. Mir war in diesen Wochen nicht ganz wohl bei dem Gedanken an die Briefe. Wie leicht konnten bei so gründlichen Untersuchungen durch Zufall Spuren davon auftauchen. Schließlich wurde aber nur ein unglücklicher Oberfähnrich der Flak verhaftet. «Da siehst du es», sagte Peter, «die Attentäter haben keine Basis bei der Armee geschweige denn beim Volk.

Eine so starke Garnison – und ein einziger Oberfähnrich weiß davon.»

Wir hatten damals natürlich keine Ahnung von den Plänen und Zielen der Verschwörer. «Basis bei Volk und Armee» war für Peter eine Voraussetzung für das Gelingen des Umsturzversuches. Erst nach 1945 wurde bekannt, daß die Generäle bei einem entschlosseneren und umsichtigeren Vorgehen die entscheidenden Machtpositionen im Staat durchaus hätten besetzen und selbst einem überlebenden Hitler die Führung hätten entreißen können.

In einem aber hatte Peter offenbar recht: in seiner Skepsis hinsichtlich einer grundlegenden Wende der Situation. Er hatte keine Einsicht in die diplomatischen und strategischen Konstruktionen der hohen Politik – weder in die der herrschenden Nazigruppe noch in die der Verschwörer –, war jedoch Militär genug, um zu ahnen, worum es den beteiligten Führungsspitzen des Heeres ausschließlich gehen würde: um eine Ausschaltung des dilettierenden Weltkriegsgefreiten, der sich eine Front nach der anderen auf den Hals geholt hatte, statt den Westen zum Stillhalten, wenn nicht gar zur Unterstützung im Kampf gegen den Osten zu bewegen. Von den Differenzierungen zwischen den Verschwörern – der kleine Kreis um den energischen und mutigen Stauffenberg hatte durchaus eine reale Vorstellung vom Weg zu einem demokratischen Deutschland – hörten wir erst lange nach dem Ende des «Dritten Reiches».

Peter hielt die Lage nicht zuletzt deshalb für nahezu aussichtslos, weil er den ihm bekannten beteiligten hohen Offizieren und Armeeführern nicht die Initiative zu einem Waffenstillstand noch weit vor den Grenzen Deutschlands zutraute.

«Die setzen eher das Leben der eigenen Söhne aufs Spiel als ihre Karriere, mit der es nach einem verlorenen Krieg natürlich aus ist.»

Peter war dreiundvierzig Jahre und damit nicht mehr der jüngste. Sein ausgeprägter praktischer Sinn ließ ihn, den Berufsoffizier, nicht vor dem Gedanken zurückschrecken, einen zivilen Beruf ergreifen zu müssen. Er, der Bürgerliche, hatte in diesem Punkt allerdings nicht die Last der Familientradition zu tragen, die in unserer Adelskaste zu einer so durchschlagenden Borniertheit führte und durch die ein Leben ohne Uniform vielen als ein entwürdigendes Provisorium erschien.

In diesen Sommerwochen 1944 blieb der Rollstuhl immer häufiger im Keller stehen. Sie hätten voller Glück für uns sein können. Aber wer konnte im sechsten Kriegsjahr schon glücklich sein? In unserer Familie forderte der Krieg ebenfalls ein schweres Opfer. Mein Bruder Ulle fiel in Frankreich, für die Eltern der einzige Sohn, für die Schwägerin der Vater ihrer vier Kinder.

Vergeblich forschte ich in meinem Inneren nach einem Funken Stolz, er habe sein Leben für das Vaterland hingegeben. Am Beginn des Krieges wäre mir dieser Irrtum vielleicht Trost gewesen, jetzt standen über allen Empfindungen die Fragen: warum, wofür?

Je weiter Peters Genesung voranschritt, um so mehr beschäftigte uns die Frage nach seiner weiteren Verwendung.

«Wenn sie bloß nicht auf die Idee kommen, mich irgendwo in der Heimat einzusetzen. Lieber vier Wochen später, aber dann an die Front. Hier zu Hause kann man viel leichter in die fürchterlichsten Konflikte geraten bei der Schnüffelei», meinte er.

Ich hatte keine Sehnsucht, ihn an der Front zu wissen, und sagte vorsichtig: «Ein bißchen Zeit hat es wohl noch.»

Im Generalkommando in Stettin war man anderer Meinung, nämlich, es sei jetzt höchste Zeit für den Oberst Petershagen, den Dienst wiederaufzunehmen. Vetter Staudinger rief an, um uns so schnell wie möglich die, wie er meinte, freudige Nachricht zu übermitteln, daß Peter zum 1. Oktober 1944 an das Kriegsgericht in Torgau berufen sei. Die Reaktion war allerdings anders, als er erwartet hatte.

«Hallo, Peter, verstehst du mich?» tönte es ungeduldig aus der Telefonmuschel.

«Ja, ich höre, aber ich glaube, das ist nicht der richtige Posten für mich. Dafür eigne ich mich gar nicht! Ich gehöre an die Front», antwortete Peter. Er hielt die Telefonmuschel so, daß ich das Gespräch verfolgen konnte.

«Wir haben das ärztliche Gutachten über dich hier. Danach wirst du nicht wieder k. v. Ich verstehe dich nicht. Torgau ist doch eine wunderbare Stadt. Du bekommst eine Dienstwohnung und kannst Angelika mitnehmen. Andere würden sich alle zehn Finger lecken nach so einem Posten!» rief mein Vetter erstaunt aus.

«Aber ich nicht. Es tut mir leid, wenn du mich nicht verstehst, an ein Kriegsgericht gehe ich auf keinen Fall!» sagte Peter scharf.

«Du verweigerst also den Befehl?» fragte Hans-Heinrich.

«Wenn das ein Befehl ist, ja», entgegnete Peter mit Nachdruck.

«Gut, ich gebe es weiter an das Personalamt», schloß mein Vetter und legte ohne Gruß auf.

Peter war wütend und knallte den Hörer auf die Gabel. «Mir so etwas zuzumuten! Ich bin doch kein Verbrecher und gehe dahin, wo ich die Leute zum Tode verurteilen muß, die dasselbe denken wie ich!»

«Was soll nun werden?» fragte ich voller Sorge, «das kann übel ausgehen.»

«Möglich, nicht zu ändern. Ich muß mit Professor von Seemen reden, er ist anständig. Nie mehr k. v. ist ja Unsinn. Das Gutachten muß umformuliert werden, und zwar so, daß es nicht lange dauert, bis ich an die Front kann.» Professor von Seemen begriff sofort die Lage und bescheinigte, daß Oberst Petershagen in Greifswald bleiben müsse, um seine baldige völlige Herstellung zu sichern. Umgehend kam vom Personalamt der Bescheid, Peter solle sich zunächst als Standortältester einarbeiten. Wenn das auch nur ein Übergang sein konnte, war ich doch über diese Lösung sehr froh.

Als ob der Betrug nicht ungestraft bleiben sollte, begann die Wunde wieder zu eitern. Peter mußte noch einmal operiert werden. Im Lazarett war er gut aufgehoben, es bestand keine große Gefahr. Ich nahm die Gelegenheit wahr, meine Eltern zu besuchen.

Abschied von Woitzel

In Labes vor dem kleinen Bahnhofsgebäude entdeckte ich unseren dunkelblauen Landauer mit den Füchsen davor.

«Guten Tag, Herr Gehrke, wie geht es denn?» begrüßte ich den alten Kutscher.

Der schrak aus seinem Nickerchen auf.

«Ach, guten Tag, gnädiges Fräulein, ich habe Sie gar nicht gesehen.»

Ich mußte lächeln, er verirrte sich immer noch in die altgewohnte Anrede. Nun schlug er die Zügel um die im Schaft steckende Peitsche und wollte mit steifen Beinen absteigen, um mir den Koffer hinaufheben zu helfen.

«Bleiben Sie nur oben, ich schaffe das schon», sagte ich und zögerte etwas mit dem Einsteigen.

«Wie sieht es denn aus in Woitzel? Ich habe lange keine Post bekommen.»

«Ach, Frau Petershagen, Sie wissen ja, wie das jetzt so ist. In jedem Haus gibt es Kummer, und im Schloß nun auch.»

Er zählte die Gefallenen, Vermißten und Verwundeten aus dem Dorf auf.

«Unser Herr Oberstleutnant ist noch elender geworden nach dem schweren Schlag, und die gnädige Frau hat sehr viel Ärger wegen der Gefangenen gehabt.»

Während der Fahrt in dem leicht nach Mottenpulver riechenden Coupé versuchte ich, mir einen Reim auf die Satzfetzen des Alten zu machen: Meine Mutter war aus der Frauenschaft ausgeschlossen worden «wegen zu guter Behandlung der Gefangenen in Woitzel». Der neue Inspektor, ein «fanatischer Nationalsozialist», mußte sie denunziert haben. Obwohl ihre Mitarbeit in dieser Organisation für sie eine nicht sehr angenehme Konzession gewesen war, dürfte ihr der Ausschluß wenig Freude bereitet haben. Mit solchen Gedanken näherte ich mich dem elterlichen Gutshof.

Draußen fielen die ersten großen Schneeflocken auf den dicken, schwarzen Kutscherpelz und tauten langsam. Das Rattern der Räder auf dem Gutshof hatte die Eltern vor die Tür gelockt. Als ich aus dem Wagen stieg, erschrak ich, wie gealtert beide aussahen. Es war mein erster Besuch nach dem Tod meines Bruders. Keiner von uns wagte daran zu rühren. Das freudige Gebell des Boxers Bonzo, früher oft verwünscht, half mir jetzt über meine Befangenheit hinweg. In dem molligen geheizten Wohnzimmer kam dann ein schwacher Abglanz der früheren Gemütlichkeit auf. Trotz ihrer Höhe wirkten das Arbeitszimmer meines Vaters und das anschließende Wohnzimmer mit dem Blumenerker behaglich durch die Fülle der Möbel, hohen Bücherborde und Bilder.

Der große Salon mit den wundervollen, eingelegten Barockmöbeln wurde selten benutzt. Nur zu den Festtagen, Weihnachten und Ostern, oder wenn Gäste kamen, ließ Mutter ihn heizen. Seitdem sie vor fast zwanzig Jahren die eigenen Möbel mit den im Gutshaus vorgefundenen geschickt vereint hatte, war nichts verändert worden. Es schien mir undenkbar, daß es nicht noch weitere Jahrzehnte so bleiben sollte. Mein Vater hielt das nicht für selbstverständlich.

«Weißt du, Katerchen», sagte er, «nimm die beiden Koffer mit den guten Sachen, die ihr hier habt, wieder mit. Mir scheinen sie im Keller in Greifswald sicherer als in Woitzel, wo über kurz oder lang der Russe sein wird.»

«Meinst du wirklich, Papa?» fragte ich ganz entsetzt.

«Seit Goebbels den totalen Krieg verkündet hat, ist doch klar, daß niemand Vernunft annehmen wird. Niemand kann sie durchsetzen. Vielleicht beenden sie den Kampf an der Oder, daß ihr verschont bleibt, aber für uns sehe ich schwarz. Was meint denn Peter zur Lage?»

«Er ist sehr bedrückt. ‹Schluß machen, so schnell wie möglich›, sagt er auch. ‹Jetzt ist schon der Zeitpunkt verpaßt, noch mit einem blauen Auge davonzukommen.› Er wünscht es zwar, aber glaubt selber nicht mehr daran, daß oben in der letzten Minute Vernunft und Gewissen siegen!»

Es tat mir leid, meinem Vater nichts Tröstlicheres berichten zu können.

«Unsere Nachbarn sehen die Lage wohl genauso hoffnungslos an. Alle haben erstaunlicherweise plötzlich etwas im Westen zu tun, und wenn es eine alte Tante ist, nach der sie die Sehnsucht packt. Wenn es soweit ist, gehen wir alle oder keiner.»

Diese letzten Worte klangen nicht sehr überzeugend. Ich sah ihm an, daß er im stillen dachte: Ich gehe hier zusammen mit meiner alten Welt unter.

Am Abend vor Mutter gab Vater sich die größte Mühe, munterer zu erscheinen. Ich ahnte noch nicht, wie sehr wenige Monate später sein Vorbild mein eigenes Handeln entscheidend beeinflussen sollte.

Die zweifelhafte Rolle des Inspektors, der Ärger mit der NS-Frauenschaft, Begebenheiten in der weit verzweigten Verwandtschaft lieferten ausreichend Gesprächsstoff, der uns der Mühe enthob, immer wieder die Frage: Wie soll es weitergehen? zu vermeiden. Wir ahnten wohl die Antwort darauf, scheuten uns aber, sie zu Ende zu denken, geschweige denn, sie auszusprechen: Unsere gewohnte Welt würde zusammenbrechen. Wer von uns überleben würde, war ebenso fraglich wie die Art und Weise, wie er weiterleben konnte.

Der Abschied vom Vater fiel mir sehr schwer. Ich wußte, daß er weder seelisch noch gesundheitlich den kommenden Belastungen gewachsen sein würde. Daß ich mit ihm auch die alte Heimat, das vertraute Woitzel meiner Jugend, zum letzten Mal sah, kam mir trotz aller düsteren Prognosen zu der Stunde nicht in den Sinn.

Das Jahr 1944 ging zur Neige. In den Festtagen hatten wir Oberst Thoms und seine Frau eingeladen. Der ehemalige Regimentskamerad hatte politisch Ärger gehabt, der ihm eine Magenkrankheit eingebracht hatte. Nun sah er ebenso gespannt wie Peter seiner neuen Verwendung entgegen. In dieser Lage konnten die Gedanken gerade zu Weihnachten nur noch ernster sein als in der Geschäftigkeit des Alltags. Hinzu kam, daß die am 16. Dezember überraschend und günstig begonnene Ardennenoffensive gegen die anglo-amerikanischen Streitkräfte steckenblieb und damit eine weitere, schon verzweifelt dünne Hoffnung gescheitert war. Die Rote Armee stand bereits an der Weichsel – also in bedrohlicher Nähe zu den deutschen Ostgrenzen. Beide Offiziere erwogen die verschiedenen Möglichkeiten ihrer nächsten Zukunft. Peter sagte: «Das Schlimmste, was einem passieren kann, ist, Kampfkommandant zu werden. Man soll die Städte in Schutt und Asche legen und kann es doch nicht verantworten.»

Zu später Stunde machte das Ehepaar Thoms sich auf den Heimweg. Ich begleitete sie hinunter und schloß die Haustür ab. Als ich wieder heraufkam, hörte ich zu meinem Erstaunen Peter am Telefon sagen: «Zu Befehl, ab ersten Januar.»

Damit legte er den Hörer auf.

«Ab ersten Januar Kommandant von Greifswald, nun weiß ich wenigstens, woran ich bin. Jedenfalls besser als Kriegsrichter», erklärte er mir in einem Tonfall, in dem eine für mich in diesem Moment unbegreifliche Entschlossenheit mitschwang.

Schon wieder läutete das Telefon. Thoms hatte zu Hause ein Telegramm vorgefunden: «Ab ersten Januar Kommandant von Wannsee.»

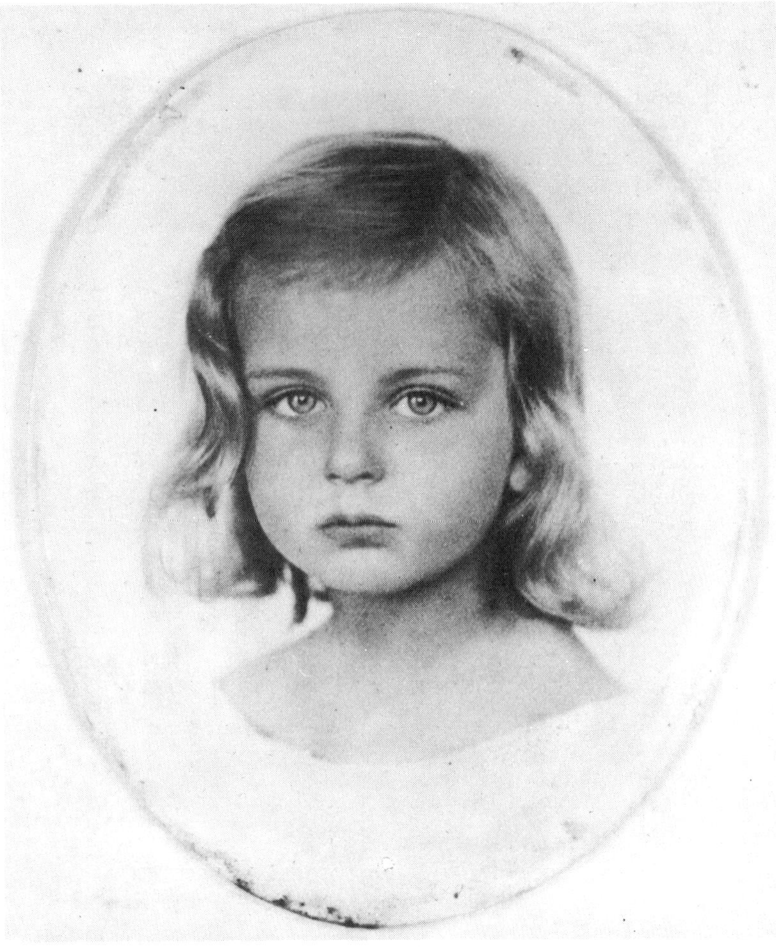

Angelika von Lindequist als Vierjährige

Großvater Lindequist

Großvater Kessel

Die Eltern Margarethe von Lindequist geb. von Kessel und Karl-Olof von Lindequist kurz vor dem ersten Weltkrieg

Das Gutshaus in Woitzel

Der Bruder Olof (genannt Ulle) von Lindequist

Angelika und
Rudolf Petershagen
in ihrer Wohnung

Ehepaar Petershagen
im Urlaub
in Lückendorf

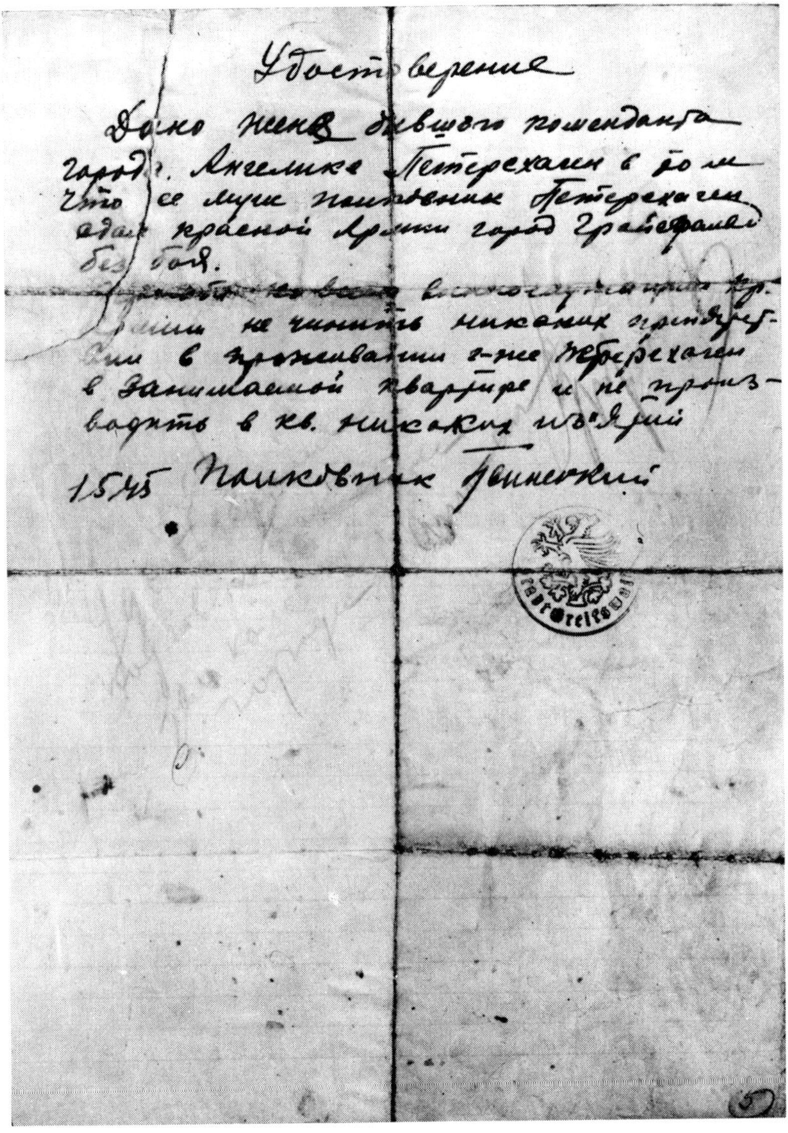
Удостоверение

Дано жене бывшего коменданта города г. Ангелике Петерсхаген в том что ее муж полковник Петерсхаген сдал Красной Армии город Грайфсвальд без боя.

[illegible] всем военнослужащим Кр. Армии не чинить никаких препятствий в проживании г-же Петерсхаген в занимаемой квартире и не производить в кв. никаких изъятий

1.5.45 Полковник

Ausweis für Angelika Petershagen, ausgestellt von dem späteren sowjetischen General Sineoki

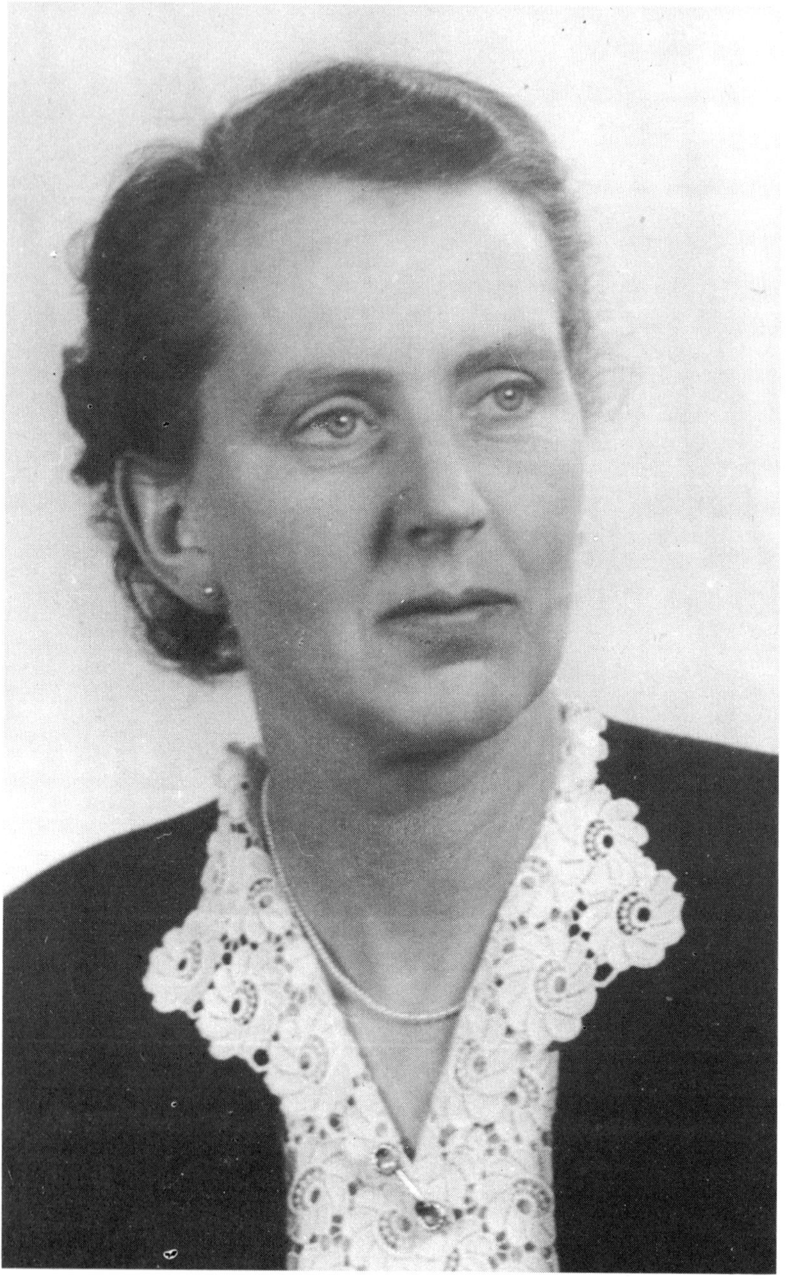

Angelika Petershagen 1957

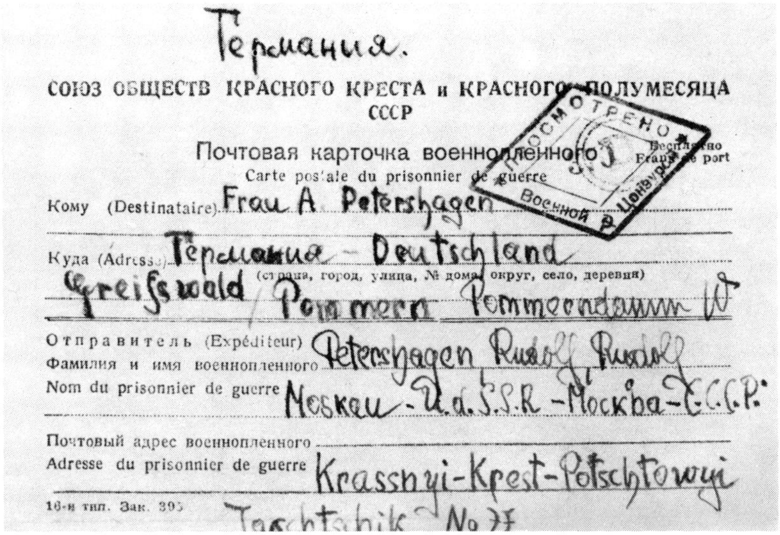
Германия.

СОЮЗ ОБЩЕСТВ КРАСНОГО КРЕСТА и КРАСНОГО ПОЛУМЕСЯЦА
СССР

Почтовая карточка военнопленного
Carte postale du prisonnier de guerre

Бесплатно
Franc de port

ПРОСМОТРЕНО
Военной цензурой

Кому (Destinataire) Frau A. Petershagen

Куда (Adresse) Германия – Deutschland
(страна, город, улица, № дома, округ, село, деревня)
Greifswald / Pommern Pommerndamm W

Отправитель (Expéditeur)
Фамилия и имя военнопленного Petershagen Rudolf Рудольф
Nom du prisonnier de guerre Moskau – U.d.S.S.R. – Москва – С.С.С.Р.

Почтовый адрес военнопленного
Adresse du prisonnier de guerre Krassnyi-Krest-Potschtowyi
16-я тип. Зак. 393 Jaschtschik No 77

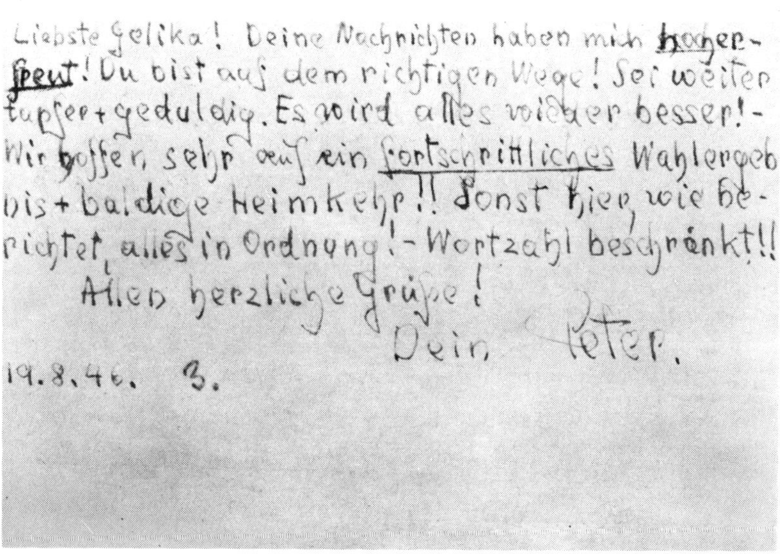
Liebste Gelika! Deine Nachrichten haben mich hocherfreut! Du bist auf dem richtigen Wege! Sei weiter tapfer + geduldig. Es wird alles wieder besser! – Wir hoffen sehr auf ein fortschrittliches Wahlergebnis + baldige Heimkehr!! Sonst hier, wie berichtet, alles in Ordnung! – Wortzahl beschränkt!!

Allen herzliche Grüße!

Dein Peter.

19.8.46. 3.

Vorder- und Rückseite einer Karte von Rudolf Petershagen aus sowjetischer Kriegsgefangenschaft

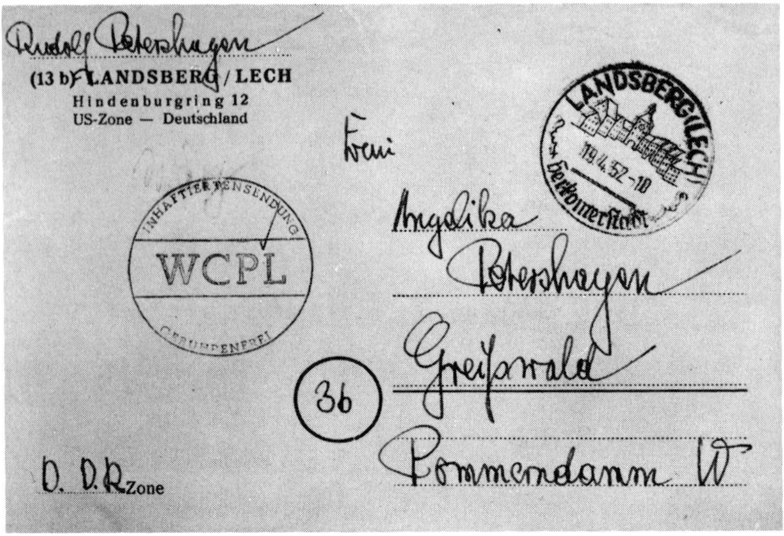

In solchen Umschlägen erhielt die Autorin Post von ihrem Mann aus Landsberg am Lech

Die Freunde Dora und Artur Strauß während ihrer Silberhochzeit

Angelika und Rudolf Petershagen bei der Arbeit am Buch «Gewissen in Aufruhr»...

...und gemeinsam mit den Schöpfern des gleichnamigen Fernsehfilms in ihrer Greifswalder Wohnung

Rudolf und Angelika Petershagen (1. Reihe 2. und 3. v. r.) werden 1961 mit dem Vaterländischen Verdienstorden in Silber geehrt

Ehepaar Petershagen beim Signieren von Büchern in Ústí nad Labem

Wiedersehen mit Boris Matussow, der 1945 bei der kampflosen Übergabe Greifswalds mitwirkte

Marschall der Sowjetunion R. J. Malinowski trägt sich in das Goldene Buch der Stadt Greifswald ein. Hinter ihm Rudolf Petershagen, rechts daneben der damalige Stadtrat Johann Schönfeld

Trauerfeier für Rudolf Petershagen am 18. April 1969. Worte des Gedenkens spricht Dr. Artur Pommerenke, Mitglied des Hauptausschusses der NDPD und Vorsitzender des Bezirksverbandes Rostock

«Daß aus dem Standortältesten nicht nur hier in Greifswald, sondern sogar in Wannsee ein Kommandant wird, ist aufschlußreich für die Absichten. Ich brauche nicht mehr an die Front zu gehen, die Front kommt zu mir, wenn man den Wahnsinn wirklich so weit treiben will», sagte Peter.

Zum ersten Mal dachte ich: Sollte Greifswald Frontgebiet werden, ich verlasse Peter auf keinen Fall. Das sprach ich nicht aus. Ich hätte mich geschämt, mir den Anschein von Tapferkeit zu geben, solange sie nicht von mir verlangt wurde.

Auf Befehl der Kreisleitung der NSDAP sollte der von allen Greifswaldern geliebte Wall senkrecht abgestochen und aus dicken Baumstämmen und Eisenketten Panzersperren in der Stadt errichtet werden. An diesem «unüberwindlichen Hindernis» würde die Rote Armee ganz bestimmt scheitern, nachdem schwerster Widerstand sie auf Tausenden von Kilometern nicht hatte aufhalten können. Der Wall blieb auf Peters Einwände hin unangetastet. Den Bau von Panzersperren konnte er aber nicht verhindern, wollte er nicht seine innersten Gedanken preisgeben.

Der NSDAP-Kreisleiter Schmidt hielt die feierliche Besichtigung einer Panzersperre für notwendig, um die Kampfbereitschaft der Bevölkerung zu erhöhen. Zu diesem Zweck versammelte sich die Naziprominenz vollzählig. Volkssturm, Hitlerjugend und Luftwaffenhelfer waren angetreten. Vom Kampfkommandanten erwartete man eine besonders schneidige Rede. Kreidebleich, mit zusammengebissenen Zähnen, hörte Peter sich die lauten, eigene Angst niederschreienden Töne seiner Vorredner an. Die Augen der Hitlerjungen wanderten immer wieder zu ihm. Ein richtiger Offizier mit dem Ritterkreuz, dessen Verwundungen überzeugend seine Fronterfahrungen bewiesen, bedeutete ihnen mehr als der gewohnte Anblick der Nazigrößen.

Als er dann sprach, folgten sie seinen wenigen Worten mit Ernst und Konzentration auf ihren Kindergesichtern. Was er auch sagen mochte, ob sie es begriffen oder nicht, ihre Bereitschaft, ihm nachzueifern, das Leben einzusetzen, wie sie meinten, für die Rettung des Vaterlandes, wurde allein schon durch seine Erscheinung erhöht.

Ich stand etwas abseits. Eine Frau flüsterte mir zu: «Was ist nur mit Ihrem Mann? Er sieht ja zum Umfallen elend aus.»

Mir war die Kehle wie zugeschnürt, wußte ich doch um Peters inneren Zwiespalt, der mich ebenfalls schwer bedrückte. Wieviel lieber hätten wir den Jungen zugerufen: «Geht nach Hause, setzt euch auf die Schulbank, lernt für das Leben und nicht für das Sterben.»

Kaum waren wir außer Hörweite, stöhnte Peter auf: «Was bin ich nur für ein Lump! Halte große Reden und weiß doch genau, daß ich die Sperren nie runterlassen werde.»

«Quäl dich nicht», antwortete ich, «es ist schon gut, was du vorhast.»

Sein Schweigen war mir Bestätigung, daß ich mich in seinen Absichten nicht irrte.

Böse Nachrichten

Längst hatte die Rote Armee die deutschen Grenzen überschritten. Seit 31. Januar stand sie in einer Breite von fünfhundertfünfzig Kilometern an der Oder. Der entscheidende Schlag gegen Berlin wurde vorbereitet, auch wenn sich diese Frontlinie wie die unheilvolle Ruhe vor dem Sturm dann noch bis zum 16. April hielt. Am 19. März unterzeichnete Hitler den verbrecherischen und irrsinnigen «Nerobefehl» gegen das eigene Volk, nach dem die Taktik der verbrannten Erde nun auch auf dem verbleibenden Reichsgebiet Anwendung finden sollte.

«Verbrannte Erde» – was das bedeutete, hatte der Leitartikel des «Völkischen Beobachters» vom 7. September 1944 nachdrücklich formuliert: «Kein deutscher Halm soll den Feind nähren, kein deutscher Mund ihnen Auskunft geben, keine deutsche Hand ihnen Hilfe bieten. Jeden Steg soll er zerstört, jede Straße gesperrt vorfinden, nichts als Tod, Vernichtung und Haß wird ihm entgegentreten.»

Diese im eroberten Land seit langem angewandte Praxis spürte nun die deutsche Bevölkerung selbst: Zerstörung sämtlicher Industrie-, Verkehrs- und Versorgungsanlagen, Vernichtung aller Sachwerte, Exekution der Lebensgrundlagen eines Volkes, die mit besonderer Konsequenz im Osten – zwischen Elbe und Oder also –, durchgeführt wurde.

Immer stärker flutete die Bevölkerung aus den östlichen

Gebieten gen Westen. Alte und Kranke, die den Strapazen des Flüchtlingstrecks nicht gewachsen waren und starben, wurden unterwegs häufig nicht begraben, sondern in Säcke eingenäht und mitgeführt. Die Leichen hingen nicht selten an den Seiten der Ackerwagen, die in endloser Reihe auch durch Greifswald zogen.

Bei diesem Anblick dachte ich voll Sorge an meine Eltern und die Schwägerin mit den vier Kindern, von denen ich lange nichts gehört hatte. Nach Hamburg funktionierte die Post ebenfalls nicht mehr. Vergeblich versuchten wir, Peters Mutter ein Lebenszeichen zu geben und von ihr etwas zu erfahren.

Durch die Nachforschungen nach meinen Eltern hatte es sich unter den Flüchtlingen aus meiner engeren Heimat schnell herumgesprochen, daß ich noch in Greifswald war. Manch alter Bekannter kam mit der Bitte um Unterkunft zu mir. Oft hatte ich Mühe zu erkennen, wen ich vor mir hatte, so abgehärmt, durch die Strapazen der Flucht um Jahre gealtert, sahen mich die einst vertrauten Gesichter an. Beim besten Willen konnte ich mich nicht auf einen Mann besinnen, der vor mir stand.

«Ich bin doch der Krüger, der Milchkontrolleur! Jahrelang kam ich alle Monat nach Woitzel, wie oft haben Sie das Zimmer im Beamtenhaus für mich zurechtgemacht!» sagte er, angsterfüllt, ich könnte ihn abweisen.

«Ach ja, richtig, entschuldigen Sie bitte, ich hab ein bißchen viel um die Ohren im Moment. Womit kann ich Ihnen helfen?»

«Frau Oberst, nur für eine Nacht ein Dach über dem Kopf! Meine Frau ist am Ende. Die Schulen sind alle überbelegt, es ist nirgendwo mehr ein Plätzchen frei», bat er.

«Ja, natürlich, da muß sich etwas finden. In der Wohnung ist schon alles voll, ich könnte Ihnen höchstens den Boden anbieten. Wollen wir mal raufgehen und sehen, wie wir eine Ecke ein bißchen gemütlich machen können?»

«Ach, Sie sind ein Engel! Genauso gut, wie Ihr hochverehrter Herr Vater, unser armer Herr Oberstleutnant, war.»

Mir stockte das Herz. «War? Was soll das heißen?»

«Ja, wissen Sie denn nicht?» Erschrocken sah er mich an.

«Nichts weiß ich, seit Wochen habe ich keine Nachricht von zu Hause!»

«Ach Gott, hätte ich bloß nichts gesagt!» fuhr es ihm heraus.

«Erzählen Sie mir alles, schnell, leben sie?» fragte ich und ahnte die Antwort.

«Ihre Mutter lebt, aber Ihr Vater ist tot. Er ist umgebracht, erschossen, schon Mitte März. Deshalb dachte ich...»

Mir wurde schwindlig, ich setzte mich auf eine alte Manöverkiste. «Und die anderen alle, meine Schwägerin, die Kinder, meine Tante?» forschte ich.

«Kann sein, daß sie leben. Beim Begräbnis waren sie dabei. Ich traf auf der Flucht einen Bauern aus Woitzel, der Ihren Vater im Park unter dem großen Rhododendronbusch begraben hat.»

«Dann ist es also wirklich wahr?» vergewisserte ich mich.

«Ja, es ist wahr», bestätigte er.

«Wie ist das bloß möglich? Mein Vater war alt und krank!»

«Sie wissen doch, die Russen, Doktor Goebbels hat es oft genug gesagt. Deshalb wollte ich erst auch gar nicht glauben, daß Sie noch hier sind.»

Nachdem ich mich etwas gefaßt hatte, forderte ich ihn auf: «Unten bei uns ist Elsbeth, die Sie aus Woitzel kennen, sie wird Ihnen alles zeigen.»

Mit Mühe erreichte ich die Küche, setzte mich an den Tisch und stützte den Kopf in die Hände. Ich war zum Umfallen müde. Nur jetzt nicht weinen, dachte ich, dann ist es mit meiner Fassung ganz vorbei.

Elsbeth fragte: «Was ist passiert, gnädige Frau? Ist etwas mit Herrn Oberst?»

Ich sah auf. «Nein, nein, aber mein Vater, er ist tot, erschossen von den Russen. Elsbeth, kein Wort zu meinem Mann, hören Sie? Auf keinen Fall, es ist so schon alles schwer genug für ihn.»

Ich ahnte nicht, daß Peter noch eher als ich diese bittere Nachricht erhalten hatte und ebenfalls schwieg, um mir die Erschütterung wenigstens in diesen Tagen zu ersparen.

Elsbeth war dem Weinen nahe. «Mein Gott, warum nur? Unser armer Herr Oberstleutnant, er war so ein guter Mensch. Woher wissen Sie es denn, gnädige Frau? Stimmt es denn überhaupt?» zweifelte sie.

«Der Milchkrüger aus Labes hat die Nachricht mitgebracht. Er wird mit seiner Frau auf dem Boden wohnen. Lassen Sie die Schlüssel stecken, damit Krügers rein können. Sie müssen sich waschen und etwas kochen. Geben Sie ihnen auch Holz. Ich muß mich hinlegen. Außer für meinen Mann bin ich für niemanden zu sprechen.»

Im Schlafzimmer fiel ich auf mein Bett. Ich durfte nicht denken, nicht grübeln, wie es geschehen sein mochte, mich nicht erinnern, wie sehr ich meinen Vater liebte, nicht fragen, ob die übrige Familie noch lebte. Ich war in einer verzweifelten Situation. War ich nicht verpflichtet, Peter zu warnen mit dieser Nachricht? Kündigte sich jetzt der Einmarsch eines Siegers an, der – entgegen Peters Hoffnung – nun doch auf furchtbare Weise Gerichtstag mit uns zu halten gedachte? Wenn schon mein Vater sein Opfer wurde, wieviel mehr Peter, der an der russischen Front das Ritterkreuz erwarb? Und ich selbst? Wie oft hatten Bekannte Peter beschworen, wenigstens mich in Sicherheit zu bringen, uns vorgehalten, daß für mich als Tochter eines adligen Gutsbesitzers und Frau eines hochdekorierten Offiziers die Chancen zu überleben sehr gering seien. Die «Sippenhaft» der Nazis fiel mir ein. Warum sollte ein Mittel von so brutaler Zweckmäßigkeit nicht von denen angewandt werden, die allen Grund hatten, uns zu hassen?

Aber war das jetzt letztlich nicht unwichtig? Peter zermarterte sich den Kopf, wie die mit Flüchtlingen vollgestopfte Stadt gerettet werden konnte. Das war die Frage, die gelöst werden mußte, die sämtliche anderen Erwägungen verdrängte. Die einzige Möglichkeit für mich, ihm zu helfen, sah ich darin, Ruhe zu bewahren und alle unnötigen Belastungen von ihm fernzuhalten, also auch diese Hiobsbotschaft. Ob ich die Kraft aufbringen würde, wußte ich nicht, aber ich nahm es mir vor.

Ein entscheidender Entschluß

Peter kam spät und abgespannt nach Hause. Die Hoffnung, daß der Krieg von unserer Seite beendet würde, ehe die sowjetische Armee Greifswald erreicht, hatten wir beide längst aufgegeben. Statt zu schlafen, quälte er sich in der Nacht: «Mein Gott, es können doch nicht alles Verbrecher sein! Und ich der einzig Vernünftige? Oder bin ich der Verbrecher?» stöhnte er.

Ich tröstete ihn: «Nein, Peter, sicher nicht. Bisher warst du immer im Recht mit deinen Entscheidungen.»

«Du weißt ja gar nicht, wofür ich mich entschieden habe», meinte er.

«Die Stadt zu retten, das habe ich längst gemerkt», sagte ich, «nur wie, ist mir ein Rätsel.»

Erleichtert erklärte er mir seinen Plan. «Ich plage mich schon lange mit dem Gedanken herum. Es ist einzig und allein durch eine kampflose Übergabe an die Rote Armee möglich.»

Es war trotz aller Sorgen und Bedenken ein befreiendes Wort und gab unserem Denken und Tun wieder eine Richtung, ein festes Ziel. Die Umstände offenbarten bereits eine Art zwingender Logik weiteren Handelns: Eine feige Flucht schied aus. Daß sie zwischen uns nie zur Debatte stand, muß kaum ausführlich begründet werden. Der Kapitän geht mit seinem Schiff unter, wenn es sein muß, das war simpelstes Einmaleins der uns anerzogenen Auffassung.

Bis dahin aber gab es Hoffnung, die kleine für uns und die große für die Einwohner und Flüchtlinge, für deren Leben die Verantwortung unausweichlich in Peters Hand gelegt war. Dieser Gewissensdruck war das eigentlich Quälende, für ihn, wie ich seit Wochen schon deutlich spürte, und für mich, weil ich ihm seine Entscheidung nicht abnehmen konnte, zumal ich die rein militärischen Möglichkeiten nicht in der notwendigen Tiefe und Konsequenz zu durchdenken vermochte. Mich überkam damals sofort eine Art euphorischer Stimmung, sicherlich mit einer gehörigen Portion Zweckoptimismus. Meine naiven, «unmilitärischen» Sehnsüchte und kaum gewagten Wünsche erfuhren plötzlich Bestätigung. Peters Gedanke einer kampflosen Übergabe der Stadt wirkte auf mich wie eine Befreiung aus einem Irrenhaus. Unbändiger Stolz auf ihn verdrängte mit einem Schlag für kurze Zeit alle ängstlichen Bedenken.

«Ach, Peter, es wäre unsagbar schön, wenn dir das gelänge! Stell dir mal vor, welches Glück für all die Menschen! Keine Angst, keine Toten, kein Weiterhetzen mehr, endlich ein heiles Dach über dem Kopf!» Ich gab ihm einen Kuß.

«Laß den Unsinn», sagte er, «noch ist es nicht geschafft, sondern ein Risiko auf Tod und Leben, nach beiden Seiten. Du mußt bedenken, es ist ein völliger Bruch mit unserer alten Welt, sie werden uns das nie verzeihen.»

«Wer, sie?» fragte ich.

«Nun, unsere lieben Standesgenossen, vor allem deine. Wenn

es noch an den Engländer oder Amerikaner wäre, dann wäre es etwas anderes, aber so, an den Russen, unmöglich in ihren Augen.»

«Das ist jetzt egal», antwortete ich, «wenn dafür eine Stadt stehenbleibt! Wir können ja schließlich nichts dafür, daß der Russe eher hier ist als der Engländer. Das wäre mir natürlich auch lieber, doch was nicht geht, das geht nicht. Und nun mußt du endlich schlafen, über das ‹Wie› denken wir morgen nach.»

Peter schlief sofort tief und fest ein. Ich lag noch lange wach. Ein Empfinden, das viel stärker war als das, was sich durchschnittlich Glück nennt, erfüllte mich und wurde durch den Schmerz um den Vater nur stärker.

Das Gefühl, eine ganze Stadt und ihre Bewohner seien einem unabwendbaren Schicksal ausgeliefert, wich der großen Hoffnung und Zuversicht, wenigstens hier in Greifswald dem Massensterben ein Ende setzen zu können. Und – dieser Gedanke nahm allmählich immer festere Gestalt an – sollte sich nicht vielleicht auch für uns ein Neuanfang finden? Mit allen meinen Kräften wollte ich Peter helfen. Für ihn war es bedeutend schwerer als für mich. Er mußte seinen Eid brechen, er hatte das siegreiche Voranstürmen an der Spitze vertrauter Kameraden kennengelernt, von dem ihn ein so langer schmerzlicher Weg inneren Kampfes bis zu diesem Entschluß führte. Ich war glücklich, daß er nicht sagte: «Ich kann dich dabei nicht gebrauchen.»

Am Morgen, beim Frühstück, fand ich: «Du siehst gleich viel wohler aus, weil du alles mit mir besprochen und gut geschlafen hast.»

«Alles besprochen, sagst du in deinem jugendlichen Leichtsinn», meinte Peter. «Stell dir das nicht so einfach vor. Es kann leicht etwas schiefgehen. Schon allein der Gedanke einer Kontaktaufnahme mit den Russen wird mit dem Tode bestraft. Dann kostet es nicht nur mein Leben, sondern auch deines.»

«Weiß ich, Peter. Gerade deshalb bleibe ich ja hier. Meinst du, ich könnte weiterleben, wenn ich dich jetzt im Stich ließe? Gib dir keine Mühe, du wirst mich nicht los», antwortete ich.

«Im Grunde bin ich natürlich froh darüber, du kannst mir viel helfen. Die Sache muß glücken, es darf kein Chaos geben in der Stadt, das wäre das Schlimmste für die Bevölkerung. Wir müssen uns vorsichtig Verbündete suchen. Als ersten werde ich morgen den guten Wurmbach zum Tee einladen. Hier zu Hause läßt sich unverbindlicher vorfühlen, wie er denkt.»

Dr. Wurmbach war damals Peters Adjutant und später sein Stellvertreter. Ich entgegnete: «Dann muß ich eher vom Schippen zurückkommen, sonst bin ich zu müde. Ein Unsinn, diese Schipperei. Aber ich muß schon mitmachen, sonst fällt es zu sehr auf. Die Menschen achten auf alles, was wir tun oder sagen. Eine Landfrau meinte zu mir: ‹Ein Jammer um die schöne Saat!›, und ich flüsterte ihr zu: ‹Ja, es tut mir auch in der Seele leid.› Trotzdem hatte Studienrat Caspari die leise Äußerung mitgekriegt und fuhr mich an: ‹Wie kann Ihnen das leid tun?! Was ich weiß, ist Ihrem Gatten doch schon lange bekannt. Jede halbe Stunde, die wir den Russen aufhalten, ist wichtig. Wir verbünden uns mit dem Ami und Tommy und hauen gemeinsam den Iwan in die Pfanne, aber wie, kann ich Ihnen versichern. Das wird mir eine Wonne sein! Also immer ran, keine Müdigkeit vorgeschützt!› So brüllte er in der Gegend herum. Was hältst du eigentlich von dem Gerücht mit dem Westen?»

«Großer Blödsinn!» antwortete Peter. «Daß sich unsere Führung das jetzt wünscht, kann ich mir denken. Erst radieren wir ihnen die Städte aus, dann sollen sie unsere Freunde sein und uns noch aus dem Schlamassel retten. Die werden sich hüten! Der Russe ist nicht mehr aufzuhalten, und wir müssen uns beeilen mit unseren Vorbereitungen. Und jetzt muß ich schleunigst zum Dienst.»

Elsbeth wunderte sich, daß ich nicht wie sonst in die Küche kam und mit ihr den Tagesplan besprach. Still ging ich ins Wohnzimmer. Sie spürte, daß ich allein sein wollte. Als Kind steckte ich den Kopf unter die Bettdecke, um mit meinen Gewissensfragen ins reine zu kommen. Nun wollte ich ebenfalls versuchen, mir darüber klarzuwerden, was in mir vorging, ob mein Entschluß allen drohenden Gefahren standhielt.

Die guten Seiten meiner Erziehung trugen ihre Früchte. Treue und Pflichterfüllung waren selbstverständlich, Feigheit die größte Sünde. Es blieb die Frage, was man als Pflicht ansah, die die Furcht besiegen müßte. Menschliche Pflicht war es, zu retten, was noch zu retten war, nicht nur die Macht meines Mannes über die Stadt zu genießen, sondern auch seine Verantwortung zu teilen. Gewiß hatte ich Angst, Angst vor den

Nazis und Angst vor den Russen. Aber davon durfte niemand etwas merken, vor allem Peter nicht.

Nach diesem Durchdenken der Situation war ich noch fester entschlossen, bei ihm zu bleiben. Ich konnte nun wieder mit klarem Kopf an die täglich schwieriger werdenden Aufgaben gehen. Da war die leidige Verpflegung. Die immer geringeren Mengen wurden für jede Dekade in der Zeitung bekanntgegeben. Aus Sorge, daß der Vorrat nicht reicht, mußte man für fast alle Lebensmittel in langen Schlangen anstehen, sobald sie aufgerufen waren.

Von Gasversorgung konnte kaum die Rede sein. Mitsamt den Flüchlingen in unserer Wohnung, vom Boden und aus dem Keller, sogar aus dem Nachbarhaus, kochten wir auf einem kleinen Schützengrabenöfchen, das in der Küche angeschlossen war. Dafür mußte ständig Feuerung besorgt werden, und jeder hatte die eingeteilte Zeit zum Kochen einzuhalten. Da gab es oft schwierige Probleme.

Mit seinem Vertrauen zu Dr. Wurmbach hatte Peter sich nicht geirrt. Rückhaltlos stimmte der bedeutend Ältere, Erfahrenere dem Plan zu. Uns beiden wurde damit sehr viel leichter ums Herz. Bis in die tiefe Nacht hinein sprachen wir drei über die notwendigen Vorbereitungen. Ich sagte nachdenklich: «Ihr kommt dann vielleicht gesund in Gefangenschaft und wieder zurück.»

«Denk dir das nicht so einfach», meinte Peter, «Gefangenschaft ist kein Sanatorium. Sie, mein lieber Wurmbach, sind zweiundsechzig. In ihrem Alter ist das keine Kleinigkeit. Sie können etwas Russisch und sind Ingenieur. Ich bitte Sie dringend, gehen Sie nach Hause und ziehen Sie Zivil an. Sie haben hier noch eine Zukunft. Ihren guten Rat können Sie mir auch als Zivilist geben.»

Wurmbach lehnte ab. Er, der sich ohne großes Aufsehen hätte aus der Affäre ziehen können, dem niemand ein Berufen auf sein Alter übelgenommen hätte, er stellte sich der Mitverantwortung für jenes Unglück, das von deutschem Boden aus über so viele Völker der Welt gekommen war. Natürlich war Dr. Wurmbach sich über das Risiko des Vorhabens ebenso klar wie Peter. Aber er ließ ihn in dieser Lage nicht im Stich. Ihm war es nicht vergönnt, nach der Gefangenschaft das vor Kriegszerstörungen bewahrte Greifswald wiederzusehen. Er verstarb einige Monate nach der kampflosen Übergabe der Stadt.

Oberst Wurmbach erbot sich, wenn der Zeitpunkt herangerückt war, Professor Katsch als Parlamentär zu gewinnen. Eine große Erleichterung für Peter brachte ein Besuch von Professor Engel, dem damaligen Rektor der Universität. Er bat um Schonung der Stadt. Das war ein Hinweis, ihn dann bei der Übergabe um seine Mitwirkung zu bitten.

Wie in vielen Städten gab es auch in Greifswald ein Kriegsgefangenenlager. Sicher ließ sich dort ein guter russischer Dolmetscher finden. Doch das hatte Zeit, bis die Rote Armee wirklich vor den Toren Greifswalds stand.

In den dazwischenliegenden Wochen sprachen die beiden Männer immer wieder alle Möglichkeiten der entstehenden Situation durch. Wagte ich die Hoffnung zu äußern, daß man vielleicht «oben» in letzter Minute vernünftig werden könnte und uns die Entscheidung erspart bliebe, verbot mein Mann mir streng solche Hirngespinste, die uns nur von der schweren Aufgabe ablenken könnten.

Fiel mein Blick auf die Fernschreiben des stellvertretenden Generalkommandos, die auf Peters Schreibtisch lagen, überkam mich Wut und Bitterkeit. Beizeiten westwärts abgesetzt, aus Güstrow, in gebührendem Abstand von der Front, war es einfach, die verbrecherischen Befehle des Generalstabs weiterzugeben. Je höher die Stellung, um so besser wußten die Herren doch, daß es schon lange sinnlos war, «jede Stadt und jedes Dorf mit allen Mitteln zu verteidigen», und eine ganz gemeine Erpressung, den «Verlust an Ehre und Leben» anzudrohen, falls ein deutscher Mann gegen diese «selbstverständliche nationale Pflicht» verstieße.

Einige Befehle hatte mein Vetter, Hans-Heinrich Staudinger, unterzeichnet. Wir waren vor kurzem noch befreundet, jetzt wäre es Selbstmord, ihn aufzusuchen, mit seinem Verständnis zu rechnen.

Es hätte mir wahrlich genügt, wenn die letzten Nächte vor der ungewissen Zukunft nur durch den Schlachtenlärm von Anklam, Peters Dienst bis in die späte Nacht und die Anrufe des Generalkommandos gestört worden wären. Darüber hinaus verabschiedeten sich Bekannte telefonisch und beschworen uns, ihrem Beispiel zu folgen. Plätze im Auto und sogar im

Flugzeug wurden uns angeboten. Die Männer hielten es Peter als unverantwortlich vor, mich nicht wegzuschicken. Viele freundschaftliche Bindungen zerrissen für alle Zeiten. Ich kann mich nicht entsinnen, einen einzigen guten Wunsch für unsere persönliche Zukunft gehört zu haben. Schmerzlich empfand ich die Wahrheit von Peters Worten: «Es ist ein völliger Bruch mit unserer alten Welt.» Die neue Welt würde uns kaum wohlgesonnen sein, sofern wir sie überhaupt erlebten.

Daß verschiedene Bürger vom Kommandanten Treibstoff für ihr Auto erwarteten, war zwar vergeblich, aber noch halbwegs verständlich. Daß sie mir außerdem neben ihren Haushalten in den entlegendsten Stadtteilen ihre Kinder und Omas anvertrauten, «bis wir wieder zurückkommen», schien mir nicht normal. Ich konnte nur wütend an die eigene Verantwortung appellieren.

Wie gern hätte ich den Hörer neben den Apparat gelegt, damit wir endlich einmal zur Ruhe kämen, doch Peter mußte erreichbar bleiben. War so die mehr ermüdende als erholsame Nacht vorüber, kamen die Bittsteller zu uns in die Wohnung, wenn sie in der Kommandantur nicht bis zu Peter vordringen konnten. Ich mußte alle Schattierungen von Überredungskunst aufbieten, um sie wieder loszuwerden. Ihre Rat- und Hilflosigkeit erschütterte mich ebenso, wie ihr Vertrauen mich rührte. Die dringendsten Fälle trug ich Peter vor. Manchmal konnte ich mit einem guten Rat fast erloschenen Lebensmut neu anfachen. Neben allen eigenen Ängsten, die ich tief in mir verschloß, mußte ich ständig auf der Hut sein bei der Versicherung, daß es in der Stadt ruhig bleiben würde. Noch gab es zahlreiche Nazis in ihren Mauern.

Die Bewährung

Der Geschützdonner aus Anklam drang immer drohender zu uns. In den Gesichtern der ersten Flüchtlinge aus der brennenden Stadt spiegelte sich das Entsetzen über das Erlebte. Vor unserem Hause spielten friedlich die Kinder, deren Väter sämtlich gefallen waren.

«Sieh dir das an», sagte Peter, «da kann man doch nicht hineinschießen lassen, ihnen auch noch die Mütter nehmen.»

Dieser Mütter hatte sich eine begreifliche Unruhe bemächtigt, nachdem der SS-General Hausser Frau, Tochter und Enkel samt dem kompletten Haushalt mit Hilfe zweier großer Lastkraftwagen und kräftiger SS-Männer nach dem Westen holen ließ. Zwar hatte der Chef des Generalstabes, General Guderian, ausdrücklich allen Offiziersfrauen zur Pflicht gemacht, vorbildlich zu wirken und keinen Ort zu verlassen, bevor seine Räumung befohlen wurde. Allein was kümmerten den SS-General Pflichten und Befehle? Hauptsache, die Straßen waren frei für seine Familie, das Benzin ausreichend für viele Kilometer in den rettenden Westen. Mochten die Offizierswitwen zusehen, wie sie mit ihren Kindern, durch sein Beispiel in panischer Angst, mit der Situation fertig werden.

Schluchzend übergaben mir zwei Fliegerwitwen aus dem Nachbarhaus ihre Wohnungsschlüssel. Mit sieben Kindern fuhren sie in einem winzigen, über und unter dem Dach vollgepackten Personenkraftwagen davon. Ich hatte ihnen reinen Wein eingeschenkt, doch vergeblich. Das Wagnis, sich tagelang zwischen fliehenden Truppen, von der Luftwaffe bedroht, auf der Landstraße dahinzuquälen, schien ihnen geringer, als im eigenen Heim den Einmarsch der Roten Armee abzuwarten.

Der Kampf um das brennende Anklam konnte sich nicht mehr lange hinziehen. Es wurde Zeit zu handeln. Peter ließ mit einem Wagen einen Dolmetscher aus dem Gefangenenlager holen. Ich war angenehm überrascht von der jungen sympathischen Erscheinung und führte ihn in das Wohnzimmer, in dem Oberst Wurmbach und Peter ihn erwarteten. Den Fahrer bewirtete und unterhielt ich in der Küche. Er fragte nicht nach dem Zweck dieses eigenartigen Unternehmens, hoffte wohl im stillen, daß es besseren Zielen als der Fortsetzung des sinnlosen Kampfes dienen sollte. Es dauerte nicht lange, bis Peter mit dem Dolmetscher herauskam und dem Fahrer befahl, ihn um zwanzig Uhr nochmals zu uns zu bringen.

Als wir wieder allein waren, sagte Peter: «Ich muß dir noch etwas geben» und holte ein kleines, nach Mandeln duftendes Tütchen aus der Tasche hervor. «Hier, das ist Zyankali, genug, um die ganze Stadt zu vergiften. Ich will nicht, daß dich die Nazis quälen. Wenn alles schiefgeht, mach vorher Schluß. Leg es gut weg.»

«Aber Peter, wo hast du denn das her?»

«Von Wurmbachs Tochter, sie ist Apothekerin. Sei bloß vorsichtig damit.»

«Ja, bestimmt», antwortete ich, «ich hoffe, daß ich es nie brauche.»

«Das kann man jetzt noch nicht wissen.»

Scheinbar gelassen wechselten wir diese Worte. Doch das Gift in meiner Hand weckte in mir eine brennende Sehnsucht nach Geborgenheit. Es kam mir vor, als könnte ich mich an eine Zeit ohne Gefahren überhaupt nicht mehr erinnern. Das Tütchen verbarg ich in einer leeren Kyriazi-Zigaretten-Schachtel in meinem Schreibtisch.

Als Peter und ich dann gemeinsam aßen, hämmerte wie bei so manchen im normalen Leben ganz nebensächlichen Vorgängen der Gedanke in meinem Kopf: zum letzten Mal... Eines war gewiß, zum letzten Mal im alten Lebensstil. Ich wäre froh gewesen, wenn ich mit gleicher Sicherheit gewußt hätte, daß es nicht unsere letzte gemeinsame Mahlzeit im ganzen Leben sein würde.

Zum Grübeln blieb mir aber nie lange Zeit. Schon wieder läutete das Telefon. Aufgeregtes Stimmengewirr klang mir entgegen: «Kreisleiter betrunken, Munition im Garten, will uns alle in die Luft sprengen: Helfen Sie uns, um Gottes willen, Herr Oberst!»

Ich übergab Peter den Hörer. Er lauschte und sagte: «Ruhe bewahren, ich komme» und legte auf. «Der Kerl sollte doch schon längst weg sein!» schimpfte er.

Noch um einen Schein ernster, holte Peter ein Kästchen mit Munition aus seinem Schreibtisch. Er folgte mir in die Küche, schnallte sich das Koppel um und lud seine Pistole. Mit leichtem Knacken legte er den Sicherungsflügel um und schob die Waffe in ihre Lederhülle. Ich höre bis heute, wie es klingt, wenn eine Pistole geladen wird.

«So, ich gehe jetzt zum Kreisleiter», sagte Peter, «wenn ich in einer Stunde nicht zurück bin, dann weißt du, was los ist. Einer kann hier nur regieren.»

«Schieß du wenigstens zuerst», entgegnete ich und gab ihm einen Kuß.

«Vielleicht geht es auch ohne Schießerei ab», sagte Peter, «wollen das Beste hoffen», und stieg die Treppe hinunter.

Ich blickte ihm aus dem Fenster nach und dachte: Warum

halte ich ihn nicht zurück? Sehe ich ihn in diesem Moment zum letzten Mal? Warum gehe ich nicht ein Stückchen mit? Ich wußte, das würde ihn stören, und dafür war ich nicht bei ihm geblieben.

Allein in der Wohnung zu warten, war mir unerträglich. Ich ging in den Vorgarten und legte Kartoffeln in die umgegrabene, duftende Erde. Passanten blieben am Zaun stehen.

«Sie sind aber komisch! Die werden Ihnen ja doch alle geklaut! Für wen machen Sie sich die Arbeit? Wohl für die Russen?»

Das klang gehässig. «Ist auch egal», antwortete ich, «leben wollen wir ja alle» und streckte meinen Rücken.

«Schweinerei, so etwas überhaupt zu denken! Verrecken sollen die!» kam es wütend zurück.

Voller Sorge hielt ich immer wieder Ausschau nach Peter. Die ganze Last der Angst empfand ich erst, als sie von mir abfiel. Am liebsten wäre ich ihm mit meinen von der Erde schmutzigen Händen entgegengelaufen. Aber ich durfte der Straße kein Schauspiel geben. Scheinbar in aller Ruhe reinigte ich den Spaten und ging mit Peter nach oben.

«Unwürdig, sich so zu besaufen!» schimpfte er. «Ich habe ihm klargemacht, daß es jetzt die allerletzte Minute für ihn ist, zu verschwinden, sein wertvolles Leben dem Führer zu erhalten. Hoffentlich bin ich den Kerl nun wirklich los.» Peter schnallte das Koppel mit der Pistole ab und ließ sich müde in seinen Sessel fallen. Es war Abend geworden am Sonntag, dem 29. April 1945. Kurz vor zwanzig Uhr wurde der Dolmetscher zum zweiten Male zu uns gebracht. Peter schickte den Fahrer mit dem Wagen fort. Der Dolmetscher berichtete, daß unter den Lagerältesten, die ins Vertrauen gezogen wurden, zunächst Zweifel an der Aufrichtigkeit des Kommandanten geherrscht hätten, so ungeheuerlich erschien ihnen dieser Plan. Er konnte die Kameraden aber schließlich überzeugen, und sie gaben ihre Zustimmung zu seiner Aufgabe. Wir tranken ein Glas Wein auf das gute Gelingen.

Der Parlamentärwagen sollte von Professor Katschs Villa aus abfahren. Bis dahin blieb noch Zeit. In unserer Wohnung konnte der Dolmetscher nicht warten, das war zu gefährlich. Also brachte ich ihn in den Keller und Wein, Keks und Zigaretten für die Wartezeit. Unsere Kaninchen würden den fremden Gast in der dunkelblauen Marineuniform sicher nicht verraten.

Obwohl das Treppenhaus jetzt menschenleer war – die Flüchtlinge hatten sich in Erwartung kommenden Kampfes in die Keller anderer Gebäude verzogen –, habe ich in diesen gefahrvollen Tagen nie eine solche Angst verspürt wie auf dem kurzen Weg mit dem sowjetischen Offizier in sein Versteck. Kam zufällig ein Nazi ins Haus, war alles verloren. Aber wir hatten Glück, niemand sah uns.

Anschließend gingen Peter und ich hinüber zu Professor Katsch. In seinem großen gemütlichen Arbeitszimmer saßen wir um den Kamin.

«In dieser Form sitzen wir hier nun bestimmt zum letzten Mal zusammen», sagte Peter ernst.

Ich dachte: Mit Sicherheit trifft das nur für dich zu. Ihm allein erleichterte in dem Kreis kein ziviler Beruf den Schritt in das neue Leben. Mit Trauer und Bitterkeit trennte er sich von zweieinhalb Jahrzehnten Soldatenleben, das ihm zuletzt eine ungeheure Verantwortung aufbürdete. Die einzige, aber beglückende Basis für die Zukunft war das gute Gewissen, mit dem er es beendete.

Auch für mich bedeuteten diese Tage Abschied nehmen von meinem Leben als Offiziersfrau, von meinem Peter in Uniform. Wie oft hatte ich ihn darin umarmt, wenn er nach uns lang erscheinender Trennung aus dem Manöver zurückkehrte. Stolz hatte ich die Hauptmannsschulterstücke gegen die Majorsraupen ausgewechselt. Immer noch stolz, aber vor allem dankbar, daß er lebte, im Kriege die Sterne zur Beförderung darauf befestigt und die Ösen für die schnell aufeinanderfolgenden Auszeichnungen angenäht. Jetzt war das alles vorbei, nie wieder würde er Uniform tragen, bestenfalls in einem mehr oder weniger dürftigen Zivil sein Leben neu aufbauen müssen. Und noch eines würde sich für mich ändern: Meine Liebe zu meinem Mann würde von nun an verbunden sein mit einer tiefen Achtung vor seiner Fähigkeit zur Selbstüberwindung, dem bewußten Bruch mit seinem ganzen bisherigen Leben.

Die Rettung gelingt

Es war eine kalte, sternenklare Nacht. Der Feuerschein von Anklam wurde schwächer, die Stadt lag in Trümmern. Sollte Greifswald dieses Schicksal erspart bleiben, mußten die Parlamentäre abfahren. In der Dunkelheit hatte ich ungefährdet den Dolmetscher aus seinem Versteck geholt. Die Scheinwerfer der beiden Autos warfen nur ein schmales bläuliches Licht. Greifswald war in tiefe Finsternis gehüllt. Seine Bewohner schienen friedlich zu schlafen, doch die meisten saßen angsterfüllt in den Kellern. Die Parlamentäre stiegen ein: Dr. Wurmbach, Professor Engel, Professor Katsch, Herr Matussow und Herr Cieslick, den Professor Katsch noch zusätzlich als Dolmetscher gewonnen hatte. Vorsichtig wollten wir die Türen schließen, da fiel uns im letzten Moment ein: sie haben überhaupt keine weiße Fahne.

Ich stürzte in unsere Wohnung und holte die Hakenkreuzfahne aus der Ecke. Hastig und mit einer gewissen Genugtuung riß ich sie vom Stiel. Zugleich kam mir in diesen Sekunden stärker als zuvor die Ungeheuerlichkeit des Unternehmens ins Bewußtsein. Ich heftete eine große, weiße Serviette an die Stange. Die Krone über dem Monogramm würde die Sowjets hoffentlich nicht stören. Vorsichtshalber versteckte ich die Fahne unter meinem Mantel – selbst bei dem kurzen Weg konnte der Teufel seine Hand im Spiel haben –, lief zurück und reichte sie in den ersten Wagen.

Die Möglichkeiten, diese Fahrt erfolglos, wenn nicht sogar tragisch enden zu lassen, waren vielfältig. Wir rechneten mit stillen, qualvollen Stunden in Erwartung des Anrufs von Dr. Wurmbach. Doch diese Nacht sollte das bisher Erlebte an Turbulenz überbieten. Das Telefon läutete unaufhörlich. Es war eine Art Selbsterhaltungstrieb, daß ich oft sehr kurz, ja unhöflich antwortete. Viele der Hilfeflehenden, überwiegend Frauen, waren Opfer der hemmungslosen Greuelpropaganda. Sie blieben alle quicklebendig, die mir in jener Nacht ihren Selbstmord angekündigt hatten. So lebendig, daß ich manche von ihnen kurze Zeit später in mehr als nur freundschaftlicher Beziehung zu einem russischen «Untermenschen» beobachten konnte.

Zu unserem Entsetzen hörten wir nach Mitternacht eine

Kirchenglocke läuten. Peter stürzte ans Telefon, er hatte befohlen, die Kirchen abzuschließen. Die Glocke verstummte, der Pfarrer meldete sich nicht. Anscheinend war er selbst in die Kirche geeilt, um den Küster an seinem verhängnisvollen Tun zu hindern. Das Läuten sämtlicher Glocken hätte den Beginn der Aktion «Verbrannte Erde» bedeutet. Aber schon diese wenigen Schläge hatten genügt, wahnwitzige SA-Leute in Bewegung zu setzen, um getreu dem «Führerbefehl» alle Warenvorräte zu vernichten, Versorgungseinrichtungen und Brücken zu sprengen und die Panzersperren herunterzulassen. Ein Anruf von verzweifelten Geschäftsleuten und Betriebsleitern folgte dem anderen. Zwölf Jahre Gewöhnung an den «Führerethos», den unbedingten Gehorsam, machte es ihnen schwer, die Bedeutung von Peters Gegenbefehl zu erfassen.

«Zum Donnerwetter, begreifen Sie endlich! Hier befehle ich und nicht der Führer! Ich lasse jeden bei der geringsten Zerstörung erschießen!» schrie er in den Apparat.

Konnte es überhaupt einen normalen Menschen geben, der nicht froh war über jedes Opfer, das vermieden, jede Zerstörung, die verhindert wurde? Anscheinend doch, denn die Anrufe des Generalkommandos mit dem Befehl zur Verteidigung und den Drohungen bei Zuwiderhandlung steigerten sich wutentbrannt bis zum Todesurteil für Peter. Jedesmal reagierte ich stur: «Ich werde es ausrichten.»

Als Peter bei seinem ruhelosen Hin- und Herwandern gerade nicht im Zimmer war, versuchte ich meinen Vetter Staudinger zu sprechen. Ich meinte, seine Stimme am Telefon erkannt zu haben.

«Hans-Heinrich, bist du da?» fragte ich.

Keine Antwort.

«Versteht ihr uns nicht? Es ist ein Verbrechen! Man kann das nicht tun!» sagte ich beschwörend.

Am anderen Ende wurde aufgelegt. Dann eben nicht! dachte ich wütend. Für uns in Greifswald gelten seit Tagen oder sogar schon seit Wochen ganz andere Gesetze als für unsere Standesgenossen.

Der Morgen graute, da hörte ich Schritte auf der Treppe. Oberst Wurmbach, gefolgt vom Dolmetscher, stürzte herein, umarmte Peter und schämte sich seiner Freudentränen nicht.

«Es ist geschafft! Die sowjetischen Offiziere benahmen sich

sehr anständig, hier sind die Bedingungen», stieß er atemlos hervor. In Eile wurden sie zu Papier gebracht und der Druckerei übergeben. Wenig später hing die Bekanntmachung in den Schaufenstern und an den Litfaßsäulen.

Obwohl die Zukunft noch ausreichend Höhen und Tiefen für mich bereit hielt, blieb dieser Augenblick der glücklichste in meinem Leben. Eine ganze Stadt, jedes Haus vom Keller bis zum Dach voller Flüchtlinge und Verwundete, war vor Trümmern, Toten und Tränen bewahrt worden, und mein Mann dankte mir für meine Hilfe.

Unser Optimismus: «Jetzt ist es geschafft, jetzt kann nichts mehr passieren», sollte sich allerdings als falsch erweisen. Major Schönfeld stürzte die Treppe herauf. «Herr Oberst, dicke Luft! Die SS ist unterwegs, ich bin ihnen gerade so entwischt!»

Beide entsicherten ihre Pistolen. Ich bewunderte die Geschicklichkeit, mit der Schönfeld nur mit der linken Hand seine Waffe handhabte. Seinen rechten verwundeten Ellenbogen hatte er durch einen Sprung aus dem Fenster, um dem SS-Kommando zu entgehen, erneut zersplittert.

«So, hier kommt keiner durch», sagte er und stellte sich neben Peter ans Ende des Flures.

Sollte so kurz vor dem Gelingen doch noch alles zu einem schrecklichen Ende führen? Ich fühlte mich wie ertappt, daß ich, eine deutsche Offiziersfrau, die Rote Armee brennend herbeisehnte als Befreier der Stadt und Retter für uns drei. Nicht eine Sekunde dachte ich an das Zyankali, sondern bedauerte, keine Pistole zu haben. Das Damenschießen bei den Regimentern, halb Sport, halb Gesellschaftsspiel, hatte ich stets als etwas peinlich und albern empfunden. Jetzt hätte ich diese Kunst in bitterem Ernst gebrauchen können.

«Angelika, paß am Fenster auf und gib Bescheid», rief Peter mir zu.

Wenigstens als Wachposten konnte ich nützlich sein. Kaum ein Mensch war zu sehen. Gleich würden die SS-Offiziere vorfahren. Mußten wir wirklich auf die eigenen Landsleute schießen, wenn die Stadt leben sollte? Doch es blieb uns erspart. Die bedrohliche Nähe der Roten Armee war unsere Rettung. Sie hatte die «tapferen» SS-Männer veranlaßt, das Weite zu suchen. Ihr Leben war ihnen lieber als die Rache am abtrünnigen

Kommandanten und seiner Verbündeten. Nach einer Weile meinte ich: «Mir scheint, sie sind gen Westen abgebraust, sonst müßten sie längst hier sein. Weit und breit ist nichts zu sehen und zu hören.»

Aufatmend steckten beide ihre Pistolen weg. Erschöpft von der Spannung, setzten wir uns, Schönfeld berichtete von seiner Fahrt durch die Innenstadt früh um fünf Uhr. Trotz der zeitigen Morgenstunde sahen viele Einwohner aus den Fenstern oder standen vor ihren Haustüren. Später erzählten mir manche Bürger, was in ihren Köpfen vorging. In Anklam schwiegen die Waffen, also war die Rote Armee auf dem Marsch nach Greifswald. Jetzt mußte es sich zeigen, ob es auf Wahrheit beruhte, was der Kommandant insgeheim hatte verbreiten lassen: Hier wird nicht gekämpft! Auf Major Schönfelds Ruf: «Bürger Greifswalds, weiße Fahnen heraus, die Stadt wird kampflos übergeben, es fällt kein Schuß!» wurde er mit Fragen bestürmt.

«Ist es denn wirklich wahr, können wir uns darauf verlassen?»

Er mußte energisch werden, um die Menschentraube abzuschütteln und seine Friedensbotschaft weiter verbreiten zu können.

Mitten in Schönfelds Schilderung dröhnten Detonationen von gewaltiger Stärke. Mir stockte fast das Herz. Sie waren ein Bruch der Übergabebedingungen. Was würde nun geschehen? Schon läutete das Telefon, und ein sowjetischer Offizier protestierte heftig. Die Minuten wurden zur Ewigkeit, bis wir die Ursache ergründet hatten: «Führertreue». Luftwaffenoffiziere hatten vor ihrer Flucht Bomben mit Zeitzündern auf dem Flugplatz gelegt, die jetzt eine Halle nach der anderen in die Luft jagten. Diese Verbrecher! Selbst in Sicherheit, hatten sie es raffiniert so eingerichtet, daß die kampflose Übergabe scheitern sollte. Ob dabei Menschen und Häuser in Ladebow Schaden litten, ließ sie kalt, wünschten sie doch der ganzen Stadt den Tod. Aber sie hatten sich verrechnet. Der Sieger zeigte sich großzügig und verstand, daß dieses Zerstörungswerk nicht auf das Konto der zur friedlichen Übergabe bereiten Offiziere, Soldaten und Bürger Greifswalds ging.

Die größte Gefahr drohte dann von den Hitlerjungen. Sie hatten sich schwer bewaffnet im Theater und an anderen Stellen der Stadt verschanzt. Für sie brach in diesen Stunden eine Welt zusammen. Wenn schon der Kommandant trotz Ritterkreuz ein Eidbrüchiger war, wollten sie es nicht sein, sondern kämpfend ihr Leben wagen. Der Gedanke, daß sie damit auch das Leben ihrer Eltern und Geschwister in höchste Gefahr brachten, hinderte sie nicht. «Der Russe» würde ohnehin alle ermorden, alles vernichten. Das war ihnen, solange sie denken konnten, eingehämmert worden.

Major Schönfeld gelang es, die Gruppe im Theater zu entwaffnen, aber eine andere war zu unserem Entsetzen in Richtung Elisenhain marschiert, um den Feind schon dort mit Beschuß zu empfangen. Wäre es noch möglich, sie einzuholen, überhaupt zu finden? Das sowjetische Truppenkommando mußte gewarnt werden. Ich stand neben Peter am Telefon, als er einem sowjetischen Offizier diese Hiobsbotschaft mitteilte. Wie oft sollten sie noch Geduld üben, fragte ich mich. Aber ohne Aufregung kam die Antwort: «Wir werden alles versuchen, um Opfer zu vermeiden. Ich werde den Jungen ein paar besonnene Männer entgegensenden. Wenn sie nicht schießen, werden wir es auch nicht tun, sondern sie nach Hause schikken.»

Ich schämte mich, denn ich spürte in diesem Moment besonders deutlich, daß die Nazipropaganda auf mich nicht ohne Einfluß geblieben war.

«Was sind die nur anständig», sagte Peter, «wenn ich da an uns denke...»

In der Ferne hörte ich ein mir unerklärliches Brummen, das sich schnell näherte. Mein Blick fiel über unseren Garten auf die Anklamer Straße.

«Die ersten russischen Panzer!» rief ich erschrocken und doch erlöst aus. Peter trat hinter mich.

«Ja, du hast recht, sie sind da», bestätigte er ernst und machte sich auf den Weg zum Rathaus.

Und was wird nun?

Der Vollzug der kampflosen Übergabe hatte sich im Nu in der ganzen Stadt herumgesprochen. Die Bekanntmachung war nicht mehr nur ein Stück weißes Papier, auf dem Worte standen, die von den seit Jahren an Durchhaltebefehle gewohnten

Einwohnern mit ungläubigem Staunen gelesen wurden und die sie kaum fassen konnten. Es erfüllte sich mit Leben, war befreiende Tatsache geworden.

Ich hörte ein Auto auf der Straße vor unserer Tür halten. Mein Schreck, einen Wagen der Roten Armee zu erkennen, verwandelte sich schnell in Freude. Peter war zurück! Ein sowjetischer Soldat sprang heraus, öffnete die Tür, salutierte stramm und half ihm beim Aussteigen. Mühsam stieg er die Treppe herauf. Sein ernstes, erschöpftes Gesicht hellte sich auf, als er die vielen Blumen sah, die unterdessen Greifswalder Frauen zum Dank gebracht hatten, so viele, daß sie im Zimmer kaum Platz fanden.

Gerade hofften wir, ein wenig Ruhe zu haben, als es klingelte. Elsbeth öffnete und meldete uns drei würdige Herren. Sie begrüßten mich mit Handkuß, verbeugten sich vor Peter und dankten ihm für die Rettung der Stadt. Dann stellten sie sich vor als Mitglieder des Nationalkomitees «Freies Deutschland» Dr. Graul, Dr. Rust* und Dr. Lachmund. Erstaunt sahen Peter und ich uns an, von dieser Institution erfuhren wir zum ersten Mal. Möglicherweise hing dieser Informationsmangel mit seiner Abgeschiedenheit im Lazarett zusammen, an der Front waren die Offiziere Ende 1944 – hörten wir später – mit Methoden der gegnerischen Propaganda und auch mit der Existenz des Nationalkomitees vertraut gemacht worden. Persönlich kannten wir keinen der Männer, es sei denn, aus dem Straßenbild oder vom Hörensagen. Höfliche Worte wurden gewechselt. Alle drei versprachen mir jederzeit Hilfe und Beistand, falls Peter, entgegen ihren Erwartungen, in Gefangenschaft käme.

Ich muß zugeben, daß wir unmittelbar nach ihrem Abschied beide etwas konsterniert waren. Hätten sie sich nicht schon längst um eine Verbindung zu Peter bemühen können – wären sie nicht eine unschätzbare Hilfe in der letzten qualvollen langen Nacht gewesen? Hätte hier nicht unbedingt eine tatkräftige Zusammenarbeit mit dem Ziel der kampflosen Übergabe zustande kommen müssen?

Aber die Wirklichkeit war diffiziler, widerspruchsreicher: Gerade die Tatsache, daß es in Greifswald nicht zu einem

* Dr. Rust ist bisher in der Literatur über die Greifswalder Gruppe des Nationalkomitees «Freies Deutschland» nicht erwähnt.

entsprechenden Zusammengehen kam, unterstreicht, wie kompliziert die antifaschistischen Kampfbedingungen auch in den letzten Monaten des Krieges waren. Einen Oberst der faschistischen Wehrmacht, zudem Ritterkreuzträger und schwer verwundeten Stalingradkämpfer, mit einem offenen Wort ins Vertrauen ziehen und auf seine Humanität oder, bescheidener, seine Einsicht bauen – das konnte ein unberechenbar großes Risiko bedeuten. Außerdem hätte eine gelungene Verständigung zwischen dem Kampfkommandanten und dem Nationalkomitee «Freies Deutschland» eine «Gruppenbildung» bewirkt, die im provinziellen Greifswald leicht zu bemerken war.

In den letzten Wochen, in denen sich einerseits mit der Flucht einheimischer und andererseits mit der überstürzten «Durchreise» auswärtiger Nazigrößen und SS-Verbände die Kräftekonstellation von Tag zu Tag in schwer zu überblickender Weise veränderte, wären «Vergeltungsschläge» und Racheaktionen unübersehbaren Ausmaßes gegen die ganze Stadt denkbar gewesen. Viele seiner gefürchteten Widersacher hatte Peter doch gerade durch die Tatsache verblüfft, beschämt und getäuscht, daß er ausharrte und lange genug die Fiktion aufrechterhielt, hier würde zum Widerstand gerüstet.

Wir haben uns darüber nicht mit den Männern vom NKFD unterhalten. Vielleicht liegen in der geschilderten Situation wichtige objektive Gründe für die nicht zustande gekommene Verständigung. Aber auch subjektive Ursachen wären vorstellbar. Wer kann Konflikte, Bedenken oder schlichte Ängste als Beweggründe von vornherein ausklammern, und wer kann andererseits – ohne selbst in entsprechender Situation gewesen zu sein – mit gelassener Haltung ein Urteil sprechen?

Viele Jahre später wurden wir daran erinnert, wie gefährlich gerade in diesen letzten Tagen des Nazireiches die leiseste Äußerung von Vernunft war. Auf einer Autofahrt kehrten wir in einem ländlichen Gasthaus ein. Der Fahrer nannte meinen Mann beim Namen. Daraufhin fragte die alte Wirtin: «Sind Sie etwa der Oberst Petershagen aus Greifswald?» Und sie erzählte: «Damals war ein SS-Stab bei mir einquartiert. Telefonisch erfuhren sie von der kampflosen Übergabe Greifswalds. Sie können sich nicht vorstellen, wie die vor Wut über den Kommandanten tobten. ‹Dieses Schwein! Dieser Lump!›

So ging es immerzu. Da sagte ich beiläufig: ‹Eigentlich gar nicht so unvernünftig, was der Mann gemacht hat.› Nun war ich dran! Sie tobten noch toller, zerschlugen ‹zur Strafe› mein ganzes schönes Zimmer, kein Stück blieb heil. Zum Glück mußten sie gleich weiterziehen, sonst hätte es mich vielleicht das Leben gekostet.»

Sie hatte recht. Es gab genug Beispiele, wie selbst in den letzten Tagen Menschen wegen eines Wortes der Vernunft und Einsicht ein grausames Schicksal erlitten.

In der Wissenschaftlichen Zeitschrift der Ernst-Moritz-Arndt-Universität Greifswald schrieb Ernst-Joachim Krüger 1964 zur Situation bei Kriegsende: «Nachdem die Absicht des Kampfkommandanten, um Greifswald nicht zu kämpfen, feststand, unternahm die Gruppe (des Nationalkomitees) keine eignen Schritte mehr bei ihm, sondern unterstützte seine Maßnahmen, ohne daß Petershagen die Existenz der Gruppe bekannt geworden war.

Ohne Zweifel kommt R. Petershagen das hauptsächliche Verdienst um die Rettung Greifswalds vor der Zerstörung zu. Zugleich widerspiegelt sich die ganze Kompliziertheit des antifaschistischen Widerstandes in unserer Stadt in der Tatsache, daß die Anstrengungen Petershagens und der Gruppe sich erst so spät vereinigten. Ihr Verdienst bestand darin, eine Stimmung in der Bevölkerung zu schaffen, die den Absichten Petershagens entgegenkam und sie förderte; die Aktivität faschistischer Funktionäre zu lähmen und jene Kräfte entscheidend zu beeinflussen, die dann beim Kampfkommandanten vorstellig wurden. Es ist aber falsch, die Anstrengungen der Gruppe so einzuschätzen, daß nur auf ihren Druck hin die Übergabe der Stadt erreicht wurde. Die Gruppe entwickelte eine große Aktivität, bestand aber in fester organisierter Form erst zu kurze Zeit. Sie besaß noch zu wenig Einfluß in der Masse der Bevölkerung. Richtig ist, daß ihr Wirken schließlich zur Rettung Greifswalds beitrug, aber ohne die entschiedene Haltung und Tat von Oberst Petershagen und gegen die faschistischen Streitkräfte wäre die kampflose Übergabe nicht möglich gewesen.»

In Greifswald war die Herrschaft der Nazis endgültig vorbei. Mein Gefühl, im Augenblick verhältnismäßig friedlich zwischen der alten und der neuen Welt zu schweben, ein Zustand, der alle möglichen Hoffnungen auf ein bißchen Glück zuließ, wurde schnell durch die rauhe Wirklichkeit korrigiert. Peter und Wurmbach wurden ins Rathaus zum sowjetischen Kommandanten bestellt. Von dort verschwanden sie, kein Mensch wußte, wohin.

Nach Stunden konnte ich das Warten nicht mehr ertragen und machte mich auf den Weg ins Rathaus. Plötzlich, in der Mühlenstraße, hörte ich es über mir brummen und wollte zum Himmel schauen. Beinahe wäre ich gestürzt, so heftig zog mich ein junger Rotarmist in den Hausflur der Weinhandlung von «Knaak und Weber». Ein deutsches Flugzeug feuerte auf uns.

«Deutscher Faschist! Schießt auf uns, weil hier Frieden!» stieß der Soldat wütend hervor.

«Sie können ja Deutsch?» fragte ich ihn erstaunt, noch ehe ich mich bedankte.

«Ja, kann man lernen bei uns in der Schule», antwortete er, als wäre das selbstverständlich.

Ich faßte Vertrauen und schilderte dem jungen Offizier meine Sorge um Peter und Dr. Wurmbach. Zu meiner Freude konnte er mir sagen, daß sie zu einer Besprechung beim General in Anklam seien und sicher bald zurückkehren würden. Beruhigt ging ich nach Hause und rief Frau Wurmbach an, die ebenso sorgenvoll wie ich gewartet hatte.

Es war weit nach Mitternacht, als Schritte auf der Treppe mich von dem allmählich wieder qualvollen Warten erlösten. Peter und Dr. Wurmbach wurden von zwei jungen sowjetischen Offizieren begleitet.

Der Versuch, den Kommandanten von Stralsund telefonisch ebenfalls zur kampflosen Übergabe der Stadt zu bewegen, war fehlgeschlagen. Unsere Hoffnung, Greifswald würde zu einem Fanal der Vernunft werden, erfüllte sich nicht. Es blieb die einzige Ausnahme an der Ostfront, obwohl jeder Tag, jede Stunde die Zahl der Opfer sinnlos erhöhte.

Der Morgen graute, als die sowjetischen Offiziere uns verließen. Für Oberst Wurmbach bereitete ich ein Lager im Wohnzimmer. Es schien uns nicht ratsam, in deutscher Uniform durch die Straßen zu gehen.

Ich nahm mir vor, beiden Männern Ausweise zu verschaffen. Zwar rieten sie mir dringend davon ab und hielten es für aussichtslos, aber mir wollte nicht in den Kopf, warum der sowjetische Kommandant die Notwendigkeit nicht einsehen sollte. Wie konnten Peter und Dr. Wurmbach den sowjetischen Offizieren die einzelnen militärischen Objekte übergeben, wenn sie sich nicht frei bewegen konnten? Elsbeth war entsetzt über mein Vorhaben. Ich bat sie, die Herren nur im äußersten Notfall zu wecken, und brach auf.

Trotz der frühen Morgenstunde traf ich im Rathaus eine dichte Menschenmenge. Wollte ich zum Ziel kommen, mußte ich mich vordrängeln und lauten Protest in Kauf nehmen. Das Mißfallen wurde immer heftiger. Jemand rief böse: «Das ist eine Faschistin, die hat hier nichts zu suchen!»

Jahrelange Verbitterung machte sich Luft, aber einen besseren Gefallen konnte er mir gar nicht erweisen, denn nun fragte der Kommandant, ein Riese in Uniform, was es gäbe.

Dieselbe Stimme antwortete: «Das ist die Frau von Oberst Petershagen!»

Der Riese Generalmajor N. G. Ljastschenko gab eine Anweisung und streckte seinen Arm über den Köpfen aller aus. Das Murren verstummte, und es bahnte sich mir eine Gasse. Wie ein kleines Schulmädchen stand ich vor ihm, legte den Kopf in den Nacken und brachte meine Bitte vor. Der Dolmetscher übersetzte. Unverzüglich gingen wir in ein Zimmer. Der General setzte sich und schrieb einen Ausweis für Peter. Nun fehlte mir noch der gleiche für Dr. Wurmbach. Ich nahm allen Mut zusammen und wiederholte meine Bitte. Auch sie wurde sofort erfüllt. Ich war glücklich und wagte es, dem Riesen die Hand zu geben und mich zu bedanken.

Als wir den Raum verließen, war ich in Sorge, wie ich unbeschadet durch die wenig freundliche Menschenmenge hinauskommen sollte. Doch der Adjutant begleitete mich unter den erstaunten Blicken der Umstehenden bis zur Rathaustür und wünschte mir alles Gute.

Zu Hause weckte ich stolz beide Männer mit den Ausweisen. Sie wollten ihren Augen nicht trauen. Jetzt konnte Wurmbach unbesorgt nach Hause gehen.

Es mag am 1. Mai gelegen haben, daß uns dieser Tag fast ungestört zu Hause vergönnt war. Erst jetzt kam Peter dazu, mir von seinen Erlebnissen in Anklam zu erzählen. Der sowjetische General wollte ihm und Dr. Wurmbach die Gefangenschaft ersparen und hätte es gekonnt, wenn sie für die Übergabe Greifswalds politische Motive angegeben hätten. Sie aber blieben dabei, nur ihrem Gewissen gefolgt zu sein. Peter sagte zwanzig Jahre später auf einer Wissenschaftlichen Konferenz des Historischen Instituts der Ernst-Moritz-Arndt-Universität Greifswald dazu: Die Übergabe «war also im Grunde genommen eine soldatische und menschliche Handlung und keine politische Tat, wenn es auch praktisch darauf hinauslief».

Der General hatte Verständnis dafür und achtete ihre Haltung. Er lud sie zu einem kleinen Essen ein. Das erklärte ihre späte Heimkehr. Auf dem Weg von Anklam nach Greifswald waren sie dann von einem Tiefflieger beschossen worden, wahrscheinlich von demselben, vor dem ich flüchten mußte. Sie retteten sich in den Chausseegraben. Unser eigener Wagen, der kleine Adler, wurde von Treffern durchsiebt. «Ich habe mich im ganzen Krieg nie so in Gefahr gefühlt wie bei diesem Beschuß», sagte Peter. Er stellte das Radio an. Wir waren in Sorge, das Todesurteil gegen ihn könne im Wehrmachtsbericht bekanntgegeben werden und seine alte Mutter sehr erschrekken. Aber das erreichte der Rundfunksprecher auf andere, höchst verblüffende Art. Mit volltönender, jeden Zweifel an der Wahrheit ausschließender Stimme verkündete er:

«Unter schweren Verlusten rücken die Truppen der Roten Armee langsam gegen das sich heldenmütig verteidigende Greifswald vor!»

Die Ahnung wurde zur Gewißheit: Wir wurden schon lange mit solchen niederträchtigen Lügen immer tiefer in das Verderben getrieben.

«Diese Lumpen!» schimpfte Peter, «wenn ich nur wüßte, wie ich Mutter benachrichtigen könnte! Sie wird sich schrecklich um uns sorgen.»

Grübelnd ging er auf und ab.

«Hör bloß!» rief ich ganz aufgeregt. «Hitler ist tot! ‹Im Kampf um die Reichshauptstadt gefallen.› Endlich! Das wird das Ende des Krieges sein!»

Mein Jubel bekam sofort einen mächtigen Dämpfer. «Dönitz macht weiter? Ist es denn zu fassen? Das kann doch nicht wahr sein!»

Peter lauschte nun ebenfalls mit ganzer Aufmerksamkeit hin. «Tatsache, er macht weiter! Was sind es nur für Verbrecher! Haben die denn gar kein Gewissen? Man könnte wahnsinnig werden vor Wut. Jetzt bin ich doppelt froh über meinen Entschluß!» stieß er hervor.

«Und ich kann dir nicht sagen, wie glücklich ich darüber bin. Das wird immer so bleiben, was auch kommen mag», antwortete ich.

Hitler war tot, und die Generäle machten weiter! Wie viele Menschen sollten denn noch einen sinnlosen Tod sterben? Und unter denen, die das zu verantworten hatten, waren viele, die ich für anständige Menschen hielt. Nie zuvor hatte ich so sehr das Gefühl gehabt, zu einer Schicht zu gehören, die eine ungeheure Schuld gerade heute, in diesen entscheidenden Tagen auf sich lud.

Zugleich war mir klar, daß es für Peter und mich kein Zurück mehr gab. Mit der Übergabe Greifswalds – für jeden denkenden Menschen die einzig richtige Konsequenz – hatte Peter einen Weg beschritten, der Verrat genannt wurde. Auch von jenen übrigens, die die «Volksgenossen» der allerletzten Reserve ins Feuer schickten, bevor sie die eigene Haut retteten. Eine Trennlinie tat sich auf, die für uns Monate früher nicht vorstellbar gewesen war. Von nun an würde jeder weitere Schritt in Neuland führen. Es war ein Abschied von unserer alten Welt ohne jede Aussicht auf einen Willkommensgruß in der neuen: Was sollte nach *diesem* Krieg noch werden mit einem deutschen Oberst – an der Ostfront mit dem Ritterkreuz ausgezeichnet?

Der 1. Mai 1945 war strahlend schön und sommerlich warm. Die sowjetischen Soldaten hatten allen Grund, diesen Tag besonders zu feiern. Auf dem Markt führten sie ihre temperamentvollen Tänze auf. Einige Deutsche sahen zu oder feierten sogar mit.

Ich konnte nicht verstehen, daß Deutsche jetzt fröhlich sein konnten. In der Welt, in der ich aufgewachsen war, hatte ich nichts erfahren von dem jahrzehntelangen Kampf der Arbeiterklasse um ihre Befreiung, die nun durch den Sieg der Sowjetarmee möglich wurde.

«Ein Volk, ein Reich, ein Führer» – diese Naziformel mit ihrer zweckvollen und markigen Pathetik hatte uns zwar nie so recht zugesagt, aber daß jedes Wort vom «Zusammenstehen gegen den gemeinsamen Feind» – sei es zwischen 1914 und 1918 oder zwischen 1939 und 1945 – von Anbeginn eine

Manipulation des «kleinen Mannes» war, das mußte ich erst in einem langwierigen Prozeß der Erkenntnis lernen.

In den vergangenen zwölf Jahren war der 1. Mai für uns ein nationalsozialistischer Feiertag mehr, dem wir wohl oder übel Rechnung trugen. 1945 war es unser letzter gemeinsamer Tag vor der Trennung auf unbestimmte Zeit. Nachdenklich stand Peter am Fenster. Die gegenüberliegenden Wohnhäuser waren noch nicht vom Laub der Linden in der Allee verdeckt.

«Ob die Greifswalder wohl jemals begreifen, was ihnen erspart blieb? Ich glaube es kaum», meinte er. «Die sowjetische Führung war so erbittert über die Verluste beim Kampf um Anklam, daß sie sich hier ähnliches ersparen wollte. Mit schwerem Artilleriefeuer hätte sie Greifswald so lange eingedeckt, bis keine Maus mehr am Leben geblieben wäre, sagte mir der General. Du hast ja die endlose Reihe von Geschützen gesehen, die durchfuhren. Dazu die eigenen vorbereiteten Zerstörungen, siebzehn Minen am Bahndamm, Stroh, Benzin und Petroleum in den Kirchen, Lagerhäusern und allen wichtigen Betrieben, zum Anzünden bereit, es wäre grauenhaft geworden, von Greifswald wäre nichts geblieben. Ein Glück, daß der Oberleutnant von Wolgast vorher anrief, er käme jetzt mit seinen Pionieren zur Sprengung des Bahndamms, und Schönfeld ihn so energisch daran hinderte. Die ganze Obstbausiedlung längs der Gleise wäre mit in die Luft geflogen. Und hinterher hätte man sich dann gefragt, sofern man noch fragen konnte: Wozu das alles? Dieser Wahnsinn bis fünf nach zwölf? Nur, um das unvermeidliche Ende ein paar Tage hinauszuschieben, solche Opfer an Menschen und Werten? Das bleibt für alle Zeiten unverzeihlich.»

Zwar erfüllte uns beide Dankbarkeit, daß das große Wagnis geglückt war, aber abgesehen von der Ungewißheit der Zukunft lastete auf uns die Frage, wie es so weit hatte kommen können? So weit, daß ein Offizier, seit Jahrzehnten an Gehorsam und militärische Pflichterfüllung gewöhnt, unter lebensgefährlichen Umständen seinen Eid brechen mußte, um nach vernünftigen, menschlichen Maßstäben zu handeln.

War jede menschliche Regung bei seinen Vorgesetzten erstorben, daß sie in letzter Minute das Erschießungskommando in Marsch setzten, daß der Kommandant von Stralsund es nicht wagte, dem Beispiel Greifswalds zu folgen? Und alle waren Standesgenossen, in deren Gesellschaft ich mich wohl gefühlt hatte. Was für eiskalte Herzen verbargen sich hinter soviel Höflichkeit und guten Manieren, bisher wichtige Werte bei meiner Beurteilung der Menschen.

Wie sollte ich jetzt über sie denken? Lange Zeit erfüllte mich heftiger Zorn, daß sie meinem Mann diese unsagbar schweren Tage aufgebürdet hatten. Aber langsam wich er tiefer Enttäuschung über meine Standesgenossen.

Eine lange Trennung beginnt

Am 2. Mai kam eine sowjetische Dolmetscherin zu uns und teilte mit, daß der Herr Oberst heute in die Kriegsgefangenschaft abgeholt würde. Ich solle einen kleinen Koffer packen, nur das Notwendigste, und nicht traurig sein, es würde meinem Mann nicht schlecht gehen. An die Worte klammerte ich mich in den nächsten Stunden und Tagen.

Peter sagte mir sehr ernst: «Bleibe du hier, komme, was da wolle. Du wirst es schon schaffen. In diese Stadt kann ich mit Anstand zurückkehren.»

Wir nahmen Abschied in dem Gedanken, daß es die letzten gemeinsamen Minuten vor der Trennung seien. Aber wir irrten uns. Ein junger, stämmiger Soldat erschien, salutierte, warf mit Schwung Peters Koffer auf die Schulter und ging voraus. Wohin? Keine Ahnung. «Offizierslager», konnte er nur wiederholen. Keiner und nichts hinderte mich, Peter zu begleiten. Unser Weg führte zu seiner ehemaligen Kommandantur. Dort trafen wir auf mehrere andere Offiziere und Unteroffiziere. Es schien, daß sich die besondere Situation Greifswalds als «mildernder Umstand» auf diese beiden ersten Tage der Gefangenschaft auswirkte. Ohne ein Wort der Erklärung verschwand der sowjetische Posten vor dem Haus in der Goethestraße.

Wir Frauen besuchten unsere Männer und brachten für alle das Beste, was wir auftreiben konnten, zum Essen mit. In der Küche der verlassenen Feldwebelwohnung wurden Hähnchen gebraten, der Duft von Bohnenkaffee zog durch das Haus. Verlegen wischten sich die Männer ihre von Honigschnitten klebrigen Finger ab. Es bemächtigte sich der meisten eine fröhliche, fast übermütige Stimmung. Hier war der Krieg überstanden. Die Zukunft, die man als eine einzige «Rache» erwartet hatte, ließ sich zunächst freundlich an. Vielleicht war der Russe gar nicht so? Vielleicht blieben die Männer in der Nähe, und die Gefangenschaft dauerte nicht lange? Diese Gedanken zogen durch manchen Kopf.

Peter und ich gingen bei dem herrlichen Wetter in Sichtweite der Dienststelle auf dem Wall spazieren. Ein wenig verlegen, aber doch erfreut, waren wir über die überraschende Reaktion vieler einfacher russischer Soldaten, denen wir begegneten. Große, kräftige Burschen drückten Peter an ihre Brust, daß er kaum Luft bekam, oder klopften ihm kräftig auf die Schulter: «Guter Mann – nicht nur Soldat – auch Herz für Frau und Kind.»

Erst jetzt kam uns voll zum Bewußtsein, was die «heldenhafte Verteidigung» der anderen Städte für diese Soldaten bedeutete: oft den Tod unmittelbar vor dem so greifbar nahen Kriegsende. Wir hatten bis zur Übergabe wenig an das Schicksal *dieser* Menschen gedacht. Etwas beschämt waren wir, wenn sie uns unkompliziert und ohne große Geste ihre Dankbarkeit bezeugten: Peters Taschen füllten sich mit Bonbons und Keksen, auf seiner Brust prangten drei völlig gleiche Anstecknadeln mit dem Leninbild, die er dann doch lieber unauffällig in die Tasche bugsierte.

Hätte man es diesem oder jenem gefangenen deutschen Soldaten in der ehemaligen Kommandantur verübeln können, wenn er die unbewachte Gelegenheit benutzte, um zu verschwinden? Peter konnte das weder kontrollieren noch verhindern. Aber niemand machte von der Möglichkeit Gebrauch, keiner wollte den ehemaligen Kommandanten in Schwierigkeiten bringen. Mein Mann rief im Rathaus an, um über die etwas eigenartige Situation zu berichten.

Die Antwort klang beruhigend: «Hat Zeit, nicht wichtig.»

Am Abend begleitete Peter mich sogar nach Hause. Wir trennten uns mit der Hoffnung, uns am nächsten Morgen wiederzusehen. Doch früh um fünf Uhr klingelte es bei mir. Ich sah erstaunt aus dem Fenster. Unten standen fünf verschüchterte junge Frauen mit etwas Gepäck. Ich bat sie herauf. Sie richteten mir herzliche Grüße von meinem Mann aus, er sei soeben mit einem Kraftwagen in die Gefangenschaft abgefahren.

Nun war es also wirklich soweit. So tief mich die Tatsache traf, ich hatte keinen Grund zur Klage. Wir hatten damit gerechnet, die Umstände waren so günstig wie möglich. Nur wenige deutsche Frauen wußten in diesen Tagen um das Schicksal ihrer Männer.

Die jungen Frauen waren Nachrichtenhelferinnen, die beim Räumen der Kommandantur obdachlos wurden. Mein Mann hatte sie zu mir geschickt, ich würde ihnen sicherlich helfen. Die Flüchtlinge, die wir vorher aufgenommen hatten, waren alle weitergezogen gen Westen. So hatte ich Platz und konnte die fünf überglücklichen Frauen und Mädchen unterbringen.

In der Frühstückszeit läutete es wieder. Ein älterer sowjetischer Offizier stellte sich mir vor als Studienrat aus Leningrad. Sichtlich erleichtert nahm er zur Kenntnis, daß mich die Nachricht von der Abfahrt Peters nicht mehr überraschend traf. Er habe meinem Mann versprochen, sich um mich zu kümmern, und er bat mich, vorsichtig zu sein und mich nicht weit fort vom Hause zu begeben. Man habe Sorge, daß die Nazis sich noch an mir rächen könnten für die Übergabe. Ich dankte ihm und war tief berührt von dieser Fürsorge.

Nachdem er sich verabschiedet hatte, kam unsere gute Elsbeth zum Vorschein. Sie war entrüstet über die endgültige Abfahrt meines Mannes, die sich offenbar schnell herumgesprochen hatte, denn es erschienen noch mehrere Frauen aus der Stadt, um zu fragen, ob es wahr sei. Ich konnte immer wieder nur erklären, daß es gar nicht anders möglich sei und wir damit gerechnet hatten. So viele Frauen von einfachen Soldaten, kleinen Befehlsempfängern, denen auch jetzt in den Gefangenenlagern nichts erspart bleiben würde, mußten sich mit der Trennung abfinden. Hätte ich da mit guten Gefühlen mit meinem Mann durch die Straßen gehen – oder was wichtiger gewesen wäre –, mit ihm gemeinsam die Schwierigkeiten des Alltags meistern können? Mir wurde klar, daß Peter – unabhängig von seinem Verdienst um Greifswald – Mitverantwortung für das durch Deutsche in den vergangenen sechs Jahren Angerichtete trug. Die Gefangenschaft war ein Ausdruck dafür. Solche Gefühle, Gedanken, Erkenntnisse stellten sich nicht von einer Stunde zur anderen ein. Ich hatte viele, viele Nächte Zeit zum Grübeln.

3. Kapitel Auf neuen Bahnen

Am Anfang stand das Mißtrauen

Am 5. Mai war in einer großen Einwohnerversammlung auf dem Greifswalder Markt – von der ich erst später hörte – der neue Bürgermeister Wilhelm Bieg eingeführt worden. Ein junger Deutscher, hieß es, der mit den Russen einmarschiert war, ein Frontbevollmächtigter des Nationalkomitees «Freies Deutschland».

Wir Durchschnittsbürger sahen in ihm einen «Überläufer», der seine Kameraden im Stich gelassen hatte, um sein eigenes Leben zu retten. Die Möglichkeit edlerer Motive für diesen Schritt war uns ebenso fremd, wie das Wissen um die bittere, aber heilsame politische Schulung in der Gefangenschaft, die meist tiefgehendes Umdenken war. Und ich wußte nichts von der Schwierigkeit, integere und demokratisch gesinnte Kräfte zu finden, die mit einiger Erfahrung ausgerüstet, in Stadt- und Gemeindeverwaltungen eingesetzt werden konnten.

In seinem Erinnerungsbuch «Kumpel, Kämpfer, Kommunist» beschreibt Gottfried Grünberg die Probleme, die es unter anderem auch in Greifswald gab. Er zitiert hier Bieg, der die Antifaschule in Taliza besucht hatte: «Beim Einmarsch in Deutschland wurden wir einer nach dem anderen durch die Kommandanten als Bürgermeister eingesetzt.» Derart ins Wasser geworfen, hieß es nun schwimmen, Erfahrungen sammeln und lernen – nicht zuletzt aus Fehlern.

Ein solcher Fehler bestand nach Grünberg vor allem in der mangelnden Problemsicht der Stadtverwaltung, die in dem durch und durch kleinbürgerlichen Greifswald leicht zu einem völligen Verkennen der Sachlage führen konnte. Grünberg, damals Mitglied einer Gruppe von Beauftragten des Zentralkomitees der Kommunistischen Partei Deutschlands, die die demokratische Umgestaltung in Mecklenburg und Vorpommern unterstützen sollte, berichtet, wie auf einer Zusammenkunft behauptet wurde, «in der Stadtverwaltung habe man die Einheitsfront verwirklicht, es gäbe außer Kommunisten auch Sozialdemokraten und einen Bürgerlichen. Doch da stieß er sofort auf Widerspruch. Genosse Lindgreen bemerkte, die Partei sei noch nicht aktiv aufgetreten, die Genossen Bieg und Pfeiffer machten alles allein, deshalb seien auch die sozialdemokratischen Genossen so zurückhaltend... Es gab harte Kritik an der Stadtverwaltung. Man höre von ihr überhaupt nichts, alles würden die sowjetischen Genossen mit Befehlen machen müssen. An die Universität traue sich überhaupt niemand heran, aber das sei ja auch ein Problem für sich.»

In der Tat ist Grünbergs Resümee zuzustimmen: Greifswald – Bischofssitz, erzkonservative Universitätsstadt mit schwachem Arbeiteranteil in der Bevölkerung – war ein schwieriges Pflaster, und ich gehörte damals nicht zu denen, die besonderes Verständnis für Probleme und Schwierigkeiten der neuen Verwaltung aufbrachten: Einem Mann wie dem jungen Wilhelm Bieg jedenfalls begegnete ich mit meinem ganzen Mißtrauen.

So trieben in jenen Monaten meine Emotionen und Überlegungen zwischen gegensätzlichen Polen hin und her. An ein abgeklärtes Resümee oder gar eine Einsicht in die historischen Zusammenhänge war bei mir durchaus noch nicht zu denken. Es gibt den Aphorismus, wonach es nicht so einfach sei, eine Tat in einen Gedanken umzusetzen. Ähnlich ging es mir.

Die Tat – der innere und äußere Kampf um die Übergabe der Stadt – war von sehr elementaren Gefühlen und Einsichten ausgegangen. Unbewußtes «ideelles Hinterland» dafür war in meinem Falle sicher auch die Haltung und der Einfluß meines Vaters auf mein Tun und Fühlen – der kategorische Imperativ, das für vernünftig Erkannte durchzusetzen, einsichtig und pflichtbewußt zu handeln. Erst sehr allmählich begriff ich, daß nun ein neuer gesellschaftlicher Prozeß mit all seinen Widersprüchen begonnen hatte, dem wir ebenfalls ausgesetzt waren – Peter in der Fremde in Gefangenschaft, ich in Greifswald. Und es waren viele kleine Schritte notwendig, bis sich die Grundrichtung meines Denkens änderte.

Einen Anstoß gab neben anderen jener Tag, an dem Elsbeth die Wohnungstür öffnete und mir entsetzt zuflüsterte: «Ein Offizier und eine Russin in Uniform!»

Als ob ein Fuchs in den Hühnerstall einbricht, waren die Mädchen verschwunden. Mit Herzklopfen bat ich den sowjetischen Oberst und seine Dolmetscherin ins Wohnzimmer. Was konnte sie zu mir führen? Ihre Erscheinungen und ihre Höflichkeit wirkten vertrauenerweckend, aber man kann sich da täuschen! Die Dolmetscherin war von einer auffallenden Schönheit. Und doch, ich erwartete nichts Gutes.

Der Oberst setzte sich an den Schreibtisch und verlangte einen Bogen Papier. Gespannt verfolgte ich das Entstehen einer rätselhaften Zeile nach der anderen. Was mochten sie bedeuten? Wurde ich aus der Wohnung gewiesen? «Wir werden auf dem Brinkhof wohnen», hatte oft die düstere Prognose von Offizieren und Funktionären der Hitlerpartei in den letzten Wochen gelautet. Der «Brinkhof», das städtische Asyl, beherbergte die Ärmsten Greifswalds, jeden Komfort entbehrend und den geringsten hygienischen Ansprüchen spottend.

Mit schwungvoller Unterschrift beendete der Oberst sein Schreiben. Die Dolmetscherin übersetzte mir den Inhalt. Danach wurden alle Angehörigen der Sowjetarmee aufgefordert, stets hilfsbereit zu sein zur Frau des Obersts Petershagen und ihre Wohnung nicht ohne ihre Erlaubnis zu betreten. Dann tröstete mich die Dolmetscherin: «Ihr Mann ist ein guter Mensch, er wird sicher nicht lange fortbleiben.»

Sie übersetzte mir die freundlichen Wünsche des Obersts, beide verabschiedeten sich.

Mein Dank fiel dürftig aus. Die Überraschung war zu groß und zu beschämend für mich. Wie sich nach Jahren herausstellte, waren meine damaligen Gäste der inzwischen leider verstorbene Oberst P. M. Sineoki und seine spätere Frau Marina. Sie blieben unserer Stadt stets eng verbunden.

Nach diesem Besuch hatte ich das Gefühl, mich ziemlich dumm und hilflos benommen zu haben. Immer wieder prallte die anerzogene Antipathie gegen «die Russen» mit der Wirklichkeit zusammen. Zu kurze Zeit lag mein altes Leben in der gewohnten Atmosphäre zurück, so unheildrohend sie auch in den letzten Wochen gewesen war. Viele meiner Voreingenommenheiten gegenüber den sowjetischen Menschen hatte ich schon revidieren müssen, ein mühsamer, von Rückfällen in das alte Mißtrauen nicht freier Prozeß.

Die tiefe Enttäuschung, die mir meine Landsleute im Rathaus bereitet hatten, verwand ich schnell. Dieses Erlebnis, so massiv, blieb eine Ausnahme. Der Kommandant aber hatte nicht nur meinen Gegnern eine Lehre erteilt, sondern zugleich mir Anschauungsunterricht in Fragen Ritterlichkeit eines sowjetischen Offiziers. Jetzt, allein, empfand ich die Hilfsbereitschaft aus allen Kreisen der Bevölkerung besonders wohltuend.

Trotz mancher Sorgen und nicht ausbleibender Kämpfe fühlte ich mich geborgen in Greifswald.

Professor Katsch und seine Frau wollten mir den ersten Abend ohne Peter erleichtern und luden mich zum Essen ein. Aus dem anschließend geplanten Plauderstündchen aber wurde nicht viel. Die ungeheure psychische und physische Anstrengung der letzten Tage machte sich bei mir bemerkbar. Der Professor brachte mir meinen Pelz. Trotzdem fror ich so, daß mir die Zähne aufeinanderschlugen. Er begleitete mich nach Hause und riet mir, sofort ins Bett zu gehen.

Lange konnte ich nicht einschlafen. Ich dachte an den Abschiedsbrief an meine Schwiegermutter, den ich jemand, der nach Hamburg wollte, mitgegeben hatte. Mit so großer Wahrscheinlichkeit hatte ich mit unserem Tode gerechnet, daß Peters Mutter wenigstens wissen sollte, wofür ihr Sohn gestorben war, falls sie die Todesnachricht erhielt. Wir lebten beide, die Stadt war gerettet, und ich konnte hoffen, Peter in absehbarer Zeit wiederzusehen. Ich brauchte mich nicht mehr in jeder Minute zusammenzunehmen, beruhigende und tröstende Worte zu finden, während in Wahrheit mein ganzes Innere aus Angst bestand. Kein Wunder, daß Körper und Seele jetzt mit völliger Erschöpfung reagierten.

Noch war Krieg

Am nächsten Morgen ging es mir besser. Ich nahm mir vor, wieder nach einem Boten in Richtung Hamburg zu fahnden, um meiner Schwiegermutter nun die Nachricht von unserem glücklichen Überleben zu senden. Es war kein Schade, daß sich niemand fand. Der Brief hätte wahrscheinlich ebensowenig sein Ziel erreicht wie der erste. Noch war Krieg, Züge verkehrten nicht. Der Weg auf der Landstraße war lebensgefährlich, nicht zuletzt durch deutsche Flieger.

Meine wirtschaftliche Lage war nicht gerade rosig. Entgegen seinem festen Versprechen war der Stabszahlmeister Stolle nicht mit dem seit Januar rückständigen Gehalt erschienen. Das betraf nicht nur uns, sondern den ganzen Standort. Ich weiß nicht mehr, mit welchen Raffinessen er diese Handhabung rechtfertigte. Die Ungewißheit über meine Angehörigen ließ mich zu keinem festen Entschluß kommen, wie ich mein Leben gestalten sollte. Sie würden dringend meine Hilfe benötigen, sofern sie bei mir Obdach suchten. Bei meinen Nachforschungen mußte ich mir manches schwere Schicksal anhören. Kaum vorstellbar, wie aus diesem Chaos wieder ein geordneter Zustand werden sollte. Gleich, wer die Aufgabe übernahm, er war nicht zu beneiden. Fast alle Gespräche im Bekanntenkreis galten dem einen Ziel, weder zu verhungern noch zu erfrieren. Allgemein herrschte die Ansicht, «der Russe» werde uns auf Jahre hinaus nur das Notwendigste zum Überleben lassen, und auch ich sah darin eine gewisse harte Logik.

Die Rolle, die mein Mann bei der Rettung der Stadt gespielt hatte, verleitete manchen Greifswalder dazu, von mir Rat und Hilfe zu erwarten, obgleich ich oft selbst ratlos war. Dennoch empfand ich dankbar ihr Vertrauen, dessen Ursache in der Verehrung für Peter lag. Ob sich Flüchtlinge um die Raumverteilung stritten oder die neuen Bewohner einer verlassenen Wohnung sich nicht entschließen konnten, die vorgefundenen Jagdwaffen abzugeben, alles sollte ich entscheiden. Dabei mußte ich mich ebenso unsicher tastend in dem neuen Leben zurechtfinden wie sie.

Zur neuen «Obrigkeit» hatte ich keine besseren Beziehungen als die meisten, nur die «Russenangst», die noch sehr viele beherrschte, gab es bei mir aufgrund meiner positiven Erfahrungen nicht – aber die Angehörigen der Roten Armee waren für mich die Sieger, und der Besiegte biedert sich bei seinem Überwinder nun eben mal nicht an.

So machte es mir nichts aus, als einmal gegen Abend eine Nachbarin aus dem Nebenhaus ängstlich zu mir kam und flüsterte, «Mongolen mit kleinen Pferden» wollten in der Garage übernachten.

Die «Mongolen» entpuppten sich bald als Usbeken. Auf der Straße schon hörte ich das fremdartige Stimmengewirr und die mir so vertrauten Geräusche des Pferdegetrappels. Kleine, schlanke Gestalten blickten mich aus schwarzen schmalen Augen erstaunt an, als ich mich zwischen den Pferden hindurchdrängte, das große Tor aufschloß und vorsichtig öffnete. Leise Zweifel und Herzklopfen vergingen, nachdem sie mir fast ehrerbietig Platz gemacht hatten.

Mein erster Blick fiel auf eine riesige, aufgebrochene Kiste, aus der Stroh und Holzwolle quollen. Das darin verstaut gewesene Meißner Porzellan war verschwunden. Hier hatte sich offensichtlich die «rettende» Hand einer «hilfreichen» Nachbarin betätigt. Die Reiter entdeckten zu ihrer Freude eine ganze Batterie Flaschen mit Kirschschnaps. Ich hoffte, die würden ihre Blicke von dem peinlich großen Berg leerer Kondensmilchdosen aus Dänemark ablenken.

Kiste und Dosen wurden herausgeschafft, und die Reiter begannen die Flaschen zu öffnen. Von jeder sollte ich kosten, bevor sie bei ihnen die Runde machte. Es gelang mir, sie zu täuschen, sonst wäre ich wohl sehr schnell nicht nur lustig wie sie, sondern betrunken gewesen. Dann begannen sie mit unglaublicher Gewandtheit auf dem gepflasterten Hof zu tanzen.

Der Mond leuchtete in die Garage, in die ich ein Pferd nach dem anderen, insgesamt etwa fünfzehn, hineinführte. Ich ließ die Tiere am Stroh knabbern. Die Holzwolle sollte den Männern als Lager dienen. Verwundert sahen sie mir zu, wie ich mit Pferden umgehen und mich anscheinend nicht so schnell von ihnen trennen konnte. Der warme Duft ihrer Leiber, ihr Scharren und Kauen am Zaumzeug weckten in mir Erinnerungen an den Stall in Woitzel, an Peters «bespannte Kompanie» in Brandenburg. Gedankenverloren kraulte ich sie hinter den Ohren und streichelte die weichen Pferdenasen. Ich legte meine Stirn an einen Pferdehals und konnte die Tränen nicht mehr zurückhalten. Plötzlich spürte ich, wie eine Hand beruhigend über meine Schulter strich.

«Frau nicht weinen, Chitler kaputt, alles wieder gutt», hörte ich eine rauhe Stimme.

Soviel Wärme in Ton und Geste tat mir gut. Ich wischte meine Tränen ab und sagte: «Ich hol noch einen Eimer, damit Sie die Pferde tränken können. Dort ist der Wasserhahn.»

Am nächsten Morgen stand der Eimer vor der Tür, Roß und Reiter waren verschwunden.

Die fünf Nachrichtenhelferinnen richteten sich auf ein längeres Bleiben bei mir ein. Heimatlos, ohne Verbindung zu ihren Angehörigen, hatte keine ein Ziel. Es machte allerhand Mühe, ihre wenn auch geringe Habe sinnvoll unterzubringen.

Außerdem war eine Arbeiterfrau von der Hafenstraße aus Angst vor den Russen zu mir gezogen. Wir kannten uns, denn vor Jahren hatte ihre Schwester bei mir im Haushalt geholfen. So waren wir mit Elsbeth acht Frauen in der Wohnung. Natürlich hatte nicht jede ein eigenes Bett. Aber selbst auf dem Fußboden, immerhin auf einem Teppich, ließ sich für damalige Begriffe ein Plätzchen der Geborgenheit einrichten.

Alle hatten sich schon zur Ruhe begeben, als es klingelte. Ich öffnete, zwei junge Rotarmisten standen vor der Tür. Sie verlangten Federbetten. Sofort merkte ich, daß sie angetrunken waren. Ich beteuerte, keine Federbetten zu besitzen, und zog die Wohnungstür hinter mir zu, da ich mich für die jungen Frauen verantwortlich fühlte. Unsere Unterhaltung verlief noch wie im Scherz, mit freundlichen Gesichtern. Doch plötzlich setzte mir der eine Soldat seine Pistole an die Schläfe und forderte streng: «Wohnung, Betten!» Das Metall war kühl. Mir schlug das Herz bis zum Halse. Sollte es mir so ergehen wie meinem Vater? Das Dümmste wäre, Angst zu zeigen, sagte ich mir, sah dem jungen Soldaten gerade ins Gesicht und behielt meine freundliche Miene bei. Außerdem hoffte ich, daß auch sowjetische Soldaten, ebenso wie deutsche, nicht mit einer geladenen und entsicherten Pistole umherlaufen. Mein Ausweis lag in der Wohnung, dort nützte er mir im Moment wenig. Ich klopfte dem Soldaten auf die Schulter und behauptete: «Du guter Mensch, nicht schießen.»

Aus der Wohnung gegenüber kam der alte Rechtsanwalt Kopp und unterstützte meine Besänftigungsversuche, endlich mit Erfolg. Jetzt schlug ich mit der flachen Hand auf die Truhe, die für eine Schlafgelegenheit in der Wohnung auf dem Treppenabsatz gelandet war, und verlangte immer wieder: «Hier Pistole, dann in die Wohnung.»

Das galt auch für den anderen Soldaten, auf dessen Pistolentasche ich deutete. Die Unmöglichkeit meines Ansinnens war mir im Moment gar nicht klar. Ich wollte nicht angetrunkene Soldaten mit ihren Waffen in meine von Weiblichkeit voll belegte Wohnung hineinlassen. Der Grad ihrer Umnebelung zeigte sich, als sie tatsächlich meinen Wunsch erfüllten, die

Pistolen hinlegten und dann erst die Wohnung betraten. Das schien nun wieder mir zu leichtsinnig. Schließlich war die Haustür nicht verschlossen, und ich bedeutete ihnen, die Waffen auf die Kommode im Flur zu legen.

Zögernd und fast verlegen standen sie nun vor mir und verlangten immer wieder Federbetten. Ich überzeugte mich, daß sich alle jungen Frauen unter die Decken verkrochen hatten, öffnete die Tür zu jedem Zimmer und erklärte: «Nur Decken, keine Federbetten.» Im stillen bangte ich um meine Daunendecken, aber auch die schienen ihnen nicht voluminös genug.

Unterdessen hatte ich eine Gelegenheit benutzt, meinen Ausweis zu holen, und zeigte ihn dem einen Rotarmisten. Er schaute drauf, zupfte seinen Kameraden am Ärmel und las laut vor. Ich merkte ihr Erstaunen. Es war noch Krieg, und die sowjetischen Truppen befanden sich in schnellem Vormarsch. Diese Soldaten mußten nicht unbedingt etwas wissen von der besonderen Rolle Greifswalds oder gar meines Mannes. Der eine hielt den Bogen fest in der Hand, der andere wollte selber lesen. Sie schwankten und der Ausweis zerriß. Ihr Schreck war unbeschreiblich. «Grroße Schweinerei, serrr schlecht!» stieß der vor kurzem so kühne Pistolenschütze hervor, «bittee kleben, nix sagen Kommandant!» bat der andere ebenfalls. Ich versprach zu kleben und zu schweigen. Sichtlich ernüchtert traten sie den Rückweg an, allerdings mit dem vernichtenden Urteil: «Nemetzki polkownick, keine Federbetten, nix kultura!» Der geklebte Ausweis ist noch heute in meinem Besitz.

Vom komplizierten Beginn

Endlich war die bedingungslose Kapitulation Deutschlands unterzeichnet. Der Vorwurf gegen die eignen Führer, «warum so spät, zu spät für Millionen Menschenleben!» wurde in meinem Bekanntenkreis selten ausgesprochen. Aber in mir brannte er, denn ich hatte die qualvollen Gewissenskämpfe Peters vor der kampflosen Übergabe der Stadt miterlebt. Von klein auf war ich in der Vorstellung erzogen, daß kein Stand strenger als der des Offiziers dazu verpflichtet sei, alle Tugenden in sich zu vereinen und danach zu handeln. Jetzt, da die ganze Wahrheit über den schaurigen Krieg mehr und mehr zutage gefördert wurde, war ich erschüttert. Wo blieben bei den höchsten Vertretern meiner Standesgenossen das Gewissen und die Verantwortung für das Volk?

In ohnmächtigem Zorn las ich die ersten Ausgaben der «Täglichen Rundschau», die am Markt im Glaskasten hingen. Manches schien mir übertrieben, doch jedes Wort der Verteidigung oder Rechtfertigung war unangebracht, die Verbrechen waren zu groß.

Peter wollte nach Greifswald zurückkehren. Dann mußten wir wohl oder übel mit den Kommunisten leben, aber ob sie mit uns leben wollten? Würden sie Peter eine Existenzmöglichkeit geben? Das konnte nur die Zukunft beantworten. Jetzt gab es mancherlei Gründe, die mich mein Versprechen, hierzubleiben, nicht bereuen ließen.

Das naive Vertrauen, das mir auch einfache Frauen entgegenbrachten, rührte mich tief und machte mir die Stadt noch fester zur Heimat. Manche kamen, oft mir völlig Unbekannte, suchten verlegen nach einem Vorwand, ihren Besuch zu erklären, und gestanden schließlich freimütig, sie hätten nur mal sehen wollen, ob ich noch da wäre. Wenn ich nach dem Westen zöge, würden sie ebenfalls gehen. Ich redete ihnen gut zu mit all den Gründen, die ich mir selbst zurechtlegte.

«Hier ist auch Deutschland. Was soll denn aus diesem Teil unseres Vaterlandes werden, wenn wir ihn alle verlassen würden?»

Waren die Frauen Einheimische, führte ich ihnen nicht zuletzt ganz nüchtern vor Augen, welchen Wert jetzt ein kompletter Haushalt darstellt, den sie mit der Flucht in den Westen verlieren würden.

Die Gespräche halfen nicht nur den Frauen, sondern auch mir. Ich fühlte mich immer fester verpflichtet, mein Wort zu halten. Wie schwer mir das zeitweilig werden sollte, konnte ich zu der Zeit noch nicht ahnen.

Ich wirtschaftete so sparsam wie möglich, aber es schien mir höchste Zeit, mich nach dem Verbleib des Stabszahlmeisters zu erkundigen, der uns das Gehalt der letzten Monate schuldete. Die Auskunft war niederschmetternd: Der Herr Stabszahlmeister war mit der gesamten Standortkasse nach dem Westen geflohen.

Mein erster Gedanke war: Arbeit suchen. Doch das einzige Angebot für mich war eine Stelle als Reinemachefrau im Kindergarten. Kein Wunder, dachte ich, wenn man nichts Vernünftiges gelernt hat. Obwohl ich dann eine bessere Lebensmittelkarte erhalten hätte, erschien es mir einträglicher und vor allem nahrhafter, Gartenbau und Kleintierzucht zu intensivieren.

Die größte Sorge bereiteten mir die Miete und die durch die Dienstgespräche erhebliche Telefonrechnung. Beim Direktor des Postamtes brauchte ich nicht viele Worte zu machen, er strich die Rechnung ohne Zögern. Danach begab ich mich voller Hoffnung zum Stadtrat Rust und wollte ihn um Stundung der Miete bitten, bis ich auf irgendeine Art zu Geld gekommen war. Aber der Herr Rechtsanwalt entsann sich nicht seines Versprechens. Er lehnte rundweg ab: «Zahlen binnen drei Tage oder ausziehen!»

Ich war sprachlos, sah ihn prüfend an. Hatte ich mich geirrt? Nein, auch er hatte Peter gedankt und mir seine Hilfsbereitschaft zugesichert. Aus der Wohnung bekommt er mich nicht raus! dachte ich wütend und verließ ohne Gruß den Raum.

Ja, der Umgang mit Menschen war durch das Ende des «Großdeutschen Reiches» nicht schlagartig einfacher geworden – so mancher war mit Worten und Bekenntnissen schneller als mit Überzeugungen und Taten an neuen Gestaden. Der gute Rust wird vorsichtshalber unterschieden haben zwischen dem Oberst Petershagen, dessen Initiative großen Respekt beim Gegner gefunden hatte, und der Frau des Kriegsgefangenen Petershagen, die schon auf Grund ihrer Herkunft dem sowjetischen Kommandanten ein Dorn im Auge sein mußte. Und wenn er mit beiden unterschiedlich verfuhr, war das kein edles, aber, wie er sicher meinte, für ihn ganz zweckmäßiges Verhalten. Ich borgte mir eine Summe, die mich für einige Zeit von den Mietsorgen befreite.

Ein neuer Flüchtlingsstrom ließ mich hoffen, bald Klarheit über das Schicksal meiner Angehörigen zu bekommen, damit ich dann weitere Entschlüsse fassen könne. Auf Befehl der Sowjetischen Militäradministration hatte sich aus jeder Familie eine Person einmal in der Woche zur Arbeit bei der Armee einzufinden. Ich war froh, für einen Tag dem Gewimmel in meiner Wohnung entfliehen zu können, denn inzwischen hatte auch noch die Familie eines Universitätsgutspächters bei mir Unterschlupf gesucht.

Auf einem Lastkraftwagen fuhren Gerda Thoms und ich mit den anderen Frauen zur Ruine Eldena. Dort wurden wir von zwei jungen Soldaten in Empfang genommen. Nach endlosem Palaver stieg der eine im Turm der Ruine die Treppe hinauf. Sein blonder Schopf erschien hoch oben über den roten Zinnen. Gleich wird er eine Opernarie schmettern, dachte ich, so sehr glich der Anblick einem Bühnenbild.

Statt dessen erklangen harte Schläge. Die jahrhundertealten Ziegelsteine hatten bisher erfolgreich dem Zahn der Zeit widerstanden. Jetzt plumpste ein riesiger Brocken nach dem anderen unter dem Druck des Brecheisens in den Händen des jungen Rotarmisten in die Tiefe. Wir Frauen mußten ihn mit schweren Hämmern in kleine Steine zerschlagen, mit denen der Weg zum Gutshof Eldena befestigt werden sollte. Dabei wird ja wohl die halbe Ruine draufgehen, ging es mir durch den Sinn, gut, daß Caspar David Friedrich sie vorher gemalt hat.

Mich schmerzte das Zerstörungswerk, aber gab es nach diesem Krieg für derartiges überhaupt noch anwendbare Maßstäbe? Da konnte es den jungen Burschen egal sein, ob hier die hohen gotischen Pfeiler ein paar Meter kürzer wurden.

Ganz anderer Meinung schien ein sowjetischer Offizier zu sein, der sich uns mit raschen Schritten näherte. Die Soldaten, der eine unten, der andere oben als Silhouette gegen den blauen Himmel, grüßten stramm. Ein Himmeldonnerwetter von unwahrscheinlicher Dauer prasselte ihnen entgegen. Vor Schreck erstarrten auch wir Frauen. Der Turmbesteiger kam herunter, um bei seinem Erscheinen in der kleinen Tür erneut mit einem Schwall zorniger Worte empfangen zu werden. Wie begossene Pudel marschierten die beiden sowjetischen Soldaten zum Gutshof ab.

Ich dachte: Ein Glück, daß die Arbeit so langsam voranging. Immer wieder hatten die Soldaten Pause angeordnet. Dann saßen wir gemütlich nebeneinander auf gefällten Baumstämmen. Die beiden Rotarmisten boten Machorka an, von dem zu meinem Erstaunen die meisten Frauen gern Gebrauch machten. Unter viel Gelächter versuchten sie, das Zigarettendrehen zu lernen. Beim Anblick dieser lustigen Runde fragte ich mich: Ist es wirklich erst wenige Wochen her, daß so manche Frau bei uns anrief, um ihren Selbstmord anzukündigen, weil «die Russen» kommen?

Jetzt dirigierte der Offizier unsere ganze Schar in das Gutshaus. In einem großen Raum, auf langen Tischen, standen Suppenteller, die von zwei sowjetischen Frauen in weißen Kitteln und Kopftüchern mit herrlicher Brühe und Graupen gefüllt wurden. «Setzen, essen», sagten sie mit einladender Handbewegung. Wir ließen es uns schmecken, einen Nachschlag lehnte ich nicht ab. Das ist aber ein schlechtes Geschäft, dachte ich, für das bißchen Arbeit so gutes Essen. Die Teller leerten sich.

Zu unser aller Erstaunen wurden Messer und Gabeln verteilt. Große Platten mit geschnittenem Schmorfleisch und Türme von Kommißbrot setzten die beiden Frauen geräuschvoll auf den Tisch, begleitet mit der freundlichen Aufforderung: «Nehmen, essen!» Nach der fetten Brühe war das gar nicht so einfach, doch die Brot- und Fleischberge verschwanden erstaunlich schnell. Mir schien, ich hätte seit vielen Jahren nicht etwas so Schmackhaftes gegessen.

Anscheinend gab es an diesem Tag keine andere Arbeit mehr für uns. Auf den Lastwagen für die Rückfahrt wollten Gerda Thoms und ich nicht warten. Wir machten uns zu Fuß auf den Heimweg. Nachdenklich ging ich neben Gerda her, die Schweigsamkeit von mir nicht gewohnt war.

Mit Verpflegung hatten wir keineswegs gerechnet. Sie war wertvoller als bares Geld. Hatte die Besatzungsmacht es nötig, uns so gut zu bewirten? Beantwortete sie so den Hungertod von Tausenden sowjetischer Kriegsgefangener? Ich hatte Peters entsetzte Schilderungen über die Zustände in einem Gefangenenlager in Dnepropetrowsk nicht vergessen. Gewiß, unsere Männer würden jetzt höchstwahrscheinlich ebenfalls hungern, es würde nicht immer und überall so sein wie heute in Eldena. Aber daß es russische Frauen fertigbrachten, uns mit freundlichem Lächeln die Teller zu füllen, während vor wenig mehr als vier Wochen ihre Männer noch unter den Kugeln Deutscher gestorben waren, das war kaum zu fassen.

Gerda brach unser Schweigen. «Der russische Offizier soll Kunsthistoriker sein. Ich hätte nicht gedacht, daß es überhaupt so gebildete Leute bei denen gibt. Er war ja ganz außer sich. Die beiden Soldaten taten mir leid. Sie konnten doch nicht ahnen, daß sie ein Kulturdenkmal abrissen. Hat ja auch etwas Absurdes: eine Ruine muß stehenbleiben! Nach allem, was wir bei ihnen zerstört haben!»

Ich reagierte einsilbig. Mein «Russen»-Klischee ging immer mehr in Scherben. Und selbst wenn ich meine Vorurteile hintenan setzte – mußten sie nach diesem Krieg nicht unsere Feinde sein und sich entsprechend verhalten, obwohl so manches positive Erlebnis der letzten Wochen dagegen sprach? Schließlich hatten sie meinen Vater erschossen. Ähnliche bittere Nachrichten brachten viele Flüchtlinge mit. Sie stimmten mich tieftraurig, denn es gab nur eine Antwort: unsere Schuld.

Wiedergefunden

Unterdessen hatten wir die Stadt erreicht. Der Sohn der Gutspächtersfrau kam uns fröhlich entgegengesprungen.

«Frau Petershagen, Frau Petershagen!» rief er schon von weitem, «Ihre Mutter ist da, Ihre Tante, Ihre Schwägerin und die vier Kinder, und Ihr Vater ist tot.»

Einen Moment drehte sich alles vor meinen Augen. Damit war der Tod meines Vaters bestätigt, das letzte schwache Flämmchen Hoffnung endgültig erloschen. Aber die anderen lebten! Die Last dieser Ungewißheit fiel von mir ab. Zugleich entstand eine neue, schwierige Aufgabe für mich: Sie alle mußten ernährt und gekleidet werden. Der muntere Bericht des Jungen ließ mich darüber nicht im Zweifel.

«Zu Fuß sind sie gekommen, nur mit einem Sportkarren, mit einem Beutel Haferflocken. Der eine Junge hat ganz wunde Füße, er hatte zwei linke Stiefel an und viel zu große. Mutti sagt, wir ziehen nach unten, da ist gerade ein Zimmer frei geworden!»

Bereitwillig wurde Platz gemacht für die neuen Flüchtlinge. Sie unterschieden sich in nichts von den zahllosen Elendsgestalten, die schon so oft an meinen suchenden Augen vorbeigezogen waren. In wochenlangem Fußmarsch waren sie von einer zerstörten Stadt zur anderen gekommen, und nun erschien ihnen das heile Greifswald wie ein Traum. Zwar hatten sie bereits unterwegs von Peters Tat gehört, aber bei allem, was sie erlebt hatten, war die Auswirkung für sie doch schwer vorstellbar. Die Wiedersehensfreude und die Lösung der praktischen Fragen verdrängten die tragischen Geschehnisse wenigstens so weit, daß wir zunächst nicht über sie sprachen. Nach den Nächten unter freiem Himmel, in Ställen und Scheunen fanden sie ihre Schlafstätten paradiesisch. Ich lag als einzige in dieser Nacht noch lange wach.

Die Notwendigkeit, meine finanzielle Grundlage zu sichern, wurde immer dringender. Zunächst verkaufte ich einige Dinge, die ich bei dem jetzigen Leben ohnehin kaum mehr gebrauchen würde. Ich überlegte, wie ich sie möglichst günstig an den Mann bringen könnte. Schwarzhandel war verboten, daher blühte er um so üppiger, des Nachts in den Häusern, mit unwahrscheinlich hohen Preisen.

Manche Flüchtlinge hatten sehr viel Geld, ganze Vermögen, gerettet, andere wieder hatten vor der Flucht aus Stettin einen Schuh- oder Wäscheladen geplündert und so wertvolle Tauschware in der Hand. Es war mir kein sehr sympathischer Gedanke, mich an den nächtlichen Geschäften im trüben Schein weniger Kerzen zu beteiligen, aber was blieb mir anderes übrig?

Um mir einen Überblick zu verschaffen, suchte ich alles Entbehrliche zusammen. Wer würde in diesen Zeiten viel Geld ausgeben für Peters Smoking, meine Abendkleider, die elektrische Kaffeemaschine? Strom gab es nur stundenweise, und wer so glücklich war, ein paar Gramm Kaffee zu besitzen, würde sie genausooft aufbrühen und durchkochen wie ich.

Gerade hatte ich auf unseren Betten alles zusammengetragen, da klingelte es. Zwei Angehörige der Besatzungsmacht in Zivil standen vor der Tür und fragten, ob ich etwas zu verkaufen hätte. Ich wagte kaum, meine Schätze aufzuzählen, da keine begehrten Artikel wie Bettwäsche oder Schuhe darunter waren. Doch gerade für Abendkleider interessierten sie sich. Ich war nicht bescheiden in meinen Forderungen, aber meine Geschäftspartner ließen sich nicht hinters Licht führen. Zu meinem Erstaunen unterschieden sie exakt Seide von Kunstseide, Wolle oder Mischgewebe, Maßkleid oder Konfektionsware. Bis auf den Pfennig genau kannten sie unsere Preise.

Als ob sie meine Gedanken erraten hätten, belehrten sie mich, daß es in Moskau auch schlanke, elegante Frauen gäbe, die Freude an schönen Kleidern hätten. Laufen sie nicht nur in grauer Einheitskleidung und Wattejacken herum? Tatsächlich hatte ich gerade an Fräulein von Watters Schilderung gedacht und gehofft, mit dem Hinweis auf die allzu geringe Taillenweite ein Abendkleid zu retten. Ich liebte es besonders, da es mein erstes Abendkleid in der Ehe und von Peter entworfen war. Die beiden nannten es ein «Modellkleid» und boten einen so hohen Preis, daß ich endlich einwilligte. Alle schönen, mit ihm verbundenen Erinnerungen waren ja zum Glück unverkäuflich.

Mitternacht war vorbei, immer wieder sah meine Mutter besorgt herein, zumal sie sich nicht zur Ruhe begeben konnte. Der Handel zog sich nicht nur wegen der Preise in die Länge. Ich benutzte die Gelegenheit, etwas über das Leben in Moskau zu erfahren.

«Wann werden denn solche Kleider dort getragen?» fragte ich und war erstaunt, zu hören, daß Konzert- und Theaterbesuche in der Sowjetunion eine große Rolle spielen. Seit wann Abendkleider dort nicht mehr hergestellt werden konnten, brauchte ich nicht zu fragen.

Zufällig lag ein dicker, wollener Schal in Reichweite. Der jüngere der beiden Besucher strich nachdenklich über die hellblaue, weiche Wolle.

«Verkaufen?»

«Nein!» antwortete ich fast entsetzt, «mein einziger Schal, wenn ich den nicht mehr habe, und es ist Winter, werde ich bestimmt krank. Den verkaufe ich auf keinen Fall!»

Ich ärgerte mich über meine Unordnung, wagte aber nicht, ihn wegzunehmen und in den Schrank zu tun. Immer wieder glitt der Blick des jungen Mannes zu dem blauen Wolltuch. Er war nicht bei der Sache, sein Kamerad mußte ihn ernsthaft ermahnen. Ich rechnete damit, daß er den Schal letzten Endes einfach einstecken würde. Doch er fand eine andere Lösung. Er nahm eine Schere – ich war so verdutzt, daß ich heute noch nicht weiß, ob sie ihm oder mir gehörte – und schnitt, schnipp, schnapp, den breiten Schal der Länge lang durch, schön genau in der Mitte. Die eine Hälfte legte er mir um den Hals, die andere sich und sagte: «Karascho, du nicht husten, ich nicht husten, beide warm. Was kosten?»

«Nichts», entgegnete ich, «geschenkt.»

Ich war so berührt von dieser unkomplizierten, so menschlichen Lösung, daß ich mir schäbig vorgekommen wäre, Geld für den halben Schal zu fordern.

Dies war der Schlußpunkt des stundenlangen, nächtlichen Handelns. Die Käufer zogen hochbefriedigt mit ihren Schätzen ab, und ich fiel, ebenso hochbefriedigt, todmüde in mein Bett, mit dem guten Gefühl, meine Schulden bezahlen und der nächsten Zukunft ohne Sorgen entgegensehen zu können.

Meine Schwägerin beabsichtigte, mit den vier Kindern zu ihrem Vater nach Dresden zu ziehen. Dann wollte ich meinen Haushalt rentabel gestalten und eine Pension eröffnen. Doch bis dahin würde eine gewisse Zeit vergehen. Noch waren die Fahrmöglichkeiten über so eine weite Strecke nicht gegeben, ganz zu schweigen von einem regelmäßigen Zugverkehr. Ich suchte eine Gelegenheit, meine Mutter in Ruhe nach den Umständen des Todes meines Vaters zu fragen.

«Wir saßen alle zusammen im großen Salon», erzählte sie, «da kam ein Russe herein, angetrunken, winkte uns, beiseite zu gehen, schoß und verschwand. Wir waren erstarrt – es ging alles so schnell –, fast schien es, der Russe, ein junger Bursche von achtzehn, neunzehn Jahren, war selbst erschrocken. Wir haben Papa im Park beim Rhododendronbusch begraben.»

Was war im berauschten Schädel dieses Jungen vorgegangen? Hatte er persönliche Gründe für den abgrundtiefen Haß auf die Deutschen? Unendlich viele Familien des überfallenen Landes hatten Angehörige zu beklagen. Waren es die Reizwörter «Gutsbesitzer» und «Oberstleutnant», die er – nach verschiedenen Berichten – in der Kneipe aufgefangen hatte? Es war ja ein erstaunliches, oft beobachtetes Phänomen, daß die nach Deutschland eindringenden Alliierten fast auf keinen Zivilisten stießen, der sich nicht ausführlich von den Nazis distanzierte. Danach wäre außer Hitler und seinem engsten Kreis kaum jemand in der braunen Partei gewesen. Vielleicht glaubte der junge Soldat, nun endlich auf einen waschechten Faschisten gestoßen zu sein, denn ein Gutsherr und hoher Militär – wenn der nicht Nazi war, wer dann überhaupt? Auf alle Fälle wird er keinen gebrechlichen Greis erwartet haben, wie mein Vater es seit einigen Jahren war. Von der strengen, bisweilen harten Disziplinierung bei der Roten Armee angesichts vorgenommener Übergriffe auf die Zivilbevölkerung ist vielfach berichtet worden. Auch in diesem Falle wurde hart zugegriffen – den jungen Soldaten erwartete die Todesstrafe. Ob die Bitte meiner Mutter – sie vertraute mir unter dem Siegel der Verschwiegenheit an, daß sie um Schonung des Täters gebeten habe – Gehör fand, wußte sie nicht.

«Ich werde Ihren Wunsch weiterleiten, aber versprechen kann ich nichts. Es war Mord, und wir sind keine Faschisten!» hatte ihr der Kommandant geantwortet. Selbst meine Mutter – voller Ressentiments gegen die «Bolschewisten» – hielt das nicht für einen propagandistischen Effekt. Das hätte der Sieger kaum nötig gehabt.

«Der Krieg ist furchtbar – ich fand, es gab nun Tote genug», beendete sie ihren Bericht.

Ein Adelsnest

Der Wille zu leben und gesund zu bleiben forderte damals alle Kraft. Wenn ich schwerbeladen zurückkehrte – den Rucksack auf dem Buckel und die Taschen auf dem Gepäckträger und an der Lenkstange meines Fahrrades gut gefüllt von den Bauern aus Woitzel, die in Kölzin und Vargatz Neubauernstellen übernommen hatten –, war ich nach fast fünfzig Kilometern Radtour erschöpft, und mir blieb keine Kraft, über den Tag hinaus zu denken. Ob wir – allen alleinstehenden Frauen erging es ähnlich – Stubben rodeten oder Gartenland umgruben, stets verausgabten wir uns bis an die Grenze unserer physischen Leistungsfähigkeit.

Ideologisch lebte ich – wenn man das so sagen kann – von der Hand in den Mund, im Wechsel mit guten und schlechten Erfahrungen. Abgesehen davon war ich in meiner Jugend nicht zum Nachdenken über gesellschaftliche Entwicklungen und Zusammenhänge erzogen worden. Meine zaghaften Ansätze dazu wurden im Keim erstickt: Du bist in bevorzugte Kreise hineingeboren und mußt zufrieden und dankbar dafür sein. Oben und unten, arm und reich hat es immer gegeben und wird es immer geben. Das war meine ganze Weisheit, mit der ich den völlig veränderten Verhältnissen gegenüberstand. Es überraschte mich nicht, jetzt ziemlich weit unten angekommen zu sein.

Ich vergaß aber nie, daß ich und alle Greifswalder zu den Bevorzugten gehörten, die im eigenen Heim lebten. Daher haderte ich nicht mit meinem Schicksal, sondern genoß meine Erfolge in der praktischen Arbeit. Kam ich zur Ruhe, waren meine Gedanken bei Peter und der Frage, wann er zurückkehrte.

Das heile Greifswald bedeutete für manche aus den Ostgebieten Kommende eine Zwischenstation. Mit dem weiteren Absetzen nach dem Westen wollten sie noch warten. Vielleicht bewahrheitete sich das Gerücht, daß es «wieder anders kommt» oder die Engländer als Besatzungsmacht einrücken. Der Engländer gibt bekanntlich was auf Tradition und ist auf keinen Fall Kommunist, dachten damals viele. Dann würden die Gutsbesitzer wieder in ihre Schlösser einziehen, die Herrschaft würde erneut von denen ausgeübt werden, die «was davon verstehen». Dieses Thema war ein unerschöpflicher Gesprächsstoff in dem Kreis, der sich sehr bald um meine Mutter sammelte.

Der Verlust der Macht wog schwerer als Hunger, Kälte und Mangel an allem Lebensnotwendigen. Die materielle Not hatte man schon im und nach dem ersten Weltkrieg mit Würde ertragen. Damals war erfolglos für kurze Zeit an der Vormachtstellung gerüttelt worden. Heute schien das anders. Trotzdem zweifelten nicht nur die Adligen an der Dauer eines derartigen Zustandes.

Jeder, der ein Tröpfchen blauen Blutes in seinen Adern vermutete, fühlte sich zu meiner Mutter hingezogen. Meine Wohnung wurde schnell zu einem regelrechten Adelsnest. Ich hatte nichts dagegen und war empört, als nächste Verwandte die Gräfin Behr-Behrenhof – für uns «Tante Mausi» – auf die Straße setzten. Wir nahmen sie auf, und ich freute mich für meine Mutter, weil sie sich mit der Freundin über die «guten alten Zeiten» unterhalten konnte. Abgesehen davon hatte «Tante Mausi» für mich die besonders angenehme Eigenschaft, großzügig zu zahlen, da sie reichlich Geld gerettet hatte.

In ihrer Begleitung befand sich Frau von Wulkow, wie sich zu meiner Überraschung herausstellte, Carl-Theos Schwiegermutter. Von ihr erfuhr ich, daß er nicht mehr am Leben war. Er hatte den Untergang des «Dritten Reiches» nicht überleben wollen und sich in den letzten Kriegstagen das Leben genommen. Dieses Ende des selbstbewußten Freundes erschütterte mich.

Nach der Abreise meiner Schwägerin mit den Kindern zog die Familie eines Regimentskameraden meines Mannes, Frau Krawielitzki mit ihren beiden kleinen Söhnen, zu mir. Die Straße, in der sie wohnten, wurde vorübergehend geräumt.

Selbst für damalige Begriffe war meine Wohnung nun voll belegt. Als aber mitten in der Nacht Verwandte von einem Gut aus der Nähe Stralsunds bei mir ankamen, fand sich auch für sie ein Eckchen. Der Onkel beurteilte die Lage genauso nüchtern wie Peter, mit dem er sich immer gut verstanden hatte, und meinte, es würde nicht noch einmal «anders» kommen, die Zeiten für die Gutsbesitzer wären hier endgültig vorbei. Meine Mutter warnte ihn: «An eurer Stelle, Conni, würde ich nicht weit weg in den Westen ziehen. Man wird euch bald zurückholen, sonst gibt es eine Hungersnot. Überall Arbeiter an der Spitze, die nichts gelernt haben. Das kann doch gar nicht gut gehen.»

Gräfin Behr pflichtete ihr bei, aber der Onkel ließ sich nicht aufhalten und blieb bei seinen Ansichten: «Die ganze Familie kann es Peter nicht genug danken, in Greifswald erst mal eine Atempause einlegen zu können. Doch wenn er zurück ist, Angelika, dann solltet ihr auch euer Bündel schnüren. Schon deinetwegen werdet ihr hier nie auf einen grünen Zweig kommen. Es wäre schade um euch. In Hamburg, seiner Heimat mit allen Verwandten und Bekannten, kommt Peter doch ganz anders voran.»

Ich schwieg dazu. Gern würde ich in Greifswald bleiben. Letzten Endes mußte Peter das entscheiden.

Die adlige Verwandtschaft und Bekanntschaft benutzte jede Gelegenheit, mir zu beweisen, daß wir in Greifswald unerwünscht seien und bleiben würden. Beinahe freudig begrüßten Anlaß dazu lieferten zwielichtige Existenzen, die naturgemäß in solchen Zeiten auftauchen. Sie versuchten, an den großen Feuern ihr privates Süppchen zu kochen.

Mancher von ihnen operierte mit der schlichten und wirksamen Formel: «Ich bin Kommunist!» und spielte Weltrevolution in den Kellerräumen der «besitzenden» Klasse, die er sehr unorthodox definierte. Der Kommunistenschreck saß ebenso tief im bürgerlichen Deutschen wie der Russenschreck, und die wenigsten Betroffenen fanden in so einem Fall den Weg zur Kommunistischen Partei, wo sie ihr Recht bekommen hätten.

Jedenfalls – ich eilte zu den Kommunisten, zornentbrannt, als ein Klempnergeselle mir ankündigte, er würde umgehend meine gesamte Feuerung aus dem Keller holen lassen. Wir hatten noch einen leidlichen Vorrat, da Peter stets zum Sparen ermahnt hatte. Ich möchte annehmen, es war die erste Bekanntschaft des Kreissekretärs der Kommunistischen Partei Deutschlands mit mir, er wird nicht begeistert gewesen sein. Empört fragte ich ihn, ob es im Sinne der Partei sei, alleinstehende Frauen zu schikanieren.

Er hörte mich in aller Ruhe an und sagte dann, daß nichts dergleichen geschehen würde. Es geschah aber doch etwas. Am nächsten Morgen fuhr der Klempner nicht mit einem Wagen vor, um die Kohlen aufzuladen, sondern stand verlegen vor meiner Tür, um sich zu entschuldigen. Er versprach, jede Reparatur für mich schnellstens auszuführen. Das Versprechen hielt er jahrelang, und ich wünschte, er existierte heute noch.

Nach diesem Erlebnis fühlte ich mich verpflichtet, die Gerechtigkeit des Sekretärs der Kommunistischen Partei zu rühmen. Auch der alte Segelmacher und Kommunist Julius Schröder gewann mein Herz. Mit dem Sozialamt hatte er keine leichte Aufgabe übernommen. Solange meine Schwägerin noch bei mir war, holte ich mir dort im Sommer monatlich achtundzwanzig Mark Unterstützung für die vier Kinder. Er war ein erfahrener Genosse, von dem ich lernte, welche Idealvorstellung er mit dem Wort «Komsomolze» verband, ein Begriff, den er mir erst erklären mußte.

Meine Mutter dominierte sehr schnell im Bekanntenkreis, der in mir mehr ihre Tochter denn Peters Frau sah. Das ärgerte mich und reizte meinen Widerspruch. Eine ehemalige Schauspielerin sagte triumphierend zu mir: «Heute hörte ich die Rede von irgend so einem Kommunisten auf dem Markt. Dauernd hat er mir und mich verwechselt. Und so was will nun einen Staat regieren, einfach lächerlich!»

Darauf entgegnete ich: «Ich lasse mir lieber mit mir und mich durcheinander die Wahrheit sagen als mich im besten Hochdeutsch belügen. Das haben unsere höchsten Bonzen ja großartig verstanden!»

Verdutzt sah sie mich an und schwieg. Es hatte ihr die

Sprache verschlagen, einschließlich mir und mich. So etwas äußert nun die Tochter von Frau von Lindequist! dachte sie sicher entsetzt, denn der Name imponierte ihr sehr.

So kam ich bald in den Ruf, stets die Partei der Roten zu ergreifen, ob Russe oder Deutscher. In Wahrheit war ich zwar auf Gerechtigkeit, aber nach wie vor auf Abstand bedacht.

Ein älterer sowjetischer Reserveoffizier hatte Peter vor seiner Abfahrt in die Gefangenschaft versprochen, sich um mich zu kümmern. Eines Tages kam er und lud mich zu einem Theaterbesuch ein.

Ich lehnte ab: «Ich weiß, Sie meinen es gut», sagte ich, «seien Sie bitte nicht böse. Ich kann nicht mit sowjetischen Offizieren ins Theater gehen, solange mein Mann in sowjetischer Gefangenschaft ist.»

Würde er meine Absage übelnehmen? Er versicherte mir, daß er mich verstehe, wenn er es auch bedaure, wünschte mir gute Nachricht von Peter und verabschiedete sich mit einem Handkuß.

Meine Mutter hatte unterdessen ebenfalls Besuch gehabt. Die Nachbarin hatte für den Eintritt in die Christlich-Demokratische Union geworben.

«Sie hat ganz recht», meinte Mutter, «wir müssen ein Gegengewicht gegen die Roten schaffen. Wenn dann die Wahlen kommen, hat der Spuk ein Ende. Das war ja nach dem ersten Weltkrieg genauso. Ich hab gleich für uns beide zugesagt für die Christlich-Demokratische Union.»

Welche grotesken Divergenzen zwischen der Blockpolitik und unseren Vorstellungen über die oppositionelle Rolle der Christlichen Demokraten bestanden, ahnte ich seinerzeit nicht. Tatsache ist, daß damals wirklich eine Reihe von Menschen mit der Illusion, die neue Ordnung wirksam bekämpfen zu können, ihren Eintritt in die neu gegründeten bürgerlich-demokratischen Parteien vollzogen. Ich ärgerte mich nur über die Bevormundung und sagte empört: «Aber Mami, wie kannst du. Ich trete überhaupt in keine Partei ein. Außerdem würde ich damit warten, bis Peter wieder da ist.»

Keine Feindschaft, aber Freundschaft?

Die Herbstarbeiten im Garten wurden weniger. Jede Hausfrau war besorgt, Vorräte für den Winter anzusammeln. Mit dem Rad oder, bei sehr viel Glück, mit dem Wagen fuhren wir weit über Land, um Kohl und Zuckerrüben zum Sirupkochen einzuhandeln.

Frau Krawielitzki und ich warteten immer noch voller Bangen auf eine erste Nachricht von unseren Männern. Dem alten Müllermeister Tschirnhorsky rannen jedesmal die Tränen über das Gesicht, wenn er mir Mehl und Haferflocken verkaufte und vergeblich nach Post von meinem Mann fragte. Das Dokument der Übergabe hing über seinem Schreibtisch.

Das Jahr 1945 neigte sich seinem Ende zu. Die Tatsache, daß die meisten Frauen bisher keine Nachricht von ihren Männern aus der sowjetischen Gefangenschaft erhalten hatten, machte es mir nicht leichter, diesen Zustand zu ertragen. Tiefer denn je waren unsere Gedanken und Gefühle vor der Übergabe der Stadt verbunden gewesen. Jetzt konnte ich schon über ein halbes Jahr nicht das geringste Lebenszeichen mit Peter austauschen. Jeden erreichbaren sowjetischen Offizier fragte ich nach seiner Ansicht über die Dauer der Gefangenschaft. Die Meinungen schwankten von «nur» noch ein paar Wochen bis sechs Jahre. Diese Zeitspanne schien mir der Wahrheit am nächsten zu kommen. Ich erkrankte schwer an einer Gelbsucht und hatte für Wochen Zeit zum Grübeln.

Den Übergangslösungen in meinem Haushalt mußte ich ein Ende setzen und für stabile Einkünfte sorgen. Mit Bitterkeit dachte ich an die vertrödelten Jahre meiner Jugend. Jetzt fehlte mir ein Beruf. Das neue Recht auf Bildung und Arbeit für alle, besonders für die Frauen, begeisterte mich, konnte mir aber nichts mehr nützen. In meiner Kindheit wurde es als peinlich und undankbar empfunden, wenn ich meiner Unzufriedenheit über mein «Mädchen-für-alles»-Dasein Ausdruck gab. Heute war es peinlich, eingestehen zu müssen, nie einen Beruf ausgeübt zu haben.

Was bedeuteten in diesen Zeiten Muster für Stoffe, Kissen, Decken und Tapeten? Der einmalige Entwurf war nicht gefragt, wichtig war nur, etwas in und auf dem Leibe und vier schützende Wände um sich zu haben, ob mit oder ohne Tapeten. Mir war klar, mit meiner «Kunst» konnte ich keinen Blumentopf gewinnen. Ich beschloß, aus meiner Häuslichkeit ein Pensionat zu machen. Mit diesem festen Ziel vor Augen wurde mir leichter.

Am Weihnachtsmorgen nahm meine Mutter der Briefträgerin die Post ab und schenkte ihr eine Tüte Pfeffernüsse. Aus dem ersten Weltkrieg geübt in Kriegsrezepten, hatte sie wahre Wunder an Backwerk vollbracht. Da ich zu den beneidenswerten Deutschen gehörte, die weder geflohen noch umgesiedelt waren, war der Postberg besonders groß. Verwandte und Bekannte hofften, über mich Nachricht von Angehörigen zu bekommen. Unter den üblichen Umschlägen fiel mir die gelbliche Ecke einer Karte auf. Ich zog sie hervor, ein roter Halbmond und, ich wagte es kaum zu glauben, Peters Handschrift. Ganz schnell und leise verzog ich mich in eine Ecke, ich mußte lesen und wieder lesen, konnte mich nicht satt sehen an der so vertrauten Schrift. Die Karte war zwar vom September, doch es war ein Anfang, ich hatte seinen Absender und konnte ihm antworten. Am liebsten wäre ich mit meinem Glück noch allein geblieben. Aber das war in unserem turbulenten Haushalt kaum möglich.

Frau Krawielitzki tat mir leid, als ich mit der Karte zu ihr hineinkam. Sie hatte schon viel länger keine Nachricht. Eifrig studierten wir jede Zeile und besahen die Antwortkarte. Peter schrieb ohne jeden Zweifel an unsere gemeinsame Zukunft, für die er jetzt viel Nützliches lerne. Unser Weihnachtsglück war schließlich vollkommen, nachdem sie am nächsten Tage auch Post mit guter Nachricht von ihrem Mann erhielt.

Das verhältnismäßig nahrhafte Leben bei mir wirkte anziehend auf meine Verwandtschaft aus der Großstadt. Zu Ostern 1946 hatten sich Gräfin Kalnein aus Berlin und Tante Elsa aus Potsdam angesagt. Nicht lange davor arbeitete ich auf der ehemaligen Hitlerjugendwiese, dem heutigen Rosengarten, der als Nutzland unter dic anwohnenden Bürger aufgeteilt worden war. Plötzlich kam Elsbeth kreidebleich angelaufen. «Kommen Sie bloß schnell!» rief sie schon von weitem, «da sind welche vom Wohnungsamt, die wollen uns alle raussetzen!»

Jetzt wird es sich ja zeigen, was das Wort eines sowjetischen Offiziers wert ist, dachte ich. Die beiden Deutschen waren von befremdender Kälte und Unpersönlichkeit. In zwei Stunden hätte ich die Wohnung zu räumen. Nur die notwendigsten persönlichen Dinge dürfte ich mitnehmen. Für meine Mutter und mich stünde eine Dachkammer in der Anklamer Straße bereit. Elsbeth könnte zu ihren Eltern ziehen, alle anderen interessierten sie nicht. Hier zöge ein sowjetischer Hauptmann mit Familie ein.

Ich war bis zum äußersten aufgebracht, wütend redete ich auf sie ein, entschlossen, das Haus nicht zu verlassen. Notfalls ziehe ich in den Keller zu meinen Hühnern und Kaninchen, überlegte ich. Die Hacke in der Hand, mit hochrotem Gesicht und blitzenden Augen, muß ich damals ein recht komisches Bild abgegeben haben. Mir schien, die beiden wären neu in ihrem Amt und versteckten ihre Unsicherheit deshalb wohl hinter einem betont forschen Auftreten. Sie sahen von mir zu meiner Kartoffelhacke und wieder zurück und sagten wie im Sprechchor etwas von «Verhaftung» und «gehorchen».

Mit energischer Geste – ohne ein Wort – präsentierte ich ihnen meinen Ausweis. Was darauf stand, wußte ich – konnte es aber nicht lesen. Sie warfen einen kurzen Blick auf das Papier, und es war ihnen anzusehen, daß auch sie mit den kyrillischen Buchstaben nicht viel anfangen konnten. Die Furie vor ihnen konnte ja viel erzählen. Mit dem Befehl, die Wohnung zu räumen, verschwanden sie endlich.

Mein Kampf zog sich über Tage hin und wurde von meiner Mutter und ihrem Kreis als unnützer Zeitverlust heftig kritisiert. Er würde nur mit meiner Verhaftung enden, gegen die «Genossen» seien wir ja doch machtlos. Man sah dieses Ereignis als das schon lange erwartete und immer vorausgesagte «wahre Gesicht des Kommunismus» an, für den meine «Schonzeit» nun abgelaufen sei. Ihre einzige Konsequenz: So schnell wie möglich nach dem Westen.

Ich setzte meine ganze Hoffnung auf den sowjetischen Kommandanten und versuchte vergeblich, meine Mutter, Elsbeth und die anderen Mitbewohner zu beruhigen. Ungern machte ich von meinem Ausweis Gebrauch, aber jetzt schien er mir doch die letzte Rettung. Ohne Umstände gelang es mir, den Kommandanten zu sprechen.

Dann lief alles sehr unkompliziert ab. Er hörte mich in Ruhe an, und wie ich nicht anders erwartet hatte, war er empört über die Nichtachtung meines Ausweises, der schließlich einen schriftlichen Befehl eines hohen sowjetischen Offiziers darstellte. Nachdem er seiner Meinung in einem Schwall wütender Worte Luft gemacht hatte, setzte er schwungvoll mit dickem Rotstift auch seinen Namen unter das heilige Dokument. Dann gab er mir seine Telefonnummer und versprach, sofort sowjetische Polizei zu schicken, falls nicht alle unerwünschten Besucher verschwunden seien.

Ich war selig. Nach hastigem Dank lief ich, so schnell ich konnte, nach Hause. Schon von der Straße her schienen mir die Fenster kahl. Als ich oben war, blickte ich entgeistert in eine leere Wohnung. Mit unglaublicher Geschwindigkeit hatte meine Mutter die ganze Wohnung ausgeräumt. Nur die größten Schränke waren ohne Inhalt stehengeblieben. Alle Hausbewohner hatten geholfen, weil niemand mehr an meinen Sieg glaubte. Jetzt konnten sie ihn aus meinem strahlenden Gesicht ablesen.

Triumphierend schwenkte ich den Ausweis. Beistand und Gerechtigkeit gefunden zu haben, gab mir soviel Freude und Zuversicht, daß ich über die leere Wohnung plötzlich lachen mußte. Das wirkte ansteckend. Die ganze hilfreiche Hausgemeinschaft vom Keller bis zum Boden lachte mit mir. Aus uns allen sprach die Freude, nicht schutzlos der Willkür ausgeliefert zu sein. Natürlich wird kaum jemand anerkennend gedacht haben: «Diese Russen – sie scheinen doch ganz vernünftig.» Sicher hieß es im Innersten viel eher: «Das Unrecht war ja auch derart schreiend, daß selbst die Russen ...» Gesagt hat niemand etwas.

Es war mir ein Rätsel, wie alles wieder an Ort und Stelle kommen sollte in meinem vollgestopften Haushalt, was jetzt in vielen Winkeln des Hauses, in allen den verschiedensten Wohnungen zwischengeschoben war. Aber es wurde in kürzester Zeit bewältigt, fast in einer Nacht, mit Hilfe sämtlicher Hausbewohner. Nicht ein Krümel fehlte, die Ostergäste konnten erscheinen.

Dieses Ereignis hatte in zweierlei Hinsicht unerwartete Folgen. Meine beiden Besucher waren nämlich keineswegs etwas ungelenke, weil unerfahrene Vertreter der neuen Ordnung, die aus Ungeschick Konfrontationen mit ihren skeptischen, meist antikommunistischen Verhandlungspartnern heraufbeschworen. Sie waren ein cleveres und eingespieltes Duo, das mit

Vorliebe Umzüge sowjetischer Familien arrangierte und dabei gern die ursprünglichen Wohnungsinhaber um dies und das erleichterte – zur Aufbesserung des eigenen Budgets, versteht sich. Die Schuld wurde dann natürlich «dem Russen» in die Schuhe geschoben, und der «Bolschewist» war nach wie vor für viele eine Schreckfigur, gegen die kein Sich-Wehren galt.

Wenn die beiden sich bei mir nicht allzulange aufgehalten hatten, geschah das vielleicht, weil sie auf unerwarteten Widerstand getroffen und mit ihrer probaten «Russenformel» nicht auf Anhieb durchgedrungen waren. Jedenfalls verschwanden sie nicht ohne behördliche Nachhilfe von der Bildfläche, zumal der eine in Stralsund auf der Straße von einem ehemaligen KZ-Häftling erkannt und als übler Kapo entlarvt wurde.

Das zweite Nachspiel begann mit einer mir unerklärlichen, freundlichen Einladung in die Reichsbahndirektion, zur sowjetischen Transportkommandantur. Zwei deutsche Genossen und zwei sowjetische Offiziere empfingen mich. Alle machten feierliche Gesichter, Wein und Gläser standen bereit. Vor Verlegenheit wäre ich am liebsten geflüchtet. Da kam der eine Offizier auf mich zu, drückte mir die Hand und entschuldigte sich für den durchlebten Schrecken. Es war der Hauptmann, der in meine Wohnung ziehen sollte, in die er eigentlich gar nicht hinein wollte, da sie ihm zu groß war und keinen Balkon hatte. Er bedauerte, daß er sich nicht selbst darum gekümmert habe und ausgerechnet ich darunter leiden mußte. Alle vier bedankten sich für meine Standhaftigkeit, da sonst die üblen Machenschaften noch nicht an das Tageslicht gekommen wären. Sie baten mich, mit ihnen ein Glas Wein darauf zu trinken, daß nie mehr Feindschaft, sondern Freundschaft zwischen uns sein möge.

Ich benahm mich so höflich wie möglich, fand den ganzen Aufwand rührend, wenn auch etwas peinlich. Keine Feindschaft, damit war ich sehr einverstanden, aber Freundschaft? Allenfalls mit einzelnen deutschen Genossen, doch mit sowjetischen Menschen? Mir schien, es stand zuviel zwischen uns, unvergeßliches Leid beiderseits, Schuldgefühl und tief eingeprägter Antikommunismus meinerseits.

Wieder zu Hause, merkte ich, daß meine Mutter nicht ganz glücklich war über meinen Bericht. Sie hätte auch diesen Sündenfall zu gerne als erneuten Beweis genutzt, daß ich hier auf die Dauer nicht leben könne. Hingegen war ich fest überzeugt von dem ehrlichen Bedauern der deutschen und russischen Genossen. Weder der sowjetische Kommandant noch die deutschen Funktionäre konnten allen Menschen ins Herz sehen, im voraus wissen, wen Verschlagenheit oder Charakterschwäche dazu bestimmen würden, die neuen Verhältnisse listenreich für kleinliche, persönliche Interessen zu mißbrauchen.

«Das kommt eben davon, wenn man Proleten die Macht in die Hände gibt! Alle anständigen Leute haben sie ja zum Teufel gejagt», wurde mir von meinen Verwandten immer wieder entgegnet.

Ich wollte den Streit nicht ausweiten. Sollte ich sie fragen: Die Anständigen, das sind also wir, Adel, Gutsbesitzer, Offiziere, vor allem die Generäle? War es anständig, bis fünf nach zwölf das Volk zu opfern, um die eigene Haut zu retten? War es anständig, den Arbeiterkindern nur eine minimale Schulbildung zuzugestehen, damit sie willfährige Arbeitskräfte blieben? Anständig war in den Augen unserer Kreise nur, wer unsere Vorrechte unangetastet ließ.

Zweifellos war es auch die skeptisch-nachdenkliche Sicht meines Vaters auf die Angehörigen der eigenen Kaste, die in mir allmählich die Basis für eine solche Distanzierung vorbereitet hatte. Seine vor Jahren geäußerten Prognosen über das Schicksal der Gutsbesitzer, des Adels und seiner Privilegien – damals von mir kaum verstanden – waren mir inzwischen wiederholt Anlaß zu eigenen Überlegungen gewesen. Die alte «heile» Welt war dahin und damit zugleich die Illusion vom Typus eines väterlich-pflichtbewußten Patronatsherrn, der «seinen Leuten» auch künftig würde ein erträgliches Dasein garantieren können.

Die Pension

Nach dem Fortzug von Gräfin Behr mit Frau von Wulkow hatte ich, gewarnt durch das österliche Zwischenspiel, alle entbehrlichen Zimmer meiner Wohnung der Universität zur Verfügung gestellt. Im Hause mietete ich noch zwei Zimmer dazu und begann damit meine Rolle als Pensionsmutter. Über mangelnden Zulauf konnte ich nicht klagen. Ich war ordentlich stolz auf die Zahl der Bewerber.

Allerdings betrachtete ich bedenklich meinen Vorrat an Feuerung. Also machte ich mich auf den Weg zum Güterdirektor der Universität. Nach der Freude, mit der mein Zimmerangebot vom Kurator angenommen worden war, zweifelte ich keinen Augenblick, daß Herr von Hagen mir Holz aus dem Universitätsforst liefern würde, wie für Professoren üblich – und Professoren befanden sich schließlich unter meinen «Schützlingen». Allein mit der Braunkohle auf Karten konnte ich weder die Zimmer heizen noch das Essen zum Kochen bringen.

Ich kannte Herrn von Hagen bis dahin nicht und war überrascht, eine Erscheinung vor mir zu sehen, die so gar nicht mit meinem vorgeprägten Aristokratenbild übereinstimmte. Breit und massig, dem Äußeren nach ein Viehhändler, wie er im Bilderbuch steht, saß er hinter seinem großen Schreibtisch und schien wenig erfreut über meinen Besuch und noch weniger über mein Anliegen.

Holz anfahren, wie ich es vor den Wohnungen der Professoren gesehen hatte? Nein, das war unmöglich! Abwehrend hob er die Hände.

Ich blieb hartnäckig: «Ich muß aber unbedingt Holz haben, wie soll ich denn sonst für die Professoren kochen?»

Er versuchte, sich herauszuwinden. «Das einzige wäre ...», er stockte, hatte vielleicht noch einen Funken Gefühl für die Zumutung, «wenn Sie sich die Bäume selber schlagen und anfahren würden. Der Förster würde sie Ihnen anzeichnen.»

«Also, dann geben Sie mir den Schein», sagte ich ungeduldig.

Überrascht sah er mich an. «Sie wollen selber ...?»

«Ja, was sonst, es bleibt mir ja nichts anderes übrig», entgegnete ich und hätte beinahe hinzugesetzt: «Sie Feigling!»

Damals wußte ich noch nicht, wie begründet diese Feigheit durch seine Unaufrichtigkeit war, die er mit dem Abzeichen der Genossen am Rockaufschlag verdeckte. Erst später erfuhr ich, in welchem «Geheimtresor» er seine alten und offenbar betont rechten SPD-Ideale versteckt hatte, um sie am Tag X unversehrt hervorholen zu können. Er hielt es offenbar für riskant, als Herr von Hagen der Frau des deutschen Obersten, geborene von Lindequist, einen Gefallen zu erweisen. Es blieb nicht die einzige Gelegenheit in den Jahren ohne meinen Mann, bei der ich meine Vorstellungen vom Mut und von der Hilfsbereitschaft meiner Standesgenossen erheblich reduzieren mußte. Unterdessen hatte er etwas auf einen kleinen Zettel gekritzelt, den er mir hinüberreichte. «Drei cbm Hartholz, in der Universitätsforst zu erwerben, von Hagen, Güterdirektor», las ich und dachte, das Gute dabei ist, es wird mehr werden als drei Meter. Und es wurde mehr.

Wenige Tage später war ich dem Dicken dankbar, so schön war es im Wald. Das Buchenlaub leuchtete noch frisch und hellgrün, die Vögel zwitscherten ihren Morgengesang. Ich saß auf dem eben gefällten Baumstamm, neben mir Herr Mai, der aus Stettin stammte. Bei seiner Größe von fast zwei Metern wurde er nie satt. Die gute Verpflegung, von der er für seine kranke Frau etwas aufsparte, bedeutete ihm mehr als Geld. Mir war wichtig, daß er die Arbeit verstand.

Nachdem wir die Stämme im Garten einer Freundin in Eldena gestapelt hatten, fand ich endlich einen Fuhrmann, der sie mir nach Hause bringen wollte. Fluchend spannte der aber seine Pferde aus, als seinem Wagen die Achse brach und mein Holz in den Graben der Wolgaster Chaussee rollte. Ungerührt trottete er zur Stadt. Brummend hatte er zugesagt, wenigstens meine Mutter zu benachrichtigen. Ich hatte die ganze Nacht Zeit, zu überlegen, wie ich nun mein Holz nach Hause bekomme, bei dem ich jetzt Wache sitzen mußte, wollte ich am nächsten Tag noch ein Stück vorfinden. Meine Mutter brachte mir heißen Tee und eine Decke und löste mich am frühen Morgen ab.

Solche Schwierigkeiten zu überwinden, machte mich froh. Trotzdem war die Aufgabe, einen großen Haushalt auf die Dauer rentabel zu führen, nicht einfach. Doch meine Pensionäre schienen zufrieden.

Nachdem ein freundlicher Nachbar mich wegen Wucher angezeigt hatte, ließ ich mir die Preise für Zimmer und Verpflegung vom Stadtrat für Handel und Versorgung, Herrn Drees, festsetzen. Und – ich war sogar noch zu billig gewesen.

Wenn meine Mutter auch nicht für die Roten war, nahm sie reger als ich am kulturellen Leben teil. Mir fehlten dafür die Zeit und die Kraft. Sie wurde ohne Umstände in den Kulturbund aufgenommen, nachdem ihr alter Bronzegießer Noack bestätigte, daß sie bei einem jüdischen Bildhauer in Berlin eine abgeschlossene Ausbildung genossen hatte.

Porträtbüsten vom Oberbürgermeister Max Burwitz und Professor Stephan, dem Direktor der Universitätsfrauenklinik, waren ihr gut gelungen und brachten willkommene Einkünfte. Sowjetische Soldaten bestellten bei ihr Plaketten und kleine Sportfiguren als Preise bei ihren Wettkämpfen. In der Waschküche spielte sich die Gipsgießerei ab, und oft zogen sich weiße Tapsen über die Treppe bis in unsere Wohnung. Keine noch so harten Schicksalsschläge hatten die Aktivität meiner Mutter auf die Dauer lähmen können.

Eines Tages nahm sie an einer Fahrt des Kulturbundes zu einer Kunstausstellung nach Schwerin teil. Höchst angeregt kam sie mitten in der Nacht zurück.

«Stell dir vor», erzählte sie, «da war auch ein Bild von einem Gutsbesitzer, natürlich hoch zu Roß und die Peitsche schwingend, eine winselnde Magd zu seinen Füßen. Der Leiter der Ausstellung lobte das Bild über alle Maßen. Wir schwiegen und dachten uns unser Teil. Da trat der sowjetische Kulturoffizier vor und sagte energisch: ‹Ganz schlechtes Bild, ganz schlecht!› Der Leiter wurde rot, und wir waren verdutzt. Der Offizier fuhr fort: ‹Das zu malen, ist einfach. Aber nun malen Sie ein Bild, auf dem der Herr gut zu seinen Leuten ist und trotzdem gehen muß. Das ist schwer, aber das hilft weiter.›»

Meiner Mutter hatten diese Worte sichtlich imponiert und wohlgetan. Das heißt nicht, sie hätte sich grundsätzlich «bekehren» lassen und wäre als glühende Verfechterin einer gesellschaftlichen Neuordnung zurückgekehrt. Ich bin sogar sicher, sie akzeptierte die bittere Notwendigkeit einer historischen Verabschiedung unserer Klasse nicht. Das hätte sie wahrscheinlich überfordert. Sie empfand jedoch, daß die differenzierende Bemerkung des Offiziers ihren Vorstellungen und ihrer persönlichen Tragik Gerechtigkeit widerfahren ließ.

Obwohl fest verwurzelt in ihren alten Ansichten, verfolgte sie mit Interesse alle politischen Ereignisse. Die Rede des amerikanischen Außenministers Byrnes Anfang September 1946 in Stuttgart wurde mit großer Freude von ihr und den noch zahlreich in Greifswald lebenden Standesgenossen aufgenommen. Hier wurde ganz offen die Abkehr von den Potsdamer Beschlüssen proklamiert, und für jene, die sich mit den tiefgreifenden gesellschaftlichen Veränderungen nicht abfinden wollten, bedeutete das Hoffnung – Hoffnung auf eine Wiederherstellung der alten Verhältnisse, Hoffnung, auf die «angestammten» Güter zurückkehren zu können. Diesem Stimmungshoch folgte ein Tief in Mutters Kreis. Mit Empörung wurde die Vollstreckung einiger Todesurteile des Nürnberger Prozesses kommentiert. Deutsche Feldmarschälle und Diplomaten waren mit dem Strick vom Leben zum Tode befördert worden!

Unter uns jüngeren Frauen gab es kaum derartige Gespräche. Die Sorge um unsere Männer und um das tägliche Brot füllte uns ganz und gar aus. Nur während der durch die Stromsperre erzwungenen Mußestunden nahm ich an den lebhaften Debatten bei meiner Mutter teil. Es war ein bunt gemischter Kreis, der sich bei ihr einfand: ehemalige Gutsbesitzer, Bauern aus Woitzel und Umgebung, der Arzt unseres Wohnbezirkes, Professoren. Niemand störte sich an der stets heillosen Unordnung in ihrem Zimmer. Skepsis und Zurückhaltung gegenüber den antifaschistisch-demokratischen Organen gab es auch bei denen, die keine Privilegien zu verlieren hatten.

Verwaltungsreform, Bodenreform, Enteignung der Monopolindustrie, Schulreform, Justizreform. Mit der Sorgsamkeit von Auguren begutachteten wir politischen Kannegießer die Aktivitäten der neuen Ordnung. Besonders hinsichtlich der Bodenreform fühlten sich die ehemaligen Gutsbesitzer und Bauern aus dem Kreis um meine Mutter als Fachleute. Wieder bestimmte der klassische Dünkel die Diskussion, wonach die ehemaligen Landarbeiter denkbar ungeeignet als Garanten für eine intakte Landwirtschaft seien. Das wird sich von allein totlaufen – war eine verbreitete Meinung.

Jedenfalls war keiner unter uns, der die Reformen nicht als zusätzliche Belastung für unsere Wirtschaft empfand, die sich erst mühsam aus dem Chaos des Krieges herausrappelte. Aber konnte uns nicht prinzipiell all das freuen, was das neue Regime gegen sich unternahm? Die Gefühle blieben gemischt.

Immerhin planten nicht alle die Flucht gen Westen, und für manchen begann ein Umdenken mit der schlichten Voraussetzung, daß man sich «bei den Russen» einzurichten habe, man hier zumindest die Lücken im Gesetz für sich ausnutzen müsse.

Ansonsten entzogen wir uns nach Kräften allem, was nach

politischer Beeinflussung aussah. Wäre ich auf die Idee gekommen, an einer politischen Versammlung teilzunehmen, wäre ich nicht nur von meiner Mutter heftig kritisiert worden. Ich dachte aber gar nicht daran. Von uns «Junkern» wollte man ja ohnehin nichts wissen.

Gab es mal eine freie Stunde, las ich mit brennendem Interesse Bücher, von denen ich bisher weder Titel noch Verfasser kannte. Wie sie in meine Hand gelangten, ist mir heute nicht mehr ganz klar, sie tauchten eben plötzlich auf, meist nur geliehen. Für ihre Autoren war Deutschland in den letzten zwölf Jahren kein Vaterland, sondern ein drohendes Gefängnis gewesen, dem sie mit knapper Not entflohen waren.

Unter all den seinerzeit gelesenen Büchern beeindruckten mich nachhaltig Anna Seghers' «Das siebte Kreuz», Heinrich Manns «Der Untertan» und Ludwig Renns «Adel im Untergang», ein Buch, das in besonderer Weise mit meinen eigenen Erfahrungen, Entwicklungen und mühevoll errungenen Einsichten zu tun hat. Die Zeitungen wurden nun von Menschen geschrieben, die seit Jahrzehnten bessere, aber grundsätzlich andere Wege und Ziele für unser Volk verfolgten, als sie den meisten Deutschen ein Leben lang eingeprägt worden waren. Jetzt war es nicht einfach, Worte zu finden, die wir verstanden, die uns überzeugten. Die unbestreitbaren Grausamkeiten, die von Deutschen begangen und zum großen Teil erst jetzt bekannt wurden, erfüllten mich mit Scham und Entsetzen.

Die ersten Wahlen 1946 hatten bei Bürgerlich-Konservativen die Illusion zunichte gemacht, die neue Ordnung durch «ihre» Parteien gleichsam legal unterlaufen zu können. Zu stark waren auch in der Christlich-Demokratischen Union und in der Liberal-Demokratischen Partei die fortschrittlichen Kräfte. Doch die Hoffnung auf ein «Es kommt wieder anders» wurde in bestimmten Kreisen noch lange nicht aufgegeben.

Die Menschen, die unermüdlich arbeiteten, damit es nicht «wieder anders kam», suchte ich nur auf, wenn ich praktische Fragen zu klären hatte. Dann war keine Zeit für politische Gespräche, für die ich ihnen ohnehin als untaugliches Objekt erscheinen mußte.

Peters Karten trafen selten ein, mit langen Pausen, die mich mit banger Sorge erfüllten. Um so größer war die Freude, wenn ich las, daß es ihm gut ging. Es gab mir stets Kraft für alle Arbeit, wenn aus den Zeilen die Absicht sprach, sein neues Leben in Greifswald aufzubauen. Es lohnte sich also, Haushalt und Garten möglichst zu erhalten. Das stimmte mich froh, wenn ich mir auch vergeblich den Kopf darüber zerbrach, wie unsere künftige Existenzgrundlage aussehen sollte. Offiziere wurden in der Presse noch in Bausch und Bogen verdammt.

Eine abenteuerliche Reise

Mit meiner Schwiegermutter in Hamburg pflegte ich inzwischen einen regen Briefwechsel, vor allem tauschten wir die Nachrichten von Peter aus. Mein Wunsch, sie wiederzusehen, wurde immer stärker, zumal ich wußte, daß ich Peter mit einem Besuch bei ihr eine große Freude bereiten würde. Auch Gerda Thoms wollte gern ihre alten Eltern in der Nähe von Hannover besuchen. Nur wie, war die Frage.

Reisepässe wurden von der sowjetischen Kommandantur ausgestellt. Das geschah in so seltenen Fällen, daß jeder, der legal mit einem Paß reiste, verdächtigt wurde, sich «beim Russen geschustert» zu haben. Wir hatten keine Lust, in diesen Verdacht zu geraten. Außerdem sagte ich mir: Wenn ich einen Paß beantrage, und er wird abgelehnt, wird ein illegales Reiseunternehmen viel eher beobachtet und verhindert. Konnte die sowjetische Verwaltung mir, bei meiner Herkunft und Verwandtschaft im Westen, glauben, daß ich wiederkomme? Kaum. Daß ich meine Mutter hier zurückließ, war keine Garantie, denn es war eine Kleinigkeit, nach Westberlin zu fahren.

Mit großer Heimlichkeit trafen wir alle Vorbereitungen. In der Großstadt Hamburg wurde stärker gehungert als in dem damals noch ländlichen Greifswald, wo fast jeder ein Stück Gartenland bestellte und so seine Verpflegung aufbesserte. Also packte ich meinen Rucksack, ein Andenken an unsere Schireisen, voll mit allerlei Nahrhaftem. Ein Kaninchen mußte sein Leben lassen, Mehl, Haferflocken, ein Topf Sirup und die ersten Mohrrüben aus dem Garten ergaben ein stattliches Gewicht. Einen kleinen Koffer mit den persönlichen Dingen nahm ich in die eine Hand, die andere mußte frei bleiben für die auf einer solchen Reise unvermeidlichen sportlichen Anforderungen.

Eines schönen Morgens fuhren Gerda Thoms, die ähnlich beladen war, und ich los. In die überfüllten Züge hineinzukommen, war kompliziert. Noch schwieriger war es, unsere unförmigen Rucksäcke mit in den Zug zu bringen und so unterzubringen, daß sie kein Stein des Anstoßes wurden. Ich schwebte ständig in Angst, Mehl, Sirup und Kaninchen könnten vorzeitig zu einem eigenartigen Gericht zusammengepreßt werden.

Schließlich langten wir heil in Magdeburg an, wo wir übernachten mußten. Im Zimmernachweis wurde uns ein weit entfernt gelegenes Quartier benannt. Es blieb uns nichts anderes übrig, als uns mit vagen Wegbeschreibungen auf die Suche zu machen. In der zertrümmerten Stadt gab es kaum Straßenbeleuchtung.

Schaurig hoben sich die Ruinen der ausgebrannten Häuser mit ihren leeren Fensterhöhlen vom nächtlichen Himmel ab. Für uns beide, die wir seit Jahren zum ersten Mal das heile Greifswald verlassen hatten, war der Anblick dieser Zerstörungen besonders erschütternd. Es mag an meiner damaligen Erschöpfung liegen, daß ich mich nicht mehr an unser Zimmer erinnere.

Im Morgengrauen kehrten wir zum Bahnhof zurück. Siegreich bestanden wir den Kampf um einen Platz im Zug. Unter «Platz» ist keineswegs ein Sitzplatz zu verstehen, sondern nur die Möglichkeit, sich selbst samt Gepäck, wie ein Wunder unbeschädigt, im Zuge wiederzufinden. Eine lange Reise bot Gelegenheit, alle Arten von Stehvermögen auszuprobieren, auf einem Bein – der zweite Fuß fand beim besten Willen keinen Platz mehr –, mit den Händen irgendwo Halt suchend. Gelang es, auch den zweiten Fuß runterzusetzen, war das schon wesentlich besser, und wenn man ganz großes Glück hatte, ergatterte man ein schmales Eckchen auf einer Sitzbank. Das tauschte ich dann von Zeit zu Zeit mit der Freundin. So langten wir auf unserer vorläufigen Endstation an, wenn ich mich recht erinnere, Oebisfelde.

Wir setzten uns in einem Raum, der wohl mal ein Warteraum gewesen war, auf den Fußboden – Tische und Stühle gab es nicht –, um etwas von unserem Reiseproviant zu verzehren.

Dabei lauschten wir nach allen Seiten auf die Marschpläne unserer Mitreisenden. Einheimische erteilten Ratschläge: Auf der Chaussee, die hinüber in die englische Zone führte, läuft man dem sowjetischen Grenzposten eher in die Arme als im freien Gelände. Aber wie sollten wir dort den Weg finden, zumal es Abend wurde?

«Es kommt jemand, der Sie führen wird», erklärte eine Frau unserer Gruppe, die sich für die «freie Wildbahn» entschieden hatte. Sie sagte es beinahe gelangweilt, es schien alles nach einem schon oft erprobten Ritual abzulaufen. Wahrscheinlich war sie die Frau des angekündigten Führers, der dafür von jedem von uns seinen Obolus forderte. Daß er darin nicht unverschämt war, bestärkte uns in dem vertrauenerweckenden Eindruck von ihm. Gegen Mitternacht setzten wir uns, etwa zwanzig Menschen, in Marsch.

Durch einen Streifen jungen, dichten Laubwaldes von der Chaussee getrennt, gingen wir fast lautlos über eine, uns durch unsere Angst endlos erscheinende, feuchte Wiese. Schließlich landeten wir vor einem Koppelzaun, dahinter ein tiefliegender Bach.

«So», verkündete der Führer, «am anderen Ufer beginnt die englische Zone. Weiter bringe ich Sie nicht.»

Das war verständlich, doch wir standen etwas verdutzt vor dem Problem, mit dem Gepäck unter dem Zaun durchzukriechen und von einem steilen Ufer zum anderen zu springen. Durch allgemeine Hilfsbereitschaft gelangten wir alle – wenn auch mit nassen Füßen – hinüber.

Nach kurzer Wanderung kamen wir an eine Chaussee. Am Rand entdeckten Gerda Thoms und ich im Morgennebel eine Milchbank, auf welche die Bauern ihre Kannen stellen, die der Milchwagen abholt. Wir erkoren sie zu unserer Schlafstätte, da unsere Beine uns wirklich nicht mehr weitertrugen. Das Gepäck festgebunden, eng umschlungen, wegen der Kälte und um nicht herunterzufallen, erwachten wir nach zwei Stunden, allen Umständen zum Trotz, aus erquickendem Schlaf.

Unsere Weggenossen waren ohne Pause weitergezogen, vom Winde verweht. Ganz allein auf weiter Flur beschlossen wir, einen in der Ferne mit roten Dächern grüßenden Bauernhof anzusteuern. Wir wurden freundlich empfangen, konnten uns an der Pumpe auf dem Hof waschen und im Stall einen Becher kuhwarme Milch trinken, eine Köstlichkeit. Also gestärkt und mit genauen Hinweisen versehen, wie wir zur nächsten Bahnstation kommen, zogen wir weiter.

Ich habe vergessen, wo wir einstiegen. Es war ein kleiner, ländlicher Bahnhof. Abgesehen von dem Herzklopfen, ob uns ein Grenzposten nach unseren Reisepässen fragen würde, erreichten wir, gemessen an unseren bescheidenen Ansprüchen, ohne wesentliche Schwierigkeiten Hannover, wo sich unsere Wege trennten. Vorher vereinbarten wir den Tag der Rückfahrt, für die ich meine Freundin bei ihren Eltern abholen sollte.

Endlich in Hamburg angekommen, wurde ich freudestrahlend von meiner Schwiegermutter begrüßt. Die ersten Stunden vergingen mit Auspacken, insbesondere der nahrhaften Schätze, die sie gerührt in Empfang nahm, und der Notwendigkeit, aus mir wieder einen einigermaßen zivilisierten Menschen zu machen.

Zunächst gaben die Reiseerlebnisse genügend Gesprächsstoff. Abenteuerliche Schilderungen hatte die alte Dame schon von anderen Reisenden gehört und daher um mich gebangt. Wurde man geschnappt, konnte man zurückgeschickt werden, erleichtert um sein Gepäck. Oder man wurde zu tagelangen Dienstleistungen verpflichtet, bei denen diese selbst, zum Beispiel Kartoffelschälen oder Briketts schippen, nicht das Schlimmste waren. Vielmehr führte die mangelhafte Unterbringung für manchen zum gesundheitlichen Fiasko.

Wir hatten Glück gehabt, es war alles gut gegangen. Der junge Leser wird sich vielleicht fragen, wer unter den geschilderten Umständen bei dem Risiko eine solche Reise überhaupt unternahm. Für einen Teil der Reisenden war der Hunger das treibende Motiv. Die Stiefel des gefallenen Mannes wurden gegen Hamburger Heringe getauscht und diese in der ländlichen «Sowjetzone» gegen Kartoffeln. Es gab keine Tauschkonstellation, die undenkbar gewesen wäre. Hauptsache, die Familie hatte einigermaßen zu essen.

Anderen Wagemutigen ließ die Hoffnung auf ein Wiedersehen mit Angehörigen oder gar die Suche nach ihnen alle Strapazen gering erscheinen, wenn man sich nur nach langer Trennung endlich in die Arme schließen konnte.

Allmählich hatten wir das Reisethema erschöpft, und tiefe

Sorgen ließen die Worte stockender über die Lippen kommen. Meine Schwiegermutter und meine Schwägerin warteten nun schon zwei Jahre auf Nachricht vom jüngsten Bruder meines Mannes, Friedo. Er war als vermißt gemeldet worden, und es bestand kaum Hoffnung, ihn noch unter den Lebenden zu finden.

Der älteste Bruder, Hans, hatte für englische Besatzer sein Haus räumen müssen und hoffte mit seiner Familie bisher vergeblich, wieder in Haus und Garten einziehen zu können.

Alle Verwandten und Bekannten waren begierig, von mir zu hören, wie es sich «unter dem Russen» leben ließ. Sie hatten es sich viel schlimmer vorgestellt, als ich es wahrheitsgemäß schilderte. In meiner Situation war es schwer, glaubhaft zu erscheinen. Mein relatives Wohlergehen rechnete man einzig und allein meiner Sonderstellung in Greifswald zu. Aber die Sicherheit auch auf nächtlichen Straßen, garantiert von den Streifen sowjetischer Soldaten, konnte nun wirklich nichts mit mir zu tun haben. Man wollte es kaum glauben, daß wir keine «Angst vor dem Russen» mehr kannten. Ich hatte diese Reise nicht unternommen, um des langen und breiten über die Unterschiede zwischen Ost und West zu diskutieren, zumal sie bei oberflächlichem Hinschauen nicht auffielen, denn der Marshallplan existierte noch nicht.

Allerdings gab es Unterschiede, die nur nicht so sichtbar waren. Von «Reformen» sprach hier kein Mensch. Die bei uns in der «Sowjetzone» vollzogenen, besonders die Bodenreform, sah man als kurzlebige, untaugliche Episoden an, die uns das Leben erschwerten. Not und Mangel herrschten in den sogenannten Westzonen ebenso wie bei uns, wahrscheinlich noch stärker, wenn ich hinter die Kulissen der zerstörten Innenstadt hätte blicken können. Im übrigen hatte ich den Eindruck, man knüpfte einfach dort an, wo man vor dem «tausendjährigen Reich» aufgehört hatte. Das erschien mir beneidenswert einfach und beruhigend. Alle männlichen Verwandten waren in ihre zivile Position zurückgekehrt, niemand von ihnen war aktiver Offizier gewesen. Wann und wie würde Peter damit beginnen können, sein Leben neu aufzubauen? Diese Frage drängte sich mir angesichts intakter Familien besonders nachdrücklich auf.

Die Juliwochen vergingen bei herrlichstem Sommerwetter

mit Spaziergängen und im Garten meiner Schwiegermutter. Nach außen hin, trotz aller Dürftigkeit der Mittel, ein Bild der Gemütlichkeit. Doch wieviel Schmerz und wieviel Sehnsucht verbarg jeder von uns in seinem Inneren. Wir trennten uns mit der Illusion, daß spätere Besuchsreisen leichter vonstatten gehen würden.

Meine Schwiegermutter hatte es gut gemeint und mir die Reiseschnitten mit kostbarem «Bückel» belegt. Aber der Bückling nahm die sommerliche Hitze übel. Kaum erreichte ich meine Freundin in Hannover, als ich schwer an Fischvergiftung erkrankte. So mußten wir zu unserem Kummer die Rückreise getrennt unternehmen, da sie, besorgt um ihren Sohn, nicht auf mich warten konnte.

Das Jahr der Heimkehr

Endlich ratterte der Zug auch mit mir in den Greifswalder Bahnhof ein. Ich freute mich schon darauf, wie üppig ich mit meiner durch die Reise aufgesparten Juli-Lebensmittelkarte würde wirtschaften können. Die Wiedersehensfreude mit meiner Mutter und Elsbeth war ehrlich, doch etwas schien beide zu bedrücken. Es dauerte auch nicht lange, da gestand Elsbeth mir, mit den Tränen kämpfend, daß man ihr beim Kaufmann die neuen Lebensmittelkarten gestohlen hatte, bis auf eine. Mein Schreck war unbeschreiblich.

Acht Personen und eine Karte! Drei Pfund Fleisch, vierhundertfünfzig Gramm Fett, siebenhundertfünfzig Gramm Zucker für den ganzen Monat und die entsprechend geringe Menge Brot, Nährmittel, Kartoffeln, Marmelade, Kaffee-Ersatz und Salz. Wie sollten wir auch nur halbwegs satt werden? Sicher würden meine Gäste ihre Bezahlung kürzen. Und meine Finanzen waren ohnehin durch die Reise strapaziert.

Am nächsten Tag ging ich zum Stadtrat für Handel und Versorgung und schilderte ihm meine Lage. Er war des Mitleids voll, konnte mir aber nichts anderes geben als einen Schein für einen Zentner Kartoffeln. Meine Pensionäre nahmen diese Hiobsbotschaft mit bewundernswertem Gleichmut auf. Ohne zu verhungern, überstanden wir den Monat August mit einem etwas eigenartigen, mit Humor gewürzten Speiseplan.

Bei meinem Besuch hatte ich den Stadtrat Drees gefragt: «Was denken Sie, wird man meinem Mann eine Stellung geben, wenn er zurückkommt? Wenn er wenigstens dreihundert Mark verdienen würde.»

«Aber sicher», meinte er, «wir brauchen doch jede Hand beim Aufbau.»

Lieber wäre mir allerdings gewesen, er hätte gesagt: «Wir brauchen doch jeden klugen Kopf», aber immerhin, es war ein kleiner Trost.

Mehr und mehr Kriegsgefangene kehrten aus der Sowjetunion zurück. Auf der Suche nach ihren Angehörigen wanderten sie von Stadt zu Stadt, und etliche kamen auch zu mir mit der Bitte um Essen. Das Bild der unversehrten Stadt trieb manchen Tränen in die Augen.

Verzweifelt fragten sie: «Warum hat es nicht mehr von der Sorte Ihres Mannes gegeben? Wochenlang suche ich nun schon meine Frau und meine Kinder, weiß nicht, ob sie noch leben. Wo wir wohnten, ist alles ein Trümmerhaufen.» Und sie nannten Städte wie Anklam, Pasewalk, Prenzlau oder Neubrandenburg. Der sichtliche Schmerz der Männer erschütterte mich tief.

Eine Ausnahme unter den Heimkehrenden erlebte ich: Eine wütende Männerstimme im Treppenhaus erschreckte mich. Offensichtlich sollte jedes Wort bis in meine Wohnung zu verstehen sein:

«Hier wohnt also der Lump, der Schweinehund, den müßte man noch heute aufhängen!»

Der Mann befand sich in Begleitung eines jungen Mädchens und klingelte an der Wohnungstür gegenüber. Später fragte ich meine Nachbarin nach diesem Besuch.

«Es war die Braut meines gefallenen Sohnes. Sie stellte mir ihren neuen Verlobten vor, einen ehemaligen SS-Offizier», sagte sie leise, «ein reizendes Paar.»

Häufig hatten die Kommandanten gewechselt seit den Tagen der kampflosen Befreiung Greifswalds, deren spezielle Umstände ja nirgends in einem Protokoll festgehalten worden waren, und jeder neue Befehlshaber unseres Gebietes interessierte sich lebhaft für die Hintergründe und Einzelheiten.

Bei der ersten Aufforderung, zur Kommandantur zu kommen, erschrak ich. Doch allmählich gewöhnte ich mich daran, daß nicht nur jeder neue Kommandant, sondern auch viele andere Offiziere die Vorgänge der Übergabe aus meinem Munde hören wollten. Mit dem Kommandanten und einem Dolmetscher saß ich gewöhnlich an einem Tisch in der Mitte des großen Raumes, an der Wand, dicht gedrängt, hatten jüngere Offiziere Platz genommen. Ich berichtete, und das anschließende Frage-und-Antwort-Spiel zog sich oft lange hin. Meine aufmerksamen Zuhörer hegten offensichtlich keinerlei Zweifel an meinen Worten, so vielfältig und überraschend aus einer für mich vollkommen neuen Gedankenwelt ihre Fragen auch kommen mochten. Ich lernte eine Menge in diesen Gesprächen.

Alle Zeitungen und Illustrierten hatten in diesem Jahr in ihrer ersten Nummer mit großen Lettern verkündet: «1948, das Jahr der Heimkehr!» Ich empfand dieses Versprechen mehr als Belastung denn als Hoffnung. Wie sollte ich es ertragen, wenn Peter in diesem Jahr nicht käme? Es ließen sich alle möglichen Gründe finden, einen Oberst und Ritterkreuzträger noch nicht zu entlassen. Trotz dieser Sorge vergingen die Wochen und Monate wie im Fluge. Bald war das Jahr der «Heimkehr» über die Hälfte verstrichen, und die Karten von Peter blieben aus. Schon zum vierten Male erntete ich allein die Erdbeeren, die Peter so gerne aß. Immer wieder, ganz tief unterdrückt, tauchte in mir die Angst auf: Kommt Peter überhaupt zurück? Ich schalt mich unvernünftig. So viele waren schon heimgekehrt. Warum sollte er nicht kommen?

Ich wußte, daß andere Frauen weit größere Sorgen hatten.

Gerda Thoms war nicht die einzige, die seit dem Ende des Krieges nichts mehr von ihrem Mann gehört hatte. Sosehr ich mich auch zusammennahm, ich hatte Angst vor dem Ende des Jahres, falls ich dann immer noch keine Post von Peter haben sollte. Wieviel Kraft hatten mir doch seine Zeilen gegeben. Ihr Fehlen ließ meine Hoffnung auf ein Wiedersehen in diesem Jahr mehr und mehr schwinden. So befand ich mich in einer nervlich denkbar schlechten Verfassung, als meine Mutter mich aufgeregt zu sich ins Zimmer rief, sie hatte die Abendnachrichten eingestellt.

«Hör nur», sagte sie, «drüben im Westen wird eine Währungsreform durchgeführt. In allen drei Zonen haben sie jetzt anderes Geld als wir!»

Angespannt lauschte sie und merkte nicht sofort, daß mir die

Tränen über das Gesicht rannen. Endlich fiel ihr mein Schweigen auf. Sie sah mich an und fragte erstaunt: «Was ist denn los mit dir? Ist was passiert?»

«Ja, natürlich ist was passiert», antwortete ich, «jetzt ist es aus, jetzt sind wir ein geteiltes Deutschland. Wenn wir nicht mehr die gleiche Währung haben, ist es vorbei mit der Einheit.»

«Das glaubst du doch selbst nicht, daß die Sowjetzone bestehen bleibt. Dazu ist dieses kleine Stückchen Deutschland viel zu arm!» entgegnete sie aufgebracht.

Meine Vorstellung von der Zukunft war noch zu nebelhaft, um eine vernünftige Antwort geben zu können. Also schwieg ich lieber, obwohl ich wußte, daß Mutter das als Zustimmung auffaßte.

Ein Brief meiner Schwiegermutter wurde dann auch ein willkommener Anlaß, das Thema «Umzug nach Hamburg» wieder anzuschneiden. Durch den Marshallplan lagen nach der Währungsreform die Schaufenster in den Westzonen schlagartig voll der schönsten Waren und leckersten Lebensmittel, nur das Geld war knapp, und die Preise waren hoch.

Mutter wußte aber: «Das wird sich bei der Tüchtigkeit der Deutschen schnell wieder ändern!»

«Mir wäre es höchst ungemütlich, durch Pump auf die Beine zu kommen. Irgend etwas stimmt doch nicht, wenn so plötzlich alles da ist», entgegnete ich nachdenklich.

«Hier werdet ihr alt und grau, bis ihr wieder ein anständiges Leben führen könnt. Vielleicht ist Peter vernünftig geworden, wenn er aus dem ‹Paradies› zurückkehrt. Dann zieht ihr nach Hamburg, und ich siedle nach Westberlin über. Jeder ist da, wo er hingehört, die ganze Familie ist drüben, und alles hat seine Ordnung», verkündete sie siegesgewiß.

Ich fragte mich selbst, warum ich eigentlich so sehr an Greifswald hing. In solchen Momenten, in denen viele Gründe für Mutters Pläne sprachen, spürte ich es besonders deutlich. Meine Gefühle hatten nur zum geringen Teil mit Peters politischen Überlegungen zu tun, wenn sie mir auch eine höchst willkommene Unterstützung waren. Die zehn Jahre, die ich damals in der Stadt gelebt hatte, hätten in der Erinnerung versinken können, wie so vieles andere im Leben, aber niemals die vier Monate, die Peter Kommandant von Greifswald gewesen war.

Die schweren, inneren Kämpfe vor der Übergabe hatten uns enger miteinander verbunden als alle gemeinsamen Jahre vorher. Das Gelingen brachte uns die glücklichsten Stunden unseres Lebens. Jede Kirche, jedes heile Haus, die wir vorher schon in Trümmern gesehen hatten, war mir immer von neuem ein Geschenk, ganz zu schweigen von den Menschen, die lebten und ihrem Tagewerk nachgingen. Es wäre mir ein tiefer Schmerz gewesen, diese Stadt verlassen zu müssen.

Es wurde Herbst, und die Obsternte war in vollem Gange. Ich stieg in die Bäume und reichte Elsbeth einen gefüllten Korb nach dem anderen hinunter. Sie verstaute die Äpfel sorgsam auf Horden, die schönsten legte sie für ihren geliebten «Herrn Oberst» beiseite. Abends waren wir rechtschaffen müde von der Arbeit. Ich ging früher als sonst zu Bett und schlief sofort ein. Im Halbschlaf hörte ich es klingeln und vernahm die Stimme meiner Mutter: «Herr Weber, sind Sie es? Einen Moment, ich schließe gleich auf.»

Unser Jüngster, der kleine Tierarzt, hat wieder einmal die Schlüssel vergessen, dachte ich und wollte beruhigt weiterschlafen. Doch da – mir stockte fast das Herz vor Freude – rief Mutter: «Angelika, komm schnell, Peter ist da!»

Als er mich aus der Umarmung wieder freigab, war auch Elsbeth zur Begrüßung erschienen. Wir mußten schnell zupacken, ehe sie kreidebleich umfiel.

«Elsbeth fällt in Ohnmacht, du nicht, das dachte ich mir», sagte Peter, und ich wußte sofort, daß es ihm gut ging. Sein Humor hatte ihn nicht verlassen.

Elsbeth hatte sich schnell erholt. Für sie war es unfaßbar, daß ihr «Herr Oberst» eines Tages in einem ebenso abgetragenen deutsch-russischen Uniformgemisch wie alle Heimkehrer, ohne Rang- und Ehrenzeichen, mit einem Bündel auf dem Rücken, vor uns stehen würde. Dieser Anblick war für ihr zartes Gemüt zuviel.

Viele Greifswalder scheuten in den nächsten Wochen nicht einen weiten Weg, um Peter zur Heimkehr zu beglückwünschen. Alles spielte sich in unserem einzigen Zimmer ab, was weder uns noch die Besucher störte. Für Peter war es zunächst nicht einfach, sich zurechtzufinden in der umgeräumten Wohnung zwischen Pensionären, Tischgästen oder Gratulanten. Es gab manche lustige Verwechselung.

Wieder zu zweit

Das Leben zu zweit lief sich völlig anders ein, als ich es mir vorgestellt hatte. Peter bemühte sich sofort um Arbeit, aber zunächst vergeblich. Zum Glück kam es in meiner «Pension» für einige Zeit auf einen Esser mehr nicht an. Obwohl ich nun statt eines Obersten einen Arbeitslosen zum Mann hatte, entfaltete sich bei uns und um uns ein reges gesellschaftliches Leben, wohltuend unabhängig von äußeren Formen.

Im Garten und beim Kleinvieh nahm Peter mir viel Arbeit ab. Gemeinsam zogen wir mit dem Handwagen zu einem abgeernteten Kohlfeld, um die Strünke als Kaninchenfutter einzusammeln. Dort trafen wir einen ehemaligen Lehrer, und schon war das eifrigste politische Gespräch zwischen den Männern im Gange. Begierig hörte ich zu und freute mich, wenn Peter pessimistischen Ansichten entgegentrat.

Jeden Groschen mußte ich dreimal umdrehen, ehe ich ihn ausgab, und doch war ich glücklich. Das Leben in der Heimat erschien Peter weit weniger ärmlich, als er erwartet hatte, verglichen mit den Schäden, die wir in der Sowjetunion angerichtet hatten. Ungeachtet der Enge, genoß er sein Zuhause und war überzeugt, daß sich unsere Lage in absehbarer Zeit tragbar gestalten würde. Jetzt brauchte er nicht mehr, wie in den Kriegsjahren, vor einem erneuten Abschied in schlaflosen Nächten behutsam tastend den Tränen in meinem Gesicht nachzuspüren, die ich ihm verheimlichen wollte.

Bei der Vielzahl der Besuche, die Peter bekam, war es mir nicht jedesmal möglich, dabeizubleiben und die höfliche Hausfrau zu spielen. Dennoch wunderte ich mich etwas, als ein junger Mann noch spätabends Peter zu sprechen wünschte. Meist drang dann harmloser Plauderton, manchmal unterbrochen von Gelächter, aus dem Zimmer, und bei der Verabschiedung zog Peter mich hinzu. Aber dieser Besucher schien nicht nur seinen Arm, sondern auch seine Stimme verloren zu haben. Er sprach sehr leise. Um so auffallender klangen Peters Worte hart und unfreundlich. Plötzlich hörte ich laut auf dem Flur: «Verschwinden Sie, aber schleunigst! Da geht es raus!»

Im Eiltempo verließ der junge Mann unser Haus. Er hatte Peter ein Angebot gemacht: «Fünfhundert Mark monatlich und dafür Berichte an den Amerikaner über die Ostzone, Endstation eine Villa in Heidelberg.»

Mir fiel ein, wo ich ihn schon gesehen hatte, den einarmigen jungen Hauptmann: bei seiner Schwester in einer für Flüchtlinge auffallend gut eingerichteten Wohnung am Markt. Dort hatte ich meine Raucherkarte gegen Rote-Kreuz-Antwortkarten für Peter eingetauscht. Meine Gewissensbisse gegenüber unseren Kriegsgefangenen zerstreute sie mit dem Hinweis, mein Verzicht auf die Karten werde treulose Soldatenfrauen auch nicht mehr auf den Pfad der Tugend zurückführen. So oder so vertauschten diese ihre Antwortkarten gegen Alkohol oder Tabak für ihren Geliebten hier in der Heimat. Ich wunderte mich damals, wie gut und bequem die Geschwister vom Tausch und Schwarzhandel mit allen möglichen und unmöglichen Dingen leben konnten.

Die Angelegenheit ließ uns keine Ruhe. Unter einem Vorwand ging ich, die Schwester zu besuchen. Vergeblich, noch in der Nacht hatten beide Greifswald und die sowjetisch besetzte Zone verlassen, wie ich von ihren Mitbewohnern erfuhr. Jetzt wurde uns klar, aus welchen dunklen Quellen sie ihr aufwendiges Leben finanziert hatten.

Ein tiefer Schatten fiel auf das Weihnachtsfest. Wir wollten es in Hamburg bei Peters Mutter verleben. Aber kurz vorher schloß sie die Augen für immer. Nach ihren Briefen voll geistiger Frische, voller Freude über die Heimkehr des Sohnes, kam dieser Schlag völlig unerwartet. Wir machten uns Vorwürfe, nicht eher gefahren zu sein. Aber wie das so geht: Niemand ahnt, wie spät es bereits ist. Wir hatten erst die Herbstarbeiten im Garten bewältigen wollen. Außerdem hatte Peter gehofft, der Mutter zu Weihnachten von einer Anstellung berichten zu können. Noch war er arbeitslos. Dieser Zustand bedrückte ihn und mußte ein Ende haben. Mit einem etwas unguten Gefühl willigte ich ein, ihn zu Herrn von Hagen zu begleiten, an den Peter vom Rat der Stadt wegen der Frage seiner Anstellung verwiesen worden war. Ich hatte Peter verschwiegen, daß der Herr Güterdirektor mir kurz nach Peters Rückkehr die Bitte um einen Zentner Kartoffeln abgeschlagen hatte.

Jetzt saßen wir in der großen, eleganten Wohnung in der Robert-Blum-Straße, freundlich bewirtet von der sehr viel jüngeren Frau von Hagen. Zunächst fühlte sich der Hausherr berufen, Peter politische Ratschläge zu erteilen, ihm größere Zurückhaltung zu empfehlen. Er persönlich habe sein SPD-Parteibuch zusammengerollt im Messingrohr seines Bettpfostens versteckt, um es wieder hervorzuholen, wenn die Sozialistische Einheitspartei Deutschlands abgewirtschaftet habe, der er pro forma angehöre.

Es war wenig ermutigend, daß Peters Anstellung von einem Mann abhängen sollte, der seine Gesinnung im Bettpfosten versteckt hatte.

Der Herr Güterdirektor mußte dann auch diese Frage erst mit dem Herrn Verwaltungsdirektor besprechen, vorher aber unbedingt den Jahresurlaub nehmen. So schob sich die Entscheidung um Wochen hinaus. Dazu sind vielleicht ein paar erläuternde Worte zur Entwicklung der Greifswalder Universität und ihrer Rolle in den ersten Nachkriegsjahren angebracht. Greifswald, ehemalige Hansestadt und wirschaftsstarkes Zentrum eines aufstrebenden Stadtbürgertums, war im Laufe der Jahrhunderte immer mehr zum gehobenen Landstädtchen abgesunken. Die Universität, einst glänzende Zier zum Ruhme einer mächtigen Stadtaristokratie, war in den Zeiten allgemeinen Niedergangs allmählich zum beherrschenden Faktor der gesamten Stadtentwicklung geworden. Ohne nennenswerte Industrie und als Handelsplatz schon seit vielen Jahrhunderten unbedeutend, galt Greifswald einem Scherzwort zufolge seit langem nicht mehr als Stadt mit einer Universität, sondern als Universität mit einer Stadt.

Junker und Großagrariersöhne bestimmten zumindest seit dem 19. Jahrhundert den akademischen Geist – auch Bismarck hatte an der Eldenaer Landwirtschaftsakademie seine Ausbildung genossen. Wenn die braunen Machthaber 1936 die Burschenschaften und Korporationen – Hauptsäulen des nationalistischen akademischen Geistes – auflösten, dann natürlich nur, um «zeitgemäßere», wirksamere Formen «völkischen Denkens und Handelns» durchzusetzen. Greifswald wurde zur Hochburg «nordischer» Forschung und faschistischer «Volkskunde».

Der NS-Dozentenbund sorgte wie an allen anderen Universitäten auch in Greifswald für die massive Gleichschaltung des Lehrkörpers. Bis 1935 hatte man an den deutschen Universitäten und Hochschulen schließlich ein Drittel der Hochschullehrer wegen Unbotmäßigkeit entlassen und «nichtarische wie jüdisch versippte» Lehrkräfte «entfernt».

Gewiß suchten viele aktive Hitleranhänger nach 1945 ihr Heil in der Westflucht, doch an der schon bald wiedereröffneten Universität hatte nicht von einem Tag auf den anderen ein politisch aufgeschlossener oder gar progressiver Geist Einzug gehalten. Das konservative Element überwog, für manche war «politische Zurückhaltung» die einzige «Lehre» aus den zwölf Jahren des «Dritten Reiches» gewesen. Eine konsequente Entnazifizierung wurde von der Universität nicht in Angriff genommen.

So mußte Ende Mai 1945 auf Befehl der sowjetischen Kommandantur der gesamte Lehrbetrieb eingestellt werden, um nach einer gründlichen Überprüfung aller Bereiche am 15. Februar 1946 wiedereröffnet zu werden. Dennoch hatten in Lehrkörper wie Verwaltung manche Abwartestrategen Unterschlupf gefunden, und auch die an den Tag gelegte fortschrittliche Haltung bei Leuten wie von Hagen stellte nur Mimikry dar.

Ein wichtiger Schritt

Peter hatte nicht die Absicht, irgend etwas «pro forma» zu tun. Wie in «Gewissen in Aufruhr» ausführlich beschrieben, war die Zeit der Gefangenschaft für ihn zu einer bitteren, aber heilsamen Schule geworden, hatte er doch den «Geist» des gefangenen Offizierskorps auf sehr ernüchternde Art kennenlernen müssen.

Der «Verräter» Petershagen, der dem Führerbefehl entgegen die Stadt Greifswald ohne Widerstand übergeben hatte, tat in den sowjetischen Gefangenenlagern ein übriges: Er trat dem antifaschistischen Bund Deutscher Offiziere bei. Der ehemalige Oberst hatte die gesamte Skala an Verhaltensweisen seiner Mitinhaftierten kennengelernt: von Leuten, die voller echter Überzeugung mit dem Faschismus gebrochen hatten und sich bereits in der Gefangenschaft auf eine aktive Teilnahme am demokratischen Wiederaufbau Deutschlands vorbereiteten, bis zu unverbesserlichen Marschierern, die einen Eintritt in solche antifaschistische Offiziersorganisation für vollendeten Verrat hielten.

Mit dem festen Vorsatz, nicht beiseite zu stehen, sondern alle Fähigkeiten in den Dienst eines demokratischen Neubeginns zu stellen, war Peter zurückgekehrt. Er wollte anderen seine Erfahrungen vermitteln und ihnen damit helfen, aus dem Irrgarten überholter Vorstellungen herauszufinden, eigene Erkenntnisse prüfen und vertiefen. Am 1. Januar 1949 trat er in die National-Demokratische Partei Deutschlands ein.

In dieser Partei – Ende Mai 1948 gegründet, fast gleichzeitig mit der Demokratischen Bauernpartei – fanden sich vorwiegend ehemalige Soldaten und Offiziere der Hitlerwehrmacht, ehemalige Mitglieder der NSDAP wie auch Angehörige des Kleinbürgertums zusammen, die gewillt waren, ihre Vergangenheit zu bewältigen und mit neuen Erkenntnissen besseren, lebenswerten Zielen zu dienen. Die Partei bot nicht zuletzt jenen, die im Zusammenhang mit der konsequenten Entnazifizierung ihre Positionen in Ämtern, Verwaltungen und anderen Institutionen verloren hatten, eine neue politische Heimat und die Möglichkeit, sich mit humanistischem und demokratischem Gedankengut vertraut zu machen. Damit waren sie nicht einfach dem politischen Gegner überlassen, sondern erhielten eine Chance, sich in den großen Demokratisierungsprozeß produktiv einzugliedern.

Peters Entschluß bedurfte keines neuerlichen, langen, inneren Entscheidungskampfes. Er stellte die Konsequenz seines bisherigen Weges dar. Sooft wie möglich ließ er mich an den Besprechungen mit Professor Beyer über den Aufbau des Kreisverbandes Greifswald der National-Demokratischen Partei Deutschlands teilnehmen. Als die ersten Versammlungen stattfinden sollten, sagte er nachdenklich: «Ich hätte mir in der Gefangenschaft nicht träumen lassen, daß ich so bald schon als Vorsitzender des Ortsverbandes einer Partei Einladungen unterschreibe.»

Die Quittung folgte auf dem Fuß: Einflußreichen konservativen Kräften im damaligen Universitätsgetriebe erschien sein politisches Engagement suspekt. Sie meinten, es verdiente einen kräftigen Dämpfer. 1948/1949 – dem ersten Höhepunkt des kalten Krieges – begannen Skeptiker und heimliche Feinde der neuen Verhältnisse Morgenluft zu wittern. Sie hofften auf ein «Zurückrollen des Kommunismus». Wohltemperiertes Stillverhalten und politisches Leisetreten hieß ihre Devise. Wer den «gutgemeinten» Rat, sich politisch zurückzuhalten, so unbedacht in den Wind schlug wie Peter, für den war «Hilfsarbeiter» die angemessene Position. Das würde dann schon abkühlen und auf den Boden der Realität zurückführen.

Aber Peter «kühlte nicht ab», und daher wurde seine Bitte, als «Arbeiter» eingestuft zu werden, wiederholt mit dem Hinweis auf den «ehemaligen Oberst» abgelehnt. So wenig wie vordem seine Arbeitslosigkeit hinderte jetzt der hohe Rang eines Hilfsarbeiters Peter, aktiv am gesellschaftlichen und politischen Leben teilzunehmen, das mich mehr und mehr interessierte.

Am 1. März 1949 trat ich ebenfalls der National-Demokratischen Partei Deutschlands bei. Als Gast war ich zwar ein aufmerksamer Zuhörer gewesen, hatte aber nicht gewagt, mich an der Diskussion zu beteiligen. Nun fanden meine ersten schüchternen Versuche in dieser Richtung ein wohlwollendes Echo. Mein Selbstbewußtsein stieg. Peter freute sich über meinen Entschluß. Gemeinsam konnten wir alles, was uns im Zusammenhang mit der Partei bewegte, viel besser besprechen.

Mit steigendem Mißfallen beobachtete meine Mutter unser Leben. Sie machte Peter Vorwürfe, wie er sich seine Existenz als «Hilfsarbeiter» auf die Dauer vorstelle.

«Das ist doch nur vorübergehend», versuchte er, sie zu beruhigen. «Die Arbeiter wurden lange genug von uns betrogen. Wir ehemaligen Offiziere müssen erst langsam ihr Vertrauen gewinnen. Im Westen gibt es dieselbe Schweinerei, die ich schon zweimal erlebt habe. Das mache ich nicht zum dritten Mal mit.»

Meine Mutter sah ein, daß sie ihren sehnlichsten Wunsch, uns von der «Ostzone» loszueisen – mindestens zur Zeit –, nicht durchsetzen konnte, und betrieb energisch ihren Umzug nach West-Berlin.

Die Arbeiter an der Universität hatten nicht soviel Geduld wie der Hilfsarbeiter. Sie schlugen über die Betriebsgewerkschaftsleitung vor, den ehemaligen Oberst wenigstens zum Unterinspektor zu befördern, und sie setzten sich durch. Unsere Freude über diesen Schritt war besonders groß.

Durch das gleiche Vertrauen wurde Peter als Kandidat zum 3. Deutschen Volkskongreß gewählt. Was das bedeutete, begriff ich erst richtig, als er aus Berlin zurückkam und mir von den führenden Politikern der im antifaschistisch-demokratischen Block vereinigten Parteien erzählte.

Unterdessen hatten wir die Zahl meiner Pensionsgäste verringert, uns aber auch schweren Herzens von Elsbeth getrennt. Wir bewohnten wieder zwei Zimmer, unser Haushalt war etwas ruhiger geworden, doch die Arbeit nicht weniger.

Inzwischen wurde Peters Briefwechsel mit den ehemaligen Kameraden im Westen immer umfangreicher. Oft lag abends ein ganzer Stapel von flüchtig entworfenen Briefen bereit, über die wir uns die Köpfe heiß redeten, ehe ich sie tippte. In seinen Briefen schilderte Peter seine Situation und seine Aufstiegsmöglichkeiten so rosig, daß ich ihn fragte, ob er sich zum Hochstapler qualifizieren wolle.

«Ich kann die Universität doch nicht blamieren», meinte er, «bis die von drüben antworten, ist es soweit.»

Die Antwort seines ehemaligen Adjutanten, jetzigen Schuldirektors und CDU-Abgeordneten, war trotzdem ein Angebot, das Amt eines Bürgermeisters in einer ansehnlichen Stadt im Westfälischen zu übernehmen.

«Wenn ich es schon nicht verstehen kann», schrieb er, «daß Sie, hochverehrter Herr Oberst, es ertragen, unter diesen Umständen dort zu leben, so ist es mir völlig unverständlich, daß Sie das Ihrer Frau zumuten und sie damit einverstanden sein soll. Die Ermordung ihres Vaters allein wäre Grund genug, die Sowjetzone zu verlassen.»

«Und so einer ist da Schuldirektor!» rief ich aus, «die armen Kinder, denen er Geschichtsunterricht gibt! Wenn die Russen für jeden ihrer Kriegstoten Rache üben wollten, müßten sie die ganze Bevölkerung unserer Zone umbringen, und es reichte noch nicht aus.»

«Ja, der Antisowjetismus treibt drüben schon wieder Blüten. Es ist furchtbar, man muß dagegen angehen», sagte Peter.

Im September 1949 entstand die Bundesrepublik Deutschland. Der Separatstaat war die Basis für die deutsche Großbourgeoisie und ihre imperialistischen Verbündeten mit ihren revisionistischen Plänen. Sie spalteten Deutschland, um ihre Herrschaft wenigstens in dem von ihnen beherrschten Teil zu retten und sich eine Bastion gegen den Kommunismus zu schaffen.

Als Antwort darauf wurde wenige Wochen später, nicht zuletzt auch der inneren Entwicklung folgend, die Deutsche Demokratische Republik gegründet. Der Volkskongreß, in dem alle Parteien und Massenorganisationen vertreten waren, übernahm vorläufig die Aufgaben einer Volkskammer und bildete die Provisorische Regierung der Deutschen Demokratischen Republik. Auch in ihr wirkten alle Parteien und Massenorganisationen mit.

Obwohl wir stolz waren, nun keine «Besatzungszone» mehr zu sein, stimmte uns das ganze Geschehen doch traurig. Die Einheit Deutschlands war zerrissen, wenn es auch zu den Zielen unserer Regierung gehörte, sie wiederherzustellen. Es trat immer klarer zutage, daß die herrschende Schicht in Westdeutschland keine Einheit wollte, keine Verständigung mit der Arbeiter-und-Bauern-Regierung, sondern ihre eigene Macht über ganz Deutschland.

In den gut besuchten Mitgliederversammlungen unserer National-Demokratischen Partei sagte jeder offen seine Meinung. Die lebhaften Diskussionen wurden oft noch auf dem Heimweg fortgesetzt. Peter führte Beispiele aus seinem Briefwechsel mit den ehemaligen Kameraden im Westen an. Er sprach von seinem Bemühen, ihnen das Verhängnisvolle der Remilitarisierung klarzumachen, Verständnis für unsere politischen Ziele zu wecken. Wir wußten nicht, daß er sich damit stille, aber erbitterte Feinde schaffte, freuten uns über Anerkennung und gute Freunde.

Peter studiert

Im Frühjahr 1950 wurde Peter von der Universität zu einem Studium an die «Verwaltungsakademie Walter Ulbricht» delegiert. Ich bewunderte ihn, daß er ohne Bedenken zustimmte. Vorher war eine Aufnahmeprüfung in Rostock abzulegen. Dabei war ich aufgeregter als er selbst. Sensibel wie er war, würde er ein Nichtbestehen nur schwer verwinden. Bangen Herzens ging ich zum Bahnhof, um ihn abzuholen. An seinem strahlenden Gesicht sah ich sofort, daß alles gut gegangen war.

Am 12. Mai 1950, zwei Tage vor der 700-Jahr-Feier der Stadt Greifswald, stieg er in den Zug und fuhr nach Forst-Zinna.

Würde er sich dort wohl fühlen unter den Studienkollegen, die fast ausnahmslos auf Grund antifaschistischer Vergangenheit höhere Verwaltungsämter innehatten? Seine Stellung war mit Abstand die niedrigste, sein Alter fast das höchste, sein Lebenslauf einmalig in dem Kreis.

Zu Pfingsten sahen wir uns wieder, nicht in Greifswald, sondern in Altenbrak im Harz. Mit dem Verkauf eines Teppichs finanzierten wir diesen dringend notwendigen Erholungsurlaub für mich. Peters Zimmergenosse aus Forst-Zinna, der ehemalige Schlosser und damalige Landrat Börs, fuhr mit seinem Wagen einen Umweg, um ihn zu mir zu bringen. Peter hatte mir schon in seinen Briefen von ihm erzählt. Er machte auf mich sofort einen sehr vertrauenerweckenden Eindruck. Zum näheren Kennenlernen blieb leider kaum Zeit.

Peter war nicht abgespannt und müde, wie ich gefürchtet hatte, sondern munter wie lange nicht mehr. Er schilderte mir seine Studienkollegen, die ihm, der am wenigsten Vorkenntnisse mitbrachte, kameradschaftlich halfen. Peter wünschte, seine ehemaligen Regimentskameraden könnten diese früheren Arbeiter erleben. Die meisten von ihnen hatten sich neben schwerer körperlicher Arbeit, trotz Verfolgung und Haft ein Wissen angeeignet, um das sie mancher beneiden könnte.

Die Genossen Walter Börs und Artur Strauß, ein ehemaliger Maler und damaliger Gewerkschaftsfunktionär, waren meinem sonst so reservierten Hamburger Peter in diesen Wochen zu Freunden geworden. Begeistert erzählte er von dem Lehrstoff, der ihn für anspruchsvollere Aufgaben befähigen würde. Das Wichtigste für ihn war, sich bestätigt zu finden in dem Entschluß, mit der alten Welt zu brechen, alle Kraft für die neue, menschlichere Ordnung einzusetzen.

Ich war glücklich, daß er nicht mit Vorbehalten, mit vielen «wenn» und «aber» von der Akademie kam, etwa mit dem Gedanken, ob es nicht doch besser sei, sich nach dem Westen abzusetzen. Von allein wäre ich gar nicht auf diesen Gedanken gekommen. Bekannte aber hatten das als sichere Folge des Studiums vorausgesagt, wenn meinem Mann erst die Augen aufgegangen seien über das, «was wirklich gespielt wird». Es war ihnen unbegreiflich, daß wir beide, obwohl wir an unserer alten Welt hingen, keinen Wert darauf legten, «die alten zu bleiben», eine als Tugend hochgespielte Eigenschaft vieler

Deutscher, die jedem Fortschritt im Wege steht. Nicht vorbehaltlos und mit fliegenden Fahnen begrüßte ich alles Neue in unserem Staat, aber ebenso kritisch, wie ich das «Heute» beobachtete, lernte ich gerade dadurch erst jetzt, meine Vergangenheit zu beurteilen.

Peter hatte mir vorgeschlagen, ihn im Hochsommer für ein paar Tage in Forst-Zinna zu besuchen. Ich schwankte zwischen Freude und Hemmungen. Dort saßen Frauen ebenso wie die Männer noch einmal auf der Schulbank, um danach ihren Posten besser ausfüllen zu können. Und ich? So eben durchgeschlagen hatte ich mich nach fünfundvierzig, aber es wäre Hochstapelei, bei mir von einem «Beruf» zu sprechen. Meine besten Jahre zum Lernen waren und blieben unwiderruflich vertrödelt. Ich hatte es nicht gewollt und Tränen der Wut vergossen.

Doch in meiner Generation war aus dem überheblichen Gefühl materieller Sicherheit manchem Mädchen meiner Kreise ein Beruf versagt geblieben. Andererseits hatten Armut und das bewußt niedrig gehaltene Niveau der Volksschulen Millionen Arbeiterkinder daran gehindert, Bildung zu erwerben. Welch ein Reichtum an Fähigkeiten und Begabungen blieb damit für das ganze Volk unerschlossen! Daher begriff ich vom Sozialismus am ehesten die Bevorzugung der Arbeiterkinder an den Schulen und die Bedeutung der «Befreiung und Gleichberechtigung der Frau».

Peters Kommentar zu seiner Einladung hatte mich nicht gerade beruhigt: «Sie sind schon alle sehr neugierig auf dich. Bitte blamiere mich nicht und rede keinen Unsinn! Arturs Frau ist sehr gescheit, von jung auf in der Kommunistischen Partei, jetzt Mitarbeiterin am ‹Neuen Deutschland›.» Ach, du meine Güte! dachte ich, da halte ich am besten den Mund.

Dora Strauß hegte mir gegenüber ebenfalls, wie ich heute weiß, einige Vorurteile. So nett, wie der Peter von seiner Frau sprach, immerhin, sie war «eine vom Schloß», wie Artur sagte. Entgegengesetztere Welten wie die, aus denen wir beide kamen, konnte man sich kaum vorstellen. Und doch wurden wir die besten Freundinnen bis zum heutigen Tag. Überhaupt waren meine Bedenken umsonst. Peters Freunde empfingen mich sehr herzlich. Er selbst war vergnügt und übermütig wie als junger Mensch.

Die SS hatte sich keinen schlechten Platz ausgesucht in dieser schönen märkischen Landschaft. Vor weniger als zehn Jahren wäre jeder auf der Stelle erschossen worden, der vorausgesagt hätte, daß hier, in ihren Kasernen, die von ihnen gehaßten und verfolgten «Linken» studieren würden für den Aufbau eines neuen, fortschrittlichen deutschen Staates.

Mit Peter in Ahlbeck

Zu den ersten Wahlen in der Deutschen Demokratischen Republik im Oktober 1950 wurde der Lehrgang beendet. Ein guter Abschluß sicherte Peter die Fortsetzung im Fernstudium. Von unserer Partei als Kandidat nominiert, wurde er nach der Wahl stellvertretender Landrat in Ahlbeck – für uns beide der Start in ein neues Leben.

Zwei Jahre nach Peters Heimkehr hatten wir wirtschaftlich wieder Boden unter den Füßen. Er war mit Freude bei seiner Arbeit, die einem friedlichen, menschenwürdigen Ziel diente. Ohne Bedenken konnte er alle Probleme mit mir besprechen. Er brauchte keine «Geheime Kommandosache» mehr zu hüten und keine Kriegsaussichten zu verheimlichen. Vorbei waren die Jahre, in denen ich – selbst in den scheinbar glücklichsten Zeiten – nicht zu Ende denken durfte. Unweigerlich stand ich dann vor den Fragen: «Gibt es Krieg?» oder «Wird Peter fallen oder als Krüppel nach Hause kommen?» Und als die Zeiten nicht einmal mehr dem Schein nach glücklich waren, hieß die Frage: «Stirbt er nun doch noch hier im Lazarett?» Und wenig später war es zum lebensbedrohenden Wagnis geworden, menschlich zu handeln.

Nachdem ich dann drei Jahre gebangt hatte um seine Rückkehr aus der Gefangenschaft, war jetzt endlich jede glückliche Stunde wirklich Glück, ohne mühsam unterdrückte Angst vor Trennung oder Tod. Wir hofften auf eine lange Reihe zufriedener, arbeits- und erfolgreicher Jahre in Ahlbeck.

An eine Wohnung in dem Seebad war zunächst gar nicht zu denken. Wir betrieben die Suche auch nicht sehr energisch, da es uns unendlich schwerfiel, das Band zu Greifswald zu zerreißen. Meine Verpflichtungen, die Versorgung von Tisch- und Pensionsgästen, hatte ich abgebaut. Wir hausten mehr schlecht als recht in einem möblierten Zimmer in Ahlbeck. Mein Mann brauchte mich notwendiger denn je, vor allem als Sekretärin. Es gehörte schon einiges Talent dazu, den Papierwust seiner drei Arbeitsgebiete, Beruf, Studium und Vorsitzender unserer Partei im Kreis Usedom, an dem einzigen Tisch im Zimmer in Ordnung zu halten.

Als unsere Wirtin meine Absicht erkannte, ständig bei Peter zu leben, schlug ihre anfängliche Freundlichkeit in das Gegenteil um. Nachdem ich die Küche nur noch unter Lebensgefahr betreten konnte, kaufte ich zwei elektrische Platten und kochte auf einem kleinen, wackligen Teetischchen im Zimmer.

Diese mißlichen Umstände änderten nichts daran, daß uns trotz aller Sehnsucht nach Greifswald das Leben auf der Insel gefiel. Wir waren beide keine Großstadtmenschen und genossen die Landschaft, die auch in Schnee und Eis voller Schönheit war.

Peter errang schnell Ansehen und Vertrauen bei seinen Mitarbeitern, und gemeinsam freuten wir uns selbst über den kleinsten Fortschritt. Pommersche Flüchtlinge waren hier auf der Insel besonders zahlreich hängengeblieben. Aus den Fenstern der riesigen Villen sahen überall Ofenrohre heraus. In jedem Zimmer lebte eine Familie. Ihnen zu einem besseren Leben zu verhelfen, sie zur Umsiedlung von der übervölkerten Insel zu bewegen, damit aus den eleganten Villen der ehemaligen Großindustriellen Erholungsheime für die arbeitenden Menschen werden konnten, das war eine von Peters vielen Aufgaben, deren Lösung ebensoviel Freude wie Kopfzerbrechen machte.

Im Frühjahr unternahmen Peter und ich eine kurze Reise nach Hamburg. Ich blieb dort bei guten Freunden, Peter fuhr nach München zu dem Kreis ehemaliger Offiziere, der ihn eingeladen hatte. Befriedigt kam er zurück. Voller Toleranz hatten sie diskutiert. Unter den früheren Kameraden, die ihm alle bekannt waren, befand sich nur ein Fremder namens Baer, den Peter als ausgesprochen sympathisch schilderte. Aber wie das mit ersten Eindrücken oft so ist...

Das Wiedersehen mit Verwandten und Freunden in Hamburg, die Erinnerungen an Kindheit und Jugend, die bei Peter an so mancher vertrauten Stelle wach wurden, überschattete der schmerzliche Verlust von Mutter und Bruder.

Inzwischen zeigte der Marshallplan seine volle Wirkung. Die Läden waren überfüllt mit den schönsten Waren. Bei uns gab es noch die letzten Lebensmittelkarten. Ein Vergleich, gemessen am Sichtbaren, fiel ohne Zweifel zu unseren Ungunsten aus. Trotzdem kam niemand auf den Gedanken, Peter oder mir ernsthaft eine Übersiedlung nach Hamburg vorzuschlagen, ebensowenig wie wir daran dachten. Man hatte begriffen, daß wir in der Deutschen Demokratischen Republik fest verwurzelt waren.

Im Sommer besuchten uns die Freunde Börs und Strauß mit ihren Familien in Ahlbeck. Obwohl Peter keinen Urlaub hatte und für uns der Alltag seinen Lauf nahm, verlebten wir dennoch schöne Stunden miteinander. Seit vielen Jahren war mein Geburtstag nicht so vergnügt in einem großen Kreis gefeiert worden. Die Urlaubssaison näherte sich ihrem Ende, es wurde stiller auf der Insel. Gesundheitlich ging es Peter nicht gut, Asthma machte ihm zu schaffen. Sehnsüchtig dachten wir an unsere schöne, warme Wohnung in Greifswald. Ich war nicht begeistert, als er Anfang November durch ein Telegramm nach Berlin gerufen wurde. Er versuchte, mich zu beruhigen. Wir verabschiedeten uns am Bus, der nach Berlin fuhr. Am nächsten Morgen wollte ich nach Greifswald. Ich freute mich darauf, mal wieder in meiner Wohnung zu wirtschaften. Doch noch am gleichen Abend brachte mir der zurückkehrende Busfahrer einen Brief von Peter, über den ich heftig erschrak.

«Es ist praktischer», schrieb er, «wenn ich gleich nach München weiterfahre. So spare ich Zeit. Meine Aufgabe ist wichtig und duldet keinen Aufschub. Mach dir keine Sorge, sondern genieße Greifswald. In drei Tagen bin ich zurück.» Zwar begab ich mich nach Greifswald, aber von «genießen» war keine Rede. Wäre ich doch bloß mitgefahren nach Berlin, dachte ich ärgerlich. Ich hätte niemals zugelassen, daß er in diesem Gesundheitszustand nach München reist.

Mutter holt mich nach Westberlin

Ich kannte mich selbst nicht wieder, so erfüllt von Angst und Unruhe war ich. Nur mit Mühe konnte ich meine Gedanken zusammennehmen, um die Weihnachtsplätzchen zu backen.

Zu meiner Verwunderung sah ich Frau Katsch mit blassem, ernstem Gesicht auf unser Haus zueilen. Ich ging ihr entgegen und bat sie herein.

«Ihre Mutter hat angerufen», sagte sie, «ich konnte nicht ganz klug daraus werden. Sie seien in höchster Gefahr und sollten sofort das Nötigste packen. Heute mit dem Abendzug kommt sie und holt Sie ab.»

Ich war außer mir. «Wenn meine Mutter doch endlich mal begreifen würde, daß wir hier nicht weg gehen! Was soll dieser Unsinn nun wieder mit der ‹Gefahr›? Mit demselben Zug erwarte ich meinen Mann. Er ist krank und abgespannt, wie soll er da meine Mutter ertragen?»

Frau Katsch beruhigte mich, «sie könnte bei uns wohnen, wenn sie wirklich kommt».

Ich dankte ihr, und wir rätselten hin und her, was diesen unerklärlichen Schritt bei meiner Mutter ausgelöst haben könnte. Zwar hatte sie es nie ganz aufgegeben, uns zum Übersiedeln nach dem Westen zu bewegen, doch solche Energie hatte sie bisher noch nicht aufgewandt. Es mußte schon Besonderes vorgefallen sein, und ausgerechnet, während Peter im Westen war. Sollte es da einen Zusammenhang geben? Woher sollte mir Gefahr drohen?

Ich dachte gar nicht daran zu packen. Die sonst so schönen Stunden in Greifswald wurden mir zur Qual. Viel zu früh stand ich frierend am Bahnhof und wartete auf den Zug, der pünktlich einlief.

Mit steigender Unruhe suchten meine Augen in dem dünner werdenden Menschenstrom nach Peter, aber nur meine Mutter tauchte auf. In der Halle brachten wir beide kaum ein Wort der Begrüßung hervor. Nach ihren ersten Worten auf der Straße hatte ich alle Mühe, mich auf den Beinen zu halten.

«Peter ist bei den Amerikanern in Schutzhaft oder so etwas Ähnliches, er ist krank und bleibt im Westen. Und du sollst auch kommen. Du bist in höchster Gefahr und mußt sofort weg von hier, mit dem nächsten Zug. Die amerikanischen Offiziere sind sehr nett. Sie warten in Berlin auf dich und bringen dich gleich zu Peter. Ich hoffe, du hast gepackt!»

Aufgeregt sprudelte meine Mutter alles heraus, was mich wie Keulenschläge traf. Ich konnte nicht antworten, sondern brauchte alle Kraft, um bis in die Wohnung zu gelangen.

«Hier ist ein Brief von Peter», sagte sie und gab ihn mir.

In dem Umschlag war nur ein Zettel mit den Worten: «Komm sofort zu Deiner Mutter, Gruß Peter.»

Ich dachte, mir bleibt das Herz stehen, ich mußte mich zum Atmen und Nachdenken zwingen. Meine Mutter sah sich in unseren beiden Zimmern um.

«Wo sind denn nun die Koffer? Hast du etwa noch nicht gepackt?»

«Nein, nichts», sagte ich.

«Bist du wahnsinnig geworden? Wozu habe ich angerufen? Schnell, gib mir die Bodenschlüssel, ich will die Koffer holen!» forderte sie energisch.

Ich war nicht fähig, irgend etwas zu tun. Eine Nachbarin im Hause half eifrig beim Packen.

«Was suchst du denn so nervös? Hilf uns lieber, das Silber einzuwickeln!» meinte meine Mutter.

«Ich verstehe das gar nicht», antwortete ich zögernd, «hier auf dem Schreibtisch hat doch vorhin Peters Brief gelegen, den er mir mit dem Busfahrer geschickt hat. Wo kann er nur geblieben sein?»

«Den habe ich in den Ofen gesteckt», sagte Mutter. «Das fehlte noch, so einen Brief mit zu den Amis zu nehmen! Er schrieb darin irgend etwas von seinen verrückten, politischen Ideen, ‹man muß auch mal ein Opfer bringen können für unsere gute Sache› oder so ähnlich. Ich bin froh, daß er jetzt vernünftig geworden ist und von ‹der guten Sache› endlich genug hat und du hoffentlich ebenfalls.»

Ich hatte das Gefühl, mit diesem Brief das letzte Lebenszeichen von Peter verloren zu haben. Er war meine Rettung gewesen: Es kann nicht sein, daß Peter im Westen bleibt! Und nun war er vernichtet. Der Zettel zählte nicht. Weiß der Himmel, unter was für Umständen der geschrieben worden war. Meine Mutter merkte, was sie angerichtet hatte. Mit Kognak und starkem Kaffee bewahrte sie mich nur knapp vor einer Ohnmacht.

«Ich verstehe nicht, daß du dich derartig gehenläßt und dich nicht ein bißchen freust, daß ihr nun doch noch zu uns in den Westen kommt. Natürlich ist es schwer, hier alles zu verlassen. Aber das haben wir ja alle durchgemacht und keine Koffer gepackt und kein amerikanischer Offizier versprach uns eine gute Pension. Nun reiß dich endlich zusammen. So kommst du ja gar nicht bis zum Bahnhof. Wenn du den Zug verpaßt, sitzt du morgen schon im Kittchen», versuchte sie mich aufzurütteln.

Wieviel lieber säße ich bei den Genossen der Staatssicherheit als abzufahren, dachte ich. Ich würde ihnen alles erklären, sie würden mir sicher helfen. Wenn ich nur wüßte, was mit Peter los ist!

Mir kam der schreckliche Gedanke, er habe den Verstand verloren durch irgendein heimlich eingegebenes Mittel. Mein Peter, den ich kannte und liebte, würde auf keinen Fall zum Verräter, ein mitleidig belächelter Rückkehrer in die alte Welt.

Immer wieder unterbrach Mutter meine Überlegungen. Aber ich mußte mir klarwerden über das, was in mir vorging, dessen Gewalt mir selbst noch rätselhaft war. Nicht der Verlust des glücklich geretteten Haushaltes, nicht die Trennung von Greifswald raubten mir jegliche Kraft. Die Worte: «Peter bleibt im Westen» waren es, die mein Herz fast versagen ließen. Selbst wenn er wieder frei wäre, würde ich damit den Menschen verlieren, dem ich vertraute, den ich liebte und vor allem auch achtete.

Auf der Höhe seines Lebens und seiner Karriere hatte die schmerzliche Erkenntnis begonnen, allen Mut und alle Tapferkeit den Kräften der Unmenschlichkeit gewidmet zu haben. Dieses Erkennen hatte ihm die Kraft gegeben zur kampflosen Übergabe Greifswalds, bei der er sein und mein Leben aufs Spiel setzte. Kleine Schritte brachten uns gemeinsam voran auf dem Weg der Abkehr von der alten Welt, an die Seite von Parteifreunden, aber auch Genossen, mit deren Hilfe er sich das Wissen für die Arbeit in einem sinnvollen Leben erworben hatte. Spott und Feindschaft von Verwandten und alten Freunden hatten wir in Kauf genommen. Er war glücklich gewesen, daß ich ihn verstand und unterstützte und darin die letzte Konsequenz der Worte meines Vaters sah, die zwei Jahrzehnte früher nicht mehr als eine Andeutung gewesen sein konnten.

Ich hielt uns beide nicht für so wichtige Persönlichkeiten, dachte noch zu wenig in politischen Kategorien, um für Peters angeblichen Entschluß die Worte «Verrat am Sozialismus» zu gebrauchen. Ob wir hüben oder drüben lebten, der Sozialismus würde auch ohne uns nicht untergehen. Aber der Verrat an all den Menschen, die uns vertrauten, die uns anerkannten, obwohl wir «von der anderen Seite» kamen, der bedrückte mich schwer.

Peter, der in Greifswald am Aufbau einer Partei wesentlich beteiligt war, die Menschen unserer Herkunft, Menschen zwischen zwei Welten, den Übergang in eine neue gesellschaftliche Wirklichkeit erleichtern wollte – gerade er sollte kleinlaut zurückkehren in Verhältnisse, gegen die er so überzeugt argumentiert hatte? Wie hart die Belastungsprobe für Peter auch sein mochte, ich konnte und wollte es nicht glauben, daß er versagte. Wie vielen Menschen hatte er abgeraten, nach dem Westen zu gehen, diesen kleinen, ärmeren Teil Deutschlands, dessen Aufbau so viel schwerer war als in der Bundesrepublik, nicht im Stich zu lassen, und nun sollten wir...? Unfaßbar!

Ich mußte mich zusammenreißen. Peter brauchte mich jetzt mehr denn je. Wenn ich erst Gewißheit hatte, daß ich mich nicht in ihm irrte, würde ich auch die Kraft haben, alles zu tragen, was auf mich zukam.

Meine Mutter gab mir die Schlüssel für die Berliner Wohnung und war froh, als sie mich auf einem Eckplatz des D-Zuges untergebracht hatte.

«Ich komme so schnell wie möglich nach», sagte sie, «nun schlaf noch ein bißchen. In Berlin wirst du keine Zeit mehr haben. Um zehn wollten sie kommen.»

«Sie», das waren die Amerikaner, die so reizend nett sein sollten. Einerseits konnte ich das Gespräch mit ihnen kaum erwarten, in der Hoffnung auf Klarheit, andererseits graute mir davor. Was würden sie mir eröffnen? Ich drückte mich in die Ecke, an Schlaf war nicht zu denken. Meine nervliche Erschöpfung löste sich in einem Strom von Tränen, lautlos, aber unaufhaltsam. Ich hatte kein Gefühl mehr für die Peinlichkeit vor den anderen Reisenden.

Die «netten» Amerikaner

Diese Entspannung gab mir die Kraft, kurz nach meiner Ankunft in der Wohnung meines gefallenen Bruders die Amerikaner gefaßt zu empfangen. Beide murmelten ihre Namen und baten, sich mit mir in einem Lokal unterhalten zu dürfen. Ich konnte meine Mutter verstehen. Es waren elegante Erscheinungen, in denen sie noch dazu ihre Bundesgenossen sah.

«Wir mußten Ihren Mann vorläufig in Schutzhaft nehmen», begann Mister Thomas, «schon um seiner eigenen Sicherheit willen. Außerdem ist er in ärztlicher Behandlung, um eine Lungenentzündung zu verhüten. Er wird im Westen bleiben und erwartet, daß Sie zu ihm kommen. Aber das ist ja selbstverständlich.»

Freundlich fragten sie mich nach meinen Wünschen: Kaffee, Kognak?

«Nein, danke, nichts.»

Sie sollten nicht merken, daß ich kaum atmen konnte vor Entsetzen, viel weniger noch schlucken. Ich wollte mich durch nichts ablenken lassen, nur hören und nachdenken. Die «ärztliche Behandlung» beruhigte mich ein klein wenig. Gut, daß ich nicht ahnte, wie sie in Wirklichkeit aussah. Später erfuhr ich: Nach einer Nacht auf dem Steinfußboden eines mit Urin und Kot beschmutzten, dunklen Loches rang Peter auf einer Pritsche im Keller nach Atem. In seine Lungen strömten die Auspuffgase von Kraftwagen, deren Motoren vor den Luken der Gefängniszellen liefen. Er befühlte die Zahnlücken, sein von genagelten Absätzen zerschundenes Gesicht. Der Arzt wurde nicht aus rührender Fürsorge herbeigerufen, sondern um die Vernehmungsfähigkeit des Häftlings einigermaßen wiederherzustellen.

Das alles wußte ich nicht. Mir genügte die Lungenentzündung, um tief zu erschrecken. Ich dachte an 1943, als Peter wochenlang zwischen Tod und Leben geschwebt hatte. «Schutzhaft» und «Sicherheit» vor «Gefahr», vor welcher? Das Geschehen erinnerte mich an die Nazizeit, Rätsel, deren Beantwortung mir unwichtig erschien vor der einen großen Frage, die für die Amerikaner keine war. «Ihr Mann bleibt im Westen», das behaupteten sie, ohne den geringsten Zweifel zu lassen. Worte drangen an mein Ohr, die mich immer mehr erstarren ließen.

«In drei Tagen, am Donnerstag, haben wir einen Platz im Flugzeug für Sie reserviert, in einer unserer Militärmaschinen. Ein Soldat bringt Ihnen alle nötigen Papiere, auch Geld und die Adresse der Pension in München, in der Sie wohnen werden.

Ich stelle Ihnen meine Wohnung zur Verfügung. Dort können Sie sich mit Ihrem Mann treffen und in Ruhe aussprechen», sagte Mister Thomas in einem Ton wie ein guter Onkel.

Er war enttäuscht, auf meinem Gesicht nicht die Spur von Freude zu entdecken, sondern nur eine kurze Frage zu hören: «Und was soll dann werden, wovon soll ich leben?»

«Wir geben Ihnen genügend Geld, bis alles geklärt ist. Dann werden Sie mit Ihrem Mann in eine Stadt ziehen, die Sie sich aussuchen können, zum Beispiel Wiesbaden. Dort richten wir Ihnen eine Villa nach Ihren Wünschen komplett ein, und Sie beide sind endlich dort, wo Sie hingehören. Wir sorgen selbstverständlich dafür, daß Ihr Mann sofort seine Pension bekommt.»

Beide sahen mich erwartungsvoll an. Immer noch kein Freudenschimmer?

«Aber das tut man doch nicht! Ohne Grund seine Heimat verlassen, die Menschen, die einem vertrauten, die Aufgaben, die man erfüllen wollte!» sagte ich, verzweifelt über diesen vollendeten, verlockenden Plan.

«Das ist sehr anständig gedacht», meinte Mister Thomas, «wir sind sehr dafür, daß drüben Deutsche bleiben, die in unserem Sinne arbeiten. Aber Ihr Mann ist dort fehl am Platz. Sie haben es ja erlebt, wie schwer man ihm den Aufstieg gemacht hat, trotz seiner hervorragenden Verdienste und Fähigkeiten. Auch die Lage, in die er jetzt geraten ist, hat er seinen Leuten drüben zu verdanken. Man hat ihn in eine Falle laufen lassen, man will ihn los sein. Er ist zu unbequem, weil er nicht zu allem ‹ja› sagt. Solche Leute kann man in einer Diktatur, wie sie drüben herrscht, nicht gebrauchen. Dort werden Sie nie auf einen grünen Zweig kommen. Ihr Mann hat das alles jetzt durchschaut und will deswegen nicht zurück in die Ostzone.»

Ich sagte kein Wort. In München, von eurem Geld, in eurer Wohnung mit Abhörapparat, da sind wir verraten und verkauft, dachte ich.

Mister Thomas fuhr fort: «Übrigens ist ein Brief von Ihrem Mann unterwegs, in dem er Ihnen alles erklärt. Den bringen wir Ihnen noch, bevor Sie abfliegen. Sie stehen jetzt unter unserem Schutz. – Sollte Ihnen allerdings der östliche Schutz lieber sein, dann entfällt natürlich der unsrige.»

Ich hatte die kleine Pause verstanden, sie war eine Warnung.

«Orientieren Sie uns sofort, wenn irgend jemand aus der Ostzone sich bei Ihnen blicken läßt oder Sie Post bekommen. Vermeiden Sie jeden Kontakt mit Ihren Leuten von drüben, gehen Sie nicht an die Sektorengrenze, fahren Sie nicht S-Bahn, man wird nichts unversucht lassen, Sie zurückzuholen.»

Die Unterredung war beendet. Ich war so erschöpft, daß ich Angst vor dem Aufstehen hatte und nur mit letzter Kraft, ohne zu wanken, in den Wagen kam. Die Amerikaner setzten mich vor der Wohnung ab und verabschiedeten sich höflich.

Ich wollte mich zum Schlafen zwingen, ehe meine Mutter eintreffen würde. Es war ein vergeblicher Versuch. Das Gespräch hatte nicht einen Funken Klarheit gebracht. Im Gegenteil, es war alles noch furchtbarer als vorher. Die vollendeten Tatsachen, die Selbstverständlichkeit, mit der sie annahmen, daß ich im Westen bleibe, empörte mich. Ich mußte unbedingt jemand von «meinen Leuten drüben» sprechen, aber wen?

Das Naheliegende, zum Parteivorstand meiner Partei zu fahren, war unmöglich. Es hätte am Tage sein müssen, zur Dienstzeit. Unter Androhung von Verhaftung hatten mir die Amerikaner jeglichen Kontakt mit dem Osten untersagt. Wahrscheinlich ließen sie nicht nur mich, sondern auch unser Parteigebäude beobachten. Also blieb die Nacht.

Plötzlich kam mir der rettende Gedanke: Artur Strauß! Der Freund, den Peter so hoch schätzte. In unserer Wohnung war Telefon, aber ich wartete die Dunkelheit ab, um ihn von einer Zelle aus anzurufen. Bei den Worten: «Artur, Peter ist verhaftet von den Amerikanern» war es vorbei mit meiner Fassung. Er hatte Mühe, mich zu verstehen. Wir verabredeten ein Treffen in seiner Wohnung. Es würde spät werden, weil er nach dem Dienst seine kranke Frau in der Klinik besuchen wollte. Die Aussicht, ihn zu sprechen, war mir ein Trost.

Vorsichtig sah ich mich um, ehe ich die Telefonzelle verließ. Eben stieg meine Mutter aus einer Taxe. Ich trat hinzu, als hätte ich sie auf der Straße erwartet. Gemeinsam schleppten wir die schweren Koffer nach oben. Ohne sie zu öffnen, verstaute ich sie in einer Ecke.

«Willst du nicht sehen, was ich alles eingepackt habe? Ich habe eine Menge reinbekommen», erklärte Mutter stolz.

Das konnte ich mir denken, darin war sie Meisterin. Oft hatte sie mir geschildert, wie geschickt sie die Koffer packen mußte, wenn sie ihren Vater auf den Nordland- oder Mittelmeerreisen des Kaisers begleitete.

«Du sagst ja gar nichts? Wie war es denn mit den Amerikanern? Sie sind doch sehr nett und anständig und haben so wohltuend gute Manieren. Wann fährst du denn nun zu Peter?»

Ohnehin von großer Leistungsfähigkeit, war sie jetzt beflügelt von der Aussicht auf die Erfüllung ihres sehnlichsten Wunsches. Um so unverständlicher war ihr meine Schweigsamkeit und völlige Ermattung. Ich murmelte nur: «Ich muß heute abend noch einmal fort, es kann spät werden», und schlief nun doch auf dem viel zu kurzen Sofa ein.

Ich erlebe Solidarität

Zur rechten Zeit betrat ich die kleine, gemütliche Wohnung in der Dunckerstraße. Bei aller Sympathie, die ich als Peters Frau bei dem Ehepaar Strauß genoß, es bestand kein Grund für beide, mich persönlich als Freundin zu betrachten. Jetzt erlebte ich, was Solidarität heißt. Durch meine Verzweiflung bei dem Gedanken, die Deutsche Demokratische Republik zu verlassen, menschlich und politisch als Heuchler dazustehen, gehörte ich mit einem Schlage ganz und gar zu ihnen. Wer konnte mich besser verstehen als der Genosse, der um seine von den Nazis inhaftierte Frau gebangt hatte.

Er kannte Peters politische Arbeit, und er konnte die Folgen umfassender einschätzen als ich. Er sah sie nicht rosig. Was sollte er mir raten? Peter konnte wirklich sehr krank sein und auf mich warten. Wenn ich nicht hinflog und er starb in München, was dann?

«Für mich wäre das alles einfacher», sagte er, «ich weiß, wohin ich gehöre. Aber für dich ist das sehr schwierig. In erster Linie gehörst du natürlich zu deinem Peter. Ich kenne ihn gut genug und halte es für unmöglich, daß er umkippt. Doch du sitzt da nun mitten zwischen deiner adligen Familie und den Amis, die dir die verlockendsten Angebote machen. Vergiß es nicht: Schließlich haben sie den Peter eingesperrt. Was heißt hier ‹Schutzhaft›? Das ist doch alles Unsinn, um dir Sand in die Augen zu streuen. Fliege auf keinen Fall, ehe du nicht Peters

Brief hast. Bleibe mißtrauisch und vorsichtig, um ihm nicht zu schaden. Vor allem, sei stolz auf deinen Peter! Wer sich mit dem Feind so festzieht wie er, hat das verdient. Laß dich nicht von deiner Verwandtschaft unterkriegen, sie ist eine große Gefahr für dich. Im Moment kann ich dir auch nicht mehr raten als: Warten wir den Brief ab.»

Er übernahm es, meine Partei zu benachrichtigen. Voller Mitgefühl sah er in mein blasses Gesicht, als wir auf die S-Bahn warteten. Wir erinnerten uns beide an die fröhlichen Wochen in Ahlbeck, die erst so kurze Zeit zurücklagen. Mir schienen sie eine Ewigkeit zurückzuliegen. Mein Schmerz war um nichts geringer geworden. Im Gegenteil, den ganzen Ernst der Lage hatte ich noch klarer verstanden. Und doch war ich erleichtert. Ich hatte wieder Boden unter den Füßen und einen Freund gewonnen auf unserer, der richtigen Seite.

So spät waren nur wenig Fahrgäste im Abteil. Sie fuhren nach Hause, in den Westen Berlins, gehörten dorthin. Aber ich gehörte nicht dorthin und erschrak bei dem Schild: «Achtung, Sie betreten den amerikanischen Sektor!» Bei jeder Station dachte ich, es steigt ein Amerikaner ein und sagt zu mir: «Wo kommen Sie denn her? Wir haben Ihnen doch verboten, in den Osten zu fahren! Sie sind verhaftet!»

Ich wußte, daß ich vor Übermüdung schon Gespenster sah. Doch je mehr ich mich unserem Haus näherte, um so weniger brauchte sich ein Gespenst zu bemühen, um meine Angst noch zu steigern. Ich atmete erst auf, als ich ungehindert in der Wohnung war und von meiner Mutter erfuhr, daß kein Amerikaner nach mir gefragt hatte.

Voller Unruhe wartete ich auf den angekündigten Brief von Peter. Aber der Brief kam nicht. Die Amerikaner bedauerten die Verzögerung durch die Zensur und betonten ständig, ihr Angebot, mich nach München zu fliegen, bleibe für jeden Tag bestehen.

Der Aufenthalt in Westberlin wurde mir immer mehr zur Qual. Meine Mutter erkannte an meiner Tatenlosigkeit, daß ich nicht die Absicht hatte, dort festen Fuß zu fassen. Ihre Enttäuschung machte sich in heftigen Vorwürfen Luft. Ich vertrödelte meine Zeit bei Verwandten und Bekannten, mit Vorsicht darauf bedacht, die entscheidende Frage offenzulassen.

Als ich von einem Spaziergang zurückkehrte, empfing Mutter mich erstaunlich freudig. Es war Besuch aus Greifswald gekommen, ein junger Mann aus unserem Haus. Der große, blonde Herr Mohr hatte schon eine ganze Zeit auf mich gewartet. Nun erzählte er, unsere Zimmer seien vom Staatssicherheitsdienst versiegelt und, soweit er erfahren habe, seien mein Mann und ich aus unserer Partei ausgeschlossen worden.

All das schien mir nicht abwegig. Vor wenigen Tagen war ich in aller Hast in Greifswald aufgebrochen, getrieben von tiefer Angst um Peter. Mein Verhalten hatte einer kopflosen Flucht geglichen. Die Logik der Umstände mußte für jeden Außenstehenden eine deutliche Sprache reden: Die Junkerstochter ist bei Nacht und Nebel ins gemachte Nest zu ihrer zahlreichen Westberliner Verwandtschaft entschlüpft, der ehemalige Stadtkommandant sitzt unter dubiosen Umständen in München ein – ein abgekartetes Spiel war nicht unbedingt von der Hand zu weisen. Wir wären nicht die ersten gewesen, die eine ähnlich wohlberechnete Mauser durchgemacht hätten. Insofern war ich kaum überrascht.

«Kein Wunder», sagte ich, «Peter ist verschwunden, und ich bin getürmt. Das läßt sich alles regeln...» Die Worte «wenn wir erst wieder da sind» verschluckte ich noch gerade.

«Was willst du denn regeln, das ist doch Unsinn!» fuhr meine Mutter auf. «Die Klappe ist endgültig zu, das mußt du mal begreifen, du kannst nicht zurück!»

In der Tat, meine Mutter, die große Kofferpack-Künstlerin, dürfte ein übriges getan haben, «die Klappe endgültig» zu schließen: Sie hatte die Greifswalder Wohnung nach allen Regeln der «Fluchtkunst» hinterlassen, eine Wohnungsinspektion durch die Staatsorgane hätte kaum den geringsten Zweifel ermöglicht. Nein, der Gedanke an ein Zurück mußte ihr abwegig erscheinen. «Das würde ich Ihnen auch nicht raten», sagte Herr Mohr, «Sie werden bestimmt verhaftet.»

«Erzählen Sie mir lieber, was es in Greifswald Neues gibt», bat ich ihn.

«Stadtgespräch sind natürlich Sie beide», berichtete er. «Wir können uns im Haus kaum noch retten vor Nachfragen. Über geflohen, verschleppt und ermordet gehen die tollsten Gerüchte. Im Hause hatten wir keine Ruhe mehr, ich mußte einfach herkommen und hören, was los ist. Nun bin ich beruhigt.

Sie leben, und Ihr Mann wird bald wieder frei sein. Aber zurückkommen würde ich auf keinen Fall an Ihrer Stelle. Sie passen doch beide nicht in die ‹Ostzone›, und man will Sie ja auch gar nicht haben! Das sehen Sie am Parteiausschluß.»

Meine Mutter triumphierte und bereitete Herrn Mohr einen extra guten Kaffee. Ich kannte den jungen Heißsporn und wußte, aus welcher Ecke der Wind wehte. Seine Sympathien für uns entdeckte er erst jetzt, als er uns in gleicher, westlicher Richtung vermutete. Trotzdem freute mich sein Besuch und war für mich nützlich. Mit den Nachrichten, die er mir gebracht hatte, konnten die Amerikaner mich nun nicht mehr überraschen. Zum Abschied begleitete ich ihn die Treppe hinunter. Ein Stückchen Heimat ging mit ihm davon.

«Grüßen Sie alle im Hause. Sie haben mir eine große Freude gemacht mit Ihrem Besuch. Lassen Sie sich auf keine langen Debatten ein. Ich bin bei meiner Mutter, mehr wissen Sie nicht», riet ich ihm.

Meine Mutter war bester Stimmung. Für sie schien es nun verbrieft und versiegelt, daß ich nicht mehr zurück könne. Ich hingegen freute mich über die Anhänglichkeit der Greifswalder und machte mir über die sogenannten «Hiobsbotschaften» nicht die geringsten Sorgen.

Die Angst um meinen Mann, um seine Gesundheit und sein Leben war viel zu groß, als daß mich ein Parteiausschluß, der ohnehin noch höchst zweifelhaft war, oder eine versiegelte Wohnung beeindrucken konnten.

Herrn Mohr folgte sehr bald ein zweiter Besuch aus der Heimat, aus ähnlichen Motiven, aber mit entgegengesetzten Zielen. Ein Parteifreund aus dem Kreis Usedom besuchte mich. «Frau Petershagen», sagte er, «ich kann diese Ungewißheit einfach nicht mehr ertragen. Ihr Mann, dem wir so vertraut haben, der unser Vorbild war, will angeblich im Westen bleiben? Das kann nicht wahr sein! Das ist unmöglich, dazu kenne ich ihn zu gut! Erzählen Sie mir bitte, was geschehen ist?»

«Ja, wenn ich das wüßte!» antwortete ich, mühsam die Tränen zurückhaltend, so wohl tat mir das Vertrauen zu Peter. «Ich blicke auch nicht durch. Die Amerikaner behaupten, er wolle drüben bleiben und warte nur auf mich. Aber ich habe keine Verbindung zu ihm und glaube das ebensowenig wie Sie.»

«Kommen Sie zurück», bat der Parteifreund, «bleiben Sie auf keinen Fall hier im Westen, das wäre sicher nicht im Sinne Ihres Mannes.»

«Wie gern käme ich sofort mit Ihnen! Aber ich kann nicht abfahren, ohne Klarheit zu haben. In Greifswald würde ich gar nichts mehr hören von meinem Mann», wandte ich ein. Das verstand er und wiederholte eindringlich seine Bitte zur Rückkehr.

Es war noch früher Vormittag und meine Mutter glücklicherweise nicht da. Ich bat meinen Besuch, jetzt zu gehen, so leid es mir tat.

«Ich bin verpflichtet, dem Ami jeden Ostkontakt zu melden. Wenn jemand Sie sehen würde, der Sie kennt, wäre das schlimm», erklärte ich ihm.

Wir verabschiedeten uns sehr herzlich. Ich beobachtete vom Balkon, ob meine Mutter etwa gerade zurückkäme. Sie hätte sicher nachgefragt, ob der junge Mann bei mir gewesen sei. Dieser Besuch war mir ein großer Halt in allen Momenten der Schwäche, der Versuchung nachzugeben, zu sagen: «Ja, ja, ich bleibe hier im Westen, aber laßt mich zu meinem Mann, laßt ihn frei!»

Daß von «frei» keine Rede sein würde, hatte ich unterdessen begriffen. Und was würden wir nach endlich erlangter Freiheit eintauschen gegen soviel Vertrauen, so große Verehrung von vielen einfachen Menschen? Vielleicht finanziell eine bessere Lage und bei Verwandten und wieder aufgewärmten Freundschaften mühsam verborgenen Spott über unseren Zick-Zack-Weg. Und wir beide in einer neuen Wohnung, mit neuen eleganten Möbeln, zermürbt vom Heimweh nach Greifswald, nach unserer Wohnung, in der sich so schicksalsschwere Stunden abgespielt hatten, nach guten Freunden, für niemand mehr ein Vorbild, weder in Ost noch in West, und ständig der nagende Vorwurf, wider besseres Wissen in die alten verhängnisvollen Gleise zurückgekehrt zu sein. Das war ein unerträgliches Zukunftsbild.

Die Amerikaner holten mich zu einem zweiten Gespräch in ihr Dienstgebäude in der Clayallee ab. Ihr Verhalten war, wenn auch noch höflich, doch wesentlich kühler.

«Ich möchte endlich wissen», fragte ich, «was Sie meinem Mann vorwerfen, was er getan haben soll?»

«Er hat großes Glück gehabt, daß ihm nicht gelungen ist, was er vorhatte, nämlich Menschenraub!» sagte Mister Thomas mit vorwurfsvoller Stimme. Flüchtig erinnerte ich mich daran, daß jemand aus dem Münchner Kreis in die Deutsche Demokratische Republik übersiedeln wollte.

«Menschenraub?» erwiderte ich, «was für ein Unsinn, wie sollte er den denn durchführen?»

«Wir könnten Sie genausogut des Menschenraubes beschuldigen», fuhr Mister Thomas fort, «aber Sie haben das alles ja nur unter dem Einfluß Ihres Mannes getan. Deshalb machen wir davon auch keinen Gebrauch, wenn Sie jetzt vernünftig sind.»

Was er unter «vernünftig» verstand, wußte ich: Im Westen bleiben. Er zeigte ein Gesicht, als wollte er sagen: Sieh mal an, wie nett wir sind!

«Wen soll ich denn beinahe geraubt haben, da bin ich wirklich neugierig», fragte ich.

«Nun, es ist nicht Ihr Verdienst, daß Ihre Bekannten, mit denen Sie sich in Ostberlin getroffen haben, zurückgekommen sind nach dem Westen. Das hätte genausogut anders ausgehen können», antwortete er ernst.

Mir dämmerte es langsam, auf was für Verdrehungen ich mich gefaßt machen mußte. Im Westen wohnende ehemalige Kameraden von Peter hatten den Wunsch, mit ihm, diesem Außenseiter, zu sprechen, zu hören, wie wir leben, wie von seiner Warte aus die Zukunft Deutschlands aussah. Peter freute sich über jeden, der mit ihm Kontakt aufnahm, der sich am leichtesten in Berlin, unserer Hauptstadt, durchführen ließ.

«Wir haben doch kein Westgeld, um uns in Westberlin mit den Freunden zu treffen. Es ist ihnen kein Haar gekrümmt worden, sie sind heil und munter wieder nach Hause gefahren. Daraus kann man uns wirklich keinen Strick drehen!» erwiderte ich empört.

Meine Angst um Peter wuchs. Wenn die Dinge so auf den Kopf gestellt werden, dann war alles möglich.

«Von den Gesprächen, die Sie dabei führten, sind wir natürlich nicht begeistert. Aber das wollen wir vergessen, wenn Sie bereit sind, im Westen zu bleiben. Ihr Mann wartet auf Ihre Zusage. Unser Flugangebot bleibt bestehen. Ihnen dürfte das wirklich nicht so schwerfallen. Wenn Sie allerdings durchaus wollen, können wir die Sache auch anders anfassen. Es liegt in Ihrer Hand.»

Das klang drohend.

«Ich kann das nicht ohne meinen Mann entscheiden», wich ich aus. «Sie hatten mir einen Brief versprochen, vorher fliege ich nicht!»

«Ihr Mann tut uns leid, wie schwer Sie es ihm machen. Der Brief wird bei der Zensur liegen. Daran können wir nichts ändern. In den nächsten Tagen müßte er kommen.»

Schweigend fuhren wir durch die elegante Villengegend zurück.

Ich war so fertig mit den Nerven, daß ich es nicht mehr aushielt und zu einer freundlichen alten Dame umzog, der achtzigjährigen Gesangspädagogin Frau Dr. Stern, die mit ihrer Hausdame in zwei Zimmern in der gleichen Wohnung lebte. Als Jüdin hatte sie schlimme Zeiten hinter sich und viel Teilnahme und Verständnis für mich. Zwar mußte ich auf einem harten Empire-Sofa schlafen, aber das war mir angenehmer, als die ständigen Vorwürfe meiner Mutter zu hören.

Am schwersten waren die frühen Morgenstunden des Tages zu ertragen. Beim Erwachen kam mir mit aller Wucht das Schreckliche meiner Lage voll zum Bewußtsein, und ich wünschte manchmal, nie mehr aufzuwachen. Im gleichen Moment war ich entsetzt über diesen Gedanken. Ich muß leben, essen, gesund bleiben, Peter braucht mich, sagte ich mir und plante meinen täglichen Spaziergang.

Ein Brief bringt Gewißheit

Drei Wochen hatte ich nun schon keine Nachricht von Peter. Die Grüße, die mir die Amerikaner von ihm ausrichteten, trösteten mich nicht. Jedem Wort von ihnen begegnete ich mit tiefstem Mißtrauen. Wie lange sollte dieser Zustand noch dauern, der merklich an meinen Kräften zehrte? Du darfst nicht krank werden! predigte ich mir jeden Tag, Arztkosten wären für mich eine Katastrophe gewesen.

Wieder einmal kehrte ich von Bekannten zurück und hörte lebhafte Unterhaltung bei meiner Mutter. Auch Tante Elsa aus Potsdam schien dabeizusein. Ihr zuliebe wollte ich hineingehen, als ich einen Brief auf der Truhe liegen sah, Peters Schrift! Endlich! Mir wurde fast schlecht vor Angst, was für eine Nachricht er bringen würde.

Ganz leise schlich ich in mein Eckchen, das mir die Hausdame von Frau Stern in ihrem Zimmer überlassen hatte, und öffnete mit zitternden Fingern den Brief. Seine Schrift bot wieder das vertraute Bild, fest und energisch. Von schwarzen, dicken Strichen unterbrochen, die ganze Sätze unleserlich machten, die Zensur. Ich las, Liebes und Unwichtiges, von Zeile zu Zeile stieg meine Angst, daß die Entscheidung unter den schwarzen Balken verborgen bleiben würde. Da, fast am Schluß:

«Vergiß nicht, die Feuerversicherung zu bezahlen!»

Ich hätte jubeln mögen! Guter Peter, wie hast du dir wohl den Kopf zerbrochen, wie du mir beibringen kannst, daß wir Greifswald nicht verlassen! Wie viele Versuche mögen dir die Amis gestrichen haben! Niemand zahlt die Versicherung für einen Haushalt, den er im Stich läßt.

Meine Freude über seine Entscheidung mußte ich für mich behalten. Das war nicht so einfach. Mit einem Schlage fühlte ich mich munter, mein Gesicht bekam wieder Farbe, und Tatendrang durchströmte mich. Noch einmal las ich den Brief, Wort für Wort, dann verbarg ich ihn gut.

Ich mußte mich endlich entschließen, die Verwandten zu begrüßen, die die Neugierde häufiger als sonst zu meiner Mutter zog. Gräßlich war mir das Spießrutenlaufen zwischen den Tanten und Cousinen, aber ich wich ihnen nicht aus. Sie sollten ja nicht denken, ich schämte mich meines Mannes und scheute ihre kritischen Blicke und Worte. Mit echter oder gespielter Teilnahme hatte jede von ihnen schon «unter vier Augen ein ernstes Wort» mit mir gesprochen, endlich zurückzufinden zur Familie, zum eigenen Vorteil, zur Rettung meines Mannes.

Vorsichtig, mit einem kleinen Rest von Scham, wurde sogar angedeutet, falls ich mich von Peter trennen würde, wartete ein alter Verehrer auf mich, der sich oft bei meiner Mutter nach mir erkundigte. Er passe in jeder Beziehung zu unserer Familie, besser als ein «roter Oberst», sei standesgemäß und in guter Position in Westberlin.

Die Schändlichkeit dieses Ansinnens drang gar nicht ganz in mein Bewußtsein. Sie wurde mir erst durch die Empörung der guten Tante Elsa klar. Sie machte eine Ausnahme und merkte auch sofort die Veränderung, die in mir vorgegangen war.

«Was ist denn mit dir los? Du strahlst ja so?» flüsterte sie mir leise zu. Trotzdem richteten sich alle Blicke auf mich.

Ich wurde rot und sagte: «Ach, Peter hat geschrieben, es geht ihm etwas besser.» Die kluge Tante witterte mehr dahinter und ging mit mir unter einem Vorwand hinaus.

«Du bist ja so glücklich, Katerchen, was hat Peter denn geschrieben, geht es ihm wirklich gut?» fragte sie.

Ich umarmte sie und gab ihr einen Kuß. «Tantchen, ich kann dir das nicht erklären. Natürlich geht es ihm nicht gut im Gefängnis, aber ich weiß jetzt endlich, woran ich bin. Er denkt nicht anders als vorher. Das ist das Wichtigste, und darüber bin ich so froh. Doch das darfst du niemandem verraten», bat ich sie.

«Du weißt, daß ich über eure politische Entwicklung nicht glücklich bin. Trotzdem habe ich große Achtung vor Peter und auch vor dir. Halte nur weiter treu zu ihm, dann wird schon alles wieder gut», antwortete sie mit viel Wärme.

Als die Gäste fort waren, ging ich schnell hinunter, um Artur Strauß von der Telefonzelle aus anzurufen. Ich war froh, ihn zu erreichen.

«Heute abend muß ich noch zu Artur Strauß», sagte ich meiner Mutter, «tue mir wenigstens den Gefallen und verrate mich nicht. Sollten die Amis anrufen, ich bin im Kino, du weißt nicht, wo. Es kann später werden, mach dir keine Sorgen.»

«Was du bloß immer mit diesem Artur Strauß hast! Mit deiner albernen Treue zu den Genossen, gräßliches Wort, bringst du mich noch in die größten Schwierigkeiten», schalt sie.

Ich stieg Schönhauser Allee aus der U-Bahn und ging langsam die Wichertstraße hinunter. In einem kleinen Lebensmittelladen fiel mein Blick auf eine Flasche kondensierte Milch. Ich erinnerte mich an die gemütlichen Sonnabend-, Sonntag-Nachmittage, an denen wir beide unseren Kaffee mit dieser Kondensmilch genossen. Wie hatten wir diese Stunde geliebt, nach der er sich erfrischt an seine Arbeit für das Fernstudium setzte. Grenzenloses Heimweh nach der so viel ärmlicheren, östlichen Welt packte mich. Hier war nicht die Hälfte der glänzenden Auslagen vom Kurfürstendamm zu sehen, aber jedes neue Angebot aus eigener Kraft war eine Freude und kein Bestechungsgeschenk von Amis Gnaden.

Vor der Haustür in der Dunckerstraße traf ich mit Artur zusammen. Im Wohnzimmer gab ich ihm den Brief und verzog mich in die Küche, sein Abendbrot zu bereiten. Er sollte unbeeinflußt lesen.

«Nun ist alles klar», sagte er, als ich hereinkam, «ich wußte es doch, daß ich mich in Peter nicht irre.»

«Nicht wahr? Das kann er gar nicht anders gemeint haben!» Ich wollte nochmals seine Bestätigung hören.

«Nein, natürlich nicht. In seiner Lage, in einem solchen Brief an die Feuerversicherung zu denken, ist absurd. Das hat nur diesen einen Zweck, und die Amis haben es nicht begriffen, ein Glück! Jetzt sind die Fronten eindeutig. Und was willst du nun tun?» fragte Artur.

«Auf keinen Fall nach München fliegen, so schwer es mir wird. Wir wären ja keine Sekunde unbelauscht. Ich bin derartig fertig, ich fühle mich dem nicht mehr gewachsen. Nützen kann ich Peter dort nichts, höchstens schaden. Und alles nur vom Geld der Amis, ich wäre ihnen vollkommen ausgeliefert. Peter schreibt kein Wort von meinem Kommen, das hätten sie bestimmt auch noch unterstrichen.»

«Das ist sehr vernünftig von dir. Die Abkühlung der Amis läßt auf Peters Haltung schließen. Das Wichtigste ist, du hältst zu ihm, mag kommen, was da will.» Er sah mich prüfend an.

«Aber Artur, was denkst du denn von mir! Das wäre ja eine unglaubliche Gemeinheit, ihn jetzt im Stich zu lassen. Daran würde er sehr schnell zugrunde gehen und ich auch.»

Ich nahm ihm seine Zweifel nicht übel. Die Situation, in der ich mich nach seiner Schätzung für längere Zeit befinden würde, war nicht zu vergleichen mit den überstandenen Bewährungsproben. Krieg und Gefangenschaft der Männer hatten Millionen Frauen ertragen. Die Tage der Übergabe erforderten Mut, der sich ständig erneuerte dem anderen zuliebe, mit dem man jeden Gedanken teilte. Jetzt lebte ich unter Verwandten und Bekannten in einer Atmosphäre zwischen offener Ablehnung und bestenfalls Mitleid. Ich gab mich der Illusion hin, mit der Rückkehr nach Greifswald würde das alles vorbei sein. Doch der Genosse Artur Strauß kannte diesen Krieg nach innen aus Erfahrung. Er wußte, daß er eine Klassenfrage war und nicht an den Grenzen haltmachte.

«Ja, entschuldige», sagte er, «du sitzt mir da zu sehr in deiner Sippe, das ist eine große Gefahr für dich.»

«Gefahr nicht», unterbrach ich ihn, «aber Belastung. Je mehr sie über Peter herfallen und mich bearbeiten, um so bockiger werde ich. Neulich hätte ich einer Cousine beinahe ein paar gelangt, so niederträchtig sprach sie über ihn. Dann war ich mir doch zu schade dafür.»

«Es ist sehr schwer für dich. Um euch beide tobt ein echter Klassenkampf. Stell dir den Triumph vor, wenn sie einen Mann wie Peter, den ‹roten Oberst›, der Deutschen Demokratischen Republik entreißen könnten und dich dazu. Und dann noch ein paar Worte von euch im Rias gegen uns, und ihr seid gemachte Leute drüben.»

«Für kurze Zeit, und danach würde keiner mehr von uns ein Stück trocken Brot nehmen, weder hüben noch drüben», sagte ich. «Ich grübele immer darüber nach, wie Peter den Zettel schreiben konnte, der mich hierher holte.»

Vergeblich zerbrachen wir uns den Kopf darüber. Wir konnten nicht ahnen, daß die Amerikaner angeblich seine Identität anzweifelten und verlangt hatten, ich solle diese bestätigen. Alle seine Vorschläge, sein Bruder in Hamburg oder Freunde könnten das ebensogut, wurden zurückgewiesen. Man hatte ihm feierlich das Ehrenwort gegeben, daß ich sofort nach der Bestätigung wieder nach Greifswald zurückfahren könnte, wahrscheinlich sogar mit ihm. Doch das erfuhren wir erst Jahre später, jetzt blieb es uns ein Rätsel.

«Morgen wollen die Amis noch einmal mit mir sprechen», berichtete ich, «mir graut davor. Trotzdem, in diesem Moment abzufahren, sähe wie ein Schuldbekenntnis aus. Am besten wäre natürlich, ich könnte bis zum Prozeß in Berlin bleiben, aber ob ich das schaffe, weiß ich nicht.»

«Viel wird von dem Gespräch morgen abhängen. Sieh dich vor, daß sie dich nicht auch einsperren, unmöglich ist bei ihnen nichts», warnte Artur mich. Aus seinen Erfahrungen in der Nazizeit versuchte er, mir noch ein paar Ratschläge für mein Verhalten mitzugeben.

Es war spät geworden, er begleitete mich zur letzten U-Bahn. Ungern ließ er mich fahren. Er zweifelte nicht an meinem guten Willen, aber er konnte die Gefahren besser einschätzen, die mich erwarteten.

Drohung und Erpressung

In der U-Bahn hatte ich Zeit zum Nachdenken. Warum fühlte ich mich eigentlich wie von Zentnerlast befreit? Mein Mann im Gefängnis, für mich unerreichbar, seine Freiheit und damit sein Leben auf das Schwerste bedroht, das war doch wahrlich kein Grund zur Freude.

Wenn Peter nun anders entschieden hätte, als aus seinen Zeilen hervorging, daß die Amis recht hatten, daß er im Westen bleiben wollte, was würde ich dann empfinden? Natürlich wäre ich ihm gefolgt – allerdings, wie ich mit dem Gefühl der Demütigung hätte fertig werden sollen... An die Stelle des Stolzes auf ihn und der großen Achtung wäre das Mitleid getreten, daß er dieser Situation nicht gewachsen war, daß er sich nie mehr wohl fühlen würde in seiner Haut, und wenn wir uns materiell noch so gut ständen.

Seit 1945 hatte sich mancher alte Bekannte und Freund von uns abgewandt, sah uns als Verräter an. Wir fanden das zwar bedauerlich, dennoch berührte es uns nicht sonderlich. Wenn wir allerdings die Deutsche Demokratische Republik verlassen würden, wären wir wirklich Verräter, zwar nicht an unserer Klasse, aber an unserer Überzeugung. Allen unseren Parteifreunden und auch Peters Freunden, den Genossen Börs und Strauß würden wir eine schwere Enttäuschung bereiten. Diese moralische Belastung war nun von mir genommen. So schrecklich und ungewiß die Lage für mich immer noch war, jetzt konnte ich unseren Freunden ehrlich in die Augen sehen, sie würden mir, wie Artur Strauß, zu klugen Ratgebern und Helfern in der schweren Zeit werden.

Beim Umsteigen war der letzte Zug schon davon, ich mußte ein weites Ende zu Fuß laufen. Meine Mutter empfing mich mit verständlichen Vorwürfen. Sie hatte sich Sorgen um mich gemacht. Auch ihre Nerven wurden in dieser Zeit strapaziert. Gewiß wollte sie nur mein Glück, aber ein Glück nach ihrer Vorstellung. Auf jede Art und Weise versuchte sie, die unerwartete, letzte Möglichkeit, mich von der «Ostzone» loszureißen, nicht ungenutzt vorübergehen zu lassen. Fest hatte sie damit gerechnet, daß die Angst um Peter mich sofort zum Umschwenken veranlassen würde. Jetzt war sie tief enttäuscht und konnte mich nicht verstehen. Ich hatte trotz allem Mitleid mit ihr und wollte es nicht zu einem völligen Bruch kommen lassen.

Für die Atmosphäre des dritten Treffens mit den Amerikanern besaß die Räumlichkeit, in der es stattfand, symbolische Bedeutung: Wir waren in jeder Beziehung im Keller angelangt. Die Fragen hagelten nur so auf mich herab, ich kam kaum dazu, einen klaren Gedanken zu fassen. Langsam begriff ich, daß sie Peter zum Offizier der Spionageabwehr stempeln wollten, der seine Tätigkeit jetzt fortgesetzt hatte, indem er Kontakt mit alten Bekannten aufnahm und sie nach dem «Osten» abzuwerben suchte.

Ich setzte mich zur Wehr, so gut ich konnte. Sie waren selbst über Jahre zurückliegende Kleinigkeiten aus unserem Leben bestens orientiert. Mit ziemlicher Sicherheit konnte ich vermuten, von wem sie diese Kenntnisse hatten. Alle, die dafür in Frage kamen, hatten sich unterdessen nach dem Westen abgesetzt, schäbige kleine Überläufer aus Greifswald, die sich beim CIC mit «vertraulichen Auskünften» lieb Kind gemacht hatten. Wahrscheinlich wurden wir seit dem Mißerfolg des einarmigen Hauptmanns beobachtet.

Mir blieb keine Zeit zum Nachdenken. Die Offiziere waren enttäuscht, daß sie mit den Nachrichten: «Ihre Wohnung ist versiegelt von der Staatssicherheit, Sie sind beide aus der Partei ausgeschlossen» keinerlei Wirkung erzielen konnten. Sie gerieten so in Rage, daß auch ihnen Fehler unterliefen. Es war sicher nicht ihre Absicht, mir mit ihren Worten: «Uns ist schon längst bekannt, daß Sie eine noch viel schlimmere Kommunistin sind als Ihr Mann!» einen unerwarteten Rückhalt zu geben. Wie ein warmer Strom erfüllte mich die Bestätigung von

Peters Haltung. Ich konnte mir denken, wie ich zu dieser unverdienten Ehre kam. Mich kränkte die Annahme der meisten Gesprächspartner, ich würde nur die Ansichten meines Mannes nachplappern, ohne eigene Überzeugung. Das bewog mich, härter und ungeschickter als Peter zu diskutieren, zumal ich über weniger Wissen verfügte.

Immer wieder hielten mir die Amerikaner die Verantwortung für meinen Mann vor Augen. «Seien Sie doch endlich vernünftig!» drangen sie in mich. «Das Leben Ihres Mannes liegt in Ihrer Hand. Wir können für ihn die Höchststrafe, fünfzehn Jahre, bewirken. Die steht er nicht durch, dann sehen Sie ihn nie wieder. Es liegt ganz bei Ihnen.»

Ich biß die Zähne zusammen. Jetzt umfallen? Um Gnade flehen? Niemals! dachte ich und hörte Arturs Stimme: Sei stolz auf deinen Peter. Ich durfte ihm nicht in den Rücken fallen, trotz meiner wahnsinnigen Angst um ihn. Die Kehle wurde mir trocken, ich hätte kaum antworten können, selbst wenn ich gewollt hätte. Aber ich bat nicht um einen Schluck Wasser, ich wollte nicht zeigen, wie tief ich getroffen war. Trotz allem konnte ich die Fassung besser bewahren als bei der Nachricht: Peter bleibt im Westen. Nun hatte ich die Gewißheit, er war sich treu geblieben. Was sollten wir in einer Welt, in der ehemalige Kameraden die Rettung der Stadt als «Schande von Greifswald» bezeichneten, noch immer die Vollstreckung des Todesurteils an Peter forderten.

Nach einer Pause eisigen Schweigens spielten die Amerikaner ihren vermeintlich stärksten Trumpf aus: «Im übrigen können Sie gar nicht zurück», sagte Thomas. «Nach Ihrer Republikflucht und Ihrem Kontakt mit uns würden Sie drüben sofort verhaftet werden. Wir brauchten der Staatssicherheit nur einen Hinweis zukommen zu lassen, daß Sie uns wichtige Kenntnisse vermittelten, und Sie sind geliefert!»

Vergeblich warteten sie auf eine Antwort. Sie konnten mich nicht erpressen. Endlich gaben sie es auf. Höflich wie immer, aber eiskalt, begleiteten sie mich im Wagen nach Hause. Ich ahnte, daß ich diesen Umstand nur der Tatsache zu verdanken hatte, die Tochter von Frau von Lindequist zu sein. Sie wähnten mich sicher verwahrt im Kreis von Verwandten.

Bei meinem Grübeln und Zweifeln, was ich richtig oder falsch gemacht, inwieweit ich Peter genutzt oder geschadet hatte, stellte ich mir selbst die Frage, wie ich meine Haltung vernünftigerweise erklären könnte. War ich nicht grausam, Peter einem Risiko auf Tod oder Leben auszusetzen? Wir waren schon einmal solch Risiko eingegangen, bei der Übergabe. Doch wir waren zusammen, waren uns bei jedem Schritt einig. Jetzt hatte man uns getrennt, wurden wir betrogen, konnten uns kaum verständigen. Durch seinen Brief hatte ich die Gewißheit, in seinem Sinn zu handeln, die ungeschickte Bemerkung der Amerikaner bestärkte mich noch darin. Nicht ich hatte entschieden, sondern er, und so, wie ich es nicht anders von ihm erwartet hatte.

Die Frage, wofür, hätte ich nicht sehr tiefgründig, etwa wissenschaftlich, beantworten können. Überdachte ich meine Erfahrungen seit 1945, hatte ich Gutes und Schlechtes erlebt, verständnisvolle, hilfreiche Menschen, Parteifreunde wie Genossen ebenso kennengelernt wie solche, die mir Steine in den Weg legten.

Aber die Steine lagen nun schon weit zurück. Jetzt erlebte ich Artur Strauß, der mir durch seine rückhaltlose Hilfsbereitschaft ohne viel Worte klarmachte, was ich als Haltung eines Kommunisten zu verstehen hatte. Die Unmenschlichkeit meiner Standesgenossen in den letzten Kriegswochen hatte sich mir tief eingeprägt. Dieser Gegensatz trug dazu bei, daß ich Peters Entscheidung als Erlösung empfand, so unklar für uns persönlich die Folgen auch sein mochten.

Besuch zu Hause

Endlich erhielt ich den ersten Brief von Peters Verteidiger. Er schrieb, es sei noch nicht sicher, ob die Untersuchung genug Material für eine Anklage erbringe. Jetzt hatte ich den Beweis für den Erpressungsversuch. Einerseits Höchststrafe, andererseits kaum ausreichender Tatbestand für eine Anklage.

Sehnsüchtig hoffte ich, daß Peter mich in meinen Briefen verstand, Kraft und Trost aus ihnen schöpfte. Ich wollte keine Namen nennen, und doch sollte er wissen, wer mir beistand, wer ihn grüßen ließ. Schnell wurde ich erfinderisch, zwischen den Zeilen das Wichtigste zu schreiben.

Der alte Herr von Winterfeld aus Greifswald und seine Frau

hatten von unserem Unglück erfahren. Sie lebten jetzt in München und schickten mir ein riesiges Paket mit Lebensmitteln und vor allem Geld, für sie ein großes Opfer. Seit Jahren mit uns befreundet, dankten sie damit Peter, daß er 1945 die Akten für ein Kriegsgerichtsverfahren gegen Herrn von Winterfeld hatte verschwinden lassen. Meine Mutter stellte mit Verwunderung fest, daß es Standesgenossen gab, die Peter auch in dieser Lage nicht verachteten. Für mich war es eine große Freude, ihm nun ein Weihnachtspaket schicken zu können. Ich hatte keine Vorstellung davon, was im Gefängnis erlaubt oder verboten war. Mit Hilfe eines Wachtmeisters, der für ihn seine Stellung riskierte, hat ihn alles erreicht und zum Fest einen Freudenschimmer in seine Zelle gebracht.

Im Familienkreis wurde das Programm für die Weihnachtstage beraten. Bei so zahlreicher Verwandtschaft und Bekanntschaft mußte man rechtzeitig überlegen, wer wann eingeladen oder besucht wird. Ich hatte meinen eigenen Plan, der auf der Hoffnung beruhte, daß die Amerikaner ungestört Weihnachten feiern würden. Wie eine Fontäne schossen Entsetzen und Empörung hoch, als ich ankündigte: «Ich fahre am ersten Feiertag nach Greifswald, am dritten komme ich zurück. Ich halte das nicht mehr aus, ich muß mal sehen, was zu Hause los ist.»

«Bist du wahnsinnig geworden?» fuhr meine Mutter mich an, «du kommst doch gar nicht rein in deine Zimmer. Du giltst als republikflüchtig. Die Stasi verhaftet dich gleich am Bahnhof.»

«Und wenn auch, wir werden uns schon einigen», antwortete ich mit einer Gelassenheit, die eine neue Welle des Entsetzens über soviel Unverstand auslöste. «Ich schreibe an die Hausgemeinschaft. Für eine Nacht bringen sie mich unter, am Tage kann ich dann alles klären», versuchte ich meine Verwandtschaft zu beruhigen.

«Klären! Was du dir denkst, einsperren werden sie dich. Ihr seid ein reizendes Ehepaar. Dann sitzt der eine im Westen im Kittchen und der andere im Osten. Aber ich rühre keinen Finger für dich, darauf kannst du dich verlassen!» versicherte mir meine Mutter.

«Brauchst du auch nicht, Mami. Ich bring das schon selbst in Ordnung. Hauptsache, du verrätst mich nicht an die Amis.

Sie werden ebenfalls Weihnachten feiern, und wenn sie fragen sollten, ich bin bei irgendwelchen Freunden hier in Westberlin, du weißt selbst nicht, wo.»

«Mach, was du willst, dir ist nicht zu helfen», sagte sie resigniert.

Und ich tat, was ich wollte. Ich schrieb an die Hausgemeinschaft und an die Staatssicherheit, mit der Bitte, meine Zimmer zu öffnen. Ich hielt es nicht für ausgeschlossen, am Bahnhof verhaftet zu werden. Das wollte ich gern in Kauf nehmen, wenn ich dafür nur ein paar Stunden zu Hause sein konnte.

Aber ich wurde nicht verhaftet, sondern von Hausbewohnern freudestrahlend am Bahnhof abgeholt. Zwei Familien hatten für mich Quartier bereitet und beteuerten mir abwechselnd, bei ihnen hätte ich es am bequemsten.

Ein Genosse von der Staatssicherheit hatte sich für den nächsten Vormittag angemeldet, mit Rücksicht auf weihnachtliches Ausschlafen leider erst zu elf Uhr. Zum ersten Mal seit Wochen schlief ich jedoch so lange und tief, daß das festliche Frühstück gerade beendet war, als er kam.

Er entfernte die Siegel und übergab mir die Schlüssel. Ich bat ihn ins Wohnzimmer und merkte gar nicht, wie kalt es war, so heimelte mich die geliebte Umgebung an. Der junge Mann erklärte mir, was ich ohnehin vermutet hatte: Unser Verschwinden war so rätselhaft gewesen, daß man zu dem Schluß gekommen war, wir seien auf Nimmerwiedersehen auf und davon. Ich erklärte ihm in Kürze meine Lage und bedauerte, nicht sofort ganz und gar hierbleiben zu können. Der Genosse zeigte viel Verständnis und riet mir, wenn möglich, bis zum Prozeß in Westberlin zu bleiben. Das sei sicher günstig für den Verlauf. Mit herzlichen Wünschen verabschiedete er sich.

Es war das erste Mal, daß ich mich mit einem Angehörigen der Staatssicherheit unterhalten hatte. Keine Medizin hätte beruhigender auf meine Nerven wirken können als dieses sachlich-freundliche Gespräch. Statt eines Verhörs über die Berliner Vorgänge, mit dem ich fest gerechnet hatte, begegnete ich ehrlichem Mitgefühl und guten Wünschen. Sicher hatten sie bereits bestimmte Hintergrundinformationen über Peters Verhaftung und konnten besser als ich die politischen Dimensionen der ganzen Affäre ermessen.

Das Wort «Staatssicherheit» war vielfach von einem dunklen

Mythos umgeben. Aber nichts von all den Schauermärchen, die unsere Feinde verbreiteten, erlebte ich, obwohl ich wahrlich Anlaß zu Mißtrauen gegeben hatte. Ich mußte an die häufig gebrauchte Entschuldigung von so manchem Republikflüchtigen denken. Ein anonymer Anruf: «Morgen kommt die Stasi zu Ihnen!» genügte manchem, Hals über Kopf Heim und Existenz, oft auch noch Frau und Kinder im Stich zu lassen. Sie machten es dem Westen leicht, der Deutschen Demokratischen Republik Arbeitskräfte zu entziehen. Im «goldenen Westen» blieb ihnen dann vor sich selbst und vor der Öffentlichkeit nichts anderes übrig, als die «Sowjetzone» so schlecht wie möglich zu machen.

Mein einziger Trost in der tiefen Sorge um Peter war die Gewißheit, bald wieder endgültig in Greifswald in der Deutschen Demokratischen Republik zu leben. Ich heizte und schaffte Ordnung in dem Durcheinander, das meine Mutter nach dem Packen hinterlassen hatte. Dabei kam mir eines der gelben Hefte für Peters Fernstudium in die Hände und beschwor die Erinnerung an die vor wenigen Wochen noch so glückliche Zweisamkeit herauf. Wenn ich Peter nur einmal umarmen und trösten könnte! Flüchtig tauchte die Versuchung in mir auf, doch nach München zu fliegen. Aber das wären teuer erkaufte Minuten vermeintlichen Glücks, die das Gegenteil zur Folge haben konnten. Die Vernunft mußte stärker sein als die Sehnsucht. Als ich wieder abreiste, gaben mir die Hausbewohner herzliche Wünsche für eine baldige Rückkehr zu zweit mit. Ich teilte diesen Optimismus nicht, hoffte nur, gute Post aus München vorzufinden.

Heimkehr nach Greifswald

Meine Mutter war fast enttäuscht, daß ich, entgegen allen düsteren Voraussagen, so wohlbehalten wieder eintraf. Sie eröffnete mir, Mister Thomas wolle am 2. Januar noch einmal mit mir sprechen. Sofort stand bei mir fest: Ich muß vorher fort, ein zweites Mal halte ich so ein Trommelfeuer nicht aus. Ich konnte Peter damit nicht nützen. Letzten Endes würde es für ihn ein beruhigendes Gefühl sein, mich in Greifswald zu wissen.

Es war gar nicht so einfach, den Inhalt der Koffer, der nach und nach hier und da verteilt worden war, heimlich wieder einzupacken. Sobald meine Mutter die Wohnung verließ, machte ich mich an die Arbeit. Den größten Koffer schaffte ich beizeiten zum Ostbahnhof.

Am Silvesterabend waren Gäste eingeladen. Auch Tante Elsa kam aus Potsdam herüber. Es war mir nicht möglich, auf das neue Jahr anzustoßen. Tante Elsa versuchte, mich zu trösten. Ich weihte sie in meinen Plan ein, am Neujahrstag endgültig nach Greifswald zurückzufahren. Sie fand das sehr vernünftig. Wir waren beide froh, daß sie in Potsdam lebte und wir uns besuchen konnten.

Meine Mutter war nicht überrascht, als ich ihr am nächsten Morgen sagte, daß ich mittags nach Hause fahre.

«Ich habe längst gemerkt, daß du packst. Und wovon willst du leben?» fragte sie.

«Das wird sich finden. Ich wende mich an die Bürgermeisterin, sie wird mir Arbeit geben», antwortete ich.

«Kindergarten scheuern, wie neunzehnhundertfünfundvierzig, schön wird das werden! Und ich hatte schon so eine gute Stellung für dich beim Maler Bachmann in Starnberg. Bachmanns sind reich und bezahlen gut. Du wärst nah bei Peter und könntest ihn wenigstens besuchen im Gefängnis.»

Der Gedanke an die weite Entfernung zu Peter gab mir einen Stich. Aber ich mußte jetzt Ordnung in mein Leben bringen. Das würde auch ihm einen Halt geben, und vielleicht dauerte die Trennung gar nicht so lange. Allein fuhr ich zum Ostbahnhof und atmete erst auf, als ich im Zug nach Greifswald saß. Hier konnte mich kein Ami mehr herausholen.

Ende Januar sollte es nun doch zum Prozeß kommen. Ich wußte, daß es sinnlos war, Tag und Nacht zu grübeln, wie alles ausgehen würde. Deshalb stürzte ich mich in die praktische Arbeit. Vor allem wollte ich unseren Haushalt in Ahlbeck auflösen. Die Januarmiete für das Zimmer hatte ich bezahlt und der Wirtin geschrieben, daß ich zurückkomme. Daher wunderte ich mich, daß sie mich völlig entgeistert anstarrte und allerhand wirres Zeug stotterte, als ich vor ihr stand.

Das Zimmer war ebenfalls versiegelt. Ich machte mich auf den Weg zur Polizei. Es würde ein trauriges Wiedersehen mit dem Raum, in dem sich im letzten halben Jahr unser Leben abgespielt hatte. Mit einem eigenen Teppich und ein paar Kleinmöbeln hatte ich ihn etwas gemütlicher eingerichtet. Das alles wieder nach Greifswald zu schaffen, bedeutete einen kleinen Umzug.

Freudig überrascht begrüßte mich der Polizist und war sofort bereit, mitzukommen. Als er das Siegel entfernte, stand die Wirtin ängstlich wispernd hinter mir und zupfte mich am Rock. Der Polizist schloß auf, und jetzt war ich es, die entgeistert starrte. Von unseren Sachen war nichts mehr zu sehen, völlig andere Möbel standen im Zimmer, hier war die Staatssicherheit zu spät gekommen, und einen Verdacht auf sorgsam vorbereitete Flucht mußte das nicht gerade entkräftet haben.

«Es ist alles auf dem Boden, alles auf dem Boden», flüsterte die Wirtin. Die Angst hatte ihr anscheinend die Stimme geraubt.

«Na, wenn alles da ist, kann ich ja gehen», sagte der Polizist und verschwand.

Ich hatte keine Kraft mehr für einen Wutausbruch. Wo sollte ich jetzt schlafen? Sehr langsam, wie erschlagen, ging ich hinunter zu der alten Hausbesitzerin, Frau Kühn, und ihrer Schwester. Sie waren sofort bereit, mich aufzunehmen. Ihr Zimmer für Sommergäste war zwar kalt, aber die Betten konnte man am Ofen anwärmen. Mir graute davor, was ich morgen auf dem Boden finden oder auch nicht finden würde. Die rührende Fürsorge der beiden Alten, mit denen ich in dem gemütlichen, kleinen Wohnzimmer zusammensaß und mir manchen Rat für den Umzug holte, tat mir wohl. So schlief ich doch bald ein in der Eiseskälte, unter dem riesigen Federbett.

Am nächsten Morgen betrachtete ich entsetzt den Berg, zu dem unser Hab und Gut aufgetürmt war. Betten, Wäsche, Kleidung, Lebensmittel, Bücher, Akten und Geschirr, alles war wahllos übereinander geworfen, wie es gerade kam. Wie sollte ich hier nur Ordnung schaffen und packen? Dieses Verhalten meiner Wirtin erleichterte mir die Entscheidung, ob ich das Zimmer aufgebe oder nicht. An einen Freispruch glaubte ich nicht mehr. Sollte Peter sein Amt in Ahlbeck wiederaufnehmen können, mußte sich ein anderes Zimmer oder vielleicht eine Wohnung finden.

Der Umzug bedeutete für mich schwere Arbeit und war mit heute unvorstellbaren Schwierigkeiten verbunden. Bei eisigem

Winterwetter stapfte ich durch tiefen Schnee von einem Betrieb zum anderen, bis endlich ein Lastkraftwagenfahrer sich meiner erbarmte und den Transport des kleinen Haushaltes zu einem Wochenende versprach.

In Greifswald begegnete mir der Genosse, der mir die Zimmer geöffnet hatte. Ich wollte nur grüßend vorbeigehen, aber er blieb stehen und meinte: «Machen Sie sich keine zu großen Sorgen. Wir kennen jetzt alle Umstände. Selbst bei einem ganz harten Maßstab kann es Ihrem Mann höchstens drei Monate einbringen. Davon geht noch die Untersuchungshaft ab, dann ist er zum Frühjahr wieder da.»

Das klang tröstlich, doch Peter und der Verteidiger schrieben weniger rosig. Immerhin hoffte ich auf ein Wiedersehen in diesem Jahr 1952, das eben erst begonnen hatte.

Das Urteil

Ein neuer Landrat wurde für den Kreis Usedom eingesetzt. Ich kannte ihn nicht. Um so mehr erstaunte und freute mich sein Besuch.

«Sie können stolz sein auf Ihren Mann, er hält sich tapfer», sagte er. «Der Prozeß wird wohl nun bald zu Ende gehen, er läuft ja schon acht Tage.»

«Acht Tage?» fragte ich entsetzt, «wie kann er solange dauern, das verstehe ich nicht!»

«Die Amerikaner machen es Ihrem Mann nicht gerade leicht. Seine Treue zur Deutschen Demokratischen Republik trägt ihm nicht ihr Wohlwollen ein», antwortete der Genosse und fuhr fort: «Frau Petershagen, ich bin im Auftrag des Herrn Innenministers zu Ihnen gekommen. Er läßt Ihnen sagen, wie der Prozeß auch ausgehen mag, solange Ihr Mann drüben in Haft ist, läuft sein Gehalt weiter. Sie sollen wenigstens materiell keine Sorgen haben. Unsere Dienststelle wird Sie betreuen. Wenn Sie ein Anliegen haben, zum Beispiel einen Kurantrag, wenden Sie sich an uns, wir werden alles für Sie tun.»

Warm und herzlich sagte er das. Er wußte nichts von meinen Kämpfen in Berlin und konnte daher nicht ermessen, was diese Nachricht für mich bedeutete. Welch eine Freude und Beruhigung für Peter und mich, was für ein Triumph über die düsteren Voraussagen meiner Mutter. Ich bedankte mich, konnte jedoch alle Gedanken, die diese gute Botschaft in mir auslöste, nicht so schnell in Worte fassen, zumal es mir schien, als ob den Genossen noch etwas bedrückte. Nahm er so tief Anteil an Peters Schicksal, obwohl er ihn gar nicht kannte? Er verabschiedete sich sehr ernst, mit guten Wünschen für unser beider Gesundheit, aber mit keinem Wort der Zuversicht auf ein baldiges gutes Ende.

Als er fort war, ärgerte ich mich, daß ich ihn nicht gefragt hatte: Haben Sie noch etwas auf dem Herzen, wissen Sie mehr? Ich war nicht losgekommen von der einen Frage: Acht Tage dauert der Prozeß schon, was hat das zu bedeuten? Nichts ahnte ich von den Praktiken eines amerikanischen Militärgerichtes unter dem alles beherrschenden Einfluß der CIC.

Endlich beruhigte ich mich so weit, daß ich die gute Nachricht über meine Versorgung meiner Mutter und Artur Strauß schreiben konnte. Meinen Brief an Peter mußte ich mir genau überlegen, jedes Wort las die Zensur. Nicht nur die materielle Sicherheit, mehr noch die Anerkennung meiner Haltung, die damit zum Ausdruck kam, würde ihm Trost und Kraft geben.

Am nächsten Morgen brachte die Post einen Brief vom Verteidiger. Vor Herzklopfen konnte ich ihn kaum öffnen. Die lange bedauernde Einleitung ließ mich nichts Gutes ahnen. Buchstaben, Ziffern und Paragraphen verschwammen vor meinen Augen, die jetzt hängenblieben an den Worten: zu zwei gleichzeitig zu verbüßenden Strafen von je sechs Jahren Gefängnis verurteilt.

Ich hatte ein Gefühl, als müßte ich ersticken! Sechs Jahre?! Das konnte doch nicht wahr sein! Ich hatte mich versehen, sechs Monate wird es heißen. Angsterfüllt suchte ich die Stelle noch einmal, es änderte sich nichts. Schwarz auf weiß stand es dort erbarmungslos: sechs Jahre!

So wie ich war, ohne Mantel, lief ich zum Parteibüro. Der Kontakt zu den Greifswalder Parteifreunden war mir eine Selbstverständlichkeit. Trotz der Versetzung nach Ahlbeck war die freundschaftliche Verbindung zwischen Peter und dem Parteifreund Professor Dr. Beyer bestehengeblieben. Auch jetzt nahm er warmherzig Anteil an unserem Schicksal. Der Parteiausschluß hatte sich als Gerücht erwiesen. Ob es sorgfältig lanciert worden war? Jedenfalls wäre es nicht weit entfernt von denkbaren Möglichkeiten gewesen, und dieser Umstand macht ein Gerücht immer äußerst wirksam.

Das Kreissekretariat lag nahe unserer Wohnung. Von dort aus konnte ich am besten den Parteivorstand in Berlin anrufen. Ich wollte mehr erfahren, am liebsten hören, daß ich mich geirrt hatte, der Brief einen Übermittlungsfehler enthielt. Die ernsten Mienen der Parteifreunde im Büro ließen meine Hoffnung sinken. Und auch in Berlin konnte mir niemand Trost spenden, so gut die Worte gemeint sein mochten.

Offenbar war man dort ebenfalls völlig überrascht von der Härte des Urteils. Peter, dessen Entschluß Tausenden das Leben gerettet hatte, sollte nach dem Willen des CIC, wenn irgend möglich, in der Haft umkommen. Ich dachte an seine schlechte Gesundheit, die sechs Jahren Gefängnis kaum gewachsen sein würde.

Verzweifelt schlich ich, jetzt bitterlich frierend, an diesem kalten 24. Januar 1952 nach Hause. Wie würde Peter das Urteil tragen? Ich mußte ihn wissen lassen, daß ich diesen Schlag nicht tatenlos hinnahm, sondern alles versuchen würde, ihm zu helfen. Wie, war mir noch rätselhaft.

Arturs Schilderungen aus der Nazizeit fielen mir ein: «Je höher die Strafe, um so stolzer waren wir.» An diesem Gedanken richtete ich mich auf. Wie sehr mußten die Amerikaner Peters Einfluß fürchten, wenn sie ihn so lange ausschalten wollten! Er hatte seine Überzeugung nicht preisgegeben, hatte sich tapfer gehalten, wie der Landrat sagte. Wie stände ich jetzt da, wenn ich nachgegeben hätte?

Bei unseren Bekannten spürte ich Mitleid, vielfach mehr mit mir als mit Peter. Die Worte: Seien Sie stolz auf Ihren Mann, obgleich ich sie nur selten hörte, gaben mir viel Kraft in jenen Tagen. Häufiger aber begegnete man mir mit dem leichten Vorwurf: Was mußte er auch rüberfahren, was hatte er da zu suchen? «Zu suchen» hatte für diese Kategorie Bürger offenbar nur derjenige «drüben» etwas, der für immer von dannen zog, um sein privates «Wirtschaftswundersüppchen» zu kochen.

Meine Mutter schickte mir alle Ausschnitte aus den Zeitungen der Bundesrepublik, die über Peter schrieben. Die Journalisten hatten vom Verlauf des Prozesses keine Ahnung. Sie waren nur am letzten Tag zugelassen. Mit um so größerer Wonne stürzten sie sich auf die Berichterstattung von der

Verurteilung des «roten Obersts», eine Bezeichnung, die uns zum Ehrentitel wurde.

Mit Bangen wartete ich auf den ersten Brief von Peter aus dem Kriegsverbrechergefängnis Landsberg, wohin man ihn gebracht hatte. Er schrieb gefaßt, der Verteidiger hatte Berufung eingelegt, von der er sich allerdings nicht viel versprach. Er beschönigte nicht die Härte unseres Schicksals, aber die bestandene Bewährung gab ihm innere Ruhe. Er machte sich Sorgen um mich, meinen Brief hatte er noch nicht erhalten. Der Landesvorsitzende unserer Partei besuchte mich und sprach mir Mut zu. Doch was können alle gutgemeinten Worte ausrichten gegen sechs Jahre Trennung, sechs Jahre für Peter hinter Gittern.

Viele Greifswalder bekamen die Ausschnitte aus den Westzeitungen über den Prozeß zugeschickt. Die frisierten Berichte verfehlten bei manchen nicht ihre Wirkung. Bekannte grüßten mich nicht mehr, vermieden es, in der Gaststätte am gleichen Tisch mit mir zu sitzen. Sie konnten mich nicht kränken, zeigten sie doch damit nur, wes Geistes Kind sie waren. Andere, die es noch einigermaßen gut mit mir meinten, drückten mir ihr Bedauern aus, schüttelten aber den Kopf über soviel «Dummheit» meines Mannes. Wie konnte er sich politisch so festlegen, warum hatte er drüben nicht den Mund gehalten? Wer weiß, wie es noch mal kommt?

Meine Kraft ist zu Ende

Der Frühling und Peters Geburtstag waren vorüber. Alles Grünen der Natur tat mir weh. Für Peter gab es nur das Grau des Gefängnishofes. Würde er – bei allen guten Vorsätzen – nicht in Vergessenheit geraten, bei den Bekannten, aber auch bei unseren Parteifreunden? Sicher mischte sich bisweilen ein kleinmütiger, verzweifelter Zug in meine Überlegungen – allein sechs Jahre sind eine erschütternd lange Zeit. Wegen «Gefährdung der Sicherheit der amerikanischen Streitkräfte» und wegen «versuchten Menschenraubes» hatte man ihn verurteilt.

Die Tatsache, daß er sich um einen angeblich Übersiedlungswilligen gekümmert und dessen Vorbereitung zu einer Ausreise in die Deutsche Demokratische Republik unterstützt hatte, war ihm nun zum Verhängnis geworden: Der in der BRD angeblich gefährdete Antifaschist Baer dürfte eher ein Lockspitzel der Amerikaner gewesen sein, um den «roten Oberst» dingfest zu machen. Den aber wollte man erpressen. Würde er in den angebotenen goldenen Käfig spaziert sein, wäre ihm kein Haar gekrümmt worden – entsprechend triumphale Schlagzeilen lassen sich ohne ein Übermaß an Phantasie vorstellen –, andernfalls aber wollte man ihn zermürben oder wenigstens «ausschalten».

Professor Beyer besuchte mich oft und freute sich mit mir über den feinen Spott in Peters Briefen, der uns zeigte, wie ungebrochen er war.

«Wenn die Amerikaner wüßten, wen sie sich da mitten unter ihre Kriegsverbrecher geholt haben, würden sie ihn schleunigst wieder nach Hause schicken. Seiner Beobachtungsgabe und seinem Gedächtnis entgeht doch nichts», meinte er.

Meine Mutter ließ nicht nach, mich in ihren Briefen zur Flucht nach dem Westen überreden zu wollen. Sie schrieb mit einer solchen Zielstrebigkeit, spannte Tanten und Bekannte ein, von denen ich noch nie Post bekommen hatte, daß ich dahinter einen Auftrag der Amerikaner vermutete. Alle Briefe gipfelten in dem Versprechen, ich würde meinen Mann dann viel eher befreien können.

Zur gleichen Zeit wurde ihm von einem CIC-Offizier das gleiche Angebot gemacht: Rückkehr in die alte Welt, zu den alten Anschauungen, und alles sollte vergessen sein. Peter würdigte ihn keiner Antwort. Die Quittung ließ nicht lange auf sich warten. Nur aus der Zeitung erfuhr er, daß die Berufungsverhandlung abgelehnt worden war.

Erst jetzt merkte ich, daß doch noch ein Fünkchen Hoffnung in mir geflackert hatte. Nun war es erloschen. Ich entschloß mich, zu Artur und Dora Strauß zu fahren. Sie konnten mich am besten verstehen, wußten, was es heißt, hinter Gittern zu leben oder um den geliebten Menschen zu bangen.

«Peter muß ausgetauscht werden», sagte Artur, «darin sehe ich die einzige Möglichkeit, ihm zu helfen.»

Was hier als spontaner Einfall erscheinen mag, waren natürlich keine Worte eines jungen, unerfahrenen Genossen. Er nannte mir die Adresse eines prominenten Rechtsanwaltes, bei dem diese Angelegenheit in besten Händen sei. Ich mußte ein paarmal nach Berlin fahren, ehe ich ihn antraf. Der Rechtsanwalt hielt den Plan nicht für unmöglich, sagte aber gleich, er sei nicht von heute auf morgen zu realisieren. Das schreckte mich nicht ab. Um jeden Monat weniger Haft lohnte es sich zu kämpfen. Zunächst sorgte er dafür, daß Peter einen anderen Verteidiger bekam, einen politischen Freund, der sich unserer Sache nicht nur mit dem Verstand, sondern auch mit dem Herzen annahm.

Niemand wird hier einen Bericht über die in einer so diffizilen Materie nötigen Recherchen, Klärungen, Beratungen auf den verschiedensten Ebenen erwarten, die sich naturgemäß meiner Einsicht entzogen. Mir gab die Nachricht aus München Mut, die Amerikaner seien einem Tausch nicht abgeneigt. Zunächst stellten sie jedoch Forderungen, die nicht erfüllbar waren. Die Verhandlungen von Rechtsanwalt zu Rechtsanwalt gingen hin und her, die Antworten ließen oft lange auf sich warten. Dieser Kampf um den Austausch, der Wechsel zwischen Hoffnung und Rückschlag war nicht die einzige Nervenbelastung für mich.

Bei der Umgestaltung der Länder der Deutschen Demokratischen Republik in Bezirke im Sommer 1952 tauchte Rudolf Petershagen im neuen Stellenplan nirgends mehr auf. Damit versiegte die Quelle meiner finanziellen Sicherheit. Ich schrieb ungezählte Briefe, fuhr von Behörde zu Behörde, überall war man freundlich und einer Meinung mit mir, nannte diese Panne eine «Schweinerei», aber selbst dieser harte Ausdruck brachte keine Lösung. Ich lebte von ungewissen Vorschüssen.

Finanzielle Unordnung war mir ein Greuel. Peter, meine Mutter und die ganze Verwandtschaft durften nichts davon erfahren. Wie hätte ihn diese Nachricht deprimiert, welch ein Triumph wäre sie für Mutter gewesen.

Dieser zusätzliche Kampf kostete meine letzte Kraft. Ich erkrankte schwer und merkte kaum, daß die Hausbewohner mich in die Klinik schafften. Als ich dort zu mir kam und die Ärztin sich über mich beugte, flüsterte ich: «Ich muß leben, unbedingt.»

Sie tröstete mich, ich werde es schon schaffen. An der Tatsache, daß Professor Katsch eine Auslandsreise meinetwegen verschob, merkte ich, wie ernst es um mich stand. Die Schwester, die meine Personalien aufnahm, war erschüttert, daß ich keine Angehörigen in der Deutschen Demokratischen Republik hatte außer der alten Tante Elsa, der man eine Reise nicht mehr zumuten konnte. Ich flehte sie an, nicht an meinen Mann zu schreiben, der selbst krank im Gefängnishospital lag. Wie würde er erschrecken, wenn er von fremder Handschrift las, ich sei schwer krank.

Ein paar Tage später konnte Professor Katsch beruhigt abreisen und ich, wenn auch mit größter Mühe, Peter selber schreiben. Als es keinen Zweifel mehr gab, daß es mit mir bergauf ging, gestanden mir die anderen Patientinnen, sie seien ärgerlich gewesen, daß ich noch in ihr Zimmer gelegt wurde. «Die stirbt ja doch», war zuerst ihr einhelliges Urteil.

Die humorvolle und hilfreiche Atmosphäre unter uns sechs Frauen im Zimmer neunundzwanzig war die beste Medizin. Außerdem kümmerten sich Parteifreund Professor Beyer und Parteifreund Schönfeld, Peters ehemaliger Adjutant, in rührender Weise um mich. So konnte ich nach einem Vierteljahr die Klinik wieder gesund verlassen.

Die Arbeiter geben die Macht nicht wieder her

Unterdessen ging es auf die Mitte des Jahres 1953 zu. In den Austauschverhandlungen hatte man diese und jene Möglichkeit erwogen, aber ein Ergebnis war nicht in greifbarer Nähe. In der Klinik hatte ich kein Radio gehört und kaum Zeitungen gelesen. So hatte ich die Nachrichten um den 17. Juni, die mich erreichten, nicht sonderlich ernst genommen. Daß der konterrevolutionäre Putschversuch für Peter in Landsberg ein besonderes bitteres Echo brachte, ahnte ich nicht. Triumphierend versuchte ihm der Clan der Kriegsverbrecher klarzumachen, nun würden in der «Ostzone» andere Verhältnisse einziehen und Leute seines Schlages erhielten die Quittung präsentiert. Und dann erlebte ich es auch selbst. «Wenn Ihr Mann überhaupt noch nach Hause kommen sollte, ist es aus mit dem Kreisrat. Jetzt wird hier alles wieder anders!»

Ich war mehr erstaunt über die Dummheit als verletzt von dieser spitzen Bemerkung eines ehemaligen Gutspächters. Es war nicht der einzige Standesgenosse, der mich spöttisch seinen vermeintlichen Triumph spüren ließ und kaltherzig die düstersten Vermutungen äußerte über meines Mannes Schicksal, besser gesagt «Ende». Ich wußte nicht, wie richtig sie ihre «Brüder» im Westen einschätzten, denn im Kriegsverbrechergefängnis Landsberg überlegten sich zur gleichen Zeit die ehemaligen Angehörigen der SS, welche Todesart für den «roten Oberst» am qualvollsten sein würde. Sie entschieden sich für «zersägen», schön langsam, Stück für Stück.

Doch alle Spekulationen von SS und Reaktion waren umsonst. Die Arbeiterregierung ließ sich die Macht nicht aus den Händen nehmen. Beruhigend klangen die Schritte der Streife durch die stille Sommernacht. Vor acht Jahren hatte ich Peters Worte: «Wenn die Arbeiter die Macht haben, geben sie sie nicht wieder her», als Tatsache hingenommen, mit der man sich abzufinden hatte Jetzt wußte ich, daß es gut so war.

Der Sommer verging mit Fahrten nach Berlin zum Rechtsanwalt, zu den Ministerien. In bezug auf den Austausch konnte ich selbst wenig tun, aber die pekuniäre Regelung wollte ich auf jeden Fall wieder durchsetzen.

Der Vorsitzende des Rates des Kreises, Werner Westphal, hatte stets ein offenes Ohr für meine Sorgen. Nie hat er mich abgewiesen, wenn er mich nach einem arbeitsreichen Tag bei seiner Frau antraf, bei der ich wieder einmal mein Herz ausgeschüttet hatte und auf ihn wartete. Eines Abends, als ich von einem erneuten Fehlschlag berichtete, riß ihm der Geduldsfaden.

«Nun reicht's mir aber!» sagte er temperamentvoll, «jetzt lassen wir uns nicht mehr an der Nase herumführen! Sie schreiben an den Genossen Walter Ulbricht, und dann wollen wir doch mal sehen, ob das nicht in Ordnung zu bringen ist!»

Sofort verfaßte ich die Eingabe und warf sie an einem Montag in den Briefkasten. Kummer gewohnt, machte ich mich auf wochenlanges Warten gefaßt. Aber schon am Freitag kam die Antwort, nicht etwa in Form eines Briefes, sondern in Gestalt zweier Mitarbeiter vom Rat des Bezirkes. Sie versicherten mir, daß ab sofort die versprochene Regelung wieder eingeführt wird. Meine letzten Zweifel schwanden, als sie aus der Aktenmappe die Nachzahlung für das ganze Jahr holten und auf den Tisch zählten. Sie schienen über ihren Auftrag ebenso froh zu sein wie ich. Die Hilfsbereitschaft des Genossen Westphal, die Freundschaft mit den Genossen Börs und Strauß hätte ich vielleicht noch als glücklichen Zufall ansehen können, aber die umgehende Reaktion des 1. Sekretärs des ZK der SED festigte mein Vertrauen zur Partei der Arbeiterklasse und gab mir neue Kraft, mich intensiv um den Austausch von Peter zu bemühen.

Der Senat der Universität verfaßte auf Initiative von Parteifreund Professor Dr. Beyer ein Gnadengesuch an die Amerikaner. Es blieb unbeantwortet. Ich hatte es nicht anders erwartet. Trotzdem war es für mich eine gute, nicht nur moralische Hilfe. Nun brauchte ich nicht selbst von den Verdiensten meines Mannes zu sprechen. Hier standen sie schwarz auf weiß, unterschrieben von allen Senatsmitgliedern der Universität Greifswald. Das war in der damaligen Situation schon sehr wichtig, bedeutete es doch unter anderem auch ein erstes Bekenntnis der Universität zu Rudolf Petershagen. Vor allem aber wirkte es ungemein moralisch stärkend für den Verurteilten. Es handelte sich schon nicht mehr um die Universität von 1948, die dem Heimkehrer lediglich einen Hilfsarbeiterposten bewilligt hatte, und seit den 700-Jahr-Feierlichkeiten der Stadt im Mai 1950 waren reichlich drei Jahre voll stürmischer und komplizierter Entwicklung ins Land gegangen. Das damalige Jubiläum hatte noch einige Wermutstropfen für uns enthalten: Mit keinem Wort und keiner Zeile wurde der Übergabe gedacht und das, obwohl die gedruckte Stadthistorie in ihrer Ausführlichkeit beispielsweise Platz bot für die Mitteilung, es seien «1629 dem Bürgermeister Christoph Engelbrecht die Liegenschaften in Krauelshorst, die im Besitz der Stadt waren, auf Grund eines Darlehens verpfändet worden». Immerhin hatten Peter und ich uns gefreut, als man ihm zum fünfzigsten Geburtstag 1951 im Rathaus einen Strauß weißen Flieder überreichte.

Das alles soll keine selbstgefällige Paraphrase des Mottos «Undank ist der Welt Lohn» bedeuten. Die Verhältnisse und Widersprüche in der jungen Deutschen Demokratischen Republik gestalteten sich seinerzeit recht kompliziert. Zwar waren in den ersten Nachkriegsjahren von der Universität faschistische und offen reaktionäre Kräfte entfernt worden, aber damit kam es schließlich nicht automatisch zu einem neuen Gesellschaftsverständnis. Und so gab es zunächst einflußreiche bürgerlich-konservative Stimmen, für die Petershagen – Mitbegründer der National-Demokratischen Partei Deutschlands in Greifswald und Mitglied der Gesellschaft zum Studium der Kultur der Sowjetunion (heute Gesellschaft für Deutsch-Sowjetische Freundschaft) – einigermaßen suspekt erschien.

Andererseits soll auch bei den sozialistischen Kräften der Stadtverwaltung ein berechtigtes Mißtrauen gegen unsere Klassenherkunft nicht unterschätzt werden. Ein Oberst der Wehrmacht, der zwar eine zugegebenermaßen spektakuläre, positive Entscheidung getroffen hatte, mußte damit nicht notwendigerweise ein gefeierter und der öffentlichen Ehrung würdiger Mann sein. Wer garantierte, daß er nicht einige Wochen später von der anderen Seite der Grenze Kommentare als «Ostexperte» abgeben würde? Solche Enttäuschung hätte man nicht zum ersten Mal erlebt. Auch die Junkerstochter Angelika Petershagen konnte kaum einen politisch-moralischen Vorschuß in Anspruch nehmen. Im alltäglichen Engagement, in der Parteiarbeit und schließlich in der späteren langjährigen Tätigkeit als Stadtverordneter erfolgte ein gründliches gegenseitiges Kennenlernen und eine Bewährung, die schwerer wog als erste Bekenntnisse und erste Entschlüsse. Die späteren hohen staatlichen Auszeichnungen für Peter und mich sind so nicht nur Anlaß für persönliche Freude und Stolz – sie sind in gleicher Weise eine gute gesellschaftliche Bilanz für die produktive und überzeugende Lösung der Bündnisfrage in unserem Staat, für das Zusammenwachsen und gemeinsame Streben aller Schichten unserer Bevölkerung im Rahmen der Nationalen Front.

Besuch in Landsberg

Das vierte Jahr unserer Trennung begann. Meine Sehnsucht, Peter wiederzusehen, wurde immer stärker. Ich faßte den Plan, ihn zu besuchen. Peters Verteidiger hatte keine Bedenken wegen meiner Sicherheit. Der «Fall Petershagen» war uninteressant geworden. Wiederholte Angebote, sich die Freiheit mit einem Gesinnungswechsel zu erkaufen, hatte er abgelehnt. Also mußte er seine sechs Jahre absitzen. In München wollte ich nicht nur Peters Rechtsanwalt aufsuchen, sondern mich auch mit einem Vetter treffen, der als Journalist an der Urteilsverkündung teilgenommen hatte.

Seit meiner Hochzeit hatten wir uns nicht mehr gesehen,

aber wir erkannten uns sofort wieder in dem kleinen Café, in dem wir uns verabredet hatten. Uns verband manche Kindheits- und Jugenderinnerung. Für ihn als Lichterfelder Kadett war mein Elternhaus in Berlin an seinen freien Tagen eine willkommene Zuflucht aus dem preußischen Drill gewesen. Ich wußte noch nicht, daß er mit der verwandtschaftlichen Kontaktaufnahme einen ganz bestimmten Plan verband.

Seine Frage: «Sag mal, können wir den Peter nicht gegen den Otto austauschen»? überraschte mich um so mehr, als ich keinen Otto kannte. Durch den in unseren Familien üblichen, äußerst großzügig gebrauchten Begriff «Verwandtschaft» war ich so reich gesegnet mit Vettern, daß ich sie unmöglich alle kennen, geschweige denn über ihre Schicksale im Bilde sein konnte. Daher fragte ich erstaunt: «Was für einen Otto»?

«Na, hör mal», antwortete mein Vetter fast empört, «weißt du gar nicht, daß Otto Eulenburg bei euch in Bautzen sitzt? Als Werwolf haben die Russen ihn neunzehnhundertfünfundvierzig mit der ganzen Klasse geschnappt. Die anderen sind längst frei. Durch einen Ausbruchversuch, bei dem er einen Wachmann schwer verletzt haben soll, hat er seine Lage sehr verschlechtert. Seine Mutter war bei Hilde Benjamin. Sie war sehr nett zu ihr, aber an Entlassung ist noch nicht zu denken.»

«Ich denke schon, das wäre zu machen», sagte ich zögernd, «doch glaubst du, die Amis geben Peter für ihn heraus?»

«Das werde ich sicher erreichen», meinte er, «ich habe einflußreiche Freunde unter ihnen, hohe Offiziere. Sofort fahre ich nach Godesberg, spreche mit ihnen und gebe dir dann Bescheid. Peters Rechtsanwalt wird mich sicher unterstützen. Du wirst es schwerer haben, einen Grafen bei den Kommunisten loszueisen.»

«Da hast du falsche Vorstellungen. Entscheidend ist, was er getan hat. Sein Schicksal entbehrt nicht der Tragik. Er ist weniger schuldig als unsere lieben Standesgenossen, die ihn erzogen haben.»

Mein Vetter wollte heftig widersprechen, er war ein aktiver CDU-Politiker und dachte ganz in alten Begriffen.

Ich beschwichtigte ihn: «Ich glaube sicher, daß man bei uns Verständnis dafür haben wird. Wir wären ja so glücklich, wenn wir endlich einen passenden Partner hätten. Da wird man bestimmt großzügig sein.»

Die Vorstellung, Peters Befreiung mit der Freiheit für einen jungen, nur relativ schuldigen Menschen zu erreichen, stimmte mich sehr froh. Ich wollte in Berlin alles dransetzen, meinen Teil der Aufgabe zu erfüllen. Auch der Münchener Rechtsanwalt machte mir Hoffnung, die Amerikaner könnten auf den jungen Grafen Eulenburg Wert legen. Den Kopf voller Pläne, fuhr ich zum ersten Wiedersehen mit Peter nach drei Jahren.

Die Festung Landsberg wirkte von außen nicht furchterregend. Das Eingangstor mit seinem Rundbogen in den dicken Mauern erinnerte mich an das Tor zum Schloßhof Plathe, jetzt in Polen, in dem einstmals mein Onkel, Graf von Bismarck-Osten, residiert hatte. Nach der Anmeldung im Büro, in dem ich zu meinem Kummer mein Geschenkpäckchen abgeben mußte, führte mich ein Posten über den Gefängnishof. Er ging so schnell, daß ich kaum folgen konnte und nur einen flüchtigen Eindruck von meiner Umgebung bekam. Überall hohe Mauern mit unzähligen Reihen von Luken, so dicht beieinander, daß ich mir denken konnte, wie klein die Zellen waren.

In einen der Festungsflügel gingen wir hinein. Unsere Schritte hallten laut auf der Treppe und den Fliesen des menschenleeren Flures. Ein anderer Posten nahm mich in dem kleinen Besuchszimmer in Empfang. Es war durch einen breiten Tisch von einer Wand zur anderen geteilt. In der Mitte zog sich eine Art Regal entlang, damit der Besucher dem Häftling nicht heimlich etwas zuschieben konnte. Zu meinem Erstaunen stand darauf ein blühendes Alpenveilchen. Ich setzte mich auf den einzigen freien Stuhl, möglichst weit weg von dem Posten. In meinem Rücken verbreitete ein Kanonenofen angenehme Wärme. Mir blieb Zeit, mein Herzklopfen zu unterdrücken und die andere Zimmerhälfte zu betrachten. Das Fenster mit den Traillen war wenigstens groß, die Tür mit einem gewaltigen Kastenschloß gesichert.

Endlich hörte ich Schritte und dann ein Schlüsselbund gegen Eisen schlagen. Das Aufschließen dauerte endlos. Die Umständlichkeit erinnerte mich lebhaft an die Gefängnisszene in «Fidelio». In der Oper hatte ich das immer als übertrieben empfunden. Es war ein freundliches, kurzes Geklapper gegen die rauhe Wirklichkeit. Wie würde Peter aussehen?

Endlich ging die Tür quietschend auf und wurde wie von

Geisterhand mit Getöse gleich wieder hinter ihm geschlossen. Ich verbarg meinen Schrecken über seine graublasse Gesichtsfarbe. Es gelang uns trotz des Hindernisses, uns zu umarmen. Der Posten brummte, wir setzten uns.

«Gut siehst du aus», sagte Peter, «was bin ich froh, dich endlich wiederzusehen! Ist es nicht hübsch?» Er deutete auf das Alpenveilchen, «habe ich extra für dich hergemogelt, aus dem Gewächshaus. Manchmal arbeite ich dort.»

Er fragte nach der Reise und meinem Zimmer in dem kleinen Gasthaus. Unter seiner Unbefangenheit löste sich auch mein beklemmendes Gefühl. Es war verboten, über den Prozeß und alles, was damit zusammenhing, zu sprechen. Und doch dauerte es nur wenige Minuten, bis ich ihm in Deckworten den Grund für meine Zuversicht erklärt und Grüße von Freunden bestellt hatte, deren Namen ich nicht nennen wollte.

Ich war beglückt von der Erkenntnis: Er ist ganz mein alter Peter. Nicht verbittert, vom Schicksal geschlagen, saß er vor mir, sondern geistig reger denn je erzählte er mir von seinem Tagesablauf, von Büchern und Zeitschriften, die er las. Ich genoß seine Überlegenheit über die Situation, über Häftlingskleidung, Traillen am Fenster und den Posten hinter mir.

Die Stunde verging im Nu. Und vorher hatte ich gedacht, was soll man sich bloß unter Bewachung sagen und dazu bei dem Verbot, über das Wichtigste zu sprechen? Als wir uns trennen mußten, hatten wir den Trost: «Auf Wiedersehen morgen», die von mir in den drei Jahren nicht genutzte Besuchszeit von einer Stunde im Monat durfte ich nachholen. Uns kamen in einigen Punkten die Erleichterungen des Strafvollzugs für Kriegsverbrecher zugute, die taktvoll «Kriegsverurteilte» genannt wurden. So konnten wir uns für eine lange Reihe von Tagen auf die Besuchsstunde freuen.

Ich wohnte in einem einfachen, gemütlichen Gasthaus. Mein Zimmer war freundlich, aber eiskalt. Die Wirtin wies mir einen behaglichen Eckplatz im Gastraum zu. Mit meinem Geld mußte ich sehr sparsam umgehen. Nur durch eine kleine Erbschaft von meiner Schwiegermutter und dem geringen Verdienst von Peters Häftlingsarbeit war mir diese Reise möglich. Ich wollte das Geld auf keinen Fall aufbrauchen, damit Peter sich weiterhin davon kleine Wünsche erfüllen konnte.

Von einem Freund und ehemaligen Regimentskameraden von Peter erhielt ich einen Brief mit guten Ratschlägen, bei welcher Organisation in München ich eine Unterstützung für die Besuchszeit beantragen könne. Der Name der Organisation erinnerte mich an die Zeiten des «Stahlhelm» und der «Kriegervereine». Die meisten Frauen der Kriegsverbrecher hatten mit Hilfe dieses Geldes im vornehmsten Hotel der Stadt, im «Gockerl», gewohnt. Für sie waren jetzt Besuche in der Festung überflüssig geworden. Soweit ihre Männer nicht schon entlassen waren, stand deren Freisetzung kurz bevor, ungeachtet der noch längst nicht abgelaufenen Haftzeit nach dem Urteil des Nürnberger Gerichts. Der Freund war sehr erstaunt, daß ich darauf verzichtete, die genannte Geldquelle anzuzapfen. Den Unterschied zwischen mir und den Frauen der Kriegsverbrecher hatte er nicht begriffen.

Auch die Kirche schaltete sich hilfreich mit klingender Münze bei diesen Besuchen ein. Das war mir unbekannt, als ich mich auf den Weg zum evangelischen Pfarrer machte, um ihm für die Vermittlung des Zimmers zu danken. Er war für alle Häftlinge die einzige Verbindung zur Außenwelt.

Der Weg durch das Villenviertel zog sich lange hin, zumal ich durch tiefen Schnee stapfen mußte. Ich hoffte auf ein Gespräch mit dem Pfarrer, vielleicht bei einer Tasse Kaffee. Endlich stand ich vor der Tür und klingelte. Seine Frau öffnete mir. Ich stellte mich vor und fragte, ob ihr Mann zu sprechen sei.

«Nein», sagte sie kalt, «gehen Sie zum Vikar.»

Damit schlug sie mir die Tür vor der Nase zu, und ich konnte nicht einmal fragen, wo der Vikar wohnte. Nach einigem Suchen langte ich mitten in der Altstadt bei ihm an. Er empfing mich freundlich, aber etwas verlegen. Der Pfarrer war verreist, er vertrat ihn.

«Sie kommen sicher, um sich die Unterstützung abzuholen», sagte er.

«Was für eine Unterstützung?» fragte ich erstaunt.

«Alle Frauen, die ihre Männer hier in der Festung besuchen, bekommen eine Unterstützung und das Rückreisegeld von der Kirche. Ich wußte, daß Sie kommen, und hatte den Antrag für Sie gestellt. Es ist mir sehr peinlich und noch nie vorgekommen, aber der Antrag ist in Bonn abgelehnt worden. Das ist unerhört! Seien Sie unbesorgt, ich werde das durchsetzen. Daß Sie aus der Zone kommen, kann nicht der Grund sein. Das hatten wir schon mehrfach. Immer erhielten wir das Geld. Bei Ihrer weiten Rückreise wäre es ja besonders wichtig.»

«Lassen Sie nur», beruhigte ich ihn, «machen Sie sich keine Mühe, ich komme schon aus mit dem, was ich habe.»

Er protestierte wie erwartet, vergeblich. Zwar kam ich um den erhofften Kaffee in seinem Junggesellenhaushalt, doch durch seinen Wissensdurst über das Leben in der «Zone» führten wir ein so langes Gespräch, daß es Abend wurde, ehe ich in mein Gasthaus zurückkehrte.

Eine bayrische Stammtischrunde

Ich setzte mich in meine Ecke, bestellte mein Abendbrot und nahm mir eine Zeitung vor. Neugierig streiften mich die Blicke der Stammtischrunde. Die Wirtin flüsterte mit ihnen. Anscheinend waren sie nun im Bilde. Ungeniert unterhielten sie sich, gewürzt mit Witzen, die nicht für meine Ohren bestimmt waren. Als ich ein Lachen nicht mehr unterdrücken konnte, erschraken die Männer sichtlich, bekamen rote Köpfe und senkten ihren Stimmaufwand zu einem Murmeln herab. Ein stattlicher Mann, die zweifellos angesehenste Persönlichkeit in diesem Kreise, erhob sich, trat an meinen Tisch, stellte sich vor als der Direktor des Schlachthofes und entschuldigte sich. Sie hätten nicht gewußt, daß ich als Norddeutsche, noch dazu von «drüben», aus der «Zone», ihr Bayrisch verstehen könnte.

Der Kontakt war hergestellt, ich wurde zu einem «Roten» eingeladen und hatte alle Mühe, es wenigstens für mich bei diesem einen Glas Rotwein zu belassen. Die Neugierde der Stammtischbrüder war naiv und unbegrenzt. Wieso kam ich erst jetzt hierher, meinen Mann zu besuchen? Wieso saß er erst seit 1952 in der Festung und war kein Kriegsverbrecher? Man war doch Gott sei Dank endlich dabei, die bedauernswerten Kriegsverurteilten zu entlassen. Der Herr Gemahl würde auch ganz bald heraussein, dann gäbe es die gute Einhunderteinunddreißiger-Pension, als Oberst, könnten wir schon nett leben. Ich wollte zurück in die «Zone»? Ist so etwas möglich? Wieso sah ich überhaupt nicht verhungert aus und war gut angezogen? Fragen, deren Beantwortung ich mir gut überlegen mußte.

Ein junger, gut aussehender, fast eleganter Mann hatte sich zunächst vornehm zurückgehalten, dann benutzte er einen Platzwechsel, um neben mich zu rücken. Er flüsterte mir zu, er hätte gute Beziehungen zum Amerikaner. Wir sollten uns mal treffen und in Ruhe unterhalten. Sicher könnte er meinem Mann und mir verschiedene Vorteile verschaffen.

«Was haben Sie denn für einen Posten?» fragte ich ihn.

«Ich bin Dachdecker von Beruf», sagte er.

«Dachdecker! Mit den Händen? Das können Sie mir doch nicht erzählen!» entgegnete ich spöttisch und sah auf seine gepflegten Finger.

Die anderen hatten schweigend und, wie mir schien, mißtrauisch unser Gespräch verfolgt. Wie ein Aufatmen ging es durch die Runde, als ich dem eleganten Lackel die Abfuhr erteilte. Er stand auf und verabschiedete sich pikiert.

Die Gemütlichkeit war wiederhergestellt. Ich wurde nun dringend vor dem Amispitzel gewarnt und stieg in der Achtung der Stammtischrunde, weil ich seine Rolle erkannt hatte.

Zum Mittagessen erschien des öfteren ein Gast, der sowohl in der Erscheinung als auch in der Sprache völlig aus dem Rahmen fiel. Er war groß, schlank und blond. Sein Dialekt klang nach der Waterkant. Ich bemerkte bald, daß sein Interesse für mich stärker war, als für einen verheirateten Mann gut ist, und erkundigte mich bei der Wirtin.

«Ach, Sie meinen den ‹roten Hans›!» sagte sie. «Ja, der ißt oft Mittag hier, er hat es zu weit nach Hause.»

«Wieso ‹roter Hans›?» fragte ich.

«Nun ja, er ist halt a Sozi, aber sonst ganz a anständiger Mensch», war die Antwort.

Ich fühlte mich in meine Jugend zurückversetzt. Ein «Roter», aber erstaunlicherweise trotzdem ein «anständiger Mensch». Er stammte aus Bremen. Halb verhungert aus amerikanischer Kriegsgefangenschaft entlassen, sah er in einem Bauernhof in der Nähe von Landsberg das Paradies. Er heiratete die Tochter der streng katholischen Familie, doch die Liebe erlosch bald unter der Belastung der unterschiedlichen Weltanschauungen. Der Kinder wegen verließ er seine Frau nicht. Von Beruf Brückenbauingenieur, kam er als «Roter» in Bayern auf keinen grünen Zweig.

«Sie dürfen es ihm nicht übelnehmen», meinte die Wirtin,

«wenn jemand aus dem Norden kommt, ist es für ihn wie ein Gruß aus der Heimat.»

Peter freute sich, daß ich einen sympathischen Gesprächspartner gefunden und bei meiner Vorliebe, die Gegend zu erkunden, einen verläßlichen Begleiter hatte.

Die amerikanischen Familien des Festungsstabes bewohnten das schönste Villenviertel. Meine Wirtin warnte mich, als Frau sei es äußerst gefährlich, nach Einbruch der Dunkelheit allein auf die Straße zu gehen. Selbst Ehepaare seien nicht sicher vor einem Überfall durch amerikanische Soldaten. Täglich erzählte ich Peter, was ich erlebte. So erfuhr er durch mich erst nach drei Jahren vieles von der nächstgelegenen Außenwelt, von der ihn die hohen Mauern trennten.

Weihnachten stand dicht bevor. An den Festtagen gab es keine Besuchszeit, die Wachleute wollten ungestört feiern. Am 24. Dezember vormittags konnte ich Peter meine Geschenke bringen. Seit drei Jahren hatte ich wenigstens wieder die Freude, zu wissen, daß sie ihn vollständig und pünktlich erreichten. Von der alljährlichen, üppigen «Adenauerspende» für jeden Kriegsverbrecher war er als einziger ebenso ausgenommen wie ich von der Unterstützung der Kirche. Eine Ehre für uns.

Peters Sorge, wie ich die Festtage allein verbringen würde, konnte ich zerstreuen. Das Gastwirtsehepaar hatte mich unterdessen ganz in seinen Familienkreis einbezogen.

Der Herr Schlachthofdirektor hielt die Gelegenheit für günstig, zu beweisen, daß er mir noch besser als der «rote Hans» die Schönheiten der Umgebung zeigen würde. Er lud mich zu einem Spaziergang ein. Meine Frage, ob seine Frau uns nicht begleiten wolle, überhörte er geflissentlich. Trotzdem schien es wegen der Unsicherheit auf den Straßen ratsam, seine Begleitung anzunehmen.

Schweigsam gingen wir durch moderne Villenviertel, denn meine Gedanken weilten bei Peter, der ein paar hundert Meter weiter hinter diesen verfluchten Mauern saß. Solch herrliches Winterwetter hatten wir bei unseren Schireisen nicht nur auf den Brettern, sondern auch bei Wanderungen durch die Städte und Dörfer genossen. Der Herr Direktor gab sich die größte Mühe, mich aufzuheitern. Unser Ziel war sein Garten auf einer Anhöhe, von der man einen herrlichen Ausblick haben sollte.

Zu meinem Erstaunen war das Gartenhaus geheizt. Trotzdem bekundete ich nicht die Absicht, dort zu verweilen. Auf diese Enttäuschung war er nicht gefaßt und zeigte weniger Haltung als der «rote Hans». Ich mußte energisch werden. Verlegen trat er mit mir den Heimweg an, den ich ohne ihn nicht gefunden hätte. Gerade zurecht zum Weihnachtskaffee mit der Oma und den beiden netten Kindern traf ich wieder im Wirtshaus ein. Später mit der Wirtin und der Oma allein, äußerte ich mein Erstaunen über die falschen Hoffnungen des Herrn Direktors, zu denen ich ihm keinen Anlaß gegeben hatte.

«Ja», meinte sie, «das darf Sie nicht wundern. Das sind die Männer hier so gewohnt. Was meinen Sie, was sich in Landsberg nach dem Nürnberger Prozeß abgespielt hat, als noch viele Frauen zu Besuch in die Festung kamen! Bis auf einige Ausnahmen waren sie alle zu haben, besonders die von der SS. Und Vorräte hatten sie mitgebracht, Leckerbissen, die wir jahrelang nicht mehr gesehen hatten. Da ging es bei uns lustig zu, Weihnachten neunzehnhundertsechsundvierzig.»

«Während die Männer eben verurteilt waren»? fragte ich entsetzt.

«Die meisten von denen waren sogar zum Tode verurteilt», fügte die Oma hinzu.

«Also vormittags besuchten die Frauen ihre Ehemänner, die Todeskandidaten, und abends amüsierten sie sich mit anderen? Das ist doch wohl nicht zu fassen?!» entsetzte ich mich.

Der Wirt war hinzugekommen und erklärte mir: «Die Frauen sagten: ‹Das ist alles nur eine Formsache. Unsere Männer werden nicht hingerichtet, die Amis brauchen sie noch.› Als nachher an etlichen das Urteil vollstreckt wurde, waren sie fassungslos.»

Am zweiten Feiertag zog ich es vor, allein spazierenzugehen. Es war bitter kalt und dämmerte schon, als ich auf dem Rückweg dem kleinen Café am Markt zustrebte. Beim Betreten des warmen, hell erleuchteten Raumes prallte ich zurück. Von fast jedem der runden Marmortischchen blitzten mir die blankgelaufenen Nägel auf den Sohlen amerikanischer Militärstiefel entgegen. Die dazugehörigen endlos langen Beine waren steif ausgestreckt, der nur mit einem Unterhemd bekleidete Oberkörper lag in dem kleinen Café-Stühlchen, das beängstigend auf den Hinterbeinen kippelte. Die Gesichter waren meist von einer Zeitung verborgen, hinter der Zigarettenrauch hervorkräuselte. Die Uniformröcke hingen über den Stuhllehnen. Obwohl mir diese Umgebung überhaupt nicht behagte, sah ich mich doch nach einem freien Tisch um. Ich wollte mich aufwärmen und die Illustrierte studieren.

Als ich dann ins Gasthaus, in dem über die Festtage Ruhe herrschte, zurückkehrte, wartete der Herr Kreistierarzt, ein Mitglied der Stammtischrunde, auf mich. Er war in München gewesen und berichtete mir begeistert, er hätte eine wunderbare Stellung für mich als Empfangsdame in einem der bestrenommierten Hotels. Entgeistert sah ich ihn an. Wie oft hatte ich nun schon betont, daß ich selbstverständlich in die Deutsche Demokratische Republik zurückkehren würde. War das so schwer zu begreifen?

«Das kommt gar nicht in Frage für mich», entgegnete ich entschieden.

«Nun ja», meinte der Herr Doktor, «weil Sie keine feste Bleibe haben. Aber bei dem Angebot würde ich mir Ihren Entschluß doch noch einmal reiflich überlegen. Zu tun haben Sie nicht viel, bekommen aber ein ausgezeichnetes Gehalt, entsprechend Ihrer Persönlichkeit. Sie wohnen im Hause, ein schönes Appartement mit Bad, Fernseher und allen Schikanen.»

«Geben Sie sich keine Mühe, es hat keinen Zweck», unterbrach ich ihn.

«Mein Freund wird sehr enttäuscht sein. Als ich ihm erzählte, daß Sie aus einer adligen Familie stammen, hat er gleich zugestimmt. Wenn Sie katholisch wären, hätten Sie noch mehr Chancen», ließ er nicht locker.

«Das tut mir leid, aber da müssen Sie schon selber absagen», antwortete ich jetzt grob.

Was waren das nur für Menschen, die um keinen Preis aus ihren eingefahrenen Denkgleisen herauskamen! Für sie war es selbstverständlich, daß jeder Besucher aus der «Zone» glücklich sein mußte, im «freien Westen» Fuß zu fassen. Ich hatte keine Lust, mich mit dieser Begriffsstutzigkeit länger herumzuplagen. Meine Gedanken waren bei Peter. Er würde ebenso froh sein wie ich, daß die Feiertage vorüber waren. Ich konnte ihn wieder besuchen, und er war durch die Arbeit aus der Einsamkeit der Zelle erlöst.

Neujahrsbesuch im Familienschloß bei Ansbach

Über Neujahr war ich zu meinem Vetter eingeladen. Zu den Festtagen versammelte sich die Familie auf dem Gut seiner Schwester, meiner Cousine, bei Ansbach. Das uralte, stilvolle Gebäude erinnerte mich an meine Kindheit, in der ich oft Angst gehabt hatte, mich in den Fluchten von Räumen, Treppen und langen Korridoren der Schlösser meiner Verwandten zu verlaufen und nicht zur rechten Zeit mit gefalteten Händen hinter dem Stuhl im Eßsaal zu stehen, nachdem es schon zum dritten Mal gegongt hatte.

Der verstorbene Mann meiner Cousine war Rechtsanwalt in Berlin gewesen, das Schloß in der schönen Landschaft diente ihm nur als Sommeraufenthalt. Obwohl es mehr als Museum geeignet war, wurde es zur Zuflucht, nachdem die Wohnung in Berlin ein Opfer der Bomben geworden war. Die viel zu hohen, unpraktischen Räume mit den wundervollen alten Möbeln und den Unmengen Feuerung verschlingenden Öfen erinnerten mich an Woitzel.

Zu dem großen Kreis der Familie kamen noch ungarische Flüchtlinge hinzu. Sie schmiedeten Pläne für eine Existenz, nachdem das Leben als Feudalherr in Ungarn ein für allemal vorbei war. Ob verwandt oder nicht, alles duzte sich, und ich wurde darin einbezogen. Jeder war bemüht, zu mir besonders nett zu sein, ich befürchtete, in Unkenntnis meiner Auffassung von dieser überholten Welt. Die Menschen waren die alten geblieben, in ihren Gewohnheiten mir vertraut und liebenswert wie früher. Fast schämte ich mich, wie kritisch ich trotzdem jetzt ihr Dasein betrachtete. Ich konnte verstehen, daß meine Cousine, älter als ich, sich von dem Besitz nicht trennen mochte, obwohl er ihr mehr Arbeit als Reichtümer einbrachte. Nicht nur schöne Erinnerungen verbanden sich damit, mit ihm wurde auch der alte Anspruch aufrechterhalten, als Klasse zur Führung in Deutschland, selbstverständlich in den Grenzen von 1937, berufen zu sein.

Die Schriften der ostpreußischen Landsmannschaft, zu denen mein Vetter selbst Beiträge lieferte, wurden eifrig diskutiert, jedes Gespräch über das Leben in der Deutschen Demokratischen Republik jedoch höflich abgewehrt, falls jemand auf die Idee gekommen war, das Thema anzuschneiden. Die

Augen davor verschließen, daß es einen sozialistischen deutschen Staat gibt, schien ihnen das Beste. Über kurz oder lang würde er doch untergehen. Dann wollten sie ganz genau hinschauen, um ihre alten Rechte zurückzuerobern.

Dabei war ich überzeugt, daß mein Vetter mit Rücksicht auf mich nicht von seinem vollen Gedanken- und Wortschatz Gebrauch machte, wie er geprägt war von Christlich-Demokratischer Union, Adelsgenossenschaft, Landsmannschaft, Johanniterorden und anderen Sammelbecken feudaler Spätlese.

Mein Abschied von dieser Welt hatte sich vollzogen, keine familiären Bande konnten mich darüber hinwegtäuschen oder mich gar in jenes Denksystem voller Anachronismen zurückziehen.

In München hatte mein Vetter mit einem amerikanischen Offizier über den Austausch gesprochen und berichtete mir sehr optimistisch davon. Gleich nach Neujahr wollte er in der Angelegenheit nach Godesberg fahren. Er tat so, als müßte ich wissen, was für eine wichtige Dienststelle sich dort befand. Zwar hatte ich keine Ahnung, aber es war mir auch ganz egal. Hauptsache, er brachte eine Zusage von kompetenter Seite mit. Ich war froh, genug Zeit zu haben, seine Antwort persönlich abwarten zu können.

Hoffnungsvoll reiste ich nach Landsberg zurück. Peter und ich hatten eine solche Unterhaltungstechnik entwickelt, daß ich ihm, eingestreut in den Bericht über die Ansbacher Tage, einigermaßen den Grund meiner guten Stimmung mitteilen konnte. Eine unerklärliche Scheu hatte mich bisher daran gehindert, ihn zu fragen, was mit seinen Zähnen geschehen sei, die mir verändert erschienen. Jetzt überwand ich diese Hemmung. Er gab mir zu verstehen, daß sie ihm in der ersten Nacht der Untersuchungshaft eingeschlagen worden waren. Nur mühsam bewahrte ich meine Fassung, bis ich außerhalb der Festung war.

Unser Schicksal hatte ich als einen politischen Kampf angesehen, der mit den Waffen des Verstandes ausgetragen wurde. Die Fäuste, die dabei gebraucht wurden, rissen bei mir Illusionen fort. Ich schämte mich, in einem tief verborgenen Winkel meines Bewußtseins einen Rest meiner antikommunistischen Erziehung zu entdecken, nach der ich eine solche Brutalität eher in den Gefängnissen östlich der Elbe für möglich gehalten hätte, aber nicht hier, in dem «zivilisierten» Westen, in dem die Worte «Freiheit und Menschlichkeit» dauernd im Munde geführt wurden. Dabei wußte ich nicht einmal die ganze Wahrheit. Nicht nur mit Fäusten, sondern auch mit Fußtritten in das Gesicht war mein Mann malträtiert worden.

Die Stammtischrunde wunderte sich, warum ich nicht zum Abendessen erschien. Es klopfte an meine Tür. Die Wirtin teilte mit, draußen warte der Herr Ingenieur auf mich zu dem versprochenen Spaziergang. Ich dachte: Es ist vielleicht das Beste, schlafen kannst du doch nicht.

Der «rote Hans» hatte schon lange von einem Blick auf die Stadt am Abend geschwärmt von einer Anhöhe aus. Es war ein sternenklarer Himmel, und der Vollmond leuchtete uns auf dem Weg. Der Schnee knirschte unter unseren Füßen, die Anstrengung in der klaren Winterluft tat mir gut. Oben angekommen, bereute ich meinen Entschluß zu dem abendlichen Ausflug nicht. Es war ein märchenhafter Anblick. Die altertümlichen Giebel der Stadt glitzerten unter ihrer Schneedecke ebenso wie die Baumwipfel, über die wir hinwegsahen. Das Licht der Kandelaber auf den Brücken spiegelte sich im schnell dahinfließenden Wasser des Lechs. Wieder übermannte mich der Gedanke an Peter, der diese Schönheit nicht bewundern konnte. Ich wandte mich ab, damit mein Begleiter meine Tränen nicht sah. Er bemerkte sie aber doch, und ich erzählte ihm, was ich heute morgen erfahren hatte.

«Ach, die Schweinehunde, die Amis!» sagte er und tröstete mich. Die Wirtin hatte recht, er war ein anständiger Mensch, der «rote Hans».

Ein Telegramm des Vetters: «Meine Freunde sind einverstanden, Näheres in München» erleichterte Peter und mir den Abschied. Und doch zwangen wir uns beide nur mühsam ein Lächeln ab, bevor die schwere, eiserne Tür hinter Peter zuschlug und wir wieder für lange, unbestimmte Zeit getrennt waren. Jetzt hatte ich nur ein Ziel: das Treffen mit meinem Vetter und dann so schnell wie möglich in Berlin alles Nötige in die Wege leiten.

Der «rote Hans» verstand als einziger, daß ein späterer Besuch in Landsberg gemeinsam mit meinem Mann, zu dem die Wirtsleute mich herzlich einluden, kaum möglich sein würde.

Trotz meiner wiederholten vorsichtigen Versuche einer Erklärung hatte auch die Stammtischrunde den grundlegenden Unterschied zwischen Peter und den Kriegsverbrechern nicht begriffen. Ihre politische Verwirrtheit war für einen Bürger der Deutschen Demokratischen Republik unvorstellbar. Zwar schienen die meisten froh über das Ende der Naziherrschaft. Aber die Grausamkeit und Arroganz der Amerikaner in der ersten Zeit nach dem Nürnberger Prozeß spielte sich so dicht vor den Augen der Landsberger ab, daß der klare Blick verlorenging und sie nur noch Mitleid mit den verurteilten Nazis und hohen Offizieren hatten und deren Schuld vergaßen. Auf dieser Basis hatte die CSU-Presse ein leichtes Spiel, die einfachsten Wahrheiten zu verdrehen.

Was gilt das Ehrenwort amerikanischer Offiziere?

Wie verabredet erwartete mein Vetter mich in München. Zwei hohe amerikanische Offiziere hatten ihm und dem Rechtsanwalt ihr Ehrenwort gegeben, der Oberst Petershagen wäre sofort frei, wenn Eulenburg entlassen würde. Beide machten mir sehr nachdrücklich klar, daß ein Erfolg jetzt einzig und allein von der Bereitschaft der zuständigen Behörden der Deutschen Demokratischen Republik abhinge. Voller Hoffnung, aber auch in dem Bewußtsein einer schweren Verantwortung, fuhr ich nach Hause.

In Berlin fand ich Aufgeschlossenheit und Genugtuung über den konkreten Vorschlag. Für die Amerikaner war es einfach, sich über einen Fall eine Meinung zu bilden, der erst drei Jahre zurücklag und dessen Verhandlung die CIC voll in der Hand gehabt hatte. Die Verurteilung Eulenburgs lag jedoch zehn Jahre zurück. Unterdessen war die Deutsche Demokratische Republik gegründet worden. Die Zuständigkeit für einen solchen durch mehrere Instanzen behandelten Fall war schwierig zu klären, und trotz allen Wohlwollens zogen sich die Überprüfungen hin.

Alle Verwandten hofften mit mir auf Erfolg, mehr für Eulenburg als für Peter, wie ich zwischen den Zeilen und Worten spürte. Wozu doch so ein, zum Glück nur angeheiratetes, «rotes Schaf» in der Familie gut sein konnte! Immer wieder wurde mir vorgehalten, daß die «netten, anständigen Amerikaner» sofort ihr Ehrenwort gegeben hätten, ich aber mit meinen «gräßlichen Kommunisten» nicht vorankäme. Selbstverständlich konnte ich nicht in jede Einzelheit dieses komplizierten Vorganges eingeweiht werden und daher auch längere Pausen nicht erklären.

Erneute Krankheit machte es mir wochenlang unmöglich, nach dem Stand der Dinge zu fragen. Doch da schalteten sich wieder unsere Freunde ein. Artur und Dora Strauß hatten voller Teilnahme das Auf und Ab zwischen Hoffnung und Niedergeschlagenheit in meinem Bemühen verfolgt. Nun wandten sie sich an den Sekretär des Staatsrates und brachten damit den Stein endgültig ins Rollen. Eines Tages erschien ein Herr bei mir und bat um eine Unterredung. Er kam im Auftrag des Innenministeriums und gewann durch die Klarheit und Sachlichkeit seiner Fragen schnell mein Vertrauen. Ihm war die Durchführung dessen, was von unserer Seite für den Austausch getan werden konnte, übertragen worden. Es stand fest, Eulenburg würde in kurzer Zeit frei sein. Ich wundere mich noch heute, daß ich dem Genossen nicht vor Freude um den Hals gefallen bin, denn damit war auch Peters Befreiung für mich zur Gewißheit geworden.

Die amerikanischen Offiziere hatten ihr Ehrenwort mehrfach vor meinem Vetter und dem Münchner Rechtsanwalt bekräftigt, daran bestand kein Zweifel. Trotzdem hatte ich volles Verständnis, daß man unsererseits eine kurze schriftliche Zusage wünschte. Schon ein Telegramm mit dem Wörtchen «einverstanden» sollte genügen. Ich teilte das meinem Vetter telefonisch mit. Er war voll des Lobes für den Erfolg und schilderte mir in lebhaften Farben das Glück der Mutter Eulenburgs und aller Verwandten. Unseren Wunsch hielt er für recht und billig und hatte keine Bedenken, daß die Amerikaner ihn sofort erfüllen würden.

Wenig später, ich erntete die ersten Frühkartoffeln im Garten, läutete oben das Telefon in der Wohnung. Ich lief hinauf und nahm etwas atemlos den Hörer ab. «Sie werden aus München verlangt, bitte bleiben Sie am Apparat!» klang es aus der Muschel. Mein Herz schlug höher, das konnte ja jetzt nur noch Gutes bedeuten. Eine Sekretärin meldete sich.

«Einen Moment, ich stelle um zum Herrn Doktor.»

Ich sah in Gedanken den großen, massigen Mann, wie er jetzt, ein Strahlen auf seinem gütigen Gesicht, den Hörer aufnahm. Es klang aber keine Freude aus seiner Stimme, als er sagte: «Gnädige Frau, bitte setzen Sie sich erst mal hin.»

«Ja, ich sitze, was gibt es?» fragte ich ungeduldig.

«Bitte bekommen Sie keinen Schreck, aber die Amerikaner tauschen nicht», berichtete er.

«Wieso?» fragte ich fast tonlos.

«Die Amerikaner haben gedacht, sie könnten den Schein der Menschlichkeit wahren und ruhig zusagen. Das schafft die Frau nie, einen Grafen bei den Kommunisten loszueisen. Nun haben Sie es geschafft, und die Amis sitzen in der Tinte.»

«Aber das ist unmöglich!» rief ich verzweifelt. «Zwei Offiziere geben ihr Ehrenwort, wiederholen es mehrmals und wollen es jetzt nicht halten?! So etwas gibt es doch nicht, das kann nicht wahr sein!»

«Da haben Sie leider falsche Vorstellungen, gnädige Frau. Das ist denen ganz egal. Die Gräfin Eulenburg hat ihnen vorgehalten, das könnte den Tod für ihren Sohn bedeuten. Kaltschnäuzig antworteten sie: ‹Auf ein Menschenleben mehr oder weniger kommt es im kalten Krieg nicht an.› Was meinen Sie, was nun mit Eulenburg geschehen wird? Wird man bei Ihnen auch alles rückgängig machen?»

«Das kann ich mir nicht vorstellen, dazu sind unsere Leute hier viel zu anständig», sagte ich spontan und erschrak in demselben Moment. Konnte ich das mit solcher Sicherheit behaupten?

Der Rechtsanwalt sprach weiter: «Ich flehe Sie an, sorgen Sie dafür, daß Eulenburg frei bleibt. Ich verspreche Ihnen, Sie haben dann Ihren Gatten vor dem Winter zurück. Wenn die Deutsche Demokratische Republik so großzügig verfährt, sind die Amerikaner noch mehr blamiert. Wir haben ihnen gedroht, wir werden alles in die Presse bringen. Das wäre sehr peinlich für sie. Also Kopf hoch, gnädige Frau, geben Sie nicht auf, ebensowenig wie wir. Ich rufe Sie wieder an, sobald es etwas Neues gibt.»

Damit legte er auf. Ich blieb wie versteinert sitzen. Was ging eigentlich in mir vor? Was war das für ein Gefühl, das mich aufrecht hielt neben dem lähmenden Entsetzen, dem Zusammenbruch all meiner jahrelangen Hoffnungen und Mühen?

Ebenso überwältigend wie der Schmerz war das Triumphgefühl. Wie hatte ich unter dem Spott und den Vorwürfen von Verwandten und Bekannten gelitten. «Eher läßt du deinen Mann im Gefängnis sterben, als daß du zu uns kommst in den Westen. Dann wäre er bald frei bei unseren guten Beziehungen. Aber du, mit deinen Kommunisten, die dich belügen von Kopf bis Fuß, dich an der Nase herumführen, daß du denen überhaupt noch ein Wort glaubst! Nie im Leben lassen die einen Grafen frei! Die Amerikaner gaben sofort ihr Ehrenwort, aber du kommst nicht einen Schritt weiter!» Jetzt hatten sich ihre lieben, anständigen Amerikaner in den Schlingen ihrer eigenen, antikommunistischen Propaganda verfangen.

Unserem Rechtsanwalt in Berlin war der Wortbruch schon bekannt, als ich ihn anrief. «Und Eulenburg?» fragte ich und fürchtete die Antwort.

«Der wird als freier Mann in der Universitätsklinik in Leipzig gesund gepflegt. Seine Mutter ist bei ihm», antwortete er.

Das war die schönste Nachricht für mich, die in dieser Lage möglich war. Ich hatte mich nicht getäuscht. Niemand hatte mir sein Ehrenwort gegeben, bei uns in der «sogenannten DDR» hatte man ganz einfach Wort gehalten. Diese Großzügigkeit unserer Regierung war für meinen Vetter und den Münchner Rechtsanwalt eine gute Basis, alle Hebel in Bewegung zu setzen für die Freilassung meines Mannes. Beide wollten nicht im gleichen Licht erscheinen wie die Amerikaner, die bei mir moralisch derartig gesunken waren, daß ich kaum mehr an einen Erfolg glaubte.

Voller Schrecken dachte ich an den bevorstehenden Winter für Peter in dem soviel härteren Strafvollzug im Zuchthaus Straubing, in das er indessen überstellt worden war – in bundesdeutschen Strafvollzug. Ich war zum tatenlosen Abwarten gezwungen, und das war für mich seit jeher schwer zu ertragen. Nachdem ich mich schon so dicht vor dem Ziel geglaubt hatte, fügten sich nun wieder die Tage und schlaflosen Nächte zu einer Woche nach der anderen.

Peter ist frei

Endlich kam ein Anruf aus München. Ich erwartete bestenfalls einen tröstenden Zwischenbescheid.

«Ich gratuliere!» rief der Rechtsanwalt, selbst überaus glücklich, «Ihr Gatte ist frei! Seit heute nachmittag ist er auf dem Wege hierher, wird morgen früh bei mir sein und dann nach Berlin fahren.»

Der Umschwung in meiner seelischen Verfassung war kaum zu bewältigen. Ich stammelte einen dürftigen Dank in das Telefon und flüchtete mich in die praktischen Einzelheiten. Als Treffpunkt mit meinem Mann gab ich das kleine Linden-Hotel in der Berliner Mittelstraße an.

Ich mußte meine Freude jemandem mitteilen und rief Professor Beyer an, der in all den Jahren herzlich Anteil an unserem Schicksal genommen hatte. Wenn es nicht so spät am Abend gewesen wäre, hätte ich am liebsten mit der halben Stadt telefoniert vor Glück.

In Berlin angekommen, studierte ich den Fahrplan und stellte fest, daß der Zug aus München erst nach Stunden eintreffen konnte. Dann hatte ich noch reichlich Zeit, Blumen zu besorgen, mit denen ich Peter am Bahnhof empfangen wollte.

Auf dem Wege zum Hotel fiel mir ein, daß ich kein Zimmer bestellt hatte. Um so mehr wunderte ich mich, daß man in der Rezeption eigenartig vorbereitet auf mein Kommen reagierte. Als ich nach einem Doppelzimmer fragte, hieß es sofort: «Bitte, Nummer neunzehn, der Schlüssel steckt.»

Komisch, dachte ich, sonst bekommt man den Schlüssel doch immer unten. Der Hoteldiener begleitete mich bis zum Zimmer, setzte meinen Koffer ab und verschwand. Etwas erstaunt öffnete ich die Tür – und Peter schloß mich in die Arme. Er war mit dem Flugzeug gekommen.

Am nächsten Tag holte uns Professor Beyer mit seinem Wagen in Berlin ab. Wir hatten es eilig, nach Greifswald zu gelangen. Unsere Bewegungsfreiheit war stark gehemmt durch den eigenartigen Aufzug Peters. Seinen eigenen Rock trug er zwar noch, doch seine Hose war durch die «feine» Behandlung in der Untersuchungshaft derartig zugerichtet, daß sie nicht mehr zu gebrauchen war. Der Pfarrer in Straubing hatte ihm bei der Entlassung in Eile eine neue, billige Hose verschafft.

In dieser grotesken Kostümierung konnte mein Mann sich nicht wohl fühlen und auch kaum öffentlich sehen lassen. Deswegen kam es erst etwas später zu einer herzlichen Begrüßung mit dem Vorsitzenden der National-Demokratischen Partei Deutschlands.

Ganz Greifswald freute sich mit uns über Peters Freilassung. Wenige Wochen danach, am 19. Oktober 1955, verlieh der Rat der Stadt ihm die Ehrenbürgerwürde. Unser Parteivorstand sorgte dafür, daß wir im November einen Erholungsurlaub in Bad Elster verleben konnten.

Zum dritten Mal begann ein neuer Lebensabschnitt, der ganz anders verlief, als ich es mir je träumen ließ. Nach der Rückkehr von Peter aus der Kriegsgefangenschaft trug ihm zwar die Rettung Greifswalds die Achtung vieler Mitbürger ein, aber offiziell wurde davon kein Gebrauch gemacht. Durch eigene Initiative und politische Aktivität hatten wir ein ausgefülltes Leben geführt. Ich erhoffte jetzt eine Fortsetzung in ähnlicher, wenn möglich etwas ruhigerer Art und Weise. Wenn es uns noch kleine Fortschritte in materieller Hinsicht bringen sollte, wurde es höchste Zeit, daß Peter, jetzt Mitte Fünfzig, wieder in der Verwaltung tätig wurde. Doch zunächst kamen wir überhaupt nicht dazu, über diese Fragen nachzudenken. Besucher und Reporter gaben sich die Klinke in die Hand. Presse, Rundfunk und Wochenschau brachten die Nachricht über seine Rückkehr mit mehr oder weniger ausführlichen Kommentaren.

Was erregte das Interesse jetzt so stark, was erschien an diesem Leben beispielgebend? Es hatte sich erwiesen, die Lehren und Erkenntnisse der sozialistischen Welt waren so überzeugend, daß sie selbst einem ehemaligen Offizier der faschistischen Wehrmacht den Rückhalt gaben, härteste Bewährungsproben zu bestehen, allen Verlockungen seiner eigenen alten Klasse zum Trotz.

Es entwickelte sich ein solcher Trubel um meinen Mann, daß er unser Budget durch die vielen kaffeedurstigen Kehlen der Besucher und sonstige daraus entstehende Verpflichtungen nicht unerheblich belastete. Trotz meiner hausfraulichen Pflichten versuchte ich, keine Minute bei den interessanten Gesprächen zu versäumen.

Dann richtete der Verlag der Nation die Bitte an Peter, er

möge seine Erinnerungen niederschreiben. Ich war nicht gerade begeistert von dem Plan, der mir als unnötige Verzögerung eines normalen Berufslebens für Peter erschien. Doch Professor Beyer zerstreute meine Sorgen, zwei bis drei Auflagen würde das Buch sicher erreichen, dann habe sich die Arbeit schon gelohnt, meinte er. Diese neue Aufgabe meines Mannes lenkte unser Leben endgültig in völlig unerwartete Bahnen.

Peters Briefwechsel behielt ein ungewöhnliches Ausmaß, viele Stunden saß ich täglich hinter der Schreibmaschine. Angemeldete und unangemeldete Besucher überraschten uns zu jeder Tageszeit. Als ein Arzt aus dem Erzgebirge morgens um sieben vor unserer Tür stand, wurde ich grob, was Peter aber durchaus nicht billigte. Ich fragte ihn: «Sag mal, soll unser Leben nun immer so weitergehen? Wir haben ja kaum eine Minute mehr für unser Privatleben!»

«Ach», meinte er, «das ist jetzt so eine Welle, die ebbt bald wieder ab.»

Aber er irrte sich. Während der Arbeit am Buch hatten sich die Einladungen zu Vorträgen angesammelt. Eine der ersten war in sehr herzlicher Weise von der Hochschule für Verkehrswesen in Dresden eingetroffen. Etwas zögernd standen wir mit dem Rektor und Senat auf den Stufen des Hörsaalgebäudes. Worauf warteten wir? Da bog ein Fackelzug in die Straße ein und schien kein Ende zu nehmen. Ich war noch nicht daran gewöhnt, daß Peters Name über Greifswalds Grenzen hinausgedrungen war, und fragte den Rektor erstaunt, wem diese hohe Ehre gelte.

«Aber, Frau Petershagen, Ihrem Mann natürlich! Wir Dresdner wissen, was eine heile Stadt zu bedeuten hat.»

Ich war tiefbewegt. Den letzten Fackelzug hatte ich am 21. Juni 1941 in Österreich erlebt, bevor deutsche Regimenter in die Sowjetunion einfielen. Jubel sollte ihn begleiten, aber nicht eine einzige Stimme schwang sich auf, sondern der Schein der Fackeln beleuchtete die Tränen der Frauen, die ahnten, daß viele der Männer nicht zurückkehren würden. Diese Demonstration in Dresden galt dem ehemaligen Offizier der faschistischen Wehrmacht, der aus der Vergangenheit gelernt hatte und seinen Weg an die Seite der Friedenskämpfer als Bündnispartner der Arbeiterklasse durch die Tat bewiesen hatte.

Natürlich berichtete ich meiner Mutter nicht ohne Stolz und

Genugtuung von solchen Erlebnissen, die so ganz das Gegenteil von dem bewiesen, was sie mir prophezeit hatte. Allmählich fand sie sich mit unserem Schicksal ab und freute sich mit uns an diesem beglückenden Ausgleich nach den schweren Jahren.

Die Einladungen führten uns in alle Gegenden der Deutschen Demokratischen Republik. Stets waren die Säle überfüllt. Es erschienen auch solche Menschen, die sonst nie eine politische Versammlung besuchten. Nicht selten eröffneten ehemalige Widerstandskämpfer die Zusammenkünfte und beteuerten, daß es ihnen vor Jahren im Konzentrationslager unvorstellbar gewesen wäre, einen Abend zu leiten, auf dem ein ehemaliger Oberst der Hitlerwehrmacht und Ritterkreuzträger spricht.

Nach und nach überließ Peter in der Diskussion die Beantwortung mancher Fragen mir. Er freute sich, daß ich mich nicht scheute, auch auf provokatorische Fragen klare Antworten zu geben.

Stadtverordnete in Greifswald

Ich söhnte mich immer mehr mit der Unruhe unseres Lebens aus. Dazu kam zu Hause noch meine Tätigkeit als Stadtverordnete. Als meine Partei mit dem Ansinnen an mich herantrat, für die Stadtverordnetenversammlung zu kandidieren, war ich gar nicht begeistert. Ich fühlte mich der Aufgabe nicht gewachsen. Doch Peter redete mir ebenso zu wie meine Parteifreunde. Schließlich gab ich meinen Widerstand auf.

Vor dem Wahltag mußte ich mich in zahlreichen Versammlungen vorstellen, vor Bauarbeitern ebenso wie vor Studenten oder Zuhörern aus den Kreisen der Intelligenz oder des Handwerks. Dafür hatte ich mir ein Konzept ausgearbeitet, von dem ich aber wenig Gebrauch machte. Niemand hatte es eingesehen. Vertraute mir meine Partei so sehr, war sie überzeugt, daß ich die richtigen Worte finden würde?

Die Versammlungen waren gut besucht. Manche, besonders Zuhörerinnen, hatten sich eingefunden, die sonst jeder politischen Veranstaltung fernblieben. Sie saßen in den vordersten Reihen, und schon ihrer Erscheinung nach war zu erkennen, daß sie zur «alten Schule» gehörten. Waren sie gekommen, weil sie in mir eine Vertreterin ihrer Schicht sahen, die in ihrem Sinne, im Sinne der Vergangenheit sprechen würde? Sie strahlten, und mancher Arbeiter stutzte, wenn ich von meiner Kindheit und Jugend, von der Erziehung mit den Kronprinzenkindern erzählte. Die alten Damen erstarrten in Enttäuschung, wenn ich von den politischen Konsequenzen sprach, die ich aus meinen Erlebnissen gezogen hatte. Der Beifall der übrigen Zuhörer ging meistens in lebhafte Diskussionen über. Ich kehrte befriedigt von diesen Versammlungen zurück und sah ruhig dem Wahltag entgegen.

Danach war ich nicht mehr Kandidatin, sondern gewählte Stadtverordnete. Ohne Murren verzichtete mein Mann manchen Tag auf mich, hörte sich voller Interesse meine Berichte an. Ich war der Kommission für Kultur zugeteilt. Doch das Leben bot noch so viele Schwierigkeiten, daß es sich bei den Sorgen und Problemen, die an mich herangetragen wurden, meist um soziale Fragen handelte. Es ist schwer, eine Arbeiterin für einen Theaterbesuch zu begeistern, wenn es ihr nachts auf das Bett regnet. Überall im Gespräch war ich gezwungen, über die Sorgen und Nöte meiner Mitbürger, über ihre Vorschläge zur Veränderung mancher Dinge nachzudenken, sie ehrlich zu beantworten. Aus meiner eigenen Vergangenheit heraus konnte ich die Gedankengänge jener Menschen besonders gut verstehen, die ebenso wie ich nicht von «links», sondern mehr oder weniger von «rechts» gekommen waren. Vielleicht hatte ich auch gerade ihnen viel zu sagen.

Zweimal noch kam ich der Bitte meiner Partei nach, als Stadtverordnete zu kandidieren, und wurde wiedergewählt. Doch im Frühjahr 1969, nach dem Tode meines Mannes, fühlte ich mich dazu nicht mehr in der Lage, sah eine andere Aufgabe auf mich zukommen, die meine ganze Kraft fordern würde. Rückschauend möchte ich die zwölfjährige Tätigkeit als Abgeordnete nicht missen. Mein Blick weitete sich, ich habe viel gelernt in der Zeit. Mit Rat und Hilfe nützlich gewesen zu sein, ist mir ebenso eine Freude wie die wenigen, noch heute sichtbaren Erfolge meiner Initiative.

Unterdessen war Peters Autobiographie mit dem Titel «Gewissen in Aufruhr» erschienen. Nach dem Buch entstand der gleichnamige Film. Mein Mann und ich wurden als Berater bei den Dreharbeiten mit herangezogen. Das war für uns recht aufschlußreich, denn wann hätten wir uns früher wohl um die Entstehung eines Films kümmern können?

Buch und Film fanden im In- und Ausland ein begeistertes Echo und zogen eine neue Flut von Korrespondenzen und Einladungen nach sich. Einige ehemalige Standesgenossen in der Bundesrepublik fühlten sich bis ins Mark getroffen durch die bitteren Wahrheiten, die enthüllt wurden. Ihre wütenden Angriffe blieben jedoch wirkungslos, da das Buch Tatsachen schilderte und sie keine einzige Lüge nachweisen konnten.

Als Gast im Ausland

Der Verband der tschechoslowakischen Widerstandskämpfer lud uns zu einer vierzehntägigen Vortragsreise ein. Bei herrlichem Herbstwetter fuhren wir viele Hunderte von Kilometern durch die ČSSR, von einem Empfang und einer überfüllten Versammlung zur anderen. Zum Kennenlernen der Städte blieb leider nur wenig Zeit, doch Prag, Bratislava und besonders Budějovice, wo wir ein freies Wochenende verlebten, sind mir unvergeßlich.

Die Reise glich einem Triumphzug. Nicht wir trafen die hochtrabende Einschätzung, sondern unser Dolmetscher, ein ehemaliger Partisan und hochqualifizierter Ingenieur, der für unseren Besuch von seiner verantwortungsvollen Tätigkeit beurlaubt worden war. Uns verband bald herzliche Freundschaft. Wir waren nun schon einiges gewohnt, aber dieses Ausmaß an Begeisterung überraschte uns doch. Wir fragten unseren Dolmetscher, wie das zu erklären sei. Er sagte: «Wir hatten einmal ein gutes, ein kultiviertes Bild von euch Deutschen. Ihr habt es grausam zerstört, uns unter dem Hakenkreuz grenzenlos enttäuscht. Jetzt sind wir glücklich, daß sich die Deutsche Demokratische Republik auch auf Bürger Ihrer Herkunft verlassen kann. Das stärkt unser Vertrauen, daß wir in Ihrem sozialistischen Staat einen zuverlässigen deutschen Nachbarn haben.»

Seine Worte machten uns beide sehr glücklich. Alle Leiden der vergangenen Jahre bekamen erst ihren Sinn, wenn wir unsere Erfahrungen nicht in uns verschlossen, sondern sie nutzten, um dem Frieden zu dienen.

Neben sehr hohen staatlichen und gesellschaftlichen Auszeichnungen, die Peter unterdessen erhalten hatte, verlieh der Senat der Ernst-Moritz-Arndt-Universität Greifswald meinem Mann die Würde eines Ehrensenators. In seiner kurzen Dankrede gedachte Peter des mutigen Einsatzes der Professoren Engel und Katsch ebenso wie des einstimmig vom Senat unterzeichneten Gnadengesuches während seiner Haft in der Bundesrepublik. Wörtlich sagte er dann: «Es liegt mir aber besonders am Herzen, daran zu erinnern, daß es keine gerettete Universität gäbe ohne die weitblickende, ritterliche Haltung der Roten Armee in jenen Tagen von neunzehnhundertfünfundvierzig.»

Große Freude bereitete es uns, als nach Erscheinen des Buches «Gewissen in Aufruhr» in der Sowjetunion die Verbindung zu dem Dolmetscher der Übergabe, dem Ingenieur Boris Matussow in Leningrad, zu General Sineoki und seiner Frau Marina, zu General Ljastschenko und zu Hauptmann Lewin in Moskau entstand. Wir sahen uns nun nach sechzehn Jahren wieder. Hauptmann Lewin war einer der beiden Offiziere gewesen, der in der Nacht nach der Übergabe mit Peter und Wurmbach in unsere Wohnung kam. Die Mauer des Mißtrauens auf beiden Seiten war abgetragen, offen und tiefbewegt schilderten wir uns gegenseitig unsere damaligen Gedanken.

Ebensowenig, wie die Antifaschisten sich vorstellen konnten, jemals mit einem Oberst der faschistischen Wehrmacht zusammenzuarbeiten, hätte ich mir 1945 träumen lassen, von diesen sowjetischen Offizieren in der Hauptstadt der Sowjetunion mit herzlicher Freundschaft empfangen zu werden. 1945 sah ich in ihnen zwar die Retter der Stadt und aller an der kampflosen Übergabe Beiteiligten, in erster Linie meines Mannes, aber es hatte noch Jahre gedauert, bis mir die Bezeichnung «Freunde und Befreier» als berechtigt erschien.

1965 fand die historische Konferenz zur Zwanzig-Jahr-Feier der kampflosen Übergabe Greifswalds statt. Dazu hatten wir persönliche Freunde von uns aus der Bundesrepublik eingeladen. Nur mit leichtem Schaudern hatten sie sich, unter unserem vermeintlich notwendigen «Schutz», in die «Ostzone» gewagt, und es benahm ihnen etwas den Atem, dort «leibhaftigen Kommunisten» und sowjetischen Offizieren zu begegnen.

Sie taten mir leid, denn ich wußte, wie schlecht es sich lebt unter dem Alpdruck des Antikommunismus. Es war für sie fast unbegreiflich, daß ich von den Fesseln meiner konservativen Erziehung im wahrsten Sinne des Wortes befreit war, daraus keinen Hehl machte und mich als Abgeordnete an der Entwicklung unserer Stadt beteiligte. Auf der Konferenz hielt Peter einen Diskussionsbeitrag, den ich an früherer Stelle schon erwähnt habe, und es sprach auch Generalleutnant S. N. Borstschew, der zwanzig Jahre zuvor die Verhandlungen mit den Greifswalder Parlamentären über die kampflose Übergabe der Stadt geführt hatte: «Ich erinnere mich, daß ich sehr verwundert war, als mir in der Nacht zum dreißigsten April gemeldet wurde, daß in den Stellungen der Division Parlamentäre aus Greifswald zu Verhandlungen über eine kampflose Übergabe der Stadt und die Kapitulation der sie verteidigenden Truppen erschienen wären. Das wurde dem Oberkommandierenden der Armee, Generaloberst Fedjuninski, mitgeteilt. Er beauftragte mich, die Verhandlungen zu führen. Die Parlamentäre wurden in den Divisionsstab nach Anklam gebracht.

Die Delegation wurde von Oberst Dr. Wurmbach geleitet. Er wandte sich dann mit etwa folgenden Worten an mich: ‹Herr General, in unserer altehrwürdigen Stadt halten sich mehrere tausend Flüchtlinge auf. Die Greifswalder Universität ist eine der ältesten Deutschlands. Wir sind im Namen des Stadtkommandanten und des Bürgermeisters gekommen, um Sie zu bitten, die friedfertige Bevölkerung der Stadt zu schonen, ein unnötiges Blutvergießen zu vermeiden und unsere Stadt sowie die Universität zu erhalten. Wir möchten mit Ihnen über die Kapitulation der Garnison und die kampflose Übergabe der Stadt verhandeln. Welche Bedingungen stellen Sie?›

Ich erwiderte darauf, daß die faschistische Armee in meinem Heimatland unerhörte Verbrechen begangen habe. Sie habe Tausende von Dörfern und Städten zerstört und Millionen unschuldiger Menschen erschossen, gehängt und vergast. Sie habe unmenschliche Gewalttaten an friedlichen Einwohnern und Kriegsgefangenen begangen. Aber die Sowjetarmee sei selbst unter den Bedingungen dieses grausamen Krieges den Prinzipien der Humanität treu geblieben. Sie sei immer bemüht, ein Blutvergießen unter der Bevölkerung und die sinnlose Zerstörung von Dörfern und Städten zu vermeiden, auch auf dem Territorium des Feindes. Das Schicksal der Stadt und ihrer Bevölkerung, erklärte ich, werde von den Deutschen selbst abhängen. Damals wußte ich noch nicht, daß der Initiator dieses Kapitulationsplanes Oberst Petershagen war, der wahrhaften Mut und wahrhaften Patriotismus bewies.»

Ein unersetzlicher Verlust

Dreizehn Jahre war es uns nach Peters Befreiung aus der amerikanisch-bundesdeutschen Haft vergönnt, unser Beisammensein sehr bewußt zu genießen, zu leben und zu wirken im Sinne seiner tiefgreifenden Erfahrungen. Krieg, Verwundungen, Kriegsgefangenschaft und Haft hatten gesundheitlich ihre Spuren hinterlassen, die sich in den letzten Jahren immer bemerkbarer zeigten.

Am 13. April 1969 schloß mein Mann seine Augen für immer. Bei allem tiefen Schmerz und nie versiegender Sehnsucht war ich mir klar, daß ich keinen Grund hatte, mit dem Schicksal zu hadern. Millionen Frauen meiner Generation in ganz Europa hatten nach diesem von uns Deutschen verschuldeten Krieg ihre Männer nie wiedergesehen, mußten ein qualvolles Ende für sie vermuten. Welche Frau hatte gemeinsam mit ihrem Mann so tiefes inneres Glück empfinden können wie wir beide nach der Rettung der Stadt, dem Verehrung und nach Jahren hohe Anerkennung folgten.

Professor Beyer sagte in seiner Rede am Sarge meines Mannes unter anderem: «Wohl selten gab es eine Ehe, die so über Höhen und durch Tiefen des politischen Lebens geführt wurde, bis Rudolf Petershagen in Ihren Armen die Augen für immer schloß. Mit Ihnen trauern nicht nur seine Freunde, sondern Tausende von Menschen in aller Welt, die durch seine Autobiographie und den Fernsehfilm ‹Gewissen in Aufruhr› gefesselt wurden und Rudolf Petershagen verehren.

Wenn ich heute die letzten Worte an seinem Sarge spreche, so deshalb, weil ich das Glück hatte, Rudolf Petershagen nach seiner Rückkehr aus der sowjetischen Gefangenschaft kennen- und schätzenzulernen. Waren wir schon, ohne uns zu kennen, im Kessel von Stalingrad zusammen, so traten wir nun gemeinsam den ideologischen Wandlungsprozeß an, um eine Welt des Sozialismus und des Friedens aufbauen zu helfen.»

Daß Peters Tat fortlebte, sah ich besonders an der Auflagenentwicklung seines Buches, das inzwischen zum 23. Male erschienen ist. Jahre vorher war es ins Russische, Tschechische, Slowakische, Bulgarische und Ungarische übersetzt und mehrfach aufgelegt worden.

Der Gedanke zu meiner Autobiographie entstand durch die häufigen Fragen der Zuhörer bei Peters Vorträgen nach meiner Entwicklung. Mein Mann begann diese Arbeit, konnte sie aber wegen seiner Krankheit nicht fortsetzen. Er wollte zeigen, daß auch Menschen meiner Herkunft und Erziehung in der neuen, sozialistischen Gesellschaft ihren Platz und ihre Selbstverwirklichung finden können, obwohl ihnen das bestimmt nicht an der Wiege gesungen wurde. Ich hoffe, diese Aufgabe in seinem Sinne erfüllt zu haben.

Inhaltsverzeichnis

Leseprobe

Aus der im Verlag der Nation erschienenen Autobiographie «Gewinne das Leben» von Georg Günther

---

Erinnerungen

Autobiographien sind doch Bücher, angefüllt mit Erinnerungen. Was soll dazwischen noch dieses Kapitel? Dort geht es um Ereignisse, Begebenheiten, Tatsachen, vielleicht noch Gedanken und Überlegungen. Das Gefühlsleben, die Emotionen werden nur gestreift. Die Erinnerungen in diesem Abschnitt spielen sich dagegen in den geheimsten Kammern des Inneren ab. Sie sind freundlich und feindlich, zwiespältig und eindeutig, betörend und ernüchternd zugleich. Sie bringen ans Tageslicht, was in einem ist, und lassen das Herz schneller schlagen . . .

Da sind die langen Fahrten über Land, über Feldwege an Getreidefeldern vorbei, zu verschiedenen Jahreszeiten, Frühling, Sommer, Herbst, wenn die Rüben und der Kohl noch stehen, aber die Kartoffeln schon gerodet sind und über allem ein lichtgrauer Nebel schwebt, die geduldigen Pferde nur im Schritt den leichten Wagen ziehen und der Kutscher vor sich her brabbelt, dabei über dem Rükken der Pferde seine Peitsche nur müde bewegt – dann versinke ich in tiefe Träumerei, neben der schweigenden Mutter sitzend, die sich vom Schaukeln des Wagens auch schon ins Traumland begab. Die Gedanken fliehen in weite Fernen. Es umgibt mich helle Musik, und es tauchen Gestalten auf aus einer Vergangenheit, wirklich und unwirklich zugleich. Waren es Personen, die mich einmal berührten? Die hübsche junge Klavierlehrerin, die mich beim Abschied auf den Mund küßte, als ich elf Jahre alt war, was mich tief ergriff und ich nie vergessen konnte? Oder die schlanke Abiturientin, die mich beim Fest durch ihren Tanz verzauberte? Oft waren es Gestalten aus Romanen, die ich schon verschlang, als ich gerade lesen konnte. Ich malte mir die Szenen der Helden aus, und ihre Gestalten umgaben mich. Sie lebten, und ich traf mich mit ihnen.

Plötzlich werden wir aus dem Halbschlummer durch lauten Hufschlag auf harter Fahrbahn geweckt. Wir haben den Feldweg verlassen und sind auf die «Kaiserstraße» gekommen, die in die Kreisstadt Rudki führt. Nach einigen Pferdelängen ist das Zentrum, der Marktplatz, erreicht. Gleich dahinter hört die Stadt schon wieder auf.

Den Marktplatz, vielleicht hundertfünfzig Meter im Karree, umstehen einige Ziegelbauten, meist ebenerdig oder einstöckig, sie beherbergen Läden und Magistratsräume. Westlich das Haus von Gurski, Kolonialwaren, östlich Magistrat und Kreisgericht, nördlich und südlich Salomon Schwarz, Textilien und Nathan Schorr, Schuhwaren. Hinter und zwischen diesen Prunkbauten ducken sich Holzkaten und Buden der fast durchweg jüdischen Bevölkerung.

Wir halten auf dem Marktplatz neben vielen Panjewagen der Ruthenen, die von heftig gestikulierenden Kaftanjuden umringt sind. Es stinkt nach Pferdeurin, der sich in Pfützen angesammelt hat. Den abgezäumten Pferden legt der Kutscher ein Bund Heu vor. Nach stundenlangem Sitzen verkrampft, rekeln wir uns, ordnen die Kleidung und gehen zum Laden von Salomon Schwarz. Hier deckt Mutter seit Jahren den gesamten Bedarf an Stoffen.

«Wie geiht's?» fragt der überfreundliche, im glänzenden Kaftan mit Pajes, aber sehr gepflegte Schwarz. Frau und Tochter bedienen, messen und schneiden Seide, Kattun, Inlet, Wollstoffe, lachen aus freundlichen, glühschwarzen Augen – «wues tien die Kinder, gesind? Wues, Warzen an Hand? ... Taubenblit, Taubenblit!» (Taubenblut, Heilmittel gegen Warzen) rufen Mutter und Tochter aus einem Munde – «Taubenblit!» ...

Wieviel Judenblut ist geflossen? Alle meine ehemaligen jüdischen Schulkameraden fielen von Henkersklauen, hochintelligente Ärzte, Mathematiker, Physiker. – Vorbei, vorbei ist diese Welt, auch in Rudki, in Galizien, in ganz Polen – durch Giftgas und Gewehrsalven vernichtet. Diese Welt ist untergegangen. Sie brachte den Juden viel Leid, aber in der Tiefe ihrer Seelen bewahrten sie ihre Kraft durch ihren Glauben, Geist und ihre Opferbereitschaft. Auch unser Majorko und seine Miriam waren von diesem Geist beseelt ...

«Wues, bezuhlen können Sie später», meinte der wohlwollende Schwarz. Doch die Mutter beglich ihre Rechnung. «Bleiben Sie gesind!» ...

Die Heimfahrt führte uns zurück über die einsamen Felder, der Abendsonne entgegen. Wir waren sorglos und so unwissend, im festen Glauben an den Bestand dieser friedlichen Welt. Noch friedliche Welt?

Auch auf unseren Hof kamen sie, junge Juden, Männer und Frauen, armselig gekleidet, unterernährt, in mehreren Durchgängen, um die schwere Landarbeit zu erlernen. Mit Fanatismus bereiteten sie sich auf ihre neue Heimat Palästina vor, um den steinigen Boden zu pflügen und zu bewässern. Mit Begeisterung sangen sie:

Werden wir essen Pomeranzen,
die wir werden selber pflanzen.
Aber nur in Palästina,
aber nur in Palästinaaaa.

Ob sie je ihr ersehntes Ziel erreicht haben, noch vor dem Untergang ihrer galizischen Welt?

Es war auch höchste Zeit, denn in Deutschland knallten die Revolverschüsse, und die Schaufensterscheiben klirrten . . ., und in Lemberg prügelten polnische Studenten ihre jüdischen Kommilitonen mit Spazierstöcken.

Immer noch der Glauben an eine friedliche Welt? –

Studiosus in Lemberg – studieren? Ja, aber da war auch die Bühne, zu der es ihn mit aller Gewalt hinzog. Sollte er Schauspieler werden? Vorläufig bleibt er bei der Medizin. VDH – Verein Deutscher Hochschüler – so hieß der offizielle Terminus –, vom polnischen Staat akzeptiert, sicher mit gewissem Widerwillen. Deutsche, deutschsprachige und deutschstämmige Studenten aus allen ehemaligen Annexionsgebieten dreier Kaiserreiche: Deutschland, Österreich und Rußland. Alle waren noch Schüler dortselbst und sangen recht laut die zuständigen Nationalhymnen.

Vieles davon hatte sich den Jungen eingeprägt und wurde von den Vätern fixiert. So kamen sie zusammen, eine buntgewürfelte Gesellschaft. Schon der Umgang mit der gleichen Zunge zeigte große Differenzen. Es bildeten sich Kameradschaften aus, größtenteils landschaftlich begrenzte: Schlesier, Posener, Galizianer. Mit der Zeit verwischten sich etwas die Abgrenzungen, meist eine Folge der Fachrichtungen.

Wir lebten ohne die geringste Ahnung vom Zeitgeschehen. Lasen aber Bücher, auch Kriegsbücher – von Renn «Krieg», von Remarque «Im Westen nichts Neues», von Beumelburg «Sperrfeuer um Deutschland» –, und diskutierten heftig. Wie Millionen andere faszinierte uns Remarque, den die Sinnlosigkeit des Krieges empörte, und Renns realistische Absage an den Krieg. Die Heroisierung des

Frontsoldaten, der vernichtenden Materialschlachten lehnten wir ab. Doch weitere Gedanken machten wir uns kaum. Mit einem Wort, wir lebten unverantwortlich in den Tag hinein. Die «anderen» werden es schon machen, die Staatsmänner, die Offiziere, die Professoren und so weiter ... Wir? Wir studieren und lenken unser eigenes Leben, um durchzukommen, satt zu werden, nicht zu frieren, uns zu kleiden und zu feiern!

Das Stiftungsfest, immer im Februar, dem kältesten Monat, so um den Elften herum – war ein großes Ereignis im Kreis der Lemberger Deutschen. Es dauerte vier bis fünf Tage lang. Zu den Programmhöhepunkten zählten Kommers, Festball, Theatervorstellungen und Exbummel. Zum Schluß war man todmüde. Ich sehe die vielen Gesichter wie in einem Film vorübergleiten, Damen und Herren, Kommilitonen, weibliche und männliche, ihre Mienen, ihr Lachen, überheblich, spöttisch, die hochgezogenen Brauen, das Schmunzeln der «alten Herren», die scheuen Blicke der Mädchen, die alle mit Bewunderung an unserer Primadonna, Frau H. K., hingen, die vor kurzem Lady Milford verkörperte. Mich begrüßte sie immer ohne Herablassung. Oft war ich ihr Partner.

Mit meinem Arztdiplom holte mich die polnische Armee und machte mich zum Sanitäts-Fähnrich. Aber immer noch friedliche Welt. Wozu dann zu den Soldaten? Das konnte mir keiner sagen, auch meine Offiziere in Stanislau nicht. Wer dachte an Krieg? Sechzehn Jahre kein Krieg, da schläft die Wachsamkeit ein. Der Sanitäts-Fähnrich vertrieb sich die Zeit. Er ging mit der Sekretärin seines Kommandeurs, einer hübschen und keuschen Jüdin, spazieren. Die Offiziere waren sehr freundlich und nett, abends bei lustigem Gelage. Einem der freundlichen Offiziere mußte die Ordonnanz für jede Nacht eine andere zuführen, bis der Genießer in die Sanitätsabteilung kam. Über die Jazlowietzer Ulanen gab es einen lustigen Vers: «Hoch die Röcke, Mädchen, Damen, geritten kommen Jazlowietzer Ulanen!»

Von meinem 5. Ulanenregiment dazu eingeladen, erlebte ich – natürlich als Gast und nicht als aktiver Teilnehmer – eine Reitsportveranstaltung großen Stils, die Military: weites Gelände, herrliche Pferde, junge, geschmeidige Reiter in schicken Uniformen, die sich in friedlichem Wettkampf maßen. Danach saßen wir an festlich geschmückter Tafel im Freien, zusammen mit eleganten Damen in duftigen, sommerlichen Kleidern, Sekt floß im Überfluß, bei lustiger Ulanenmusik Lachen, Scherze, Freude ... Doch schon nach fünf

Jahren deckten zerschmetterte Pferde und verblutende Ulanen die Schlachtfelder. Vae victis! ... Wer vermochte das vorauszusehen? In einer Zeit, als Hitler 1934 seinen trügerischen Nichtangriffspakt den Polen angeboten hatte und sich die polnische Bevölkerung im Frieden wähnte. Wer konnte das größte Verbrechen an der Menschheit vorausahnen?

Aber da erschloß sich schon 1934 bruchstückhaft aus den Versen eines polnischen Dichters, K. J. Gałczyński, die schreckliche Vision vom Konzentrationslager: «... blutiges Verbrechen des Regimes ... wegen Judenverdacht ... im Lager ... verfaulte Mohrrüben ...»

Gałczyński erlebte diese Vision in Berlin. Als Angestellter des polnischen Konsulats von 1931 bis 1933 traf er auf den Beginn der Rauschatmosphäre des Hitlerfaschismus. Seine geistige Heimat fand er im Finckschen Kabarett «Katakombe», «einem kleinen Herzchen im Kellergeschoß» des Berliner Künstlerhauses in der Bellevuestraße, wo neben anderen Akteuren die Sängerin Inge Bartsch auftrat. Entzückt von ihrer reizvollen Erscheinung, ihrem «fernen, unfaßbaren Fraulichen», das ihn rührt, aber auch etwas amüsiert, spricht der Dichter im Gedicht «Inge Bartsch», ihr gewidmet, jene prophetischen Worte aus.

Die antifaschistische Stimmung im bald verbotenen Lokal, die Tucholsky-Lieder, vielleicht das Dröhnen genagelter Schaftstiefel in den Straßen Berlins, hatten die Sinne des Dichters so geschärft, daß er ein Unheil kommen sah, ein Unheil, das auch die Sängerin Inge Bartsch treffen konnte, «etwa so: ‹sie ertrug nicht die stickigen Klammern des Regimes. Inge Bartsch, die Aktrice, nach dem Umsturz verschollen unter geheimnisvollen Umständen ...›». Ein solches Schicksal mußte tatsächlich eine Kollegin der Sängerin, Dora Gerson, erleiden, die von den Nazis in Auschwitz ermordet wurde.

Gemäß der Eigenart seiner Gedichte verband Gałczyński die phantasievolle Schwärmerei für den Liebreiz einer Frau mit der Brutalität der Vernichtung und des verwesenden Todes, um zum Schluß wieder zur Verehrung der Schönen zurückzukehren. Die Aussage ist so überzeugend real, daß man die Gestalten als lebendig empfindet. Sie sind es auch. Inge Bartsch lebt heute noch, eine ungewöhnliche Überraschung für alle, die das Poem des Dichters achten. Aber das erstaunlichste für mich selbst ist, Jutta kennt Inge Bartsch persönlich, diese ist eine Freundin ihrer Mutter.

Nach einjähriger Untätigkeit, aus der Lethargie herausgerissen, brach die angestaute Kraft durch und riß mich mit Vehemenz durch alle Zweige der Medizin. Alles andere um mich versank, blieb nur Nebensache. Es kam so plötzlich und unerhofft, daß es mich voll beglückte . . . Von dieser Woge werde ich immer noch getragen, auch wenn sie bisweilen leiser schlägt . . .

In der Osterzeit – ganz gleich, wo ich mich befand – war es Faust, den ich täglich bei mir trug. Im Sommer war es Rilke, im Herbst Mickiewicz' «Dziady» oder Słowackis «Anhelli». Ich nähere mich der Gegenwart: Jasnorzewska, Eva Strittmatter und vor kurzem Rotraud Wieland. Welche Frau würde es wagen, dieses aufzuschreiben . . . «Wie konnten wir uns versäumen so lange?» . . . Schon 1979 waren die Lieder in zweiter Auflage da, und ich fand sie durch göttlichen Zufall. Wo? – In einer kleinen Drogerie, in der Strandstraße, wo Ansichtskarten, Eimerchen und Schaufelchen, Sonnen- und Schuhcreme verkauft werden. Wenn man Glück hat, was selten geschieht, dann findet man «Geständnisse einer Suleika». Erdenschwere schwindet, und man glaubt, schweben zu können. Suleikas Gedichte sind voller Licht und Luft, Melodie und Farbe, heiter und ausgelassen und doch von kindlichem Ernst, der rührt, ohne zu erschüttern.

Nein, ich hatte mir ein völlig anderes Bild von der NVA-Ärztin gemacht. In meiner Vorstellung sah ich sie in Zivil, als vornehme Dame, in moderner Garderobe, etwas unnahbar. Und wie erlebte ich sie in Wirklichkeit beim überraschenden Besuch? Eine bescheidene, sportlich gekleidete Frau begrüßte mich ungezwungen, als ob wir uns schon jahrelang kannten. Die Kleidung, ein etwas strapazierter Pulli, Jeans, natürlich abgewetzt, und an den Füßen weiße bequeme Sportschuhe (jetzt Mode). Klug und einfach, ein voller Mensch. Vielleicht konnte ich mich noch an sie erinnern. Sie sicher an mich. Welche merkwürdigen Gefühle weckte diese Frau in mir. Gefühle zwischen Neugier, Sympathie und dem Reiz der Entdeckung. Sie war es, die in jener Nacht Jutta und mich beruhigte, als von unserem Soldaten, Georg, keine Nachricht kam.

Im Wintersemester 1956 gehörte sie an der Greifswalder Universität zu den ersten Studenten der neugegründeten Militärmedizinischen Sektion und stieß damals, wie viele andere Militärmediziner, auf die deutlich ablehnende Haltung ihrer Professoren und Dozenten.

Ablehnende Haltung? Manche Fehler wurden gemacht. Ist es nötig, nochmals darüber zu sprechen? Heute? Jahre sind vergangen.

Inzwischen hat sich alles zum Guten gewendet! Wir hätten Judith am liebsten umarmt . . .